校企双元合作开发教材

应用技能型院校“十四五”规划课证融通教材

根据全国会计专业技术初级资格考试大纲编写

经济法基础

JINGJIFA JICHU

主　审　黄银利

主　编　陈克军　周迎春

副主编　黄　浩　陶青松

立信会计出版社

LIXIN ACCOUNTING PUBLISHING HOUSE

图书在版编目(CIP)数据

经济法基础 / 陈克军，周迎春主编. —上海：立信会计出版社，2022.8(2024.12 重印)
应用技能型院校"十四五"规划课证融通教材
ISBN 978-7-5429-7110-4

Ⅰ. ①经… Ⅱ. ①陈… ②周… Ⅲ. ①经济法—中国—高等职业教育—教材 Ⅳ. ①D922.29

中国版本图书馆 CIP 数据核字(2022)第 141294 号

策划编辑　孙　勇　毕芸芸
责任编辑　孙　勇

经济法基础

JINGJIFA JICHU

出版发行	立信会计出版社		
地　　址	上海市中山西路 2230 号	邮政编码	200235
电　　话	(021)64411389	传　　真	(021)64411325
网　　址	www.lixinaph.com	电子邮箱	lixinaph2019@126.com
网上书店	http://lixin.jd.com		http://lxkjcbs.tmall.com
经　　销	各地新华书店		
印　　刷	浙江临安曙光印务有限公司		
开　　本	787 毫米×1092 毫米	1/16	
印　　张	19.75		
字　　数	500 千字		
版　　次	2022 年 8 月第 1 版		
印　　次	2024 年 12 月第 4 次		
书　　号	ISBN 978-7-5429-7110-4/D		
定　　价	50.00 元		

如有印订差错，请与本社联系调换

前　言

经济法基础是高等职业教育财经商贸类专业的一门专业基础课程，也是全国会计专业技术资格考试科目。经济法基础课程在大数据与会计专业人才培养中具有培养职业素养与技能的基础性作用。

我国职业教育发展的宏观环境持续改善，校企合作、产教融合等职业教育模式不断创新。国家重新定位职业教育，努力改善职业教育法律与政策环境，加大职业教育资金投入，推动企业在职业教育中发挥重要作用，职业教育创新发展面临重大历史性机遇。中国特色社会主义法治体系建设深入推进，依法治国、依法执政、依法行政与法治国家、法治政府、法治社会建设共同推进。适应国家职业教育改革创新与法治建设的需要，经济法基础课程教学改革与实践创新不断涌现，课程思政建设取得进展。

本教材立足党的二十大精神编写，旨在巩固经济法基础课程教学改革与实践探索的成果，创新编写思路与方法，吸收法律实务部门裁判经验，以学生学习为中心，让学生习得知识、技能，养成良好的学习、思考与探索的习惯。本教材的特色如下：

(1) 本教材设置课程思政教学专项，以审判机关最新裁判的案例为素材，精心创设既适合教师教，又适合学生学的经济法教学情境，使学生能够在教学情境中提高认知能力、判断能力与思维能力。同时，教材嵌入职业素养与道德习惯教育元素，以培养学生健全的人格。

(2) 本教材深度融入社会主义核心价值观，引导广大学生在践行社会主义核心价值观的过程中实现职业教育立德树人的价值追求。另外，编者在附录中提供了课程思政实施方案供同行参考，以共同促进交流协作。

(3) 本教材紧紧围绕全国会计专业技术资格考试大纲的目标与要求，突出职业知识素养与技能，旨在使学生具备从事会计职业或者实现会计职业发展所需要的职业道德、法律文化与专业知识、技术技能等职业综合素质和行动能力。

(4) 本教材配套学习资源丰富，有利于实现以学生为中心的教学发展与评估，有助于完成信息化课程的建设任务。本教材为学习者提供课堂学习试题、单元测试题和综合测试卷30余套，包含2 000多道历年全国会计专业技术资格考试真题，能充分满足学生参加全国会计专业技术资格考试的学习需求。本教材还为使用“超星学习通”开展网络教学的院校提供单元测试题和综合测试卷(前述30余套试卷)，教师可以很方便地一键导入超星学习通试题库，随时安排学生进行课堂或者课后训练，检测学生学习效果。本教材还提供经济法基础教学PPT(含课堂学习试题)、教案、教学设计(含课程思政)等文档资料。

本教材由陈克军、周迎春担任主编，黄浩、陶青松担任副主编。参编人员分工如下：第一章由陶青松、陈克军编写；第二章由陈克军编写；第三章由黄浩、陈克军编写；第四章由周迎春编写；第五章由陈克军、朱宏亮编写；第六章由黄浩、周迎春、陈克军、朱宏亮编写；第七章由陶青松、陈克军编写；第八章由陈克军、方玥编写。

本教材是校企双元合作开发教材，适用于高职大数据与会计等专业教学，也可供社会考生参加全国会计专业技术资格考试使用。

若书中存在疏漏或不足之处，敬请专家学者及读者不吝指教，以便我们能够及时改正。

编　者

目　录

第一章　总　　论

本章导学

本章主要介绍经济法基础课程的基础知识和基本理论问题，内容包括法和法律、法的分类与渊源、法律部门与法律体系、法律关系、法律事实、法律主体、法律责任等概念及其具体分类和规则。

学习目标

（一）熟悉法和法律的概念、法律责任的概念、法律责任的分类。

（二）掌握法的本质与特征、法的分类与渊源、法律部门与法律体系、法律关系、法律事实。

（三）掌握法律主体的分类、法律主体的资格。

课程思政

一、基本案情

案涉某村为国家3A级旅游景区，不收门票，该村内河堤旁边栽种有杨梅树，该村村委会系杨梅树的所有人。杨梅树仅作观赏用途，村委会未向村民或游客提供杨梅采摘旅游项目。吴某某系该村村民，其私自上树采摘杨梅时不慎从树上跌落受伤。随后，村委会主任拨打120救助，在急救车到来之前，有村民将吴某某送往市区医院治疗，吴某某于摔倒当日抢救无效死亡。吴某某子女李某某等人以村委会未尽安全保障义务为由起诉村委会承担赔偿责任，请求赔偿共计60余万元。

二、裁判结果

广州市中级人民法院再审认为，安全保障义务内容应限于管理人的管理和控制能力范围之内。案涉景区属于开放式景区，未向村民或游客提供采摘杨梅的旅游项目，杨梅树本身并无安全隐患，若要求该村村委会对景区内的所有树木加以围蔽、设置警示标志或采取其他防护措施，显然超过善良管理人的注意标准。吴某某作为具有完全民事行为能力的成年人，应当充分预见攀爬杨梅树采摘杨梅的危险性，并自觉规避此类危险行为。吴某某私自爬树采摘杨梅，不仅违反了该村村规民约中关于村民要自觉维护村集体的各项财产利益的村民行为准则，也违反了爱护公物、文明出行的社会公德，有悖公序良俗。吴某某坠落受伤系其自身过失行为所致，村委会难以预见并防止吴某某私自爬树可能产生的后果，不应认为村委会未尽安全保障义务。事故发生后，村委会亦未怠于组织救治。吴某某因私自爬树采摘杨梅不慎坠亡，后果令人痛惜，但村委会对吴某某的死亡不存在过错，不应承担赔偿责任。

三、典型意义

本案是人民法院依职权再审改判不文明出行人自行承担损害后果的案件。再审判决旗帜鲜明地表明，司法可以同情弱者，但对于违背社会公德和公序良俗的行为不予鼓励、不予保护，如果“谁闹谁有理”“谁伤谁有理”，则公民共建文明社会的道德责任感将受到打击，长此以往，社会的道德水准将大打折扣。本案再审判决明确对吴某某的不文明出行行为作出了否定性评价，改判吴某某对坠亡后果自行担责，倡导社会公众遵守规则、文明出行、爱护公物、保护环境，共建共享与新时代相匹配的社会文明，取得了良好的社会效果。

（参考资料来源：人民法院大力弘扬社会主义核心价值观十大典型民事案例之村民私自上树摘果坠亡索赔案，https://www.court.gov.cn/zixun-xiangqing-229041.html。）

学习内容

第一节　法律基础

一、法和法律

（一）法和法律的概念

1. 法的概念

法是由国家制定或认可，以权利义务为主要内容，由国家强制力保证实施的社会行为规范及相应的规范性文件的总称。法作为一种特殊的社会规范，是人类社会发展的产物。

2. 法律的概念

在我国当代法学理论中，法律的概念有广义和狭义之分。广义的法律是指法的整体，包括宪法、法律、有法律效力的解释以及行政机关为执行法律而制定的规范性文件。狭义的法律专指拥有立法权的国家机关（全国人民代表大会及其常务委员会），根据宪法，依照法定程序制定的规范性文件，如《中华人民共和国高等教育法》《中华人民共和国劳动合同法》《中华人民共和国公司法》等。

（二）法的本质与特征

1. 法的本质

（1）法是统治阶级国家意志的体现。法是人类社会不断发展的产物，是阶级的产物。法一经产生，就必然具有特定的阶级属性，其所体现的功能必然是统治阶级所认可、承认的。

因此,法只能是统治阶级意志的体现,法维护的是统治阶级的根本利益。当然,法体现的不是统治阶级每个成员个人意志的简单相加,更不是统治者的任性和随意。法所体现的统治阶级意志,不是其意志的全部,而是上升为国家意志的那部分意志。也就是说,意志是多种多样的,并非也不需要所有的阶级意志都上升为法律,转化为法律。只有经过法律程序认可、确定、处理的那一部分意志,才是法律。

(2)法所反映的统治阶级的意志,是由统治阶级的物质生活条件决定的,是社会客观需要的反映。任何一个民族、国家、社会都不能脱离开它的具体的地理环境、人口、生产方式诸条件而生存,任何一个民族、国家、社会也不能无视具体的地理环境、人口、生产方式而从事自己的文化、思想、制度、历史和社会生活等各方面的活动。统治阶级的意志受社会现实的制约,有什么样的生产方式,就有什么样的法律,离开了一定的生产方式,法就失去了存在的根据和基础,也就无从产生、存在和发展。所以,法所体现的公平、正义,归根到底要符合一定社会的物质生产方式,不可能永恒不变。

2. 我国社会主义法的本质

(1)我国社会主义的法是工人阶级领导下全国人民意志的体现。我国社会主义法的本质是工人阶级领导下的以工农联盟为基础的、全国人民共同意志的体现。

我国社会主义法所体现的这一意志既体现了它的阶级性,又体现了它的人民性,是阶级性与人民性的统一。它所体现的共同意志首先是指工人阶级的意志。工人阶级是我国人民民主专政国家的领导阶级,是广大人民群众利益的忠实代表。人民的概念在不同国家和不同历史时期有不同的内容,当代中国的社会主义法反映了工人阶级的意志,及工人阶级领导下的农民和知识分子的意志,还包括拥护社会主义的爱国者和拥护祖国统一的爱国者的意志。

这种法所代表的共同意志,并不是这些阶级、阶层和集团的意志的机械的总和,也不是自发地形成的,它是在工人阶级的先锋队——中国共产党的领导下逐步形成的。

我国社会主义法所体现的阶级意志的内容是由社会经济和阶级结构决定的,但阶级意志的内容还受经济以外的各种因素的影响。法和这些因素归根到底是在经济因素起决定作用的条件下相互作用的。

(2)我国当代的社会主义法是社会主义初级阶段的法。我国还处在社会主义初级阶段,这是我国的基本国情,是党制定一切方针、政策,国家制定一切法律、法规的根本依据。从这样的基本国情出发,党制定了社会主义初级阶段的基本路线:"领导和团结全国各族人民,以经济建设为中心,坚持四项基本原则,坚持改革开放,自力更生,艰苦创业,为把我国建设成为富强、民主、文明、和谐、美丽的社会主义现代化强国而奋斗。"

3. 法的特征

法作为一种特殊的社会规范,与其他社会规范相比较,概括起来有以下几个方面的特征:

(1)法是一种特殊的社会规范,规定了人们行为的模式、标准和方向。法是通过调整人的行为来调整社会关系的。可以认为,法调整人的行为,同时也就调整了社会关系。当然,这里所说的人的行为,指的是人的外在行为。马克思说:"对于法律来说,除了我的行为以外,我是根本不存在的,我根本不是法律的对象。"法的特殊规范性主要表现为,它规定了人们的一般行为模式,为人们的交互行为设置了相应的模式、标准或方向,即:可为模式(人们可以怎样行为)、不可为模式(人们不得怎样行为)和应为模式(人们应当或者必须怎样行为)。

(2)法是由国家制定或认可的社会规范,具有国家意志性和普遍性。制定和认可是法律创制的主要方式。制定是指国家机关通过立法活动产生新规范。认可是指国家对既存的行为规则予以承认,赋予法律效力。"认可"通常有三种情况:①赋予社会上早已存在的某些社会规则,如习惯、经验、道德、习俗、礼仪,使之具有法律效力;②通过加入国际组织、承认或签订国际条约等方式,认可国际规范;③特定国家机关对具体案件的裁决作出概括,产生规则或原则,并赋予这种规则或原则以法律效力。

(3) 法是以权利和义务为主要内容的社会规范。法通过规定人们的权利和义务,以权利和义务为机制,影响人们的行为动机,指引人们的行为,调整社会关系。权利意味着人们可以作或不作一定行为以及可以要求他人作或不作一定行为。法律通过规定权利,使人们获得某些利益或者自由。义务意味着人们必须作或不作一定行为。义务包括作为义务和不作为义务,前者要求人们必须作出一定行为,如纳税的义务;后者要求人们不得作出一定行为,如不得盗用他人注册商标的义务。正是由于法通过规定权利和义务的方式调整人们的行为,人们在法律上的地位体现为一系列法定的权利和义务。

(4) 法是由国家强制力保证实施的社会规范,具有国家强制性。任何一种社会规范都具有强制性,都有保证其实施的社会力量。然而,不同社会规范的强制性在性质、范围、程度和方式等方面是不尽相同的。法的强制性不同于其他社会规范之处在于,法具有国家强制性。法是以国家强制力为后盾,由国家强制力保证实施的。法的国家强制性,既表现为国家对违法行为的否定和制裁,也表现为国家对合法行为的肯定和保护;既表现为国家机关依法行使权力,也表现为公民可以依法请求国家保护其合法权利。

(三) 坚持全面依法治国

党的十八大以来,党中央明确提出全面依法治国,并将其纳入"四个全面"战略布局予以有力推进。党的十八届四中全会专门进行研究,作出《关于全面推进依法治国若干重大问题的决定》。党的十九大召开后,党中央组建中央全面依法治国委员会,从全局和战略高度对全面依法治国又作出一系列重大决策部署,推动我国社会主义法治建设发生历史性变革、取得历史性成就,全面依法治国实践取得重大进展。

《中华人民共和国宪法》第五条规定,中华人民共和国实行依法治国,建设社会主义法治国家。习近平总书记在中国共产党第二十次全国代表大会报告中全面总结了新时代法治中国建设的成果,认为社会主义法治国家建设深入推进,全面依法治国总体格局基本形成,中国特色社会主义法治体系加快建设,司法体制改革取得重大进展,社会公平正义保障更为坚实,法治中国建设开创新局面。到 2035 年,我国将基本建成法治国家、法治政府、法治社会。

习近平法治思想是马克思主义法治理论中国化最新成果,是习近平新时代中国特色社会主义思想的重要组成部分,是全面依法治国的根本遵循和行动指南。

全面依法治国的政治方向,就是走中国特色社会主义法治道路。全面依法治国是中国特色社会主义的本质要求和重要保障。

(四) 坚持中国特色社会主义法治道路

中国特色社会主义法治道路本质上是中国特色社会主义道路在法治领域的具体体现。

建设中国特色社会主义法治体系是全面依法治国总目标的重要组成部分,是建设社会主义法治国家的前提和基础。中国特色社会主义法治体系贯通法治国家、法治政府、法治社会建设各个领域,涵盖立法、执法、司法、守法各个环节,涉及法律规范、法治实施、法治监督、法治保障各个方面。

中国特色社会主义法治体系是推进全面依法治国的总抓手。统筹推进法律规范体系、法治实施体系、法治监督体系、法治保障体系和党内法规体系建设。坚持依法治国、依法执政、依法行政共同推进,法治国家、法治政府、法治社会一体建设。全面推进科学立法、严格执法、公正司法、全民守法。深入推进法治领域改革,让人民群众在每一项法律制度、每一个执法决定、每一宗司法案件中都感受到公平正义。

法治政府建设是全面依法治国的重点任务和主体工程。公正司法是维护社会公平正义的最后一道防线。法治社会是构筑法治国家的基础。

二、法的分类与渊源

(一) 法的分类

根据不同的标准,可以对法作不同的分类。事实上,法的渊源、法律部门等也是从一定角度对法所作的分类,法的历史类型也属于对法的一种分类。

1. 成文法和不成文法

按照法创立和表现的形式的不同,法可分为成文法和不成文法。成文法是有权制定法律规范的国家机关依照法定程序所制定的规范性法律文件,如宪法、法律、行政法规、地方性法规等;不成文法是指未经国家制定,但经国家认可和赋予法律效力的行为规则,如习惯法、判例、法理等。

2. 根本法和普通法

按照法的效力、内容和制定程序的不同,法可分为根本法和普通法。根本法即宪法,它规定了国家的根本的政治制度和社会制度、公民的基本权利和义务、国家机关的设置、职权等内容,在一个国家中占据最高法律地位,是具有最高法律效力的法,是制定其他法律的根据。普通法即宪法以外的其他法,普通法规定国家的某项制度或调整某一方面的社会关系。在制定和修改程序上,根本法比普通法更为严格。

3. 实体法和程序法

按照法的内容的不同,法可分为实体法和程序法。规定法律关系主体之间权利、义务本体的法律为实体法,如行政法、民法、刑法、婚姻法等。规定实现实体法有关诉讼手续的法律为程序法,又称诉讼法,如民事诉讼法、行政诉讼法、刑事诉讼法等。在审判实践中,既适用实体法,又适用程序法,审判实践就是对实体法和程序法的综合运用。

4. 一般法和特别法

按照法的效力范围的不同,法可分为一般法与特别法。一般法是指在一国范围内,对一般的人和事有效的法。特别法是指在一国的特定地区、特定期间或对特定事件、特定公民有效的法。一般情况下,在同一领域,法律适用遵循特别法优于一般法的原则。

5. 公法和私法

资产阶级法学界比较普遍地把法划分为公法与私法,这种分类法最早由古罗马法学家乌尔比安(约 170—228 年)提出,为后代法学家广泛采用。有不少法学家依公法、私法建立法的体系,但以什么标准划分公法、私法,说法不统一,如有利益说(又称目的说)、主体说、权力说等。尽管说法不同,但一般都将宪法、行政法、刑法等划为公法,而把民法、婚姻法、商法等划为私法。事实上,公法、私法的划分是以私有制为基础的,在社会主义国家一般不作公法与私法的划分。

6. 国内法和国际法

按照法的创制与适用主体的不同,法可分为国内法和国际法。国内法是指由特定国家创制并适用于该国主权管辖范围内的法。国内法的主体一般为公民、社会组织和国家机关。国家只能在特定的法律关系中成为主体。国际法是指在国际交往中由不同的主权国家通过协议制定或确认的,适用于国家之间的法。国际法的主体一般是国家,在一定条件下或范围内,类似国家的政治实体以及由一定国家参加组成的国际组织,也可以成为国际法的主体。

(二) 法的渊源

法的渊源又称法的形式。法的渊源是指那些因来源不同(制定法与非制定法、立法机关制定与政府制定等)而具有的法的不同效力和作用的法的外在表现形式。

1. 我国法的主要渊源

我国法的渊源是以宪法为核心的制定法形式,我国社会主义法的形式主要是以宪法为核心的各种制定法,包括宪法,法律,行政法规,地方性法规、自治条例和单行条例以及规章等。

1) 宪法

宪法是国家的根本法,是治国安邦的总章程,拥有最高的法律效力,是党和人民意志的集中体现。我国宪法由全国人民代表大会依照特别程序制定,规定了国家的基本制度、公民的基本权利和基本义务、国家机构等重要内容,具有最高的法律效力。中华人民共和国成立后,先后于1954年9月20日、1975年1月17日、1978年3月5日和1982年12月4日通过了四部宪法。我国现行宪法是1982年12月4日第五届全国人民代表大会第五次会议通过的《中华人民共和国宪法》,历经1988年、1993年、1999年、2004年、2018年五次修正。

2) 法律

法律是指由全国人民代表大会和全国人民代表大会常务委员会制定颁布的规范性法律文件,即狭义的法律。法律规定和调整国家、社会和公民生活中某一方面的社会关系和基本问题,其法律效力仅次于宪法。根据《中华人民共和国立法法》(以下简称《立法法》)的规定,下列事项只能制定法律:①国家主权的事项;②各级人民代表大会、人民政府、人民法院和人民检察院的产生、组织和职权;③民族区域自治制度、特别行政区制度、基层群众自治制度;④犯罪和刑罚;⑤对公民政治权利的剥夺、限制人身自由的强制措施和处罚;⑥税种的设立、税率的确定和税收征收管理等税收基本制度;⑦对非国有财产的征收、征用;⑧民事基本制度;⑨基本经济制度以及财政、海关、金融和外贸的基本制度;⑩诉讼和仲裁制度;⑪必须由全国人民代表大会及其常务委员会制定法律的其他事项。

3) 行政法规

行政法规是国务院为领导和管理国家各项行政工作,根据宪法和法律,按照行政法规规定的程序制定的政治、经济、教育、科技、文化、外事等各类法规的总称。由于法律关于行政权力的规定常常比较原则、抽象,因而还需要由行政机关进一步具体化。行政法规就是对法律内容具体化的一种主要形式。例如,《企业名称登记管理规定》《中华人民共和国税收征收管理法实施细则》《中华人民共和国道路运输条例》《建设工程质量管理条例》《建设工程安全生产管理条例》等。

4) 地方性法规、自治条例和单行条例

根据《立法法》的规定,省、自治区、直辖市的人民代表大会及其常务委员会根据本行政区域的具体情况和实际需要，在不与宪法、法律、行政法规相抵触的前提下，可以制定地方性法规。较大的市的人民代表大会及其常务委员会根据本市的具体情况和实际需要，也可以制定地方性法规。

设区的市的人民代表大会及其常务委员会根据本市的具体情况和实际需要，在不同宪法、法律、行政法规和本省、自治区的地方性法规相抵触的前提下，可以对城乡建设与管理、生态文明建设、历史文化保护、基层治理等方面的事项制定地方性法规，法律对设区的市制定地方性法规的事项另有规定的，从其规定。设区的市的地方性法规须报省、自治区的人民代表大会常务委员会批准后施行。省、自治区的人民代表大会常务委员会对报请批准的地方性法规，应当对其合法性进行审查，认为同宪法、法律、行政法规和本省、自治区的地方性法规不抵触的，应当在四个月内予以批准。

经济特区所在地的省、市的人民代表大会及其常务委员会根据全国人民代表大会的授权决定，制定法规，并在经济特区范围内实施。

上海市人民代表大会及其常务委员会根据全国人民代表大会常务委员会的授权决定，制定浦东新区法规，在浦东新区实施。海南省人民代表大会及其常务委员会根据法律规定，制定海南自由贸易港法规，在海南自由贸易港范围内实施。

民族自治地方的人民代表大会有权依照当地民族的政治、经济和文化的特点，制定自治条例和单行条例。自治区的自治条例和单行条例，报全国人民代表大会常务委员会批准后生效。

自治州、自治县的自治条例和单行条例，报省、自治区、直辖市的人民代表大会常务委员会批准后生效。自治条例和单行条例可以依照当地民族的特点，对法律和行政法规的规定作出变通规定，但不得违背法律或者行政法规的基本原则，不得对宪法和民族区域自治法的规定以及其他有关法律、行政法规专门就民族自治地方所作的规定作出变通规定。

5）规章

根据《立法法》的规定，国务院各部、委员会、中国人民银行、审计署和具有行政管理职能的国务院直属机构，以及省、自治区、直辖市人民政府和较大的市的人民政府所制定的规范性文件统称规章。

（1）部门规章。部门规章规定的事项应当属于执行法律或者国务院的行政法规、决定、命令的事项，其名称可以是“规定”“办法”“实施细则”等。例如，住房和城乡建设部发布的《房屋建筑和市政基础设施工程质量监督管理规定》《房屋建筑工程和市政基础设施工程竣工验收备案管理暂行办法》《市政公用设施抗灾设防管理规定》，国家发展和改革委员会发布的《招标公告发布暂行办法》《工程建设项目招标范围和规模标准规定》等。

（2）地方规章。省、自治区、直辖市和较大的市的人民政府，可以根据法律、行政法规和本省、自治区、直辖市的地方性法规制定地方规章。例如，《重庆市建设工程造价管理规定》《安徽省建设工程造价管理办法》《宁夏回族自治区建设工程造价管理规定》《宁波市建设工程造价管理办法》等。

6）特别行政区的法律

特别行政区，是指在中华人民共和国行政区域内，根据宪法和法律的规定而设立的具有特殊法律地位，实行特殊的社会制度、政治制度、经济制度、文化制度等的行政区域。现行《中华人民共和国宪法》第三十一条规定：“国家在必要时得设立特别行政区。在特别行政区内实行的制度按照具体情况由全国人民代表大会以法律规定。”特别行政区依法享有高度的自治权，除外交、国防事务属中央人民政府管理外，特别行政区享有行政管理权、立法权、独立的司法权和终审权，现行的法律基本不变，现行的社会、经济制度和生活方式不变。

7）国际条约

国际条约是指我国作为国际法主体同外国缔结的双边、多边协议和其他具有条约、协定性质的文件。目前，关于条约在中国的适用问题，我国还没有在法律上作出统一的规定，而是散见于一些部门法、行政法规、司法解释和外交声明之中。概括起来，我国主要采用并入或采纳以及转化的方式来适用国际条约。例如，1980 年国务院发布的《海上国际集装箱运输管理规定》《国际民用航空公约》等。

2．法的效力范围

法的效力范围，即法的生效范围，是指法在什么时间有效、在什么地域有效以及对哪些人有效。

1）法的时间效力

法的时间效力是指法律何时生效、何时终止效力及法律对其颁布实施前当事人发生的行为或者事件是否具有溯及力的问题。

法律开始生效的时间，通常有四种情形：①法律自颁布之日起生效；②由该法来规定具体生效时间；③由有权机关作出专门决定来规定具体生效时间；④规定法律颁布后经过一定期限开始生效。

法律终止效力的时间，通常也有多种情形：①依据新法优于旧法的原则，新的法律生效后，原有的法律即丧失效力；②新法律取代原有法律，同时在新法中宣布旧法律作废；③法律规定的有效期限届满而不再适用；④由有权机关发布专门决定宣布废止；⑤法律已完成其历史任务而自行失效。

法律的溯及力，又称法的溯及既往的效力，是指新法颁布后对其生效前的当事人已经发生的行为或者事件是否适用的问题。如果适用，则具有溯及力；如果不适用，则不具有溯及力。法以没有溯及力为原则，以有溯及力为例外。我国法律采用从旧兼从轻原则，即原则上不溯及既往，新法对当事人的行为或者处罚较轻时则适用新法。

2）法的空间效力

法的空间效力，是指法律在哪些地域范围内发生效力的问题。在一个主权国家，法律适用于主权管辖范围内的全部领域，它包括领土、领海、领空和底土，以及作为延伸意义上的国土，如驻外使馆、在外船舶及飞机（航空器）等。由于制定法律的机关不同，具体法律的空间效力有所区别，一般可分为域内效力和域外效力。

（1）在域内效力方面：在全国范围内生效的法律，如全国人民代表大会制定的宪法和基本法、全国人民代表大会常务委员会制定的除宪法和基本法以外的法律、国务院制定的行政法规；在局部地区生效的法律，如省、自治区、直辖市人大及其常务委员会制定的地方性法规或自治条例。

（2）在域外效力方面：在特定情形下，我国法律具有对外效力，如我国刑法规定外国公民在中国境外对中华人民共和国国家或公民的犯罪，按刑法规定的最低刑在 3 年以上有期徒刑的，可以适用中国刑法，但是按照犯罪地的刑法不构成犯罪的除外。

3）法的对人效力

法对人的效力，是指法律对哪些人有效。国际上通常处理对人效力的原则有属人主义、属地主义和保护主义（折中主义）等。属人主义，是指法律对自然人的效力以国籍为准，适用于本国人（本国人无论是居住在国内还是国外，均适用于本国法律），不适用于外国人。属地主义，是指法律对自然人的效力以地域为准，不论本国人还是外国人，凡居住在本国领域内的一律适用本国法律，而本国人在国家领域外，则不适用本国法律。保护主义，是指以维护本国利益和国家主权为基础，不管是什么国籍的自然人，也不论在什么地域的行为，只要侵害了本国利益，就适用本国的法律。我国采用的基本原则是以"属地主义"为主、"属人主义"和"保护主义"为补充。

我国法律对中国公民的效力：中华人民共和国公民在中国领域内，一律适用中国法律，在中国领域之外，原则上仍适用中国法律。

我国法律对外国人和无国籍人的效力：外国人或者无国籍人在中国境内，除法律另有规定外，一般适用中国法律。"另有规定"，主要涉及享有外交特权和豁免权的外国人。

3. 法的效力冲突及其解决方式

1）解决法的效力冲突的一般原则

（1）宪法至上。宪法作为根本大法，在法的体系中具有至高无上的地位，一切法律、法规和规章都不得与其相冲突，不合乎宪法的任何法律、法规和规章，都不应具有法的效力。

（2）上位法优于下位法。法的效力位阶主要取决于立法主体在国家机构中的地位。一般来说，立法主体在国家机构中的地位越高，法的效力就越高。因此，当下位法和上位法的规定不一致时，应当适用上位法。这是处理法的效力层次的一般原则。

（3）新法优于旧法。同一主体按照相同的程序先后就同一领域内的问题制定了两个以上的法律规定，当两个都具有法的效力的新旧规定不一致时，应当适用后来制定的规定，即"后法优于前法"或"新法优于旧法"。需要说明的是，新法优先于旧法的规定适用的前提是新旧法律规定的制定主体是相同的，并且两者之间不存在一般法和特别法的关系。另外，还应当指出的是，新法优于旧法和特别法优于一般法的规定，并无适用上的先后，应当根据具体情况具体做出决定。

（4）特别法优于一般法。同一主体在同一领域既有一般性立法，又有不同于一般立法的特别立法时，特别立法的效力通常优于一般性立法，也即所谓的"特别法优于一般法"。但是"特别法优于一般法"的原则只限于同一主体制定的法律规范，对于不同主体就相同领域内的问题制定的法律规范，仍然依照制定机关的等级决定法的效力位阶的高低。而且，通常所说的一般法和特别法应当属于同一性质的法，假如属于不同性质或不同部门的法，如行政法和刑法之间，就不存在一般和特别的问题。

（5）国际法优于国内法。一般而言，国际法既不高于也不从属国内法，同时国内法也不从属于国际法。而在特定情形下，凡主权国家签署或批准、认可的国际条约或国际惯例，对国内也有约束力，同一问题既有国际法规定又有国内法规定而两者相冲突时，国内法律规范不得与国际条约或国际惯例相抵触。当然，国际法优于国内法并不是绝对的，对于主权国家声明保留的条款，就不适用该原则。

根据《立法法》的有关规定，我国法的效力层次可以概括为：上位法的效力高于下位法，即规范性法律文件的效力层次决定于其制定主体的法律地位，行政法规的效力高于地方性法规；在同一位阶的法律之间，特别法优于一般法，即同一事项，两种法律都有规定的，特别法比一般法优先，优先适用特别法；新法优于旧法。

2）解决法的效力冲突的特殊方式

《立法法》还对各种规范性文件之间出现不一致，不能确定如何适用时，规定了效力的裁决程序：

（1）法律之间对同一事项的新的一般规定与旧的特别规定不一致，不能确定如何适用时，由全国人民代表大会常务委员会裁决。

（2）行政法规之间对同一事项的新的一般规定与旧的特别规定不一致，不能确定如何适用时，由国务院裁决。

（3）地方性法规、规章之间不一致时，由有关机关依照下列规定的权限作出裁决：①同一机关制定的新的一般规定与旧的特别规定不一致时，由制定机关裁决。②地方性法规与部门规章之间对同一事项的规定不一致，不能确定如何适用时，由国务院提出意见，国务院认为应当适用地方性法规的，应当决定在该地方适用地方性法规的规定；认为应当适用部门规章的，应当提请全国人民代表大会常务委员会裁决。③部门规章之间、部门规章与地方政府规章之间对同一事项的规定不一致时，由国务院裁决。

（4）根据授权制定的法规与法律规定不一致，不能确定如何适用时，由全国人民代表大会常务委员会裁决。

三、法律部门与法律体系

（一）法律部门

法律部门也称部门法，是指根据一定的标准和原则而划分的同类法律规范的总和。由于调整的社会关系及其调整方法不同，现行法律规范可分为不同的法律部门，凡调整同一类社会关系的法律规范的总和，就构成一个独立的法律部门。

法律部门的划分标准有：①法律规范的调整对象（即社会关系）。调整同一类社会关系的法律规范划归同一个法律部门，如调整平等主体之间财产关系和人身关系的规范——民法法律部门，调整行政机关与行政管理相对人之间的行政管理关系的规范——行政法法律部门。②法律规范的调整方法。同一种社会关系可以由不同的法律规范来调整，如经济关系在宪法、民法、经济法、社会法、刑法部门中都有涉及。

我国的法律体系大体上分为以下 7 个主要的法律部门。

1. 宪法及宪法相关法

宪法是国家的根本法，是规定国家的基本制度和公民基本权利和义务的法律规范的总和。宪法相关法包括国家机关组织法、选举法和代表法、国籍法、国旗法、特别行政区基本法、民族区域自治法、公民基本权利法、法官法、检察官法、立法法和授权法。

2. 民商法

民商法是调整平等民事主体的自然人、法人及其他非法人组织之间人身关系和财产关系的法律规范的总称，是调整平等主体之间商事关系的法律规范的总称。民商法包括物权、债权、知识产权、婚姻、家庭、收养和继承方面的法律法规以及公司破产、证券、期货、保险、票据、海商等方面的法律法规。

3. 行政法

行政法是调整国家行政管理活动中各种社会关系的法律规范的总和。行政法包括国家安全法、城市居民委员会组织法、村民委员会组织法、监狱法、高等教育法、食品卫生法、药品管理法、海关法等。

4. 经济法

经济法是调整国家从社会整体利益出发,对经济活动实行干预、管理或者调控所产生的社会经济关系的法律规范的总和。经济法包括关于国民经济和社会发展规划、计划和政策的法律,关于经济体制改革的原则、方针和政策的法律,预算法,审计法,会计法,统计法,农业法,企业法,银行法,市场秩序法,税法,土地管理法等。

5. 社会法

社会法是调整劳动关系、社会保障、社会福利和特殊群体权益保障等方面的法律规范的总和。社会法包括:保护弱势群体的法律规范,如未成年人保护法、老年人权益保障法等;维护社会稳定的法律规范,如劳动法与社会保障法;保护自然资源和生态环境的法律规范,如环境保护法、能源法、自然资源保护法、生态法等;促进社会公益的法律规范,如社区服务法、彩票法、人体器官与遗体捐赠法、见义勇为资助法等;促进科教、文卫、体育事业发展的法律规范,如教师法、科技进步法、义务教育法、教育法、卫生法等。

6. 刑法

刑法是规定犯罪、刑事责任和刑罚的法律,是掌握政权的统治阶级为了维护本阶级政治上的统治和经济上的利益,根据自己的意志,规定哪些行为是犯罪并应当负何种刑事责任,给予犯罪人何种刑事处罚的法律规范的总称。

7. 程序法

程序法是正确实施实体法的保障,审判活动则是对实体法和程序法的综合运用。不能简单地把程序法与诉讼法或者审判法相等同,因为程序法是一个大概念,既包括行政程序法、立法程序法和选举规则、议事规则等非诉讼程序法,也包括行政诉讼法、刑事诉讼法、民事诉讼法等(包括刑事诉讼法、民事诉讼法、行政诉讼法、仲裁法、律师法、公证法、调解法等)诉讼程序法。

(二) 法律体系

法律体系也称法的体系、法体系或部门法体系,是指一国现行的全部法律规范按照不同的法律部门分类组合而形成的一个有机联系的整体。

中国特色社会主义法律体系,是在中国共产党领导下,适应中国特色社会主义建设事业的历史进程而逐步形成的;是以宪法为统帅,以法律为主干,以行政法规、地方性法规为重要组成部分,由宪法相关法、民商法、行政法、经济法、社会法、刑法、程序法等多个法律部门组成的有机统一整体。

四、法律关系

(一) 法律关系的概念

法律关系是指法律规范在调整人们行为的过程中形成的一种特殊的社会关系,即法律上的权利和义务关系。

（二）法律关系的要素

法律关系包括主体、客体和内容三个要素。

1. 法律关系的主体

1）法律关系主体的概念

法律关系的主体是指法律关系的参加者，即法律关系中权利的享有者和义务的承担者。

2）法律关系主体的种类

在中国，根据各种法律的规定，能够参与法律关系的主体包括公民（自然人）、法人和非法人组织、国家。

2. 法律关系的客体

1）法律关系客体的概念

法律关系的客体是指法律关系主体的权利义务所指向的对象或标的。它是构成法律关系的要素之一。

2）法律关系客体的种类

（1）物。法律意义上的物是指法律关系主体支配的、在生产上和生活上所需要的客观实体。物要成为法律关系客体，须具备以下条件：①应得到法律之认可；②应为人类所认识和控制；③能够给人们带来某种物质利益，具有经济价值；④须具有独立性。至于哪些物可以成为法律关系客体，应由法律予以规定，但人类公共物或国家专有之物、文物或贵金属、军事设施、武器、危害人类之物等不得进入国内商品流通领域成为私人法律关系的客体。

（2）人身。人身是由各个生理器官组成的生理整体（有机体）。它是人的物质形态，也是人的精神利益的体现。在现代社会，随着现代科技和医学的发展，输血、植皮、器官移植、精子提取等现象大量出现，同时也产生了相关交易买卖活动及其契约，带来了一系列法律问题。因此，人身不仅是人作为法律关系主体的承载者，而且在一定范围内成为法律关系的客体。但须注意的是：①活人的（整个）身体，不得视为法律上之“物”，不能作为物权、债权和继承权的客体，禁止任何人（包括本人）将整个身体作为“物”参与有偿的经济法律活动，身体不得转让或买卖。贩卖或拐卖人口，买卖婚姻，是法律所禁止的违法或犯罪行为，应受法律的制裁。②权利人对自己的人身不得进行违法或有伤风化的活动，不得滥用人身，或自践人身和人格。例如，卖淫、自杀、自残行为属于违法行为或至少是法律所不提倡的行为。③对人身行使权利时必须依法进行，不得超出法律授权的界限，严禁对他人人身非法强行行使权利。例如，有监护权的父母不得虐待未成年子女的人身等。

（3）非物质财富。非物质财富也称精神产品，是人通过某种物体（如书本、砖石、纸张、胶片、磁盘）或大脑记载下来并加以流传的思维成果。非物质财富不同于有体物，其价值和利益在于物中所承载的信息、知识、技术、标识（符号）和其他精神文化。同时它又不同于人的主观精神活动本身，是精神活动的物化、固定化。精神产品属于非物质财富，西方学者称之为“无体（形）物”。我国法学界常称其为“智力成果”或“无体财产”，如著作、发明、创造等。著作是著作权关系的客体，发明是发明权关系的客体等。

（4）信息、数据、网络虚拟财产。《中华人民共和国民法典》（以下简称《民法典》）第一百二十七条规定：“法律对数据、网络虚拟财产的保护有规定的，依照其规定。”《中华人民共和国数据安全法》第三条规定：“本法所称数据，是指任何以电子或者其他方式对信息的记录。”《中华人民共和国个人信息保护法》第四条规定：“个人信息是以电子或者其他方式记录的与已识别或者可识别的自然人有关的各种信息，不包括匿名化处理后的信息。”《中华人民共和国网络安全法》第四十四条规定：“任何个人和组织不得窃取或者以其他非法方式获取个人信息，不得非法出售或者非法向他人提供个人信息。”我国法律确认信息、数据和网络虚拟财产的法律关系客体属性。

(5) 行为结果。作为法律关系客体的行为结果是特定的，即义务人完成其行为所产生的能够满足权利人利益要求的结果。这种结果一般分为两种：一种是物化结果，即义务人的行为(劳动)凝结于一定的物体，产生一定的物化产品或营建物(房屋、道路、桥梁等)；另一种是非物化结果，即义务人的行为没有转化为物化实体，而仅表现为一定的行为过程，直至终了，最后产生权利人所期望的结果(或效果)。例如，权利人在义务人完成一定行为后，得到了某种精神享受或物质享受，增长了知识和能力等。在此意义上，作为法律关系客体的行为结果不完全等同于义务人的义务，但又与义务人履行义务的过程紧密相关。义务正是根据权利人对这一行为结果的要求而设定的。

3. 法律关系的内容

法律关系的内容，是指法律关系主体间在一定条件下依照法律或约定所享有的权利和承担的义务，是人们之间利益的获取或付出的状态。

法律权利是指法律关系主体依法享有的权益，它表现为权利享有者可以自己作出一定的行为，也可以要求他人作出或不作出一定的行为。法律义务是指人们根据法律规范设定的应作的行为或者说应尽的责任，也可称作行为的必要性。它表现为必须怎样行为和不得怎样行为两种方式。在法律调整状态下，权利是受法律保障的利益，其行为方式表现为意志和行为的自由；义务则是法律对法律关系主体意志和行为的限制，以及利益的付出。权利和义务是法律调整的特有机制，是法律行为区别于道德行为最明显的标志，也是法律和法律关系内容的核心。权利和义务具有对立统一的关系。权利和义务是互相联系的，共处于一个统一体中。权利和义务在不同的场合下，是可以转化的。

五、法律事实

法律关系的形成、变更和消灭，需要具备一定的条件，主要的有法律规范和法律事实。

法律规范是法律关系形成、变更和消灭的法律依据，没有一定的法律规范就不会有相应的法律关系。但法律规范的规定体现的只是主体权利和义务关系的一般模式，还不是现实的法律关系本身。

法律事实是法律规范所规定的、能够引起法律关系产生、变更和消灭的客观情况或现象。也就是说，法律事实首先是一种客观存在的外在现象，而不是人们的一种心理现象或心理活动。纯粹的心理现象不能看作是法律事实。法律事实是由法律规定的、具有法律意义的事实，能够引起法律关系的产生、变更或消灭。在此意义上，与人类生活无直接关系的纯粹的客观现象(如宇宙天体的运行)就不是法律事实。

根据是否与当事人的意志有关，法律事实可分为两大类：法律事件和法律行为。

(一) 法律事件

法律事件也称自然事实，是指与人的意志无关的，能够引起民事法律关系发生、变更、消灭的客观情况。法律事件可划分为绝对事件和相对事件。绝对事件不是由人们的行为而是由某种自然原因引起的，如人的自然死亡与出生、时间的流逝等具有自发性质的现象。相对事件是由人们的行为引起的，但它的出现在该法律关系中并不以当事人的意志为转移，如国家调控银行利率。

（二）法律行为

法律行为是指人有意识的活动，无意识的活动不属于法律行为。法律行为是以意思表示为要素，依照意思表示内容发生法律效果的行为，是人所实施的、能够发生法律效力、产生一定法律效果的行为，是以发生一定司法效果的意思表示为要素的法律事实。

1. 法律行为成立的条件

（1）必须是出于人们自觉的作为和不作为。无意识能力的幼年人、疯癫、白痴、精神病，以及一般人在暴力胁迫下的作为和不作为，都不能被视为法律行为。

（2）必须是基于当事人的意思而具有外部表现的举动。单纯心理上的活动不产生法律上的后果，如虽有犯罪意思而无犯罪行为的，不能视为犯罪，也不能视为法律行为。

（3）必须为法律规范所确认而发生法律上效力的行为。不由法律调整、不发生法律效力的，如通常的社交、恋爱等不是法律行为。

2. 法律行为的分类

根据不同的标准，可以对法律行为作不同的分类：

（1）根据主体意思表示的数量，法律行为可分为单方行为与双方行为或多方行为。单方行为，是指有法律主体一方的意思表示即可成立的法律行为，如遗嘱、行政命令等。多方行为，是指由两个或两个以上的多方法律主体意思表示一致而成立的法律行为，如合同行为等。

（2）根据行为是否合法，法律行为可分为合法行为和违法行为。合法行为，即符合现行法律规定的行为。由此而引起法律关系的产生、变更和消灭的情况非常广泛，如职工的录用、买卖合同的缔结等。违法行为，即违反现行法律的行为，既包括作出了法律所禁止的行为，也包括不作法律所要求的行为。违法行为，根据其违法的性质和对社会危害的程度，可以分为严重违法行为和一般违法行为。严重违法行为，通常指触犯刑法的行为，这种行为构成犯罪，属于依照法律应当受到刑罚处罚的违法行为。一般违法行为，是指犯罪以外的违法行为。例如，违反民事法律应受到民事制裁的，属于民事违法行为；违反经济法规应依法承担经济法上的责任的，属于经济法的违法行为；违反行政法规应受行政处罚的，属于行政法的违法行为。

（3）根据行为的表现形式，法律行为可分为积极行为和消极行为。积极行为，又称作为，是指以积极、主动作用于客体的形式表现的、具有法律意义的行为。消极行为，又称不作为，则是指以消极的、抑制的形式表现的，具有法律意义的行为。

（4）根据行为是否通过意思表示，法律行为可分为意思表示行为和意思非表示行为。意思表示行为，又称表示行为，是指行为人基于意思表示而作出的具有法律意义的行为。意思非表示行为，是指非经行为者意思表示而是基于某种事实状态即具有法律效果的行为，如拾得遗失物、发现埋藏物等。

（5）根据行为是否需要特定形式或实质要件，法律行为可分为要式行为和非要式行为。要式行为，是指必须具备某种特定形式或程序才能成立的法律行为。非要式行为，是指无需特定形式或程序即能成立的法律行为。

（6）根据主体实际参与行为的状态，法律行为可分为自主行为和代理行为。自主行为，是指法律主体在没有其他主体参与的情况下以自己的名义独立从事的法律行为。代理行为,是指法律主体根据法律授权或其他主体的委托而以被代理人的名义所从事的法律行为。

3. 法律行为的主要形式

(1) 口头形式。它是指用谈话方式进行意思表示,如当面交谈、电话交谈等。

(2) 书面形式。它是指用书面文字进行意思表示,如用数据电文(包括电报、电传、传真、电子数据交换和电子邮件等)表示。

(3) 推定形式。它是指当事人并不直接用口头形式或书面形式进行意思表示,而是通过实施某种积极的行为使他人可以推定其意思表示的形式,如在超市购物向售货员交付货币的行为就可以推定为行为人购买物品的意思。

(4) 沉默形式。它是指行为人不用行为表示,而是以消极的不作为进行意思表示的形式。

第二节 法律主体

一、法律主体的分类

法律主体即法律关系的主体,是指依法参加法律关系,享有法律权利并承担法律义务的当事人。根据我国法律规定,能够有资格参与法律关系成为当事人的主体有以下四类。

(一) 自然人

1. 自然人的概念

自然人,即生物学意义上的人,是基于出生而取得民事主体资格的人,其外延包括本国公民、外国公民和无国籍人。自然人和公民不同,公民仅指具有一国国籍的自然人。

2. 自然人的出生时间和死亡时间

《民法典》第十五条规定:"自然人的出生时间和死亡时间,以出生证明、死亡证明记载的时间为准;没有出生证明、死亡证明的,以户籍登记或者其他有效身份登记记载的时间为准。有其他证据足以推翻以上记载时间的,以该证据证明的时间为准。"

3. 自然人的住所

《民法典》第二十五条规定:"自然人以户籍登记或者其他有效身份登记记载的居所为住所;经常居所与住所不一致的,经常居所视为住所。"

(二) 法人

1. 法人制度

1) 法人的概念

《民法典》第五十七条规定:"法人是具有民事权利能力和民事行为能力,依法独立享有民事权利和承担民事义务的组织。"

2) 法人的成立

《民法典》第五十八条规定:"法人应当依法成立。法人应当有自己的名称、组织机构、住所、财产或者经费。法人成立的具体条件和程序,依照法律、行政法规的规定。设立法人,法律、行政法规规定须经有关机关批准的,依照其规定。"

3) 法人的分类

根据《民法典》的规定,法人可以分为营利法人、非营利法人和特别法人。我国法律上所说的“营利”，是特指组织通过经营活动获取利润并将利润分配给其组织成员，也就是说，营利是组织为其成员营利，而不是为组织自身营利。非营利法人虽然通过活动获得利润，但是不得向其成员分配利润。

4）法人的法定代表人

依照法律或者法人章程的规定，代表法人从事民事活动的负责人，为法人的法定代表人。法定代表人以法人名义从事的民事活动，其法律后果由法人承受。法人章程或者法人权力机构对法定代表人代表权的限制，不得对抗善意相对人。

法定代表人因执行职务造成他人损害的，由法人承担民事责任。法人承担民事责任后，依照法律或者法人章程的规定，可以向有过错的法定代表人追偿。

5）法人的民事权利能力和民事行为能力

法人的民事权利能力和民事行为能力，从法人成立时产生，到法人终止时消灭。法人以其全部财产独立承担民事责任。

6）法人的住所

法人以其主要办事机构所在地为住所。依法需要办理法人登记的，应当将主要办事机构所在地登记为住所。

7）法人的合并与分立

法人合并的，其权利和义务由合并后的法人享有和承担。

法人分立的，其权利和义务由分立后的法人享有连带债权，承担连带债务，但是债权人和债务人另有约定的除外。

8）法人的解散、清算和终止

《民法典》第六十九条规定：“有下列情形之一的，法人解散：(一)法人章程规定的存续期间届满或者法人章程规定的其他解散事由出现；(二)法人的权力机构决议解散；(三)因法人合并或者分立需要解散；(四)法人依法被吊销营业执照、登记证书，被责令关闭或者被撤销；(五)法律规定的其他情形。”

法人解散的，除合并或者分立的情形外，清算义务人应当及时组成清算组进行清算。法人的董事、理事等执行机构或者决策机构的成员为清算义务人。法律、行政法规另有规定的，依照其规定。清算义务人未及时履行清算义务，造成损害的，应当承担民事责任；主管机关或者利害关系人可以申请人民法院指定有关人员组成清算组进行清算。

法人的清算程序和清算组织权，依照有关法律的规定；没有规定的，参照适用公司法律的有关规定。

清算期间法人存续，但是不得从事与清算无关的活动。

法人清算后的剩余财产，按照法人章程的规定或者法人权力机构的决议处理。法律另有规定的，依照其规定。清算结束并完成法人注销登记时，法人终止；依法不需要办理法人登记的，清算结束时，法人终止。

法人被宣告破产的，依法进行破产清算并完成法人注销登记时，法人终止。

有下列原因之一并依法完成清算、注销登记的，法人终止：①法人解散；②法人被宣告破产；③法律规定的其他原因。法人终止，法律、行政法规规定须经有关机关批准的，依照其规定。

9）设立人的法律责任

《民法典》第七十五条规定：“设立人为设立法人从事的民事活动，其法律后果由法人承受;法人未成立的,其法律后果由设立人承受,设立人为二人以上的,享有连带债权,承担连带债务。"

设立人为设立法人以自己的名义从事民事活动产生的民事责任,第三人有权选择请求法人或者设立人承担。

2. 营利法人

1)营利法人的概念

以取得利润并分配给股东等出资人为目的成立的法人,为营利法人。营利法人包括有限责任公司、股份有限公司、其他企业法人等。

2)营利法人的成立

营利法人经依法登记成立。依法设立的营利法人,由登记机关发给营利法人营业执照。营业执照签发日期为营利法人的成立日期。设立营利法人应当依法制定法人章程。

3)营利法人的组织机构

营利法人应当设权力机构。权力机构行使修改法人章程、选举或者更换执行机构、监督机构成员,以及法人章程规定的其他职权。

营利法人应当设执行机构。执行机构行使召集权力机构会议,决定法人的经营计划和投资方案,决定法人内部管理机构的设置,以及法人章程规定的其他职权。

执行机构为董事会或者执行董事的,董事长、执行董事或者经理按照法人章程的规定担任法定代表人;未设董事会或者执行董事的,法人章程规定的主要负责人为其执行机构和法定代表人。

营利法人设监事会或者监事等监督机构的,监督机构依法行使检查法人财务,监督执行机构成员、高级管理人员执行法人职务的行为,以及法人章程规定的其他职权。

4)营利法人的出资人

营利法人的出资人不得滥用出资人权利损害法人或者其他出资人的利益;滥用出资人权利造成法人或者其他出资人损失的,应当依法承担民事责任。营利法人的出资人不得滥用法人独立地位和出资人有限责任损害法人债权人的利益;滥用法人独立地位和出资人有限责任,逃避债务,严重损害法人债权人的利益的,应当对法人债务承担连带责任。

营利法人的控股出资人、实际控制人、董事、监事、高级管理人员不得利用其关联关系损害法人的利益;利用关联关系造成法人损失的,应当承担赔偿责任。

营利法人的权力机构、执行机构作出决议的会议召集程序、表决方式违反法律、行政法规、法人章程,或者决议内容违反法人章程的,营利法人的出资人可以请求人民法院撤销该决议。但是,营利法人依据该决议与善意相对人形成的民事法律关系不受影响。

营利法人从事经营活动,应当遵守商业道德,维护交易安全,接受政府和社会的监督,承担社会责任。

3. 非营利法人

1)非营利法人的概念

为公益目的或者其他非营利目的而成立,不向出资人、设立人或者会员分配所取得利润的法人,为非营利法人。非营利法人包括事业单位、社会团体、基金会、社会服务机构等。

2)事业单位

具备法人条件,为适应经济社会发展需要,提供公益服务设立的事业单位,经依法登记成立，取得事业单位法人资格；依法不需要办理法人登记的，从成立之日起，具有事业单位法人资格。

事业单位法人设理事会的，除法律另有规定外，理事会为其决策机构。事业单位法人的法定代表人依照法律、行政法规或者法人章程的规定产生。

3）社会团体

具备法人条件，基于会员共同意愿，为公益目的或者会员共同利益等非营利目的设立的社会团体，经依法登记成立，取得社会团体法人资格；依法不需要办理法人登记的，从成立之日起，具有社会团体法人资格。

设立社会团体法人应当依法制定法人章程。社会团体法人应当设会员大会或者会员代表大会等权力机构。社会团体法人应当设理事会等执行机构。理事长或者会长等负责人按照法人章程的规定担任法定代表人。

4）捐助法人

具备法人条件，为公益目的以捐助财产设立的基金会、社会服务机构等，经依法登记成立，取得捐助法人资格。

依法设立的宗教活动场所，具备法人条件的，可以申请法人登记，取得捐助法人资格。法律、行政法规对宗教活动场所有规定的，依照其规定。

设立捐助法人应当依法制定法人章程。捐助法人应当设理事会、民主管理组织等决策机构，并设执行机构。理事长等负责人按照法人章程的规定担任法定代表人。捐助法人应当设监事会等监督机构。

捐助人有权向捐助法人查询捐助财产的使用、管理情况，并提出意见和建议，捐助法人应当及时、如实答复。

捐助法人的决策机构、执行机构或者法定代表人作出决定的程序违反法律、行政法规、法人章程，或者决定内容违反法人章程的，捐助人等利害关系人或者主管机关可以请求人民法院撤销该决定。但是，捐助法人依据该决定与善意相对人形成的民事法律关系不受影响。

为公益目的成立的非营利法人终止时，不得向出资人、设立人或者会员分配剩余财产。剩余财产应当按照法人章程的规定或者权力机构的决议用于公益目的；无法按照法人章程的规定或者权力机构的决议处理的，由主管机关主持转给宗旨相同或者相近的法人，并向社会公告。

4. 特别法人

根据《民法典》的规定，机关法人、农村集体经济组织法人、城镇农村的合作经济组织法人、基层群众性自治组织法人，为特别法人。

1）机关法人

有独立经费的机关和承担行政职能的法定机构从成立之日起，具有机关法人资格，可以从事为履行职能所需要的民事活动。机关法人主要是指我国五级国家行政机关和具有法定行政职能的组织机构。本节介绍一下我国的监察委员会。

《中华人民共和国宪法》在第三章国家机构部分规定了监察委员会的性质、组成和职权。中华人民共和国各级监察委员会是国家的监察机关。中华人民共和国设立国家监察委员会和地方各级监察委员会。监察委员会由主任、副主任、委员等组成。监察委员会主任每届任期同本级人民代表大会每届任期相同。国家监察委员会主任连续任职不得超过两届。监察委员会的组织和职权由法律规定。

中华人民共和国国家监察委员会是最高监察机关。国家监察委员会领导地方各级监察委员会的工作,上级监察委员会领导下级监察委员会的工作。国家监察委员会对全国人民代表大会和全国人民代表大会常务委员会负责。地方各级监察委员会对产生它的国家权力机关和上一级监察委员会负责。国家监察委员会和地方各级监察委员会依照法律规定独立行使监察权,不受行政机关、社会团体和个人的干涉。

《中华人民共和国监察法》第十一条规定,监察委员会依照本法和有关法律规定履行监督、调查、处置职责:①对公职人员开展廉政教育,对其依法履职、秉公用权、廉洁从政从业以及道德操守情况进行监督检查。②对涉嫌贪污贿赂、滥用职权、玩忽职守、权力寻租、利益输送、徇私舞弊以及浪费国家资财等职务违法和职务犯罪进行调查。③对违法的公职人员依法作出政务处分决定;对履行职责不力、失职失责的领导人员进行问责;对涉嫌职务犯罪的,将调查结果移送人民检察院依法审查、提起公诉;向监察对象所在单位提出监察建议。

《中华人民共和国监察法》第四十五条规定,监察机关根据监督、调查结果,依法作出如下处置:①对有职务违法行为但情节较轻的公职人员,按照管理权限,直接或者委托有关机关、人员,进行谈话提醒、批评教育、责令检查,或者予以诫勉。②对违法的公职人员依照法定程序作出警告、记过、记大过、降级、撤职、开除等政务处分决定。③对不履行或者不正确履行职责负有责任的领导人员,按照管理权限对其直接作出问责决定,或者向有权作出问责决定的机关提出问责建议。④对涉嫌职务犯罪的,监察机关经调查认为犯罪事实清楚,证据确实、充分的,制作起诉意见书,连同案卷材料、证据一并移送人民检察院依法审查、提起公诉。⑤对监察对象所在单位廉政建设和履行职责存在的问题等提出监察建议。监察机关经调查,对没有证据证明被调查人存在违法犯罪行为的,应当撤销案件,并通知被调查人所在单位。

各级监察委员会应当接受本级人民代表大会及其常务委员会的监督。监察机关应当依法公开监察工作信息,接受民主监督、社会监督、舆论监督。

《中华人民共和国监察官法》第三条规定,监察官包括下列人员:①各级监察委员会的主任、副主任、委员。②各级监察委员会机关中的监察人员。③各级监察委员会派驻或者派出到中国共产党机关、国家机关、法律法规授权或者委托管理公共事务的组织和单位以及所管辖的行政区域等的监察机构中的监察人员、监察专员。④其他依法行使监察权的监察机构中的监察人员。

监察官依法履行下列职责:①对公职人员开展廉政教育。②对公职人员依法履职、秉公用权、廉洁从政从业以及道德操守情况进行监督检查。③对法律规定由监察机关管辖的职务违法和职务犯罪进行调查。④根据监督、调查的结果,对办理的监察事项提出处置意见。⑤开展反腐败国际合作方面的工作。⑥法律规定的其他职责。监察官在职权范围内对所办理的监察事项负责。

国家监察委员会主任由全国人民代表大会选举和罢免,副主任、委员由国家监察委员会主任提请全国人民代表大会常务委员会任免。地方各级监察委员会主任由本级人民代表大会选举和罢免,副主任、委员由监察委员会主任提请本级人民代表大会常务委员会任免。

机关法人被撤销的,法人终止,其民事权利和义务由继任的机关法人享有和承担;没有继任的机关法人的，由作出撤销决定的机关法人享有和承担。

2）农村集体经济组织法人

农村集体经济组织依法取得法人资格。法律、行政法规对农村集体经济组织有规定的，依照其规定。

3）城镇农村的合作经济组织法人

城镇农村的合作经济组织依法取得法人资格。法律、行政法规对城镇农村的合作经济组织有规定的，依照其规定。

4）基层群众性自治组织法人

居民委员会、村民委员会具有基层群众性自治组织法人资格，可以从事为履行职能所需要的民事活动。未设立村集体经济组织的，村民委员会可以依法代行村集体经济组织的职能。

（三）非法人组织

1. 非法人组织的概念

非法人组织是指不具有法人资格，但是能够依法以自己的名义从事民事活动的组织。在我国，非法人组织主要包括个人独资企业、合伙企业、不具有法人资格的专业服务机构等。

非法人组织应当依照法律的规定登记。设立非法人组织，法律、行政法规规定须经有关机关批准的，依照其规定。非法人组织的财产不足以清偿债务的，其出资人或者设立人承担无限责任。法律另有规定的，依照其规定。

2. 非法人组织的代表

非法人组织可以确定一人或者数人代表该组织从事民事活动。

3. 非法人组织的解散和清算

有下列情形之一的，非法人组织解散：①章程规定的存续期间届满或者章程规定的其他解散事由出现；②出资人或者设立人决定解散；③法律规定的其他情形。

非法人组织解散的，应当依法进行清算。

（四）国家

在特殊情况下，国家可以作为一个整体成为法律关系主体。例如，国家作为主权者是国际公法关系的主体，可以成为外贸关系中的债权人或债务人。在国内法上，国家作为法律关系主体的地位比较特殊，既不同于一般公民，也不同于法人。

二、法律主体资格

法律主体资格包括权利能力和行为能力两个方面。

（一）权利能力

权利能力是指能够参与一定的法律关系，依法享有一定权利和承担一定义务的法律资格。它是法律关系主体实际取得权利、承担义务的前提条件。

民事权利能力有自然人的民事权利能力和法人的民事权利能力之分。

1. 自然人的民事权利能力

自然人从出生时起到死亡时止，具有民事权利能力，依法享有民事权利，承担民事义务。自然人的民事权利能力一律平等。

2. 法人的民事权利能力

法人的民事权利能力和民事行为能力，从法人成立时产生，到法人终止时消灭。

(二) 行为能力

行为能力是指法律关系的主体能够通过自己的行为行使权利和承担义务的能力。

行为能力以权利能力为前提,自然人有权利能力并不一定有行为能力,法人的权利能力和行为能力是一致的。公民的行为能力是公民的意识能力在法律上的反映,确定公民有无行为能力,一要看能否认识自己行为的性质、意义和后果;二要看能否控制自己的行为并对自己的行为负责。

1. 自然人的民事行为能力

我国法律根据公民不同年龄智力发育的不同状况或者公民的精神健康状况,将公民的民事行为能力分为完全民事行为能力、限制民事行为能力和无民事行为能力三种。

(1) 完全民事行为能力人,是指达到一定法定年龄、智力健全、能够对自己的行为负完全责任的自然人。《民法典》规定,18 周岁以上的自然人为成年人;成年人为完全民事行为能力人,可以独立实施民事法律行为;16 周岁以上的未成年人,以自己的劳动收入为主要生活来源的,视为完全民事行为能力人。

(2) 限制民事行为能力人,又称不完全民事行为能力人,指在一定的范围内享有民事行为能力,超出该范围就不具备相应的民事行为能力的人。《民法典》规定,8 周岁以上的未成年人以及不能完全辨认自己行为的成年人为限制民事行为能力人。限制民事行为能力人除可以进行日常生活需要的简单的民事法律行为外,还可以进行接受奖励、赠与、报酬等对本人有利的不损害他人权益的行为,他人不得以行为人只具有限制民事行为能力为由,主张上述行为无效,但与限制民事行为能力人的年龄、智力或精神健康状况不相适应的其他民事活动,必须通过他们的法定代理人代为进行,或征得法定代理人的同意,否则他们的行为属无效行为。

(3) 无民事行为能力人,是指完全不能以自己的行为行使权利、履行义务的公民。《民法典》规定,不满 8 周岁的未成年人及不能辨认自己行为的成年人为无民事行为能力人。

2. 自然人的刑事责任能力

刑事责任能力是指行为人辨认和控制自己行为的能力。我国对于刑事责任能力的认定标准一般为:

(1) 已满 16 周岁的人犯罪,应当负刑事责任。值得注意的是,达到 16 周岁年龄的人犯罪,将负担的是一种完全的刑事责任。不满 16 周岁不处罚的,责令其家长或监护人加以管教,必要时可由政府收养教育。

(2) 已满 14 周岁不满 16 周岁的人,犯故意杀人、故意伤害致人重伤或者死亡、强奸、抢劫、贩卖毒品、放火、爆炸、投放危险物质罪的,应当负刑事责任。这里所应负的刑事责任年龄,是相对的负刑事责任年龄阶段。也就是说,已满 14 周岁不满 16 周岁的人,仅仅是犯上述犯罪行为时才负刑事责任。已满 14 周岁不满 18 周岁的人犯罪,应当从轻或减轻处罚。

(3) 已满 12 周岁不满 14 周岁的人,犯故意杀人、故意伤害罪致人死亡或者以特别残忍手段致人重伤造成严重残疾,情节恶劣,经最高人民检察院核准追诉的,应当负刑事责任。

(4) 已满 75 周岁的人犯罪,可以从轻或减轻处罚;过失犯罪的,应当从轻或减轻处罚。

(5) 精神病人在不能辨认或者不能控制自己行为的时候造成危害结果,经法定程序鉴定确认的,不负刑事责任,但是应当责令他的家属或者监护人严加看管和医疗;在必要的时候,由政府强制医疗。间歇性的精神病人在精神正常的时候犯罪,应当负刑事责任。

（6）尚未完全丧失辨认或者控制自己行为能力的精神病人犯罪的，应当负刑事责任，但是可以从轻或者减轻处罚。

第三节 法律责任

一、法律责任的概念

法律责任，有广义、狭义之分。广义的法律责任是指任何组织和个人均负有的遵守法律、自觉维护法律尊严的义务。狭义的法律责任是指违法者对违法行为所应承担的具有强制性的法律上的责任。法律责任同违法行为紧密相联，只有实施某种违法行为的人（包括法人），才承担相应的法律责任。

法律责任在法律上有明确具体的规定，由国家强制力保证其执行。国家授权的机关依法追究法律责任，实施法律制裁，其他组织和个人无权行使此项权力。

二、法律责任的分类

根据违法行为所违反的法律的性质，法律责任可分为民事责任、行政责任和刑事责任。

（一）民事责任

民事法律责任，简称民事责任，是指民事主体在民事活动中，因实施了民事违法行为，根据民法所承担的对其不利的民事法律后果或者基于法律特别规定而应承担的民事法律责任。民事责任属于法律责任的一种，是保障民事权利和民事义务实现的重要措施，是民事主体因违反民事义务所应承担的民事法律后果，它主要是一种民事救济手段，旨在使受害人被侵犯的权益得以恢复。

根据《民法典》第一百七十九条的规定，承担民事责任的方式主要有：

（1）停止侵害。停止侵害主要适用于正在进行中的侵害他人合法权利的行为，或正处于延续状态的侵害行为。

（2）排除妨碍。排除妨碍适用于妨碍他人行使权利的场合，不需要权利人的权利受到实际的侵害。

（3）消除危险。行为人的侵害行为虽未造成他人财产、人身的实际损害，但是有造成损害的现实危险时，权利人可以要求行为人采取措施排除危险。

（4）返还财产。当行为人非法占有他人的财产，他人可以要求行为人返还财产。但是这时要求该财产尚存在，如果该财产已经灭失，则行为人应当依法承担损害赔偿的责任。

（5）恢复原状。恢复原状适用于财产遭到他人的损害，但是尚有恢复到原来状况的可能的情况。一般而言，造成他人财产损害的，应尽量恢复原状，只有难以恢复原状的，才对损失进行赔偿。

（6）修理、重作、更换。这种责任形式一般适用于一些合同关系。如一方根据买卖合同交付的标的物不符合合同的约定，则对方当事人可以要求修理、重作、更换。

（7）继续履行。继续履行主要适用于当事人一方不履行合同义务或者履行合同义务不符合约定，另一方当事人有权要求违反合同义务的行为人承担继续履行合同义务的责任。

（8）赔偿损失。赔偿损失是适用范围最广的一种责任形式。它不仅适用于侵犯财产权的场合，也适用于侵犯人身权的场合，如精神损害的赔偿。

（9）支付违约金。这种责任形式仅适用于合同。如果合同约定或法律规定了违约应当支付的违约金，如一方违约，就应当向另一方支付约定或法定的违约金。

（10）消除影响、恢复名誉。这种责任承担方式主要是指行为人因侵害公民或法人的人格权（公民的人格权主要包括姓名权、名誉权、荣誉权、肖像权、隐私权、名誉权等）而应承担的恢复名誉、消除影响的法律责任。

（11）赔礼道歉。赔礼道歉是违法行为人向受害人承认错误，表示歉意的责任形式。赔礼道歉主要适用于人身权受侵害的情形。当事人双方可私下请求赔礼道歉，也可向法院提出诉讼请求，但只有自然人才可以请求赔礼道歉。赔礼道歉方式可以口头或书面的形式。

这 11 种民事责任形式，既可以单独适用，也可以合并适用。在适用时应当注意区分不同性质的违法行为，根据责任形式的不同适用范围，正确选择责任承担的形式；区分违法行为的不同情节，根据责任形式之间的内在逻辑，正确合并适用的责任形式。

（二）行政责任

行政责任是指犯有一般违法行为的单位或个人，依照行政法律法规的规定应承担的行政法律责任。行政责任主要有行政处罚和行政处分两种方式。

1. 行政处罚

行政处罚是指国家行政机关及其他依法可以实施行政处罚权的组织，对违反行政法律、法规、规章，尚不构成犯罪的公民、法人及其他组织实施的一种制裁行为。行政处罚是行政主体依照法定职权和程序对违反行政法规范，尚未构成犯罪的相对人给予行政制裁的具体行政行为。行政处罚特征有：①实施行政处罚的主体是作为行政主体的行政机关和法律法规授权的组织；②行政处罚的对象是实施了违反行政法律规范行为的公民、法人或其他组织；③行政处罚的性质是一种以惩戒违法为目的、具有制裁性的具体行政行为。根据《中华人民共和国行政处罚法》（以下简称《行政处罚法》）第八条的规定，行政处罚有以下 7 种：

（1）警告。警告是国家对行政违法行为人的谴责和告诫，是国家对行为人违法行为所作的正式否定评价。从国家方面说，警告是国家行政机关的正式意思表示，会对相对一方产生不利影响，应当纳入法律约束的范围；对被处罚人来说，警告的制裁作用，主要是对当事人形成心理压力、不利的社会舆论环境。适用警告处罚的重要目的，是使被处罚人认识其行为的违法性和对社会的危害，纠正违法行为并不再继续违法。

（2）罚款。罚款是行政机关对行政违法行为人强制收取一定数量金钱，剥夺一定财产权利的制裁方法。罚款适用于对多种行政违法行为的制裁。

（3）没收违法所得、没收非法财物。没收违法所得，是行政机关将行政违法行为人占有的，通过违法途径和方法取得的财产收归国有的制裁方法；没收非法财物，是行政机关将行政违法行为人非法占有的财产和物品收归国有的制裁方法。

（4）责令停产停业。责令停产停业是行政机关强制命令行政违法行为人暂时或永久地停止生产经营和其他业务活动的制裁方法。

（5）暂扣或者吊销许可证，暂扣或者吊销执照。它是行政机关暂时或者永久地撤销行政违法行为人拥有的国家准许其享有某些权利或从事某些活动资格的文件，使其丧失权利和活动资格的制裁方法。

（6）行政拘留。行政拘留是公安机关对违反治安管理的人在短期内剥夺其人身自由的一种强制性惩罚措施。由于行政拘留是行政处罚中最严厉的一种，因而法律对其适用作了严格的规定：①在适用机关上，只能由公安机关决定和执行；②在适用对象上，一般只适用于严重违反治安管理法规的自然人，但不适用于精神病患者、不满 14 岁的公民以及孕妇或者正在哺乳自己 1 周岁以内的婴儿的妇女，同时也不适用于我国的法人和其他组织；③在适用时间上，为 1 日以上、15 日以下；④在适用程序上，必须经过传唤、讯问、取证、裁决、执行等程序。

(7) 法律、行政法规规定的其他行政处罚。

2. 行政处分

行政处分是指国家机关、企事业单位对所属的国家工作人员违法失职但尚不构成犯罪的行为，依据法律、法规所规定的权限而给予的一种惩戒。

根据《中华人民共和国公务员法》的规定，行政处分的种类主要有：

(1) 警告。对违反行政纪律的行为主体提出告诫，使之认识应负的行政责任，以便加以警惕，使其注意并改正错误，不再犯此类错误。这种处分适用于违反行政纪律行为轻微的人员。

(2) 记过。记载或者登记过错，以示惩处。这种处分适用于违反行政纪律行为比较轻微的人员。

(3) 记大过。记载或登记较大或较严重的过错，以示严重惩处的意思。这种处分适用于违反行政纪律行为比较严重，给国家和人民造成一定损失的人员。

(4) 降级。降低其工资等级。这种处分适用于违反行政纪律，使国家和人民的利益受一定损失，但仍然可以继续担任现任职务的人员。

(5) 撤职。撤销现任职务。这种处分适用于违反行政纪律行为严重，已不适宜担任现任职务的人员。

(6) 开除。取消公职。这种处分适用于犯有严重错误、已丧失国家工作人员基本条件的人员。

公务员受行政处分，有处分期限的规定：警告，6 个月；记过，12 个月；记大过，18 个月；降级、撤职，24 个月。

公务员受处分期间不得晋职、晋级；受警告以外行政处分的，不得晋升工资档次；受开除处分的，不得被行政机关重新录用或聘用。

(三) 刑事责任

刑事责任是指犯罪人因实施犯罪行为应当承担的法律责任，包括主刑和附加刑两种刑事责任。

1. 主刑

主刑是对犯罪分子适用的主要刑罚，它只能独立使用，不能相互附加适用。主刑主要有：

(1) 管制。管制是对犯罪分子不实行关押，但限制其一定的人身自由，由公安机关执行的一种刑罚方法。期限为 3 个月以上 2 年以下，数罪并罚时最长不超过 3 年。

(2) 拘役。拘役是短期剥夺犯罪分子的人身自由，并由公安机关就近实行强制劳动改造的刑罚方法。期限为 1 个月以上 6 个月以下，数罪并罚时最长不超过 1 年。

(3) 有期徒刑。有期徒刑是指剥夺犯罪分子一定期限内的人身自由，在监狱或者其他执行场所执行，凡有劳动能力的，都应当参加劳动，接受教育和改造的刑罚方法。刑期为 6 个月以上 15 年以下。数罪并罚时，总和刑期不满 35 年的，最长不超过 20 年；总和刑期在 35 年以上的，最高不能超过 25 年。

(4) 无期徒刑。无期徒刑即没有期限的徒刑，是对罪行较重的人终身监禁的刑罚。被判处无期徒刑的人在服刑期间表现好或有立功表现等，刑法规定可获得减刑，减刑后的最少服刑期不得少于 10 年。由司法机关在监狱或其他劳动改造场所执行。

(5) 死刑。死刑是对罪大恶极，不杀不足以平民愤的犯罪判处剥夺生命的极刑；一般采取注射、电击、枪毙的方法执行，家属可以收尸。死刑的执行由最高人民法院核准。

2. 附加刑

附加刑是刑法规定的补充主刑适用的刑罚方法，其特点是既能独立适用，也能附加适用。附加刑包括：

(1) 罚金。罚金是人民法院判处犯罪分子向国家缴纳一定数额金钱的刑罚方法。

(2) 剥夺政治权利。剥夺政治权利是剥夺犯罪分子参加管理国家事务的政治权利的一种刑罚方法。

(3) 没收财产。没收财产是将犯罪分子个人所有财产的一部分或者全部强制无偿地收归国有的一种刑罚方法。

(4) 驱逐出境。

《刑法》第 35 条规定，对于犯罪的外国人，可以独立适用驱逐出境或者附加适用。

第一章测试题及参考答案

第二章　会计法律制度

本章导学

本章的内容包括会计核算与监督、会计档案管理、会计机构与会计人员、会计职业道德以及违反会计法应当承担的法律后果等。

学习目标

（一）熟悉会计法律制度的构成、代理记账的规定、财政部门及有关行政部门工作人员职务违法的法律责任。

（二）掌握《会计法》适用范围、会计工作管理体制。

（三）掌握会计核算、会计档案管理、会计监督。

（四）掌握会计机构、会计岗位的设置、会计人员、会计工作交接。

（五）掌握会计法律责任：违反国家统一会计制度的法律责任、伪造、变造会计资料以及编制虚假财务会计报告的法律责任、隐匿或者故意销毁会计资料的法律责任、授意、指使、强令会计机构及人员从事会计违法行为的法律责任、单位负责人打击报复会计人员的法律责任。

课程思政

一、案件事实

2010 年年末至 2013 年 7 月中旬，被告人赵健飞、孙晶以沈阳中巨达金属材料有限公司实际控制人身份先后 4 次指使该公司员工陈某 2（已判刑）销毁中巨达公司财务账簿等资料，陈某 2 遂于 2010 年年末、2012 年春节前、2013 年 7 月初与 7 月中旬，先后 4 次将中巨达公司 2008 年至 2013 年的会计凭证、账簿等财务资料采用火烧方式销毁，其中前两次陈某 2 将公司财务账册用纸盒箱包装运至本溪市火葬场销毁，后两次陈某 2 将账册运至沈阳祥龙有限公司锅炉房销毁。

二、裁判结果

原审法院经公开开庭审理，对本案涉案证据进行了庭审质证，并根据被告人赵健飞、孙晶的具体犯罪事实、性质、情节及对社会的危害程度,依照《中华人民共和国刑法》之规定,认定:被告人赵健飞犯故意销毁会计凭证、会计账簿、财务会计报告罪,判处有期徒刑 3 年,并处罚金人民币 10 万元。被告人孙晶犯故意销毁会计凭证、会计账簿、财务会计报告罪,判处有期徒刑 3 年,缓刑 3 年,并处罚金人民币 10 万元。赵健飞不服判决,进行上诉。

赵健飞、孙晶指使他人销毁沈阳中巨达金属材料有限公司会计凭证、账簿等财务资料,情节严重,其行为已构成故意销毁、会计凭证、会计账簿、财务会计报告罪,辽宁省高院认为:原审判决认定事实清楚,证据确实、充分,定罪准确,量刑适当,审判程序合法。依照《中华人民共和国刑事诉讼法》第二百三十六条第一款(一)项之规定,裁定如下:驳回上诉,维持原判。本裁定为终审裁定。

三、典型意义

会计核算的基本要求:各单位都应当按照《中华人民共和国会计法》的规定设置会计账簿,进行会计核算。我国会计法规定,各单位必须根据实际发生的经济业务事项进行会计核算,填制会计凭证,登记会计账簿,编制财务会计报告;必须要保证会计资料的真实和完整。会计资料的真实性和完整性,是会计资料最基本的质量要求,是会计工作的生命。

本案中,上诉人赵健飞、原审被告人孙晶指使他人销毁沈阳中巨达金属材料有限公司会计凭证、账簿等财务资料,情节严重,其行为已构成故意销毁、会计凭证、会计账簿、财务会计报告罪,对上诉人赵健飞应当数罪并罚。原审判决认定事实清楚,证据确实、充分,定罪准确,量刑适当。

[参考资料来源:辽宁省高级人民法院刑事裁定书(2021)辽刑终 388 号,https://wenshu.court.gov.cn/。]

学习内容

第一节　会计法律制度概述

一、会计法律制度的构成

会计法律制度,是指国家权力机关和行政机关制定的关于会计工作的法律、法规、规章和规范性文件的总称,简称会计法规。

会计法律制度是调整会计关系的法律规范。

会计关系,是会计机构和会计人员在办理会计事务过程中以及国家在管理会计工作过程中发生的经济关系。

我国会计法律制度由会计法律、行政法规、部门规章和地方性法规等构成。

会计法律是指由全国人民代表大会及其常务委员会依法制定的有关会计工作和管理的法律。例如,《中华人民共和国会计法》(以下简称会计法),《中华人民共和国注册会计师法》。

会计行政法规是指由国务院依据《会计法》等法律规定制定的调整某些方面会计关系的规范性文件。例如,《中华人民共和国总会计师条例》(以下简称《总会计师条例》),《企业财务会计报告条例》。

会计部门规章是指财政部等国务院所属部门根据法律和行政法规，在本部门的权限范围内，制定的有关执行会计法律或者会计行政法规具体事项的规范性文件。但是，没有法律或者行政法规的依据，部门规章不得设定减损公民、法人和其他组织权利或者增加其义务的规范，不得增加本部门的权力或者减少本部门的法定职责。例如，财政部制定的《会计基础工作规范》(2019 年修改)，财政部制定的《代理记账管理办法》(2019 年修改)，财政部、国家档案局制定的《会计档案管理办法》(2016 年修订)。

会计地方性法规是指由省、自治区、直辖市的人民代表大会及其常务委员会，在不同宪法、法律、行政法规相抵触的前提下，为执行会计法律、行政法规的规定或者属于地方性事务需要等，根据本行政区域的具体情况和实际需要制定的有关会计工作和管理的规范性文件。例如，《云南省会计条例》《黑龙江省会计管理条例》。

现行有效的国家会计法律主要有《会计法》等；会计法规主要有《中华人民共和国总会计师条例》《企业财务会计报告条例》等；会计规章主要有《会计人员管理办法》《代理记账管理办法》《会计档案管理办法》《会计工作基础规范》《会计专业技术人员继续教育规定》等，以及企业会计准则。

二、《会计法》的适用范围

《会计法》第二条规定，国家机关、社会团体、公司、企业、事业单位和其他组织(以下统称单位)必须依照本法办理会计事务。

《会计法》第八条规定，国家实行统一的会计制度。国家统一的会计制度由国务院财政部门根据本法制定并公布。国务院有关部门可以依照本法和国家统一的会计制度制定对会计核算和会计监督有特殊要求的行业实施国家统一的会计制度的具体办法或者补充规定，报国务院财政部门审核批准。

《会计法》第五十条规定，国家统一的会计制度，是指国务院财政部门根据《会计法》制定的关于会计核算、会计监督、会计机构和会计人员以及会计工作管理的制度。

三、会计工作管理体制

会计工作的管理体制包括政府行政管理体制和单位内部管理体制。

1. 政府行政管理体制

会计工作的主管部门，是指代表国家对会计工作行使管理职能的政府部门。

《会计法》第七条规定："国务院财政部门主管全国的会计工作。县级以上地方各级人民政府财政部门管理本行政区域内的会计工作。"

2. 单位内部管理体制

《会计法》第四条规定，单位负责人对本单位的会计工作和会计资料的真实性、完整性负责。

《会计法》第五十条规定，单位负责人是指单位法定代表人或者法律、行政法规规定能够代表单位行使职权的主要负责人。

《会计法》第五条规定，任何单位或者个人不得以任何方式授意、指使、强令会计机构、会计人员伪造、变造会计凭证、会计账簿和其他会计资料，提供虚假财务会计报告。任何单位或者个人不得对依法履行职责、抵制违反本法规定行为的会计人员实行打击报复。

第二节 会计核算与监督

一、会计核算

会计核算,是以货币为主要计量单位,运用专门的会计方法,对生产经营活动或预算执行过程及其结果进行连续、系统、全面的记录、计算、分析,定期编制并提供财务会计报告和其他一系列内外部管理所需的会计资料,为经营决策和宏观经济管理提供依据的一项专门的会计活动。会计核算是会计工作的基本职能之一,是会计工作的重要环节。

(一)会计核算的基本要求

1. 依法建账

(1) 各单位都应当按照《会计法》的规定建立和设置会计账簿,进行会计核算。

(2) 各单位发生的各项经济业务事项应当统一进行会计核算,不得违反规定私设会计账簿。

《会计法》第四十二条规定,私设会计账簿的,由县级以上人民政府财政部门责令限期改正,可以对单位并处 3 000 元以上 5 万元以下的罚款;对其直接负责的主管人员和其他直接责任人员,可以处 2 000 元以上 2 万元以下的罚款。

2. 根据实际发生的经济业务进行会计核算

(1)《会计法》第九条规定,各单位必须根据实际发生的经济业务事项进行会计核算,填制会计凭证,登记会计账簿,编制财务会计报告。任何单位不得以虚假的经济业务事项或者资料进行会计核算。

(2) 会计核算以实际发生的经济业务为依据,体现了会计核算的真实性和客观性要求。会计核算的基本操作程序依次是经济业务(实际发生)、原始凭证(真实)、登记账簿(如实)、编制财务会计报告(审计),形成其他内外部管理所需的会计资料。

3. 保证会计资料的真实和完整

(1) 会计资料,主要是指会计凭证、会计账簿、财务会计报告等会计核算专业资料。

(2) 会计资料是会计核算的重要成果,是投资者做出投资决策,经营者进行经营管理,国家进行宏观调控的重要依据。

(3) 会计资料的真实性和完整性是会计资料最基本的质量要求,是会计工作的生命线和基石。如果会计资料不真实、不完整,会计核算的价值和与意义将荡然无存。

会计资料的真实性,主要是指会计资料所反映的内容和结果,应当同单位实际发生的经济业务的内容及其结果相一致。

会计资料的完整性,主要是指构成会计资料的各项要素必须齐全,以使会计资料如实、全面地记录和反映经济业务发生情况,便于会计资料使用者全面、准确地了解经济活动情况。

导致会计资料不真实、不完整的主要原因是伪造、变造。特别要注意的是,因为会计人员的过失、错误更正等原因导致的会计资料不真实,不属于会计法上所说的“伪造或者变造”。

伪造会计资料,包括伪造会计凭证和会计账簿,是以虚假的经济业务为前提来编制会计凭证和会计账簿,旨在以假充真,是典型的“虚构事实”,即虚构不曾发生的经济业务这个“事实”,是“无中生有”。例如,某公司会计人员填制了一份 300 万元的增值税专用发票,尽管这张发票本身是税务机关核发的真实的增值税专用发票，但是会计人员却在这张真实的发票上记载了根本没有发生过的300万元的交易业务金额，此为“伪造”。

变造会计资料，包括变造会计凭证和会计账簿，是用涂改、挖补等手段来改变会计凭证和会计账簿的真实内容，以歪曲事实真相。变造的前提是被变造的会计凭证与会计账簿本身是真实发生的经济业务的真实记录，但是，却被人用“修改”手段或者方法“修改”，本来真实的会计凭证与会计账簿记载的真实内容非法强行地“变”为不真实内容，隐藏了事实真相。例如，上例中，假如会计人员出具的增值税专用发票所记载的300万元交易业务真实地发生过，但是会计人员运用技术手段把“300万元”改成“3 000万元”的行为，就是“变造”。

4. 正确采用会计处理方法

(1) 会计处理方法是指在会计核算中所采用的具体方法。

(2) 采用的不同会计处理方法可能影响会计资料的一致性和可比性。

(3)《会计法》和国家统一的会计制度规定，各单位采用的会计处理方法，前后各期应当一致，不得随意变更(特别注意：可以依法依规更改)；确有必要变更的，应当按照国家统一的会计制度的规定变更，并将变更的原因、情况及影响在财务会计报告中说明。

5. 正确使用会计记录文字

会计记录文字是在进行会计核算时，为记载经济业务发生情况和辅助说明会计数字所体现的经济内涵而使用的文字。根据《会计法》第二十二条的规定，会计记录文字应当使用中文。在民族自治地方，会计记录可以同时使用中文和当地通用的一种民族文字。在中国境内的外商投资企业、外国企业和其他外国组织的会计记录可以同时(中文＋外国文字)使用一种外国文字。

6. 使用电子计算机进行会计核算必须符合法律规定

(1) 使用电子计算机进行会计核算(即会计电算化)的单位，其使用的会计软件必须符合国家统一的会计制度的规定。

(2) 使用电子计算机生成的会计凭证、会计账簿、财务会计报告和其他会计资料，必须符合国家统一的会计制度的规定。

(二) 会计核算的内容

《会计法》第十条规定，下列经济业务事项，应当办理会计手续，进行会计核算：款项和有价证券的收付；财物的收发、增减和使用；债权、债务的发生和结算；资本、基金的增减；收入、支出、费用、成本的计算；财务成果的计算和处理；需要办理会计手续进行会计核算的其他事项。

1. 款项和有价证券的收付

款项的收付，主要包括货币资金的收入、转存和付出、结存等。有价证券的收付，主要包括有价证券的购入、无偿取得、债务重组取得；有价证券的有偿转让、抵债、对外投资、捐赠；有价证券的利息和股利、溢价与折价的摊销；有价证券的期末结存、减值等。

2. 财物的收发、增减和使用

财物的收发、增减和使用，包括存货、固定资产、投资、无形资产等的购入、自行建造、无偿取得、债务重组取得、融资租赁、接受捐赠、出售、转让、无偿调出、捐赠、减值等。

3. 债权、债务的发生和结算

债权的发生和结算，主要包括债权的收回及孳息、债务重组、债权减值等。

债务的发生和结算，主要包括债权人变更、债务的偿还及孳息、债务重组及免偿等。

4. 资本、基金的增减

资本、基金的增减，主要包括实收资本(股本)、资本公积、盈余公积、基金等的增减变动。例如，实收资本(股本)的取得和企业增资、减资；资本公积的形成、转增资本；基金的提取、转入、使用和给付等。

5. 收入、支出、费用、成本的计算

收入的计算，包括：销售商品收入、提供劳务收入、让渡资产使用权收入和建造合同收入等主营业务收入的确认与结转；材料销售收入，代购、代销、代加工、代管、代修收入和出租收入等其他业务收入的确认与结转；投资收益，补贴收入，固定资产盘盈、处置固定资产净收益、出售无形资产收益、罚款收益等营业外收入的确认与结转；以前年度损益调整等的确认与结转。

支出、费用、成本的计算，包括：生产成本的汇集、分配与结转；销售费用、管理费用和财务费用等的汇集与结转；税金及附加、建造合同成本、出售无形资产损失、债务重组损失、计提的固定资产减值准备、捐赠支出等的确认与结转。

6. 财务成果的计算和处理

财务成果的计算和处理，包括：将收入和相配比的成本、费用和支出转入本年利润，计算利润总额；将所得税转入本年利润，计算净利润；年终结转本年利润；所得税的计提、缴纳、返还和余额结转，递延税款的余额调整等。

7. 其他事项

需要办理会计手续进行会计核算的其他事项。

(三) 会计年度

会计年度，是指以年度为单位进行会计核算的时间区间，是反映单位财务状况、核算经营成果的时间界限。

《会计法》第十一条规定，会计年度自公历1月1日起至12月31日止。每一个会计年度还可以按照公历日期具体划分为半年度、季度、月度。

(四) 记账本位币

记账本位币，是指会计机构和会计人员登记账簿和编制财务会计报告所使用计量货币。

《会计法》第十一条规定，会计核算以人民币为记账本位币。业务收支以人民币以外的货币为主的单位，可以选定其中一种货币作为记账本位币，但对外报出的财务会计报告应当折算为人民币。

(五) 会计凭证

1. 会计凭证的概念

会计凭证，是指具有某种格式、用以记录经济业务发生或者完成情况，明确经济责任，并作为记账凭证的书面证据材料，是会计核算的最重要的会计资料。

2. 会计凭证的分类

会计凭证按其来源和用途，分为原始凭证(单据)和记账凭证(传票)两种。

3. 原始凭证填制的基本要求

原始凭证是指在经济业务发生时，由业务经办人员从外部直接取得或者自行填制，用以表明某项经济业务已经发生或完成情况并明确有关经济责任的一种原始凭据，如发票。

原始凭证是会计核算的原始依据，来源于实际发生的经济业务事项。

原始凭证种类很多，既有来自单位外部的，也有单位自制的；既有国家统一印制的具有固定格式的发票，也有由发生经济业务事项的双方认可并自行填制的凭据等。

会计机构、会计人员必须按照国家统一的会计制度的规定对原始凭证进行审核，对不真实、不合法的原始凭证有权不予接受，并向单位负责人报告；对记载不准确、不完整的原始凭证予以退回，并要求按照国家统一的会计制度的规定更正、补充。

原始凭证记载的各项内容均不得涂改；原始凭证有错误的，应当由出具单位重开或者更正，并在更正处加盖出具单位印章。原始凭证金额有错误的，应当由出具单位重开，不得在原始凭证上更正。

4. 记账凭证填制的基本要求

记账凭证是指对经济业务事项按其性质加以归类，明确会计分录，并据以登记会计账簿的会计凭证。

记账凭证可以分为专用记账凭证和通用记账凭证。收款凭证、付款凭证和转账凭证均为专用记账凭证。

记账凭证具有分类归纳原始凭证和满足登记会计账簿需要的功能和作用。

记账凭证应当根据经过审核的原始凭证及有关资料编制。

除结账和更正错误的记账凭证外，其他记账凭证必须附有原始凭证。

一张原始凭证所列的支出需要由两个以上的单位共同负担时，应当由保存该原始凭证的单位开具原始凭证分割单给其他应负担经济责任的单位。

原始凭证不得外借。其他单位如因特殊原因需要使用原始凭证时，经本单位会计机构负责人、会计主管人员批准，可以复制。

（六）会计账簿

1. 会计账簿的概念

会计账簿，是指全面记录和反映一个单位经济业务事项，把大量分散的数据或者资料进行归类整理，逐步加工成有用会计信息的簿籍。会计账簿是编制财务会计报告的重要依据。

2. 会计账簿的种类

（1）总账（总分类账）。根据会计科目开设的账簿，用于分类登记单位的全部经济业务事项，提供资产、负债、所有者权益、费用、成本、收入等总括核算的资料；一般有订本账和活页账两种。

（2）明细账（明细分类账）。根据总账科目所属的明细科目设置的，用于分类登记某一类经济业务事项，提供有关明细核算资料；明细账通常使用活页账。

（3）日记账。是一种特殊的序时明细账，是按照经济业务事项发生的时间先后顺序，逐日逐笔地进行登记的账簿。日记账包括现金日记账和银行存款日记账；日记账通常使用订本账。

（4）其他辅助账簿（备查账簿）。其他辅助账簿是为备忘备查而设置的。在会计实务中，主要包括各种租借设备、物资的辅助登记或有关应收、应付款项的备查簿，担保、抵押备查簿等。

3. 登记会计账簿的基本要求

各种账簿按页次顺序连续登记，不得跳行、隔页。如果发生跳行、隔页，应当将空行、空页划线注销，或者注明“此行空白”“此页空白”字样，并由记账人员签名或盖章。

（七）财务会计报告

1. 企业财务会计报告的构成

财务会计报告由会计报表、会计报表附注和财务情况说明书组成。

企业财务会计报告按编制时间分为年度、半年度、季度和月度财务会计报告。

年度、半年度财务会计报告应当包括会计报表、会计报表附注、财务情况说明书。会计报表应当包括资产负债表、利润表、现金流量表及相关附表。

季度、月度财务会计报告通常仅指会计报表，会计报表至少应当包括资产负债表和利润表。国家统一的会计制度规定季度、月度财务会计报告需要包括会计报表附注的，从其规定。

2. 企业财务会计报告的对外提供

对外报送的财务会计报告，应当由单位负责人、总会计师、会计机构负责人、会计主管人员签名或者盖章。

单位负责人对财务会计报告的合法性、真实性负法律责任。

根据法律和国家有关规定应当对财务会计报告进行审计的，财务会计报告编制单位应当先行委托注册会计师进行审计，并将注册会计师出具的审计报告随同财务会计报告按照规定的期限报送有关部门。

3. 国企财务会计报告的公布

国有企业、国有资本控股的或者占主导地位的企业，应当至少每年一次向本企业的职工代表大会公布财务会计报告，并重点说明下列事项：

（1）反映与职工利益密切相关的信息，包括管理费用的构成情况，企业管理人员工资、福利和职工工资、福利费的发放、使用和结余情况，公益金的提取及使用情况，利润分配的情况以及其他与职工利益相关的信息。

（2）内部审计发现的问题及纠正情况。

（3）注册会计师审计的情况。

（4）国家审计机关发现的问题及纠正情况。

（5）重大的投资、融资和资产处置决策及其原因的说明等。

（6）需要说明的其他重要事项。

（八）账务核对及财产清查

1. 账务核对、账表核对

账务核对，又称对账，包括账账核对、账实核对、账证核对等，是保证会计账簿记录质量的重要程序。

各单位应当定期将会计账簿记录与实物、款项及有关资料相互核对，保证会计账簿记录与实物及款项的实有数额相符、会计账簿记录与会计凭证的有关内容相符、会计账簿之间相对应的记录相符、会计账簿记录与会计报表的有关内容相符。

对账工作每年至少进行一次。

2. 财产清查

财产清查是会计核算工作的一项重要程序，特别是在编制年度财务会计报告之前，必须进行财产清查，并对账实不符等问题根据国家统一的会计制度的规定进行会计处理，以保证财务会计报告反映的会计信息真实、完整。

财产清查制度是通过定期或不定期、全面或部分地对各项财产物资进行实地盘点和对库存现金、银行存款、债权债务进行清查核实的一种制度。

二、会计档案管理

（一）会计档案的概念

会计档案是指单位在进行会计核算等过程中接收或形成的，记录和反映单位经济业务事项的，具有保存价值的文字、图表等各种形式的会计资料，包括通过计算机等电子设备形成、传输和存储的电子会计档案。

各单位的预算、计划、制度等文件材料不属于会计档案，属于文书档案。

（二）会计档案的归档

1. 会计档案的归档范围

下列会计资料应当进行归档：会计凭证、会计账簿、财务会计报告和其他会计资料（如银行存款余额调节表，银行对账单，纳税申报表，会计档案移交、保管、销毁清册，会计档案鉴定意见书以及其他具有保存价值的会计资料）。

2. 会计档案的归档要求

（1）同时满足下列条件的，单位内部形成的属于归档范围的电子会计资料可仅以电子形式保存，形成电子会计档案：①形成的电子会计资料来源真实有效，由计算机等电子设备形成和传输；②使用的会计核算系统能够准确、完整、有效接收和读取电子会计资料，能够输出符合国家标准归档格式的会计凭证、会计账簿、会计报表等会计资料，设定了经办、审核、审批等必要的审签程序；③使用的电子档案管理系统能够有效接收、管理、利用电子会计档案，符合电子档案的长期保管要求，并建立了电子会计档案与相关联的其他纸质会计档案的检索关系；④采取有效措施，防止电子会计档案被篡改；⑤建立电子会计档案备份制度，能够有效防范自然灾害、意外事故和人为破坏的影响；⑥形成的电子会计资料不属于具有永久保存价值或者其他重要保存价值的会计档案。满足上述条件，单位从外部接收的电子会计资料附有符合规定的电子签名的，可仅以电子形式归档保存，形成电子会计档案。

（2）单位的会计机构或会计人员所属机构（以下统称单位会计管理机构）按照归档范围和归档要求，负责定期将应当归档的会计资料整理立卷，编制会计档案保管清册。

（3）当年形成的会计档案，在会计年度终了后，可由单位会计管理机构临时保管 1 年，再移交单位档案管理机构保管。因工作需要确需推迟移交的，应当经单位档案管理机构同意。单位会计管理机构临时保管会计档案最长不超过 3 年。会计机构临时保管期间，会计档案的保管应当符合国家档案管理的有关规定，并且会计机构的出纳人员不得兼管会计档案。

（三）会计档案的移交和利用

1. 会计档案的移交

单位会计管理机构在办理会计档案移交时，应当编制会计档案移交清册，并按照国家档案管理的有关规定办理移交手续。

纸质会计档案移交时应当保持原卷的封装。电子会计档案移交时应当将电子会计档案及其元数据一并移交，并且文件格式应当符合国家档案管理的有关规定。特殊格式的电子会计档案应当与其读取平台一并移交。

单位档案管理机构接收电子会计档案时，应当对电子会计档案的准确性、完整性、可用性、安全性进行检测，符合要求的才能接收。

2. 会计档案的利用

单位应当严格按照相关制度利用会计档案,在进行会计档案查阅、复制、借出时履行登记手续,严禁篡改和损坏。

单位保存的会计档案一般不得对外借出。确因工作需要且根据国家有关规定必须借出的,应当严格按照规定办理相关手续。会计档案借用单位应当妥善保管和利用借入的会计档案,确保借入会计档案的安全完整,并在规定时间内归还。

(四)会计档案的保管期限

1. 会计档案保管期限的分类

会计档案保管期限分为永久和定期两类。永久,是指会计档案须永久保存;定期,是指会计档案保存应达到法定的时间,定期保管期限一般分为10年和30年。

2. 会计档案保管期限的计算

会计档案的保管期限是从会计年度终了后的第一天算起。

《会计档案管理办法》规定的会计档案管理期限为最低保管期限。

企业和其他组织的会计档案保管期限如表2-1所示。

财政总预算、行政单位、事业单位和税收会计档案保管期限,如表2-2所示。

表2-1 企业和其他组织会计档案保管期限

序号	档案名称	保管期限	备注
一	会计凭证		
1	原始凭证	30年	
2	记账凭证	30年	
二	会计账簿		
3	总账	30年	
4	明细账	30年	
5	日记账	30年	
6	固定资产卡片		固定资产报废清理后保管5年
7	其他辅助性账簿	30年	
三	财务会计报告		
8	月度、季度、半年度财务会计报告	10年	
9	年度财务会计报告	永久	
四	其他会计资料		
10	银行存款余额调节表	10年	
11	银行对账单	10年	
12	纳税申报表	10年	
13	会计档案移交清册	30年	
14	会计档案保管清册	永久	
15	会计档案销毁清册	永久	
16	会计档案鉴定意见书	永久	

表 2-2　财政总预算、行政单位、事业单位和税收会计档案保管期限

序号	档案名称	保管期限			备注
		财政总预算	行政单位、事业单位	税收会计	
一	会计凭证				
1	国家金库编送的各种报表及缴库退库凭证	10 年		10 年	
2	各收入机关编送的报表	10 年			
3	行政单位和事业单位的各种会计凭证		30 年		包括原始凭证、记账凭证和传票汇总表
4	财政总预算拨款凭证和其他会计凭证	30 年			包括拨款凭证和其他会计凭证
二	会计账簿				
5	日记账		30 年	30 年	
6	总账	30 年	30 年	30 年	
7	税收日记账(总账)			30 年	
8	明细分类、分户账或登记簿	30 年	30 年	30 年	
9	行政单位和事业单位固定资产卡片				固定资产报废清理后保管 5 年
三	财务会计报告				
10	政府综合财务报告	永久			下级财政、本级部门和单位报送的,保管 2 年
11	部门财务报告		永久		所属单位报送的,保管 2 年
12	财政总决算	永久			下级财政、本级部门和单位报送的,保管 2 年
13	部门决算		永久		所属单位报送的,保管 2 年
14	税收年报(决算)			永久	
15	国家金库年报(决算)	10 年			
16	基本建设拨、贷款年报(决算)	10 年			
17	行政单位和事业单位会计月、季度报表		10 年		所属单位报送的,保管 2 年
18	税收会计报表			10 年	所属税务机关报送的,保管 2 年
四	其他会计资料				
19	银行存款余额调节表	10 年	10 年		
20	银行对账单	10 年	10 年	10 年	
21	会计档案移交清册	30 年	30 年	30 年	

（续表）

序号	档案名称	保管期限			备注
		财政总预算	行政单位、事业单位	税收会计	
22	会计档案保管清册	永久	永久	永久	
23	会计档案销毁清册	永久	永久	永久	
24	会计档案鉴定意见书	永久	永久	永久	

注：税务机关的税务经费会计档案保管期限，按行政单位会计档案保管期限规定办理。

（五）会计档案的鉴定和销毁

1. 会计档案的鉴定

1）鉴定主体

会计档案鉴定，由单位档案管理部门组织，单位会计、审计、纪检监察等机构共同参与。

2）鉴定处理

经过鉴定，需要继续保存的会计档案，应当重新划定保管期限，继续依照规定进行保管；保管期满并且确实没有保存价值的档案，可以销毁。

3）鉴定期限

单位应当定期对已经保管到期的会计档案进行鉴定。

4）鉴定证明材料

经过鉴定，单位应当制作《会计档案鉴定意见书》，明确规定经过鉴定的会计档案到底是继续保管，还是销毁或者部分销毁。

2. 会计档案的销毁

单位档案管理机构编制会计档案销毁清册，列明拟销毁会计档案的名称、卷号、册数、起止年度、档案编号、应保管期限、已保管期限和销毁时间等内容。

单位负责人、档案管理机构负责人、会计管理机构负责人、档案管理机构经办人、会计管理机构经办人在会计档案销毁清册上签署意见。

单位档案管理机构负责组织会计档案销毁工作，并与会计管理机构共同派员监销。监销人在会计档案销毁前应当按照会计档案销毁清册所列内容进行清点核对；在会计档案销毁后，应当在会计档案销毁清册上签名或盖章。

电子会计档案的销毁还应当符合国家有关电子档案的规定，并由单位档案管理机构、会计管理机构和信息系统管理机构共同派员监销。

3. 不得销毁的会计档案

保管期满但未结清的债权、债务原始凭证和涉及其他未了事项的会计凭证不得销毁，纸质会计档案应当单独抽出立卷，电子会计档案单独转存，保管到未了事项完结时为止。

单独抽出立卷或转存的会计档案，应当在会计档案鉴定意见书、会计档案销毁清册和会计档案保管清册中列明。

（六）特殊情况下的会计档案处置

1. 单位分立时的会计档案处置

单位分立时，原单位存续，由分立后的存续方统一保管，其他方可以查阅、复制与其业务相关的会计档案。

单位分立时，原单位解散，按照以下原则进行会计档案处置：

(1) 经各方协商后由其中一方代管或按规定处置，各方可以查阅、复制与其业务相关的会计档案。

(2) 单位分立中未结清的会计事项所涉及的会计凭证，应当单独抽出由业务相关方保存，并按照规定办理交接手续。

(3) 单位因业务移交其他单位办理所涉及的会计档案，应当由原单位保管，承接业务单位可以查阅、复制与其业务相关的会计档案。对其中未结清的会计事项所涉及的会计凭证，应当单独抽出由承接业务单位保存，并按照规定办理交接手续。

2. 单位合并时的会计档案处置

新设合并(原各单位均解散的合并)或者吸收合并(一方存续、其他方解散的合并)，原各单位会计档案应由分立后存续方统一保管，其他方可以查阅、复制与其业务相关的会计档案。

原各单位仍存续的(控股合并)，仍应当由原各单位保管。

3. 建设单位的会计档案处置

建设单位在项目建设期间形成的会计档案，需要移交给建设项目接受单位的，应当在办理竣工财务决算后及时移交，并按照规定办理交接手续。

三、会计监督

会计监督是会计的基本职能之一，是对单位经济活动本身进行检查监督，借以控制经济活动，使经济活动能够按照确定的方向、目标、计划，遵循确定的原则稳健运行。

会计监督的类型包括单位内部监督、政府监督和社会监督。

(一) 会计工作的单位内部监督

1. 单位内部会计监督的概念和要求

单位内部会计监督是指各单位的会计机构、会计人员依据法律法规和国家统一的会计制度及单位内部会计管理制度的规定，通过会计手段对本单位经济活动的合法性、合理性和有效性进行监督。单位内容会计监督的功能和目的是保护资产的安全和完整，提高经营管理水平和效率。

单位内部会计监督的主体是各单位的会计机构、会计人员。单位内部会计监督的客体即对象是单位的全部经济活动。

单位内部会计监督的基本要求如下：

(1) 各单位应当根据实际情况建立、健全本单位内部会计监督制度。

(2) 会计机构、会计人员对违反规定的会计事项，有权拒绝办理或者按照职权予以纠正。

(3) 发现会计账簿记录与实物、款项及有关资料不相符的，按规定有权自行处理的，应当及时处理；无权处理的，应当立即向单位负责人报告，请求查明原因，进行处理。

(4) 单位负责人应当保证会计机构、会计人员依法履行职责，不得授意、指使、强令会计机构、会计人员违法办理会计事项。

2. 单位内部控制制度

1) 单位内部控制的概念和原则

单位内部控制制度是指单位为实现控制目标，通过制定制度、实施措施和执行程序，对经济活动的风险进行防范和管控。单位建立和实施内部控制，应当遵循以下基本原则：①全面性原则；②重要性原则；③制衡性原则；④适应性原则；⑤成本效益原则。小企业建立与实施内部控制，应当遵循下列原则：①风险导向原则；②适应性原则；③实质重于形式原则；④成本效益原则。

2）单位内部控制的措施

单位内部控制的主要措施有：①不相容职务分离控制；②授权审批控制；③会计系统控制；④财产保护控制；⑤预算控制；⑥运营分析控制；⑦绩效考评控制。不相容职务主要包括：授权批准与业务经办、业务经办与会计记录、会计记录与财产保管、业务经办与稽核检查、授权批准与监督检查等。

3）行政事业单位内部控制方法

行政事业单位内部控制的方法主要有：①不相容岗位相互分离；②内部授权审批控制；③归口管理；④预算控制；⑤财产保护控制；⑥会计控制；⑦单据控制；⑧信息内部公开。

（二）会计工作的政府监督

1. 会计工作政府监督的概念

会计工作的政府监督是指财政部门代表国家对各单位和单位中相关人员的会计行为实施的监督检查，以及对发现的违法会计行为实施行政处罚。

财政部门，是指国务院财政部门、省级以上人民政府财政部门派出机构和县级以上人民政府财政部门。财政部门按照行政区域对会计事项实施监督。

除财政部门外，审计、税务、人民银行、证券监管、保险监管等部门依照有关法律、行政法规规定的职责和权限，可以对有关单位的会计资料实施监督检查。

2. 财政部门会计监督的主要内容

财政部门对各单位的下列经济运行情况实施监督：①是否依法设置会计账簿；②会计凭证、会计账簿、财务会计报告和其他会计资料是否真实、完整；③会计核算是否符合《会计法》和国家统一的会计制度的规定；④从事会计工作的人员是否具备专业能力、遵守职业道德等。

财政部门在对各单位会计资料真实性、完整性实施监督检查中，发现重大违法嫌疑时，国务院财政部门及其派出机构可向与被监督单位有经济业务往来的单位和被监督单位开立账户的金融机构查询有关情况，有关单位和金融机构应予以支持。

（三）会计工作的社会监督

1. 会计工作社会监督的概念

会计工作的社会监督，主要是指由注册会计师及其所在的会计师事务所等中介机构接受委托，依法对单位的经济活动进行审计，出具审计报告，发表审计意见的一种监督制度。

《会计法》规定，任何单位和个人对违反本法和国家统一的会计制度规定的行为，有权检举。

2. 审计报告

1）审计报告的概念

审计报告是指注册会计师根据审计准则的规定，在执行审计工作的基础上，对被审计单位财务报表发表审计意见的书面文件。

2）审计报告的构成要素

审计报告应当包括以下构成要素：标题；收件人；引言段；管理层对财务报表的责任段；

注册会计师的责任段；审计意见段；注册会计师的签名和盖章；会计师事务所的名称、地址和盖章；报告日期。

3）审计报告的种类

审计报告有两类，即标准审计报告和非标准审计报告。

标准审计报告是指不含有说明段、强调事项段、其他事项段或其他任何修饰性用语的无保留意见的审计报告。包含其他报告责任段，但不含有强调事项段或其他事项段的无保留意见的审计报告也被视为标准审计报告。

非标准审计报告是指带强调事项段或其他事项段的无保留意见的审计报告和非无保留意见的审计报告。

无保留意见的审计报告可以是标准报告也可能是非标准报告。

无保留意见是指当注册会计师认为财务报表在所有重大方面按照适用的财务会计报告编制基础编制并实现公允反映时发表的审计意见。

非无保留意见包括保留意见、否定意见和无法表示意见。

当存在下列情形之一时，注册会计师应当在审计报告中发表非无保留意见：①根据获取的审计证据，得出财务报表整体存在重大错报的结论；②无法获取充分、适当的审计证据，不能得出财务报表整体不存在重大错报的结论。

当存在下列情形之一时，注册会计师应当发表保留意见：①在获取充分、适当的审计证据后，注册会计师认为错报单独或汇总起来对财务报表影响重大，但不具有广泛性；②注册会计师无法获取充分、适当的审计证据以作为形成审计意见的基础，但认为未发现的错报（如存在）对财务报表可能产生的影响重大，但不具有广泛性。

在获取充分、适当的审计证据以作为形成审计意见的基础，但认为未发现的错报（如存在）对财务报表可能产生的影响重大且具有广泛性时，注册会计师应当发表否定意见。

如果无法获取充分、适当的审计证据以作为形成审计意见的基础，但认为未发现的错报（如存在）对财务报表可能产生的影响重大且具有广泛性，注册会计师应当发表无法表示意见。

在极其特殊的情况下，可能存在多个不确定事项，尽管注册会计师对每个单独的不确定事项获取了充分、适当的审计证据，但由于不确定事项之间可能存在相互影响，以及可能对财务报表产生累积影响，注册会计师不可能对财务报表形成审计意见。在这种情况下，注册会计师应当发表无法表示意见。

第三节 会计机构和会计人员

一、会计机构

会计机构，是指各单位办理会计事务的职能部门。

根据《会计法》的规定，各单位应当根据会计业务的需要，设置会计机构，或者在有关机构中设置会计人员并指定会计主管人员；不具备设置条件的，应当委托经批准从事会计代理记账业务的中介机构代理记账。

二、代理记账

代理记账，是指代理记账机构接受委托办理会计业务。

代理记账机构是指依法取得代理记账资格，从事代理记账业务的机构。

1. 代理记账机构的审批

除会计师事务所以外的机构（非个人）从事代理记账业务，应当经县级以上人民政府财政部门批准，领取由财政部统一规定样式的代理记账许可证书。

会计师事务所及其分所可以依法从事代理记账业务。

2. 代理记账机构的业务范围

代理记账机构可以接受委托办理下列业务：①根据委托人提供的原始凭证和其他资料，按照国家统一的会计制度的规定进行会计核算，包括审核原始凭证、填制记账凭证、登记会计账簿、编制财务会计报告等；②对外提供财务会计报告；③向税务机关提供税务资料；④委托人委托的其他会计业务。

3. 订立书面委托合同

代理记账机构与委托人应当依法签订书面委托合同，约定双方各自的权利和义务。委托合同除应具备法律规定的基本条款外，还应当明确下列内容：

(1) 双方对会计资料真实性、完整性各自应当承担的责任。

(2) 会计资料传递程序和签收手续。

(3) 编制和提供财务会计报告的要求。

(4) 会计档案的保管要求及相应的责任。

(5) 终止委托合同应当办理的会计交接事宜。

委托人应当履行下列义务：

(1) 对本单位发生的经济业务事项，应当填制或者取得符合规定的原始凭证。

(2) 应当配备专人负责日常货币收支和保管。

(3) 及时向代理记账机构提供真实、完整的原始凭证和其他相关资料。

(4) 对于代理记账机构退回的，要求按照规定进行更正、补充的原始凭证，应当及时予以更正、补充。

代理记账机构及其从业人员应当履行下列义务：

(1) 遵守法律规定按委托合同办理代理记账业务。

(2) 对在执行业务中知悉的商业秘密予以保密。

(3) 对委托人要求其作出不当的会计处理，提供不实的会计资料，以及其他不符合规定的行为予以拒绝。

(4) 对委托人提出的有关会计处理相关问题予以解释。

代理记账机构为委托人编制的财务会计报告，经代理记账机构负责人和委托人负责人签名并盖章后，按照有关法律、法规和国家统一的会计制度的规定对外提供。

三、会计岗位的设置

（一）会计工作岗位设置要求

会计工作岗位，是指一个单位会计机构内部根据业务分工而设置的职能岗位。

根据《会计工作基础规范》的规定，各单位应当根据会计业务需要设置会计工作岗位。

会计工作岗位一般可分为：会计机构负责人或会计主管人员、出纳、财产物资核算、工资核算、成本费用核算、财务成果核算、资金核算、往来结算、总账报表、稽核、档案管理等。

会计工作岗位，可以一人一岗、一人多岗或者一岗多人。会计人员的工作岗位应当有计划地进行轮换。

出纳人员不得兼任稽核、会计档案保管和收入、支出、费用、债权债务账目的登记工作。

另外，档案管理部门的人员管理会计档案，不属于会计岗位。

会计机构负责人或会计主管人员，是在一个单位内具体负责会计工作的中层领导人员。担任单位会计机构负责人（会计主管人员）的，应当具备会计师以上专业技术职务资格或者从事会计工作3年以上经历。

因有提供虚假财务会计报告，做假账，隐匿或者故意销毁会计凭证、会计账簿、财务会计报告，贪污，挪用公款，职务侵占等与会计职务有关的违法行为被依法追究刑事责任的人员，不得再从事会计工作。

（二）会计人员回避制度

国家机关、国有企业、事业单位任用会计人员应当实行回避制度。

单位领导人的直系亲属不得担任本单位的会计机构负责人、会计主管人员。

会计机构负责人、会计主管人员的直系亲属不得在本单位会计机构中担任出纳工作。

需要回避的直系亲属有夫妻关系、直系血亲关系、三代以内旁系血亲以及姻亲关系。

四、会计人员

（一）会计人员的概念和范围

会计人员是指根据《会计法》的规定，在国家机关，社会团体，企业、事业单位和其他组织中从事会计核算、实行会计监督等会计工作的人员。

会计人员包括从事下列具体会计工作的人员：出纳，稽核，资产、负债和所有者权益（净资产）的核算，收入、费用（支出）的核算，财务成果（政府预算执行结果）的核算，财务会计报告（决算报告）的编制，会计监督，会计机构内会计档案管理，其他会计工作。

担任单位会计机构负责人（会计主管人员）、总会计师的人员属于会计人员。

（二）对会计人员的一般要求

会计人员从事会计工作，应当符合下列要求：

（1）遵守《会计法》和国家统一的会计制度等法律、法规；

（2）具备良好的职业道德；

（3）按照国家有关规定参加继续教育；

（4）具备从事会计工作所需要的专业能力。

会计机构负责人或会计主管人员是指在一个单位内具体负责会计工作的中层领导人。担任单位会计机构负责人（会计主管人员）的，应当具备下列基本条件：坚持原则，廉洁奉公；具备会计师以上专业技术职务资格或者从事会计工作3年以上经历；熟悉国家财经法律、法规、规章和方针政策，掌握本行业业务管理的有关知识；有较强的组织能力；身体状况能够适应本职工作的要求。

（三）会计工作的禁入规定

因有提供虚假财务会计报告，做假账，隐匿或者故意销毁会计凭证、会计账簿、财务会计报告，贪污，挪用公款，职务侵占等与会计职务有关的违法行为被依法追究刑事责任的人员，不得再从事会计工作。

因伪造、变造会计凭证、会计账簿，编制虚假财务会计报告，隐匿或者故意销毁依法应当保存的会计凭证、会计账簿、财务会计报告，尚不构成犯罪的，5 年内不得从事会计工作。

会计人员具有违反国家统一的会计制度的一般违法行为，情节严重的，5 年内不得从事工作。

（四）会计专业职务与会计专业技术资格

1. 会计专业职务（会计职称）

根据 2019 年 1 月 11 日人力资源和社会保障部、财政部《关于深化会计人员职称制度改革的指导意见》（人社部发〔2019〕8 号），会计人员职称层级分为初级、中级、副高级和正高级。初级职称只设助理级，高级职称分设副高级和正高级。初级、中级、副高级和正高级职称名称，依次为助理会计师、会计师、高级会计师和正高级会计师。

助理会计师应具备以下条件：

（1）基本掌握会计基础知识和业务技能。

（2）能正确理解并执行财经政策、会计法律法规和规章制度。

（3）能独立处理一个方面或某个重要岗位的会计工作。

（4）具备国家教育部门认可的高中毕业（含高中、中专、职高、技校）以上学历。

会计师应当具备以下条件：

（1）系统掌握会计基础知识和业务技能。

（2）掌握并能正确执行财经政策、会计法律法规和规章制度。

（3）具有扎实的专业判断和分析能力，能独立负责某领域会计工作。

（4）具备博士学位；或具备硕士学位，从事会计工作满 1 年；或具备第二学士学位或研究生班毕业，从事会计工作满 2 年；或具备大学本科学历或学士学位，从事会计工作满 4 年；或具备大学专科学历，从事会计工作满 5 年。

高级会计师应当具备以下条件：

（1）系统掌握和应用经济与管理理论、财务会计理论与实务。

（2）具有较高的政策水平和丰富的会计工作经验，能独立负责某领域或一个单位的财务会计管理工作。

（3）工作业绩较为突出，有效提高了会计管理水平或经济效益。

（4）有较强的科研能力，取得了一定的会计相关理论研究成果，或主持完成会计相关研究课题、调研报告、管理方法或制度创新等。

（5）具备博士学位，取得会计师职称后，从事与会计师职责相关工作满 2 年；或具备硕士学位，或第二学士学位或研究生班毕业，或大学本科学历或学士学位，取得会计师职称后，从事与会计师职责相关工作满 5 年；或具备大学专科学历，取得会计师职称后，从事与会计师职责相关工作满 10 年。

正高级会计师应当具备以下条件：

（1）系统掌握和应用经济与管理理论、财务会计理论与实务，把握工作规律。

（2）政策水平高，工作经验丰富，能积极参与一个单位的生产经营决策。

（3）工作业绩突出，主持完成会计相关领域重大项目，解决重大会计相关疑难问题或关键性业务问题，提高单位管理效率或经济效益。

（4）科研能力强，取得重大会计相关理论研究成果，或其他创造性会计相关研究成果，推动会计行业发展。

（5）一般应具有大学本科及以上学历或学士以上学位，取得高级会计师职称后，从事与高级会计师职责相关工作满 5 年。

省级高端会计人才培养工程毕业学员，视同具备前述第（1）至第（4）项标准条件，满足第（5）项条件，即可申报评审正高级会计师职称。全国高端会计人才培养工程毕业学员，按程序由正高级职称评审委员会认定取得正高级会计师职称。

2. 会计专业技术资格

会计专业技术资格，是指担任会计专业职务的任职能力，简称会计资格。会计专业技术资格分为初级资格、中级资格和高级资格三个级别，分别对应初级、中级、副高级会计职称（会计专业职务）的任职资格。目前，初级、中级资格实行全国统一考试制度，高级会计师资格实行考试与评审相结合制度。

通过全国统一考试取得初级或中级会计专业技术资格的会计人员，已具备担任相应级别会计专业技术职务的任职能力。用人单位可根据工作需要和德才兼备的原则从获得会计专业技术资格的会计人员中择优聘任。

（五）会计专业技术人员继续教育

根据会计专业技术人员继续教育规定，国家机关、企业、事业单位以及社会团体等组织（以下称单位）具有会计专业技术资格的人员，或不具有会计专业技术资格但从事会计工作的人员（以下简称会计专业技术人员）享有参加继续教育的权利和接受继续教育义务。

继续教育内容包括公需科目和专业科目。公需科目包括专业技术人员应当普遍掌握的法律法规、政策理论、职业道德、技术信息等基本知识；专业科目包括会计专业技术人员从事会计工作应当掌握的财务会计、管理会计、财务管理、内部控制与风险管理、会计信息化、会计职业道德、财税金融、会计法律法规等相关专业知识。

具有会计专业技术资格的人员应当自取得会计专业技术资格的次年开始参加继续教育，并在规定时间内取得规定学分。不具有会计专业技术资格但从事会计工作的人员应当自从事会计工作的次年开始参加继续教育，并在规定时间内取得规定学分。

会计专业技术人员参加继续教育实行学分制管理，每年参加继续教育取得的学分不少于 90 学分。其中，专业科目一般不少于总学分的 2/3。

会计专业技术人员参加继续教育取得的学分，在全国范围内当年度有效，不得结转以后年度。

对会计专业技术人员参加继续教育情况实行登记管理。

（六）总会计师

根据《会计法》的规定，国有的和国有资本占控股地位或者主导地位的大、中型企业必须设置总会计师。

根据《会计基础工作规范》的规定，大、中型企业、事业单位、业务主管部门应当根据法律和国家有关规定设置总会计师。其他单位可以自行决定是否设置总会计师。

总会计师是主管本单位会计工作的行政领导，是单位行政领导成员，协助单位主要行政领导人工作，直接对单位主要行政领导人负责。

凡设置总会计师的单位，在单位行政领导人员中，不设与总会计师职权重叠的副职。

总会计师组织领导本单位的财务管理、成本管理、预算管理、会计核算和会计监督等方面的工作，参与本单位重要经济问题的分析和决策。

总会计师应当由具有会计师以上专业技术资格的人员担任。

（七）会计工作交接

会计工作交接，是指会计人员工作调动或者因故离职时，与接管人员办理交接手续的一种工作替换程序。

1. 应当办理会计工作交接的情形

（1）会计人员工作调动或者因故离职，必须将本人所经管的会计工作全部移交给接替人员。没有办清交接手续的，不得调动或者离职。

（2）会计人员临时离职或者因病不能工作且需要接替或者代理的，会计机构负责人（会计主管人员）或者单位负责人必须指定有关人员接替或者代理，并办理交接手续。临时离职或者因病不能工作的会计人员恢复工作的，应当与接替或者代理人员办理交接手续。

（3）移交人员因病或者其他特殊原因不能亲自办理移交的，经单位负责人批准，可由移交人员委托他人代办移交，但委托人应当对所移交的会计凭证、会计账簿、会计报表和其他有关资料的合法性、真实性承担法律责任。

2. 会计工作移交前的准备工作

（1）已经受理的经济业务尚未填制会计凭证的，应当填制完毕。

（2）尚未登记的账目，应当登记完毕，并在最后一笔余额后加盖经办人员印章。

（3）整理应该移交的各项资料，对未了事项写出书面材料。

（4）编制移交清册，列明应当移交的会计凭证、会计账簿、会计报表、印章、现金、有价证券、支票簿、发票、文件、其他会计资料和物品等内容。实行会计电算化的单位，从事该项工作的移交人员还应当在移交清册中列明会计软件及密码、会计软件数据磁盘（磁带等）及有关资料、实物等内容。

3. 会计工作交接的监督

会计人员办理交接手续，必须由监交人负责监交：

（1）一般会计人员办理交接手续，由会计机构负责人（会计主管人员）监交。

（2）会计机构负责人（会计主管人员）办理交接手续，由单位负责人负责监交，必要时主管单位可以派人会同监交。

4. 会计工作的交接内容

（1）移交人员在办理移交时，要按移交清册逐项移交，接替人员要逐项核对点收。

（2）现金、有价证券要根据会计账簿有关记录进行点交。库存现金、有价证券必须与会计账簿记录保持一致。不一致时，移交人员必须限期查清。

（3）会计凭证、会计账簿、会计报表和其他会计资料必须完整无缺。如有短缺，必须查清原因，并在移交清册中注明，由移交人员负责。

（4）银行存款账户余额要与银行对账单核对，如不一致，应当编制银行存款余额调节表调节并使其相符，各种财产物资和债权、债务的明细账户余额要与总账有关账户余额核对相符；必要时，要抽查个别账户的余额，与实物核对相符，或者与往来单位、个人核对清楚。

（5）移交人员经管的票据、印章和其他实物等，必须交接清楚；移交人员从事会计电算化工作的，要对有关电子数据在实际操作状态下进行交接。

(6) 会计机构负责人(会计主管人员)移交时，还必须将全部财务会计工作、重大财务收支和会计人员的情况等，向接替人员详细介绍。对需要移交的遗留问题，应当写出书面材料。

5. 会计工作交接的责任

(1) 交接完毕后，交接双方和监交人要在移交清册上签名或者盖章。

(2) 接替人员应当继续使用移交的会计账簿，不得自行另立新账，以保持会计记录的连续性。

(3) 移交人员对所移交的会计凭证、会计账簿、会计报表和其他有关资料的合法性、真实性承担法律责任。

第四节 会计法律责任

一、违反国家统一的会计制度的行为及其法律责任

违反国家统一的会计制度的行为包括：

(1) 不依法设置会计账簿的行为。

(2) 私设会计账簿的行为。

(3) 未按照规定填制、取得原始凭证或者填制、取得的原始凭证不符合规定的行为。

(4) 以未经审核的会计凭证为依据登记会计账簿或者登记会计账簿不符合规定的行为。

(5) 随意变更会计处理方法的行为。

(6) 向不同的会计资料使用者提供的财务会计报告编制依据不一致的行为。

(7) 未按照规定使用会计记录文字或者记账本位币的行为。

(8) 未按照规定保管会计资料，致使会计资料毁损、灭失的行为。

(9) 未按照规定建立并实施单位内部会计监督制度，或者拒绝依法实施的监督，或者不如实提供有关会计资料及有关情况的行为。

(10) 任用会计人员不符合《会计法》规定的行为。

违反国家统一的会计制度的行为，不包括违反税法的行为。

违反国家统一的会计制度的行为，由县级以上人民政府财政部门责令限期改正，可以对单位并处 3 000 元以上 50 000 元以下的罚款；对其直接负责的主管人员和其他直接责任人员，可以处 2 000 元以上 20 000 元以下的罚款；属于国家工作人员的，还应当由其所在单位或者有关单位依法给予行政处分。

违反国家统一的会计制度的行为，构成犯罪的，依法追究刑事责任。

会计人员有违反国家统一的会计制度的行为，情节严重的，5 年内不得从事会计工作。

二、伪造、变造会计凭证、会计账簿，编制虚假财务会计报告的行为及其法律责任

伪造、变造会计凭证、会计账簿，编制虚假财务会计报告的行为，尚不构成犯罪的，由县级以上人民政府财政部门予以通报，可以对单位并处 5 000 元以上 100 000 元以下的罚款；对其直接

负责的主管人员和其他直接责任人员，可以处 3 000 元以上 50 000 元以下的罚款；属于国家工作人员的，还应当由其所在单位或者有关单位依法给予撤职直至开除的行政处分；会计人员有伪造、变造会计凭证、会计账簿，编制虚假财务会计报告行为的，5 年内不得从事会计工作。

三、隐匿或者故意销毁依法应当保存的会计凭证、会计账簿、财务会计报告的行为及其法律责任

隐匿或者故意销毁依法应当保存的会计凭证、会计账簿、财务会计报告的行为，尚不构成犯罪的，由县级以上人民政府财政部门予以通报，可以对单位并处 5 000 元以上 100 000 元以下的罚款；对其直接负责的主管人员和其他直接责任人员，可以处 3 000 元以上 50 000 元以下的罚款；属于国家工作人员的，还应当由其所在单位或者有关单位依法给予撤职直至开除的行政处分；会计人员有隐匿或者故意销毁依法应当保存的会计凭证、会计账簿、财务会计报告行为的，5 年内不得从事会计工作。

四、授意、指使、强令会计机构、会计人员及其他人员伪造、变造或者隐匿、故意销毁依法应当保存的会计资料的行为及其法律责任

授意、指使、强令会计机构、会计人员及其他人员伪造、变造或者隐匿、故意销毁依法应当保存的会计资料的行为，构成犯罪的，依法追究刑事责任；尚不构成犯罪的，可以处 5 000 元以上 50 000 元以下的罚款；属于国家工作人员的，还应当由其所在单位或者有关单位依法给予降级、撤职、开除的行政处分。

五、单位负责人对会计人员实行打击报复的行为及其法律责任

单位负责人对依法履行职责、抵制违反会计法规定行为的会计人员以降级、撤职、调离工作岗位、解聘或者开除等方式实行打击报复，构成犯罪的，依法追究刑事责任；尚不构成犯罪的，由其所在单位或者有关单位依法给予行政处分。对受打击报复的会计人员，应当恢复其名誉和原有职务、级别。

六、财政部门及有关行政部门工作人员职务违法行为及其法律责任

财政部门及有关行政部门的工作人员在实施监督管理中滥用职权、玩忽职守、徇私舞弊或者泄露国家秘密、商业秘密，构成犯罪的，依法追究刑事责任；尚不构成犯罪的，依法给予行政处分。

收到对违反《会计法》和国家统一的会计制度行为检举的部门及负责处理检举的部门，将检举人姓名和检举材料转给被检举单位和被检举人个人的，由所在单位或者有关单位依法给予行政处分。

第二章测试题及
参考答案

第三章 支付结算法律制度

本章导学

本章的内容包括银行结算账户、票据、银行卡、网上支付、结算方式和其他支付工具以及支付结算纪律与法律责任等。

学习目标

（一）掌握支付结算的基本要求。
（二）掌握银行结算账户开立、变更和撤销的规定。
（三）掌握各类银行结算账户开立和使用的具体规定。
（四）掌握银行结算账户的管理。
（五）掌握票据当事人、票据行为、票据权利与责任和票据追索的规定。
（六）掌握银行汇票、商业汇票、银行本票和支票的规定。
（七）掌握汇兑和委托收款的规定。
（八）掌握支付结算纪律。
（九）熟悉银行卡的分类、账户和交易、计息与收费、收单的规定。
（十）熟悉银行电子支付、网络支付、预付卡。
（十一）熟悉违反支付结算法律制度的法律责任。
（十二）了解支付结算的概念、支付机构的概念和支付服务的种类。

课程思政

一、案件事实

2017 年 2 月 9 日，光大国际公司为天福昌运公司出具票据金额 100 863 000 元的电子商业承兑汇票一张，承兑人为光大国际公司，开户银行为温州银行股份有限公司上海分行。汇票显示到期日为 2017 年 5 月 15 日。承兑汇票显示该汇票可以转让，且承兑人和出票人均承诺到期无条件付款。同日，天福昌运公司将该汇票背书转让给瑞高保理公司。同日，瑞高保理公司又将该汇票质押背书给中信银行。中信银行于 2017 年 5 月 15 日通过电子商业汇票系统提示光大国际公司付款，2017年5月25日，光大国际公司在电子汇票系统表示同意付款。2017年6月2日，华创证券公司以自己公司的名义向光大国际公司发出付款提示函，要求光大国际公司尽快还款，2017年6月20日，光大国际公司通过回执确认收到付款提示函，知晓其中内容。2017年10月30日，华创证券公司向光大国际公司发出追索函要求光大国际公司在10个工作日内支付汇票项下款项，但截至本案一审，庭审中票据各背书前手均未实际付款。

2017年5月23日，瑞高保理公司分别向光大国际公司和天福昌运公司邮寄票据逾期通知书要求付款。华创证券公司于2017年10月30日分别向瑞高保理公司、天福昌运公司、光大国际公司邮寄追索函，要求三方支付汇票项下款项。

华创证券公司因为不能以自己的名义办理资产证券化专项计划相关手续，为避免违反法律规定，所以让中信银行代其办理涉案票据的质押手续，并代为保管涉案票据。

二、裁判结果

一审法院认为，本案系由于华创证券公司委托中信银行代为管理票据、办理票据质押手续，但因到期后向出票人提示付款未能取得相关票据金额，进而向相关票据债务人行使追索权而引起的诉讼，故本案符合票据追索权案件的基本形式，应当适用《票据法》《担保法》的相关法律规定予以调整。

法院认为票据质押行为并非以在票据上进行质押背书作为唯一的认定标准，合法有效的质押合同与票据质押背书具有相同的证据效果。本案中的华创证券公司通过《票据质押协议》获得票据质押权，并由中信银行通过《票据服务协议》代为管理票据，符合《担保法》和《票据法》的相关规定，故票据的质押行为合法有效，华创证券公司享有票据质押权。

华创证券公司已经获得票据质押权，《票据法》第三十五条规定，票据质押权人依法实现其质权时，可以行使汇票权利。根据查明的事实，本案票据到期日为2017年5月15日，到期后中信银行已在电子商业承兑汇票系统提示光大国际公司付款，光大国际公司在电子商业承兑汇票系统同意付款，但截至本案庭审时光大国际公司确认并未付款。后2017年10月30日，华创证券公司向光大国际公司邮寄追索函，要求光大国际公司支付票据项下款项。故作为票据质权人的华创证券公司、作为代理人的中信银行均向光大国际公司提示付款，但光大国际公司未能实际付款。故根据《票据法》第六十一条"汇票到期被拒绝付款的，持票人可以对背书人、出票人以及汇票的其他债务人行使追索权"的规定，华创证券公司在行使付款请求权被拒绝，故有权行使票据追索权。

关于光大国际公司认为基础债务已经消灭的意见，法院认为根据《票据法》第十三条的规定，由于票据的文义性、无因性，票据的抗辩仅限于票据直接前后手之间，除非抗辩对象对于抗辩事由是明知的。光大国际公司、天福昌运公司并非华创证券公司的直接前手，也无证据证明其所述基础债务已经消灭且华创证券公司对此明确知情。根据法律规定，应认定华创证券公司对于光大国际公司、天福昌运公司享有票据追索权。

一审法院判决：①光大国际公司于判决生效后10日内支付华创证券公司票据款100 863 000元以及利息；②天福昌运公司、瑞高保理公司对光大国际公司依照判决第①项所负给付义务承担连带清偿责任。

二审法院认为：根据当事人的上诉请求、答辩意见和陈述，本案争议焦点是华创证券公司是否为涉案汇票的合法持票人，其是否有权向光大国际公司、天福昌运公司行使票据追索权。

《票据法》第四条第二款规定:“持票人行使票据权利,应当按照法定程序在票据上签章,并出示票据。”《票据法》第三十一条第一款规定:“以背书转让的汇票,背书应当连续。持票人以背书的连续,证明其汇票权利;非经背书转让,而以其他合法方式取得汇票的,依法举证,证明其汇票权利。”《票据法》第五条第一款规定:“票据当事人可以委托其代理人在票据上签章,并应当在票据上表明其代理关系。”因此,票据具有严格的文义性,票据的合法流转应见之于票据本身的记载,合法持票人是在票据上进行权利记载并持有票据的人。虽然华创证券公司称其委托中信银行作为票据代理服务机构,办理涉案票据的签收和质押手续,华创证券公司是票据权利人,但涉案票据背书显示出质人为瑞高保理公司,质权人为中信银行,并无华创证券公司的相关记载,且汇票上并未记载中信银行为华创证券公司代理人,因此,无法推导出华创证券公司为涉案票据权利人的结论。

华创证券公司既未按照法定程序在票据上签章,又未以其他合法方式取得票据,在票据上也看不出由中信银行代理其持有票据的字样,故其并非涉案票据的合法持票人,不享有票据权利。

由于华创证券公司并非涉案票据的合法持票人,其向光大国际公司、天福昌运公司、瑞高保理公司行使票据追索权无事实和法律依据。华创证券公司可待中信银行行使票据追索权后,根据涉案《票据服务协议》向中信银行主张相应权利。

综上所述,瑞高保理公司的上诉请求于法有据,本院予以支持。依法判决如下:①撤销北京市第三中级人民法院(2018)京 03 民初 263 号民事判决;②驳回华创证券有限责任公司的诉讼请求。

三、典型意义

谁享有票据权利?享有何种类型票据权利?票据责任人是谁?这些问题是票据法律关系中最为基本的实践问题,通常关涉票据当事人的经济交往风险。

票据具有严格的文义性,票据的合法流转应见于票据本身的记载,合法持票人是在票据上进行权利记载并持有票据的人。

当票据持票人行使票据付款请求权被拒绝后,依法可以向其前手背书人、出票人和其他票据债务人行使票据追索权。

[参考资料来源:北京市高级人民法院民事判决书(2019)京民终 338 号,https://wenshu.court.gov.cn/。]

学习内容

第一节 支付结算概述

一、支付结算的概念

支付结算是指单位、个人在社会经济活动中使用票据、银行卡和汇兑、托收承付、委托收款等结算方式进行货币给付及其资金清算的行为。

支付结算作为社会经济金融活动的重要组成部分,其主要功能是完成资金从一方当事人向另一方当事人的转移。

银行(指银行业金融机构,下同)以及单位(含个体工商户,下同)和个人是办理支付结算的主体。其中,银行是支付结算和资金清算的中介机构。未经中国人民银行批准的非银行金融机构和其他单位不得作为中介机构办理支付结算业务。

我国支付结算法律制度的主要内容包括:1995 年 5 月 10 日第八届全国人民代表大会常务委员会第十三次会议通过、2004 年 8 月 28 日第十届全国人民代表大会常务委员会第十一次会议修正的《中华人民共和国票据法》(以下简称《票据法》);1997 年 8 月 21 日中国人民银行发布的《票据管理实施办法》;1997 年 9 月 19 日中国人民银行发布的《支付结算办法》;中国人民银行及有关部门发布的《人民币银行结算账户管理办法》及其实施细则,《企业银行结算账户管理办法》《银行卡业务管理办法》《国内信用证结算办法》等。

以票据法为例,广义的票据法是指涉及票据关系调整的各种法律规范,既包括专门的票据法律、法规,也包括其他法律、法规中有关票据的规范。

一般意义上所说的票据法是指狭义的票据法,即专门的票据法规范,它是规定票据的种类、形式和内容,明确票据当事人之间的权利义务,调整因票据而发生的各种社会关系的法律规范。票据法是调整票据关系的法律规范的总称。

二、支付结算的工具

传统的人民币非现金支付工具主要包括"三票一卡"和结算方式。"三票一卡"是指汇票、本票、支票和银行卡;结算方式是指汇兑、托收承付和委托收款。票据和汇兑是我国经济活动中不可或缺的重要支付工具,被单位和个人广泛使用,并在大额支付中占据主导地位;银行卡和第三方支付在小额支付中占据主导地位;托收承付使用得越来越少,本书不再讲述。近年来,随着互联网技术的发展,网上银行、第三方支付等电子化支付方式得到快速发展。我国已形成了以票据和银行卡为主体、以电子支付为发展方向的非现金支付工具体系。

三、支付结算的基本要求

(1) 单位、个人和银行办理支付结算,必须使用按中国人民银行统一规定印制的票据凭证和结算凭证。

(2) 单位、个人和银行应当按照《人民币银行结算账户管理办法》和《企业银行结算账户管理办法》的规定开立、使用账户。在银行开立存款账户的单位和个人办理支付结算,账户内须有足够的资金保证支付。银行依法为单位、个人在银行开立的存款账户内的存款保密,维护其资金的自主支配权。除国家法律、行政法规另有规定外,银行不得为任何单位或者个人查询账户情况,不得为任何单位或者个人冻结、扣划款项,不得停止单位、个人存款的正常支付。

(3) 票据和结算凭证上的签章和其他记载事项应当真实,不得伪造、变造。所谓"伪造",是指无权限人假冒他人或者虚构他人名义签章的行为。例如,伪造出票签章、背书签章、承兑签章、保证签章等。所谓"变造",是指无权更改票据内容的人,对票据上签章以外的记载事项加以改变的行为。变造票据多是在合法票据的基础上,对票据加以剪接、挖补、覆盖、涂改,从而非法改变票据的记载事项。伪造、变造票据属于欺诈行为,构成犯罪的应追究其刑事责任。出票金额、出票日期、收款人名称不得更改，更改的票据无效；更改的结算凭证，银行不予受理。对票据和结算凭证上的其他记载事项，原记载人可以更改，更改时应当由原记载人在更改处签章证明。票据和结算凭证上的签章，为签名、盖章或者签名加盖章。单位、银行在票据上的签章和单位在结算凭证上的签章，为该单位、银行的盖章加其法定代表人或其授权的代理人的签名或盖章。个人在票据和结算凭证上的签章，应为该个人本人的签名或盖章。

（4）填写各种票据和结算凭证应当规范。填写票据和结算凭证，必须做到要素齐全、数字正确、字迹清晰、不错漏、不潦草，防止涂改。规范填写票据和结算凭证时应注意以下事项：①关于收款人名称。单位和银行的名称应当记载全称或者规范化简称。规范化简称应当具有排他性，与全称在实质上具有同一性，如“中国银行保险监督管理委员会”的规范化简称为“银保监会”。②关于出票日期。票据的出票日期必须使用中文大写。为防止有人变造票据的出票日期，在填写月、日时，月为“壹”“贰”和“壹拾”的，日为“壹”至“玖”和“壹拾”“贰拾”“叁拾”的，应在其前加“零”；日为“拾壹”至“拾玖”的，应在其前加“壹”。例如，1 月 15 日，应写成“零壹月壹拾伍日”；又如，10 月 20 日，应写成“零壹拾月零贰拾日”。③关于金额。票据和结算凭证金额以中文大写和阿拉伯数码同时记载，二者必须一致，二者不一致的票据无效；二者不一致的结算凭证银行不予受理。

第二节 银行结算账户

一、银行结算账户的概念和种类

银行结算账户是指银行为存款人开立的办理资金收付结算的活期存款账户。其中，“银行”是指在中国境内经批准经营支付结算业务的银行业金融机构；“存款人”是指在中国境内开立银行结算账户的机关、团体、部队、企业、事业单位、其他组织（以下统称单位）、个体工商户和自然人。

银行结算账户按存款人不同分为单位银行结算账户和个人银行结算账户。存款人以单位名称开立的银行结算账户为单位银行结算账户。单位银行结算账户按用途分为基本存款账户、一般存款账户、专用存款账户、临时存款账户。个体工商户凭营业执照以字号或经营者姓名开立的银行结算账户纳入单位银行结算账户管理。存款人凭个人身份证件以自然人名称开立的银行结算账户为个人银行结算账户。

财政部门为实行财政国库集中支付的预算单位在商业银行开设的零余额账户按基本存款账户或专用存款账户管理。预算单位未开立基本存款账户，或者原基本存款账户在国库集中支付改革后已按照财政部门的要求撤销的，经同级财政部门批准，预算单位零余额账户作为基本存款账户管理。除上述情况外，预算单位零余额账户作为专用存款账户管理。

二、银行结算账户的开立、变更和撤销

（一）银行结算账户的开立

存款人应在注册地或住所地开立银行结算账户。符合异地（跨省、市、县）开户条件的，也可以在异地开立银行结算账户。开立银行结算账户应遵循存款人自主原则，除国家法律、

行政法规和国务院规定外，任何单位和个人不得强令存款人到指定银行开立银行结算账户。

存款人申请开立银行结算账户时，应填制开立银行结算账户申请书。开立单位银行结算账户时，应填写“开立单位银行结算账户申请书”，并加盖单位公章和法定代表人（单位负责人）或其授权代理人的签名或者盖章。存款人有组织机构代码、上级法人或主管单位的，应在“开立单位银行结算账户申请书”上如实填写相关信息。存款人有关联企业的，应填写“关联企业登记表”。申请开立个人银行结算账户时，存款人应填写“开立个人银行结算账户申请书”，并加盖其个人签章。

银行应对存款人的开户申请书填写的事项和相关证明文件的真实性、完整性、合规性进行认真审查。开户申请书填写的事项齐全，符合开立核准类账户条件的，银行应将存款人的开户申请书、相关的证明文件和银行审核意见等开户资料报送中国人民银行当地分支行，经其核准并核发开户许可证后办理开户手续。需要中国人民银行核准的账户包括基本存款账户、临时存款账户（因注册验资和增资验资开立的除外）、预算单位专用存款账户和合格境外机构投资者在境内从事证券投资开立的人民币特殊账户和人民币结算资金账户。2019 年 2 月 2 日，中国人民银行发布《企业银行结算账户管理办法》，至 2019 年年底前，完成取消企业银行账户许可，企业（在境内设立的企业法人、非法人企业和个体工商户，下同）开立基本存款账户、临时存款账户取消核准制，实行备案制，不再颁发开户许可证。

符合开立一般存款账户、其他专用存款账户和个人银行结算账户条件的，银行应办理开户手续，并向中国人民银行当地分支行备案。上述结算账户统称备案类结算账户。银行完成企业基本存款账户信息备案后，账户管理系统生成基本存款账户编号，代替原基本存款账户核准号使用。银行应打印“基本存款账户信息”和存款人查询密码，并交付企业。持有基本存款账户编号的企业申请开立一般存款账户、专用存款账户、临时存款账户时，应当向银行提供基本存款账户编号。备案类结算账户的变更和撤销也应通过账户管理系统向中国人民银行当地分支行报备。

中国人民银行当地分支行应于 2 个工作日内对开户银行报送的核准类账户的开户资料的合规性予以审核。符合开户条件的，予以核准，颁发基本（或临时或专用）存款账户开户许可证；不符合开户条件的，应在开户申请书上签署意见，连同有关证明文件一并退回报送银行，由报送银行转送存款人。

开户许可证是中国人民银行依法准予申请人在银行开立核准类银行结算账户的行政许可证件，是核准类银行结算账户合法性的有效证明。开户许可证有正本和副本之分，正本由申请人保管，副本由申请人开户银行留存。

开立银行结算账户时，银行应与存款人签订银行结算账户管理协议，明确双方的权利与义务。企业申请开立基本存款账户的，银行应当向企业法定代表人或单位负责人核实企业开户意愿，并留存相关工作记录。核实开户意愿，可采取面对面、视频等方式，具体方式由银行根据客户风险程度选择。银行与企业签订的银行结算账户管理协议内容包括但不限于：

（1）银行与开户申请人办理银行结算账户业务应当遵守法律、行政法规以及人民银行的有关规定，不得利用银行结算账户从事各类违法犯罪活动。

（2）企业银行结算账户信息变更及撤销的情形、方式、时限。

（3）银行控制账户交易措施的情形和处理方式。

(4) 其他需要约定的内容。

对存在法定代表人或者单位负责人对单位经营规模及业务背景等情况不清楚、注册地和经营地均在异地等情况的单位，银行应当与其法定代表人或者单位负责人面签银行结算账户管理协议，并留存视频、音频资料等，开户初期原则上不开通非柜面业务，待后续了解后再审慎开通。

银行为存款人开通非柜面转账业务时，双方应签订协议，约定非柜面渠道向非同名银行账户和支付账户转账的日累计限额、笔数和年累计限额等，超出限额和笔数的，应到银行柜面办理。

银行应建立存款人预留签章卡片，并将签章式样和有关证明文件的原件或复印件留存归档。存款人为单位的，其预留签章为该单位的公章或财务专用章加其法定代表人（单位负责人）或其授权的代理人的签名或者盖章。存款人为个人的，其预留签章为该个人的签名或者盖章。

存款人在申请开立单位银行结算账户时，其申请开立的银行结算账户的账户名称与出具的开户证明文件上记载的存款人名称以及预留银行签章中公章或财务专用章的名称应保持一致，但下列情况除外：

(1) 因注册验资开立的临时存款账户，其账户名称为市场监督管理机构核发的“企业名称预先核准通知书”或政府有关部门批文中注明的名称，其预留银行签章中公章或财务专用章的名称应是存款人与银行在银行结算账户管理协议中约定的出资人名称。

(2) 预留银行签章中公章或财务专用章的名称依法可使用简称的，账户名称应与其保持一致。

(3) 没有字号的个体工商户开立的银行结算账户，其预留签章中公章或财务专用章应是“个体户”字样加营业执照上载明的经营者的签字或印章。

存款人开立单位银行结算账户，自正式开立之日起3个工作日后，方可使用该账户办理付款业务。但注册验资的临时存款账户转为基本存款账户和因借款转存开立的一般存款账户除外。企业银行结算账户自开立之日即可办理收付款业务。对于核准类银行结算账户，“正式开立之日”为中国人民银行当地分支行的核准日期；对于非核准类银行结算账户，“正式开立之日”是开户银行为存款人办理开户手续的日期。

(二) 银行结算账户的变更

变更是指存款人的账户信息资料发生变化或改变。根据账户管理的要求，存款人变更账户名称、单位的法定代表人或主要负责人、地址等其他开户证明文件后，应及时向开户银行办理变更手续，填写变更银行结算账户申请书。银行发现企业名称、法定代表人或者单位负责人发生变更的，应当及时通知企业办理变更手续；企业自通知送达之日起在合理期限内仍未办理变更手续，且未提出合理理由的，银行有权采取措施适当控制账户交易。企业营业执照、法定代表人或者单位负责人有效身份证件列明有效期限的，银行应当于到期日前提示企业及时更新，有效期到期后，在合理期限内企业仍未更新，且未提出合理理由的，银行应当按规定中止其办理业务。属于申请变更单位银行结算账户的，应加盖单位公章和法定代表人（单位负责人）或其授权代理人的签名或者盖章；属于申请变更个人银行结算账户的，应加盖其个人签章。

存款人更改名称，但不改变开户银行及账号的，应于5个工作日内向开户银行提出银行结算账户的变更申请,并出具有关部门的证明文件。

单位的法定代表人或主要负责人、住址以及其他开户资料发生变更时,应于5个工作日内书面通知开户银行并提供有关证明。

属于变更开户许可证记载事项的,存款人办理变更手续时,应交回开户许可证,由中国人民银行当地分支行换发新的开户许可证。对因办理变更手续收回的企业开户许可证原件,不再换发新的开户许可证。企业名称、法定代表人或者单位负责人变更的,账户管理系统重新生成新的基本存款账户编号,银行应当打印“基本存款账户信息”并交付企业。企业遗失或损毁基本存款账户开户许可证的,企业可出具相关说明,人民银行分支机构不再补发。企业可向基本存款账户开户银行申请打印“基本存款账户信息”。

(三) 银行结算账户的撤销

撤销是指存款人因开户资格或其他原因终止银行结算账户使用的行为。存款人申请撤销银行结算账户时,应填写撤销银行结算账户申请书。属于申请撤销单位银行结算账户的,应加盖单位公章和法定代表人(单位负责人)或其授权代理人的签名或者盖章;属于申请撤销个人银行结算账户的,应加其个人签章。银行在收到存款人撤销银行结算账户的申请后,对于符合销户条件的,应在2个工作日内办理撤销手续。

存款人撤销银行结算账户,必须与开户银行核对银行结算账户存款余额,交回各种重要空白票据及结算凭证和开户许可证,银行核对无误后方可办理销户手续。企业因转户原因撤销基本存款账户的,银行还应打印“已开立银行结算账户清单”并交付企业。

有下列情形之一的,存款人应向开户银行提出撤销银行结算账户的申请:①被撤并、解散、宣告破产或关闭的;②注销、被吊销营业执照的;③因迁址需要变更开户银行的;④其他原因需要撤销银行结算账户的。

存款人有以上第①项、第②项情形的,应于5个工作日内向开户银行提出撤销银行结算账户的申请。撤销银行结算账户时,应先撤销一般存款账户、专用存款账户、临时存款账户,将账户资金转入基本存款账户后,方可办理基本存款账户的撤销。银行得知存款人有第①项、第②项情形的,存款人超过规定期限未主动办理撤销银行结算账户手续的,银行有权停止其银行结算账户的对外支付。存款人因以上第③项、第④项情形撤销基本存款账户后,需要重新开立基本存款账户的,应在撤销其原基本存款账户后10日内申请重新开立基本存款账户。

存款人尚未清偿其开户银行债务的,不得申请撤销该银行结算账户。对于按照账户管理规定应撤销而未办理销户手续的单位银行结算账户,银行通知该单位银行结算账户的存款人自发出通知之日起30日内办理销户手续,逾期视同自愿销户,未划转款项列入久悬未取专户管理。存款人撤销核准类银行结算账户时,应交回开户许可证。

三、各类银行结算账户的开立和使用

(一) 基本存款账户

1. 基本存款账户的概念

基本存款账户是存款人因办理日常转账结算和现金收付需要开立的银行结算账户。下列存款人,可以申请开立基本存款账户:企业法人;非法人企业;机关、事业单位;团级(含)以上军队、武警部队及分散执勤的支(分)队;社会团体;民办非企业组织;异地常设机构;外国驻华机构；个体工商户；居民委员会、村民委员会、社区委员会；单位设立的独立核算的附属机构，包括食堂、招待所、幼儿园；其他组织，即按照现行的法律、行政法规规定可以成立的组织，如业主委员会、村民小组等组织。

2. 基本存款账户的开户证明文件

(1) 企业法人，应出具企业法人营业执照。

(2) 非法人企业，应出具企业营业执照。

(3) 机关和实行预算管理的事业单位，应出具政府人事部门或编制委员会的批文或登记证书和财政部门同意其开户的证明，因年代久远、批文丢失等原因无法提供政府人事部门或编制委员会的批文或登记证书的，凭上级单位或主管部门出具的证明及财政部门同意其开户的证明开立基本存款账户。机关和实行预算管理的事业单位出具的政府人事部门或编制委员会的批文或登记证书上，有两个或两个以上名称的，可以分别开立基本存款账户。非预算管理的事业单位，应出具政府人事部门或编制委员会的批文或登记证书。

(4) 军队、武警团级(含)以上单位以及有关边防、分散执勤的支(分)队，应出具军队军级以上单位财务部门、武警总队财务部门的开户证明。

(5) 社会团体，应出具社会团体登记证书，宗教组织还应出具宗教事务管理部门的批文或证明。

(6) 民办非企业组织，应出具民办非企业登记证书。

(7) 外地常设机构，应出具其驻在地政府主管部门的批文。对于已经取消对外地常设机构审批的省(市)，应出具派出地政府部门的证明文件。

(8) 外国驻华机构，应出具国家有关主管部门的批文或证明；外资企业驻华代表处、办事处，应出具国家登记机关颁发的登记证。

(9) 个体工商户，应出具个体工商户营业执照。

(10) 居民委员会、村民委员会、社区委员会，应出具其主管部门的批文或证明。

(11) 单位附属独立核算的食堂、招待所、幼儿园，应出具其主管部门的基本存款账户开户许可证和批文。

(12) 按照现行法律法规规定可以成立的业主委员会、村民小组等组织，应出具政府主管部门的批文或证明。

开户时，应出具法定代表人或单位负责人有效身份证件。法定代表人或单位负责人授权他人办理的，还应出具法定代表人或单位负责人的授权书以及被授权人的有效身份证件。

3. 基本存款账户的使用

基本存款账户是存款人的主办账户，一个单位只能开立一个基本存款账户。存款人日常经营活动的资金收付及其工资、奖金和现金的支取，应通过基本存款账户办理。

(二) 一般存款账户

1. 一般存款账户的概念

一般存款账户是存款人因借款或其他结算需要，在基本存款账户开户银行以外的银行营业机构开立的银行结算账户。

2. 一般存款账户的开户证明文件

存款人申请开立一般存款账户，应向银行出具其开立基本存款账户规定的证明文件、基本存款账户开户许可证或企业基本存款账户编号和下列证明文件：

(1) 存款人因向银行借款需要，应出具借款合同。

(2) 存款人因其他结算需要，应出具有关证明。

3. 一般存款账户的使用

一般存款账户用于办理存款人借款转存、借款归还和其他结算的资金收付。一般存款账户可以办理现金缴存，但不得办理现金支取。

(三) 专用存款账户

1. 专用存款账户的概念

专用存款账户是存款人按照法律、行政法规和规章，对其特定用途资金进行专项管理和使用而开立的银行结算账户。

2. 专用存款账户的适用范围

专用存款账户适用于对下列资金的管理和使用：①基本建设资金；②更新改造资金；③粮、棉、油收购资金；④证券交易结算资金；⑤期货交易保证金；⑥信托基金；⑦政策性房地产开发资金；⑧单位银行卡备用金；⑨住房基金；⑩社会保障基金；⑪收入汇缴资金和业务支出资金；⑫党、团、工会设在单位的组织机构经费；⑬其他需要专项管理和使用的资金。

3. 专用存款账户的开户证明文件

存款人申请开立专用存款账户，应向银行出具其开立基本存款账户规定的证明文件、基本存款账户开户许可证或企业基本存款账户编号和下列证明文件：

(1) 基本建设资金、更新改造资金、政策性房地产开发资金、住房基金、社会保障基金，应出具主管部门批文。

(2) 粮、棉、油收购资金，应出具主管部门批文。

(3) 单位银行卡备用金，应按照中国人民银行批准的银行卡章程的规定出具有关证明和资料。

(4) 证券交易结算资金，应出具证券公司或证券管理部门的证明。

(5) 期货交易保证金，应出具期货公司或期货管理部门的证明。

(6) 收入汇缴资金和业务支出资金，应出具基本存款账户存款人有关的证明。

(7) 党、团、工会设在单位的组织机构经费，应出具该单位或有关部门的批文或证明。

(8) 其他按规定需要专项管理和使用的资金，应出具有关法规、规章或政府部门的有关文件。

对于合格境外机构投资者在境内从事证券投资开立的人民币特殊账户和人民币结算资金账户，均纳入专用存款账户管理。其开立人民币特殊账户时应出具国家外汇管理部门的批复文件；开立人民币结算资金账户时，应出具证券管理部门的证券投资业务许可证。

4. 专用存款账户的使用

(1) 单位银行卡账户的资金(备用金)必须由其基本存款账户转账存入，该账户不得办理现金收付业务。

(2) 证券交易结算资金、期货交易保证金和信托基金专用存款账户不得支取现金。

(3) 基本建设资金、更新改造资金、政策性房地产开发资金账户需要支取现金的，应在开户时报中国人民银行当地分支行批准。

(4) 粮、棉、油收购资金，社会保障基金，住房基金和党、团、工会经费等专用存款账户支取现金应按照国家现金管理的规定办理。银行应按照国家对粮、棉、油收购资金使用管理的规定加强监督，不得办理不符合规定的资金收付和现金支取。

(5) 收入汇缴资金和业务支出资金，是指基本存款账户存款人附属的非独立核算单位或派出机构发生的收入和支出的资金。收入汇缴账户除向其基本存款账户或预算外资金财政专用存款户划缴款项外，只收不付，不得支取现金。业务支出账户除从其基本存款账户拨入款项外，只付不收，其现金支取必须按照国家现金管理的规定办理。

(四) 预算单位零余额账户

(1) 预算单位使用财政性资金，应当按照规定的程序和要求，向财政部门提出设立零余额账户的申请，财政部门同意预算单位开设零余额账户后通知代理银行。

(2) 代理银行根据《人民币银行结算账户管理办法》的规定，具体办理开设预算单位零余额账户业务，并将所开账户的开户银行名称、账号等详细情况书面报告财政部门和中国人民银行，并由财政部门通知一级预算单位。

(3) 预算单位根据财政部门的开户通知，具体办理预留印鉴手续。印鉴卡内容如有变动，预算单位应及时通过一级预算单位向财政部门提出变更申请，办理印鉴卡更换手续。

(4) 一个基层预算单位开设一个零余额账户。

(5) 预算单位零余额账户用于财政授权支付，可以办理转账、提取现金等结算业务，可以向本单位按账户管理规定保留的相应账户划拨工会经费、住房公积金及提租补贴，以及财政部门批准的特殊款项，不得违反规定向本单位其他账户和上级主管单位及所属下级单位账户划拨资金。

(五) 临时存款账户

1. 临时存款账户的概念

临时存款账户是指存款人因临时需要并在规定期限内使用而开立的银行结算账户。

2. 临时存款账户的适用范围

(1) 设立临时机构，如工程指挥部、筹备领导小组、摄制组等。

(2) 异地临时经营活动，如建筑施工及安装单位等在异地的临时经营活动。

(3) 注册验资、增资。

(4) 军队、武警单位承担基本建设或者异地执行作战、演习、抢险救灾、应对突发事件等临时任务。

3. 临时存款账户的开户证明文件

(1) 临时机构，应出具其驻在地主管部门同意设立临时机构的批文。

(2) 异地建筑施工及安装单位，应出具其营业执照正本或其隶属单位的营业执照正本，以及施工及安装地建设主管部门核发的许可证或建筑施工及安装合同。外国及我国港、澳、台地区建筑施工及安装单位，应出具行业主管部门核发的资质准入证明。

(3) 异地从事临时经营活动的单位，应出具其营业执照以及临时经营地市场监督管理部门的批文。

(4) 境内单位在异地从事临时活动的，应出具政府有关部门批准其从事该项活动的证明文件。

(5) 境外(含港、澳、台地区)机构在境内从事经营活动的，应出具政府有关部门批准其从事该项活动的证明文件。

(6) 军队、武警单位因执行作战、演习、抢险救灾、应对突发事件等任务需要开立银行账户时，开户银行应当凭军队、武警团级以上单位后勤(联勤)部门出具的批件或证明，先予开户并同时启用，后补办相关手续。

(7) 注册验资资金，应出具市场监督管理部门核发的企业名称预先核准通知书或有关部门的批文。

(8) 增资验资资金，应出具股东会或董事会决议等证明文件。

办理上述第(2)、(3)、(4)、(8)项，还应出具基本存款账户开户许可证，外国及我国港、澳、台地区建筑施工及安装单位除外。

4. 临时存款账户的使用

临时存款账户用于办理临时机构以及存款人临时经营活动发生的资金收付。临时存款账户应根据有关开户证明文件确定的期限或存款人的需要确定其有效期限，最长不得超过2年。临时存款账户支取现金，应按照国家现金管理的规定办理。注册验资的临时存款账户在验资期间只收不付。

(六) 个人银行结算账户

1. 个人银行结算账户的概念

个人银行结算账户是指存款人因投资、消费、结算等需要而凭个人身份证件以自然人名称开立的银行结算账户。个人银行账户分为Ⅰ类银行账户、Ⅱ类银行账户和Ⅲ类银行账户(以下分别简称Ⅰ类户、Ⅱ类户和Ⅲ类户)。银行可通过Ⅰ类户为存款人提供存款、购买投资理财产品等金融产品、转账、消费和缴费支付、支取现金等服务。Ⅱ类户可以办理存款、购买投资理财产品等金融产品、限额消费和缴费、限额向非绑定账户转出资金业务，可以配发银行卡实体卡片。经银行柜面、自助设备加以银行工作人员现场面对面确认身份的，Ⅱ类户还可以办理存取现金、非绑定账户资金转入业务。非绑定账户转入资金、存入现金日累计限额合计为1万元、年累计限额合计为20万元。消费和缴费、向非绑定账户转出资金、取出现金日累计限额合计为1万元、年累计限额合计为20万元。银行可以向Ⅱ类户发放本银行贷款资金并通过Ⅱ类户还款，发放贷款和贷款资金归还，不受转账限额规定。Ⅲ类户可以办理限额消费和缴费、限额向非绑定账户转出资金业务。经银行柜面、自助设备加以银行工作人员现场面对面确认身份的，Ⅲ类户还可以办理非绑定账户资金转入业务。Ⅲ类账户任一时点账户余额不得超过2 000元。

2. 个人银行结算账户的开户方式

(1) 柜面开户。通过柜面受理银行账户开户申请的，银行可为开户申请人开立Ⅰ类户、Ⅱ类户或Ⅲ类户。个人开立Ⅱ、Ⅲ类户，可以绑定Ⅰ类户或者信用卡账户进行身份验证，不得绑定非银行支付机构开立的支付账户进行身份验证。在银行柜面开立的，则无须绑定Ⅰ类账户或者信用卡账户进行身份验证。

(2) 自助机具开户。通过远程视频柜员机和智能柜员机等自助机具受理银行账户开户申请，银行工作人员现场核验开户申请人身份信息的，银行可为其开立Ⅰ类户；银行工作人员未现场核验开户申请人身份信息的，银行可为其开立Ⅱ类户或Ⅲ类户。

(3) 电子渠道开户。通过网上银行和手机银行等电子渠道受理银行账户开户申请的，银行可为开户申请人开立Ⅱ类户或Ⅲ类户。银行通过电子渠道非面对面为个人开立Ⅱ类户或Ⅲ类户时，应当向绑定账户开户行验证Ⅱ类户或Ⅲ类户与绑定账户为同一人开立，且绑定账户为本人Ⅰ类户或者信用卡账户。开户时，银行应当要求开户申请人登记验证的手机号码与绑定账户使用的手机号码保持一致。

开户申请人开立个人银行账户或者办理其他个人银行账户业务，原则上应当由开户申请人本人亲自办理；符合条件的，可以由他人代理办理。他人代理开立个人银行账户的，代理人应出具代理人、被代理人的有效身份证件以及合法的委托书等。银行认为有必要的，应要求代理人出具证明代理关系的公证书。存款人开立代发工资、教育、社会保障（如社保、医保、军保）、公共管理（如公共事业、拆迁、捐助、助农扶农）等特殊用途个人银行账户时，可由所在单位代理办理。单位代理个人开立银行账户的，应提供单位证明材料、被代理人有效身份证件的复印件或影印件。单位代理开立的个人银行账户，在被代理人持本人有效身份证件到开户银行办理身份确认、密码设（重）置等激活手续前，该银行账户只收不付。无民事行为能力或限制民事行为能力的开户申请人，由法定代理人或者人民法院、有关部门依法指定的人员代理办理。因身患重病、行动不便、无自理能力等无法自行前往银行的存款人办理挂失、密码重置、销户等业务时，银行可采取上门服务方式办理，也可由配偶、父母或成年子女凭合法的委托书、代理人与被代理人的关系证明文件、被代理人所在社区居委会（村民委员会）及以上组织或县级以上医院出具的特殊情况证明代理办理。

3. 个人银行结算账户的开户证明文件

根据个人银行账户实名制的要求，存款人申请开立个人银行账户时，应向银行出具本人有效身份证件，银行通过有效身份证件仍无法准确判断开户申请人身份的，应要求其出具辅助身份证明材料。

有效身份证件包括：①在中华人民共和国境内已登记常住户口的中国公民为居民身份证；不满16周岁的，可以使用居民身份证或户口簿。②香港、澳门特别行政区居民为港澳居民来往内地通行证、港澳居民居住证。③台湾地区居民为台湾居民来往大陆通行证、台湾居民居住证。④国外的中国公民为中国护照。⑤外国公民为护照或者外国人永久居留证（外国边民，按照边贸结算的有关规定办理）。⑥法律、行政法规规定的其他身份证明文件。

辅助身份证明材料包括但不限于：①中国公民为户口簿、护照、机动车驾驶证、居住证、社会保障卡、军人和武装警察身份证件、公安机关出具的户籍证明、工作证。②香港、澳门特别行政区居民为香港、澳门特别行政区居民身份证。③台湾地区居民为在台湾居住的有效身份证明。④定居国外的中国公民为定居国外的证明文件。⑤外国公民为外国居民身份证、使领馆人员身份证件或者机动车驾驶证等其他带有照片的身份证件。⑥完税证明、水电煤缴费单等税费凭证。

军人、武装警察尚未领取居民身份证的，除出具军人和武装警察身份证件外，还应出具军人保障卡或所在单位开具的尚未领取居民身份证的证明材料。

4. 个人银行结算账户的使用

个人银行结算账户用于办理个人转账收付和现金存取。下列款项可以转入个人银行结算账户：①工资、奖金收入；②稿费、演出费等劳务收入；③债券、期货、信托等投资的本金和收益；④个人债权或产权转让收益；⑤个人贷款转存；⑥证券交易结算资金和期货交易保证金；⑦继承、赠与款项；⑧保险理赔、保费退还等款项；⑨纳税退还；⑩农、副、矿产品销售收入；⑪其他合法款项。

单位从其银行结算账户支付给个人银行结算账户的款项，每笔超过5万元（不包含

5万元)的，应向其开户银行提供下列付款依据：①代发工资协议和收款人清单；②奖励证明；③新闻出版、演出主办等单位与收款人签订的劳务合同或支付给个人款项的证明；④证券公司、期货公司、信托投资公司、奖券发行或承销部门支付或退还给自然人款项的证明；⑤债权或产权转让协议；⑥借款合同；⑦保险公司的证明；⑧税收征管部门的证明；⑨农、副、矿产品购销合同；⑩其他合法款项的证明。

从单位银行结算账户支付给个人银行结算账户的款项应纳税的，税收代扣单位付款时应向其开户银行提供完税证明。

当个人持出票人为单位的支票向开户银行委托收款，将款项转入其个人银行结算账户的，或个人持申请人为单位的银行汇票和银行本票向开户银行提示付款，将款项转入其个人银行结算账户的，个人应出具上述第①至⑩项中规定的有关收款依据。存款人应对其提供的收款依据或付款依据的真实性、合法性负责。从单位银行结算账户向个人银行结算账户支付款项单笔超过5万元人民币时，付款单位若在付款用途栏或备注栏注明事由，可不再另行出具付款依据，但付款单位应对支付款项事由的真实性、合法性负责。

(七) 异地银行结算账户

1. 异地银行结算账户的概念

异地银行结算账户，是存款人在其注册地或住所地行政区域之外(跨省、市、县)开立的银行结算账户。

2. 异地银行结算账户的适用范围

(1) 营业执照注册地与经营地不在同一行政区域(跨省、市、县)需要开立基本存款账户的。

(2) 办理异地借款和其他结算需要开立一般存款账户的。

(3) 存款人因附属的非独立核算单位或派出机构发生的收入汇缴或业务支出需要开立专用存款账户的。

(4) 异地临时经营活动需要开立临时存款账户的。

(5) 自然人根据需要在异地开立个人银行结算账户的。

3. 异地银行结算账户的开户证明文件

存款人需要在异地开立单位银行结算账户，除出具开立基本存款账户、一般存款账户、专用存款账户和临时存款账户规定的有关证明文件和基本存款账户开户许可证或企业基本存款账户编号外，还应出具下列相应的证明文件：

(1) 异地借款的存款人在异地开立一般存款账户的，应出具在异地取得贷款的借款合同。

(2) 因经营需要在异地办理收入汇缴和业务支出的存款人在异地开立专用存款账户的，应出具隶属单位的证明。

存款人需要在异地开立个人银行结算账户，应出具在住所地开立账户所需的证明文件。

四、银行结算账户的管理

(一) 银行结算账户的实名制管理

(1) 存款人应以实名开立银行结算账户，并对其出具的开户(变更、撤销)申请资料实质内容的真实性负责，法律、行政法规另有规定的除外。

（2）存款人应按照账户管理规定使用银行结算账户办理结算业务，不得出租、出借银行结算账户，不得利用银行结算账户套取银行信用或进行洗钱活动。

（二）银行结算账户变更事项的管理

存款人申请临时存款账户展期，变更、撤销单位银行结算账户以及补（换）发开户许可证时，可由法定代表人或单位负责人直接办理，也可授权他人办理。由法定代表人或单位负责人直接办理的，除出具相应的证明文件外，还应出具法定代表人或单位负责人的身份证件；授权他人办理的，除出具相应的证明文件外，还应出具法定代表人或单位负责人的身份证件及其出具的授权书，以及被授权人的身份证件。

（三）存款人预留银行签章的管理

（1）单位遗失预留公章或财务专用章的，应向开户银行出具书面申请、开户许可证、营业执照等相关证明文件；更换预留公章或财务专用章时，应向开户银行出具书面申请原预留公章或财务专用章等相关证明文件。单位存款人申请更换预留公章或财务专用章但无法提供原预留公章或财务专用章的，应向开户银行出具原印鉴卡片、开户许可证、营业执照正本、司法部门的证明等相关证明文件。单位存款人申请变更预留公章或财务专用章，可由法定代表人或单位负责人直接办理，也可授权他人办理。由法定代表人或单位负责人直接办理的，除出具相应的证明文件外，还应出具法定代表人或单位负责人的身份证件；授权他人办理的，除出具相应的证明文件外，还应出具法定代表人或单位负责人的身份证件及其出具的授权书，以及被授权人的身份证件。

（2）个人遗失或更换预留个人印章或更换签字人时，应向开户银行出具经签名确认的书面申请，以及原预留印章或签字人的个人身份证件。银行应留存相应的复印件，并凭此办理预留银行签章的变更。单位存款人申请更换预留个人签章，可由法定代表人或单位负责人直接办理，也可授权他人办理。由法定代表人或单位负责人直接办理的，应出具加盖该单位公章的书面申请以及法定代表人或单位负责人的身份证件。授权他人办理的，应出具加盖该单位公章的书面申请、法定代表人或单位负责人的身份证件及其出具的授权书、被授权人的身份证件。无法出具法定代表人或单位负责人的身份证件的，应出具加盖该单位公章的书面申请、该单位出具的授权书以及被授权人的身份证件。

（四）银行结算账户的对账管理

银行结算账户的存款人应与银行按规定核对账务。存款人收到对账单或对账信息后，应及时核对账务并在规定期限内向银行发出对账回单或确认信息。

第三节 银行非现金支付业务

银行非现金支付业务主要有票据、银行卡、汇兑和委托收款等传统的支付结算方式，以及新型支付方式如银行卡收单、网上银行、条码支付等。

一、票据

（一）票据的概念和种类

票据的概念有广义和狭义之分。广义上的票据包括各种有价证券和凭证，如股票、企业债券、发票、提单等;狭义上的票据,即《票据法》中规定的“票据”,包括汇票、本票和支票,是指由出票人签发的、约定自己或者委托付款人在见票时或指定的日期向收款人或持票人无条件支付一定金额的有价证券。

(二) 票据当事人

票据当事人是指在票据法律关系中,享有票据权利、承担票据义务的主体。票据当事人分为基本当事人和非基本当事人。

1. 基本当事人

票据基本当事人是指在票据作成和交付时就已经存在的当事人,包括出票人、付款人和收款人。汇票和支票的基本当事人有出票人、收款人与付款人;本票的基本当事人有出票人与收款人。

(1) 出票人,是指依法定方式签发票据并将票据交付给收款人的人。银行汇票的出票人为银行;商业汇票的出票人为银行以外的企业和其他组织;银行本票的出票人为出票银行;支票的出票人为在银行开立支票存款账户的企业、其他组织和个人。

(2) 付款人,是指由出票人委托付款或自行承担付款责任的人。商业承兑汇票的付款人是合同中应给付款项的一方当事人,也是该汇票的承兑人;银行承兑汇票的付款人是承兑银行;支票的付款人是出票人的开户银行。

(3) 收款人,是指票据正面记载的到期后有权收取票据所载金额的人。

2. 非基本当事人

票据非基本当事人是指在票据作成并交付后,通过一定的票据行为加入票据关系而享有一定权利、承担一定义务的当事人,包括承兑人、背书人、被背书人、保证人等。

(1) 承兑人,是指接受汇票出票人的付款委托,同意承担支付票款义务的人,是汇票主债务人。

(2) 背书人与被背书人。背书人是指在转让票据时,在票据背面或粘单上签字或盖章,并将该票据交付给受让人的票据收款人或持有人。被背书人是指被记名受让票据或接受票据转让的人。背书后,被背书人成为票据新的持有人,享有票据的所有权利。

(3) 保证人,是指为票据债务提供担保的人,由票据债务人以外的第三人担当。保证人在被保证人不能履行票据责任时,以自己的资金履行票据责任,然后取得持票人的权利,向票据债务人追索。

(三) 票据行为

票据行为是指票据当事人以发生票据债务为目的的、以在票据上签名或盖章为权利义务成立要件的法律行为。票据行为包括出票、背书、承兑和保证。

1. 出票

1) 出票的概念

出票是指出票人签发票据并将其交付给收款人的票据行为。出票包括两个行为:①出票人依照《票据法》的规定作成票据,即在原始票据上记载法定事项并签章;②交付票据,即将作成的票据交付给他人占有。这两者缺一不可。

2) 出票的基本要求

出票人必须与付款人具有真实的委托付款关系,并且具有支付票据金额的可靠资金来源,不得签发无对价的票据用以骗取银行或者其他票据当事人的资金。

3）票据的记载事项

出票人和其他票据行为当事人在票据上的记载事项必须符合《票据法》等的规定。所谓票据记载事项，是指依法在票据上记载的票据相关内容。票据记载事项一般分为必须记载事项、相对记载事项、任意记载事项和记载不产生《票据法》上效力的事项等。

（1）必须记载事项，也称必要记载事项，是指《票据法》明文规定必须记载的，如不记载，票据行为即为无效的事项，如出票日期、出票人签章、票据金额等。

（2）相对记载事项，是指除了必须记载事项外，《票据法》规定的其他应记载的事项，这些事项如果未记载，由法律另作相应规定予以明确，并不影响票据的效力。例如，《票据法》规定背书由背书人签章并记载背书日期。背书未记载日期的，视为在票据到期日前背书。这里的"背书日期"就属于相对记载事项；未记载背书日期的，《票据法》视同背书日期为"到期日前"。

（3）任意记载事项，是指《票据法》不强制当事人必须记载而允许当事人自行选择，不记载时不影响票据效力，记载时则产生票据效力的事项。例如，出票人在汇票记载"不得转让"字样的，汇票不得转让，其中的"不得转让"事项即为任意记载事项。

（4）记载不产生《票据法》上的效力的事项，是指除了必须记载事项、相对记载事项、任意记载事项外，票据上还可以记载的其他一些事项，但这些事项不具有票据效力，银行不负审查责任。例如，《票据法》第二十四条规定："汇票上可以记载本法规定事项以外的其他出票事项，但是该记载事项不具有汇票上的效力。"

4）出票的效力

票据出票人制作票据，应当按照法定条件在票据上签章，并按照所记载的事项承担票据责任。出票人签发票据后，即承担该票据承兑或付款的责任。出票人在票据得不到承兑或者付款时，应当向持票人清偿《票据法》第七十条、第七十一条规定的金额和费用（具体见后文票据追索的内容）。

2. 背书

1）背书的概念和种类

背书是在票据背面或者粘单上记载有关事项并签章的行为。

以背书的目的为标准，可将背书分为转让背书和非转让背书。转让背书是指以转让票据权利为目的的背书；非转让背书是指以授予他人行使一定的票据权利为目的的背书。

非转让背书包括委托收款背书和质押背书。委托收款背书是背书人委托被背书人行使票据权利的背书。委托收款背书的被背书人有权代背书人行使被委托的票据权利。但是，被背书人不得再以背书转让票据权利。质押背书是以担保债务而在票据上设定质权为目的的背书。被背书人依法实现其质权时，可以行使票据权利。

2）背书的记载事项

背书由背书人签章并记载背书日期。背书未记载日期的，视为在票据到期日前背书。以背书转让或者以背书将一定的票据权利授予他人行使时，必须记载被背书人名称。背书人未记载被背书人名称即将票据交付他人的，持票人在票据被背书人栏内记载自己的名称与背书人记载具有同等法律效力。

委托收款背书应记载"委托收款"字样、被背书人和背书人签章。质押背书应记载"质押"字样、质权人和出质人签章。

票据凭证不能满足背书人记载事项的需要，可以加附粘单，粘附于票据凭证上。粘单上的第一记载人，应当在票据和粘单的粘接处签章。

3）背书效力

背书人以背书转让票据后，即承担保证其后手所持票据承兑和付款的责任。

以背书转让的票据，背书应当连续。持票人以背书的连续，证明其票据权利；非经背书转让，而以其他合法方式取得票据的，依法举证，证明其票据权利。

背书连续，是指在票据转让中，转让票据的背书人与受让票据的被背书人在票据上的签章依次前后衔接。具体来说，第一背书人为票据收款人，最后持票人为最后背书的被背书人，中间的背书人为前手背书的被背书人。

4）背书的特别规定

具体包括条件背书、部分背书、限制背书和期后背书。条件背书是指背书附有条件，背书时附有条件的，所附条件不具有票据上的效力。部分背书是指将票据金额的一部分转让的背书或者将票据金额分别转让给两人以上的背书，部分背书属于无效背书。限制背书是指背书人背书时记载了“不得转让”，此时票据不得转让。例如，出票人记载“不得转让”的，票据不得背书转让；背书人在票据上记载“不得转让”字样，其后手再背书转让的，原背书人对后手的被背书人不承担保证责任。期后背书是指票据被拒绝承兑、被拒绝付款或者超过付款提示期限的，不得背书转让；背书转让的，背书人应当承担票据责任。

3. 承兑

1）承兑的概念

承兑是指汇票付款人承诺在汇票到期日支付汇票金额并签章的行为，仅适用于商业汇票。

2）承兑的程序

(1) 提示承兑。提示承兑是指持票人向付款人出示汇票，并要求付款人承诺付款的行为。定日付款或者出票后定期付款的汇票，持票人应当在汇票到期日前向付款人提示承兑。见票后定期付款的汇票，持票人应当自出票日起 1 个月内向付款人提示承兑。汇票未按照规定期限提示承兑的，持票人丧失对其前手的追索权。

(2) 受理承兑。付款人收到持票人提示承兑的汇票时，应当向持票人签发收到汇票的回单。回单上应当记明汇票提示承兑日期并签章。付款人对向其提示承兑的汇票，应当自收到提示承兑的汇票之日起 3 日内承兑或者拒绝承兑。

(3) 承兑记载事项。付款人承兑汇票的，应当在汇票正面记载“承兑”字样和承兑日期并签章；见票后定期付款的汇票，应当在承兑时记载付款日期。汇票上未记载承兑日期的，应当以收到提示承兑的汇票之日起 3 日内的最后一日为承兑日期。

(4) 承兑效力。付款人承兑汇票，不得附有条件；承兑附有条件的，视为拒绝承兑。付款人承兑汇票后，应当承担到期付款的责任。

4. 保证

1）保证的概念

保证是指票据债务人以外的人，为担保特定债务人履行票据债务而在票据上记载有关事项并签章的行为。

国家机关、以公益为目的的事业单位、社会团体、企业法人的分支机构和职能部门作为票据保证人的，票据保证无效，但经国务院批准为使用外国政府或者国际经济组织贷款进行转贷，国家机关提供票据保证的，以及企业法人的分支机构在法人书面授权范围内提供票据保证的除外。

2）保证的记载事项

保证人必须在票据或者粘单上记载下列事项：表明“保证”的字样；保证人名称和住所；被保证人的名称；保证日期；保证人签章。

保证人在票据或者粘单上未记载“被保证人名称”的，已承兑的票据，承兑人为被保证人；未承兑的票据，出票人为被保证人。保证人在票据或者粘单上未记载“保证日期”的，出票日期为保证日期。

3）保证责任的承担

被保证的票据，保证人应当与被保证人对持票人承担连带责任。票据到期后得不到付款的，持票人有权向保证人请求付款，保证人应当足额付款。保证人为两人以上的，保证人之间承担连带责任。

4）保证的效力

保证人对合法取得票据的持票人所享有的票据权利，承担保证责任。但是，被保证人的债务因票据记载事项欠缺而无效的除外。保证不得附有条件，附有条件的，不影响对票据的保证责任。保证人清偿票据债务后，可以行使持票人对被保证人及其前手的追索权。

票据行为未记载日期的法律后果如表 3-1 所示。

表 3-1　票据行为未记载日期的法律后果

票据行为(未记载日期)	法律后果
出票	票据无效
背书	视为票据到期前背书
保证	出票日期为保证日期
承兑	以收到提示承兑的汇票之日起 3 日内的最后一日为承兑日期

(四) 票据权利与责任

1. 票据权利的概念和分类

票据权利是指票据持票人向票据债务人请求支付票据金额的权利，包括付款请求权和票据追索权。

付款请求权是指持票人向汇票的承兑人、本票的出票人、支票的付款人出示票据要求付款的权利，是第一顺序权利。行使付款请求权的持票人可以是票据记载的收款人或最后的被背书人；担负付款义务的主要是主债务人。

票据追索权是指票据当事人行使付款请求权遭到拒绝或有其他法定原因存在时，向其前手请求偿还票据金额及其他法定费用的权利，是第二顺序权利。行使追索权的当事人除票据记载的收款人和最后被背书人外，还可能是代为清偿票据债务的保证人、背书人。

持票人可以不按照票据债务人的先后顺序，对其中任何一人、数人或者全体行使追索权。持票人对票据债务人中的一人或者数人已经进行追索的，对其他票据债务人仍可以行使追索权。被追索人清偿债务后，与持票人享有同一权利。

2. 票据权利的取得

签发、取得和转让票据，应当遵守诚实信用的原则，具有真实的交易关系和债权债务关系。票据的取得，必须给付对价，即应当给付票据双方当事人认可的相对应的代价。但也有例外的情形，即如果是因为税收、继承、赠与可以依法无偿取得票据的，则不受给付对价的限制，但是所享有的票据权利不得优于其前手的权利。

取得票据享有票据权利的情形：①依法接受出票人签发的票据；②依法接受背书转让的票据；③因税收、继承、赠与可以依法无偿取得票据。取得票据不享有票据权利的情形：①以欺诈、偷盗或者胁迫等手段取得票据的，或者明知有上述情形，出于恶意取得票据的；②持票人因重大过失取得不符合《票据法》规定的票据的。

3. 票据权利的行使与保全

票据权利的行使是指持票人请求票据的付款人支付票据金额的行为。例如，行使付款请求权以获得票款，行使追索权以请求清偿法定的金额和费用等。票据权利的保全是指持票人为了防止票据权利的丧失而采取的措施。例如，依据《票据法》的规定，按照规定期限提示承兑、要求承兑人或付款人提供拒绝承兑或拒绝付款的证明以保全追索权等。

票据权利的保全行为大多又是票据权利的行使行为，所以《票据法》条款一般将两者放在一起进行规范。票据权利行使和保全的方法通常包括"按期提示"和"依法证明"两种。"按期提示"是指要按照规定的期限向票据债务人提示票据，包括提示承兑或提示付款，以及时保全或行使追索权。例如，《票据法》第四十条规定，"汇票未按照规定期限提示承兑的，持票人丧失对其前手的追索权"；第七十九条规定，"本票的持票人未按照规定期限提示见票的，丧失对出票人以外的前手的追索权"。"依法证明"是指持票人为了证明自己已曾经依法行使票据权利而遭拒绝或者根本无法行使票据权利而以法律规定的时间和方式取得相关的证据。例如，《票据法》第六十五条规定："持票人不能出示拒绝证明、退票理由书或者未按照规定期限提供其他合法证明的，丧失对其前手的追索权。"

对于票据权利行使和保全的地点和时间，《票据法》统一规定为："持票人对票据债务人行使票据权利，或者保全票据权利，应当在票据当事人的营业场所和营业时间内进行，票据当事人无营业场所的，应当在其住所进行。"

4. 票据丧失的补救

票据丧失是指票据因灭失（如不慎被烧毁）、遗失（如不慎丢失）、被盗等原因而使票据权利人脱离其对票据的占有。票据一旦丧失，票据的债权人不采取措施补救就不能阻止债务人向拾获者履行义务，从而造成正当票据权利人经济上的损失。因此，需要进行票据丧失的补救。票据丧失后，可以采取挂失止付、公示催告和普通诉讼三种形式进行补救。

1）挂失止付

挂失止付是指失票人将丧失票据的情况通知付款人或代理付款人，由接受通知的付款人或代理付款人审查后暂停支付的一种方式。只有确定付款人或代理付款人的票据丧失时才可进行挂失止付，具体包括已承兑的商业汇票、支票、填明"现金"字样和代理付款人的银行汇票以及填明"现金"字样的银行本票四种。挂失止付并不是票据丧失后采取的必经措施，而只是一种暂时的预防措施，最终要通过申请公示催告或提起普通诉讼来补救票据权利。具体程序为：

（1）申请。失票人需要挂失止付的，应填写挂失止付通知书并签章。挂失止付通知书应当记载下列事项：①票据丧失的时间、地点、原因；②票据的种类、号码、金额、出票日期、付款日期、付款人名称、收款人名称；③挂失止付人的姓名、营业场所或者住所以及联系方法。欠缺上述记载事项之一的，银行不予受理。

（2）受理。付款人或者代理付款人收到挂失止付通知书后，查明挂失票据确未付款时，应立即暂停支付。付款人或者代理付款人自收到挂失止付通知书之日起 12 日内没有收到人民法院的止付通知书的，自第 13 日起，不再承担止付责任，持票人提示付款即依法向持票人付款。付款人或者代理付款人在收到挂失止付通知书之前，已经向持票人付款的，不再承担责任。但是，付款人或者代理付款人以恶意或者重大过失付款的除外。承兑人或者承兑人开户行收到挂失止付通知或者公示催告等司法文书并确认相关票据未付款的，应当于当日依法暂停支付并在中国人民银行指定的票据市场基础设施（上海票据交易所）登记或者委托开户行在票据市场基础设施登记相关信息。

2）公示催告

公示催告是指在票据丧失后由失票人向人民法院提出申请，请求人民法院以公告方式通知不确定的利害关系人限期申报权利，逾期未申报者，则权利失效，而由法院通过除权判决宣告所丧失的票据无效的制度或程序。根据《票据法》的规定，失票人应当在通知挂失止付后的 3 日内，也可以在票据丧失后，依法向票据支付地人民法院申请公示催告。申请公示催告的主体必须是可以背书转让的票据的最后持票人。具体程序为：

（1）申请。失票人申请公示催告的，应填写公示催告申请书，申请书应当载明下列内容：①票面金额；②出票人、持票人、背书人；③申请的理由、事实；④通知票据付款人或者代理付款人挂失止付的时间；⑤付款人或者代理付款人的名称、通信地址、电话号码等。

（2）受理。人民法院决定受理公示催告申请，应当同时通知付款人及代理付款人停止支付，并自立案之日起 3 日内发出公告，催促利害关系人申报权利。付款人或者代理付款人收到人民法院发出的止付通知，应当立即停止支付，直至公示催告程序终结。非经发出止付通知的人民法院许可，擅自解付的，不得免除票据责任。

（3）公告。人民法院决定受理公示催告申请后发布的公告应当在全国性的报刊上登载。公示催告的期间：国内票据自公告发布之日起 60 日，涉外票据可根据具体情况适当延长，但最长不得超过 90 日。在公示催告期间，转让票据权利的行为无效，以公示催告的票据质押、贴现，因质押、贴现而接受该票据的持票人主张票据权利的，人民法院不予支持，但公示催告期间届满以后人民法院作出除权判决以前取得该票据的除外。

（4）判决。利害关系人应当在公示催告期间向人民法院申报。人民法院收到利害关系人的申报后，应当裁定终结公示催告程序，并通知申请人和支付人。申请人或者申报人可以向人民法院起诉，以主张自己的权利。没有人申报的，人民法院应当根据申请人的申请，作出除权判决，宣告票据无效。判决应当公告，并通知支付人。自判决公告之日起，申请人有权向支付人请求支付。利害关系人因正当理由不能在判决前向人民法院申报的，自知道或者应当知道判决公告之日起 1 年内，可以向作出判决的人民法院起诉。

3）普通诉讼

普通诉讼是指以丧失票据的人为原告，以承兑人或出票人为被告，请求人民法院判决其向失票人付款的诉讼活动。如果与票据上的权利有利害关系的人是明确的，无须公示催告，可按一般的票据纠纷向人民法院提起诉讼。

5. 票据权利时效

票据权利时效是指票据权利在时效期间内不行使，即引起票据权利丧失。《票据法》根据不同情况，将票据权利时效划分为2年、6个月、3个月，参见表3-2。

《票据法》规定，票据权利在下列期限内不行使而消灭：

(1) 持票人对票据的出票人和承兑人的权利自票据到期日起2年。见票即付的汇票本票自出票日起2年。

(2) 持票人对支票出票人的权利，自出票日起6个月。之所以规定支票的权利时效短于其他票据，是因为支票主要是一种短期支付工具，其权利的行使以迅速为宜，规定较短的时效，可以督促权利人及时行使票据权利。

(3) 持票人对前手的追索权，自被拒绝承兑或者被拒绝付款之日起6个月。

(4) 持票人对前手的再追索权，自清偿日或者被提起诉讼之日起3个月。

表3-2 票据权利时效

种类		票据权利时效
支票	见票即付	自出票日起6个月
银行本票	见票即付	自出票日起2年
银行汇票	见票即付	自出票日起2年
商业汇票	见票即付	自到期日起2年
	定日付款	
	出票后定期付款	
	见票后定期付款	
追索权		自被拒绝承兑或者被拒绝付款之日起6个月
再追索权		自清偿日或者被提起诉讼之日起3个月

追索权的行使以获得拒绝付款证明或退票理由书等有关证明为前提。为了督促持票人及时获得这些证明，尽可能地在短期内结清因拒绝承兑或拒绝付款而产生的债务关系，从速实现持票人的票据权利，加快债权债务关系的清偿速度，促进社会经济关系的稳定，追索权的行使应当迅速及时。因此，《票据法》对于追索权规定了较短的时效。

如果持票人因超过票据权利时效或者因票据记载事项欠缺而丧失票据权利的，《票据法》为了保护持票人的合法权益，规定其仍享有民事权利，可以请求出票人或者承兑人返还其与未支付的票据金额相当的利益。

6. 票据责任

票据责任是指票据债务人向持票人支付票据金额的义务。实务中，票据债务人承担票据义务一般有4种情况：一是汇票承兑人因承兑而应承担付款义务；二是本票出票人因出票而承担自己付款的义务；三是支票付款人在与出票人有资金关系时承担付款义务；四是汇票、本票、支票的背书人，汇票、支票的出票人、保证人，在票据不获承兑或不获付款时的付款清偿义务。

(1) 提示付款。持票人应按规定期限提示付款(表3-3)。持票人未按照规定期限提示付款的，在作出说明后，承兑人或者付款人仍应当继续对持票人承担付款责任。通过委托收款银行或者通过票据交换系统向付款人提示付款的，视同持票人提示付款。本票持票人未按照规定提示付款的，丧失对出票人以外的前手的追索权；支票持票人超过提示付款期限提示付款的，付款人可以不予付款，付款人不予付款的，出票人仍应对持票人承担票据责任。

表 3-3 票据提示付款期限

票据种类	提示付款期限
支票	自出票日起 10 日
银行本票	自出票日起最长不超过 2 个月
银行汇票	自出票日起 1 个月
商业汇票	自票据到期日起 10 日

(2) 付款人付款。持票人依照规定提示付款的，付款人必须在当日足额付款。付款人及其代理付款人付款时，应当审查票据背书的连续，并审查提示付款人合法身份证明或者有效证件。票据金额为外币的，按照付款日的市场汇价，以人民币支付。票据当事人对票据支付的货币种类另有约定的，从其约定。

(3) 拒绝付款。如果存在背书不连续等合理事由，票据债务人可以对票据债权人拒绝履行义务，这就是所谓的票据“抗辩”。票据债务人可以对不履行约定义务的与自己有直接债权债务关系的持票人进行抗辩。但不得以自己与出票人或者与持票人的前手之间的抗辩事由，对抗持票人。当然，若持票人明知存在抗辩事由而取得票据的除外。

(4) 获得付款。持票人获得付款的，应当在票据上签收，并将票据交给付款人。持票人委托银行收款的，受委托的银行将代收的票据金额转账收入持票人账户，视同签收。电子商业汇票的持票人可委托接入机构即银行代为发出提示付款、逾期提示付款行为申请。

(5) 相关银行的责任。持票人委托的收款银行的责任，限于按照票据上记载事项将票据金额转入持票人账户。付款人委托的付款银行的责任，限于按照票据上记载事项从付款人账户支付票据金额。付款人及其代理付款人以恶意或者有重大过失付款的，应当自行承担责任。对定日付款、出票后定期付款或者见票后定期付款的票据，付款人在到期日前付款的，由付款人自行承担所产生的责任。

(6) 票据责任解除。付款人依法足额付款后，全体票据债务人的责任解除。

(五) 票据追索

1. 票据追索适用的情形

票据追索适用于两种情形，分别为到期后追索和到期前追索。

到期后追索，是指票据到期被拒绝付款的，持票人对背书人、出票人以及票据的其他债务人行使的追索。

到期前追索，是指票据到期日前，持票人对下列情形之一行使的追索：①汇票被拒绝承兑的；②承兑人或者付款人死亡、逃匿的；③承兑人或者付款人被依法宣告破产的或者因违法被责令终止业务活动的。

2. 被追索人的确定

票据的出票人、背书人、承兑人和保证人对持票人承担连带责任。持票人行使追索权，可以不按照票据债务人的先后顺序，对其中任何一人、数人或者全体行使追索权。持票人对票据债务人中的一人或者数人已经进行追索的，对其他票据债务人仍可以行使追索权。

3. 追索的内容

(1) 持票人行使追索权，可以请求被追索人支付下列金额和费用：①被拒绝付款的票据金额；②票据金额自到期日或者提示付款日起至清偿日止，按照中国人民银行规定的利率计算的利息；③取得有关拒绝证明和发出通知书的费用。被追索人清偿债务时，持票人应当交出票据和有关拒绝证明，并出具所收到利息和费用的收据。

（2）被追索人依照前述规定清偿后，可以向其他票据债务人行使再追索权，请求其他票据债务人支付下列金额和费用：①已清偿的全部金额；②前项金额自清偿日起至再追索清偿日止，按照中国人民银行规定的利率计算的利息；③发出通知书的费用。行使再追索权的被追索人获得清偿时，应当交出票据和有关拒绝证明，并出具所收到利息和费用的收据。

4. 追索权的行使

1）获得有关证明

持票人行使追索权时，应当提供被拒绝承兑或者拒绝付款的有关证明。持票人提示承兑或者提示付款被拒绝的，承兑人或者付款人必须出具拒绝证明或者出具退票理由书。未出具拒绝证明或者退票理由书的，应当承担由此产生的民事责任。其中“拒绝证明”应当包括下列事项：①被拒绝承兑、付款的票据的种类及其主要记载事项；②拒绝承兑、付款的事实依据和法律依据；③拒绝承兑、付款的时间；④拒绝承兑人、拒绝付款人的签章。“退票理由书”应当包括下列事项：①所退票据的种类；②退票的事实依据和法律依据；③退票时间；④退票人签章。

持票人因承兑人或者付款人死亡、逃匿或者其他原因，不能取得拒绝证明的，可以依法取得其他有关证明，包括医院或者有关单位出具的承兑人、付款人死亡的证明；司法机关出具的承兑人、付款人逃匿的证明；公证机关出具的具有拒绝证明效力的文书。

承兑人或者付款人被人民法院依法宣告破产的，人民法院的有关司法文书具有拒绝证明的效力。承兑人或者付款人因违法被责令终止业务活动的，有关行政主管部门的处罚决定具有拒绝证明的效力。

持票人不能出示拒绝证明、退票理由书或者未按照规定期限提供其他合法证明的，丧失对其前手的追索权。但是，承兑人或者付款人仍应当对持票人承担责任。

2）行使追索权

持票人应当自收到被拒绝承兑或者被拒绝付款的有关证明之日起 3 日内，将被拒绝事由书面通知其前手；其前手应当自收到通知之日起 3 日内书面通知其再前手。持票人也可以同时向各票据债务人发出书面通知，该书面通知应当记明汇票的主要记载事项，并说明该汇票已被退票。

未按照规定期限通知的，持票人仍可以行使追索权。因延期通知给其前手或者出票人造成损失的，由没有按照规定期限通知的票据当事人，承担对该损失的赔偿责任，但是所赔偿的金额以汇票金额为限。在规定期限内将通知按照法定地址或者约定的地址邮寄的，视为已经发出通知。

5. 追索的效力

被追索人依照规定清偿债务后，其责任解除，与持票人享有同一权利。

（六）银行汇票

1. 银行汇票的概念和适用范围

银行汇票是出票银行签发的，由其在见票时按照实际结算金额无条件支付给收款人或者持票人的票据。出票银行为银行汇票的付款人。银行汇票可以用于转账，填明“现金”字样的银行汇票也可以用于支取现金。单位和个人各种款项结算，均可使用银行汇票。

2. 银行汇票的出票

1）申请

申请人使用银行汇票，应向出票银行填写“银行汇票申请书”，填明收款人名称、汇票金额、申请人名称、申请日期等事项并签章，签章为其预留银行的签章。申请人和收款人均为个人，需要使用银行汇票向代理付款人支取现金的，申请人须在“银行汇票申请书”上填明代理付款人名称，在“出票金额”栏先填写“现金”字样，后填写汇票金额。申请人或者收款人为单位的，不得在“银行汇票申请书”上填明“现金”字样。

2）签发并交付

出票银行受理银行汇票申请书，收妥款项后签发银行汇票，并将银行汇票和解讫通知一并交给申请人。签发银行汇票必须记载下列事项：表明“银行汇票”的字样；无条件支付的承诺；出票金额；付款人名称；收款人名称；出票日期；出票人签章。欠缺记载上列事项之一的，银行汇票无效。

签发现金银行汇票，申请人和收款人必须均为个人，收妥申请人交存的现金后，在银行汇票“出票金额”栏先填写“现金”字样，后填写出票金额，并填写代理付款人名称。申请人或者收款人为单位的，银行不得为其签发现金银行汇票。

申请人应将银行汇票和解讫通知一并交付给汇票上记明的收款人。收款人受理银行汇票时，应审查下列事项：①银行汇票和解讫通知是否齐全、汇票号码和记载的内容是否一致；②收款人是否确为本单位或本人；③银行汇票是否在提示付款期限内；④必须记载的事项是否齐全；⑤出票人签章是否符合规定，大小写出票金额是否一致；⑥出票金额、出票日期、收款人名称是否更改，更改的其他记载事项是否由原记载人签章证明。

3. 填写实际结算金额

收款人受理申请人交付的银行汇票时，应在出票金额以内，根据实际需要的款项办理结算，并将实际结算金额和多余金额准确、清晰地填入银行汇票和解讫通知的有关栏内。银行汇票的实际结算金额低于出票金额的，其多余金额由出票银行退交申请人。未填明实际结算金额和多余金额或实际结算金额超过出票金额的，银行不予受理。银行汇票的实际结算金额一经填写不得更改，更改实际结算金额的银行汇票无效。

4. 银行汇票背书

被背书人受理银行汇票时，除按照收款人接受银行汇票进行相应的审查外，还应审查下列事项：①银行汇票是否记载实际结算金额，有无更改，其金额是否超过出票金额；②背书是否连续，背书人签章是否符合规定，背书使用粘单的，是否按规定签章；③背书人为个人的，身份证件。

银行汇票的背书转让以不超过出票金额的实际结算金额为准。未填写实际结算金额或实际结算金额超过出票金额的银行汇票不得背书转让。

5. 银行汇票提示付款

银行汇票的提示付款期限自出票日起 1 个月。持票人超过付款期限提示付款的，代理付款人不予受理。持票人向银行提示付款时，须同时提交银行汇票和解讫通知，缺少任何一联，银行不予受理。持票人超过期限向代理付款银行提示付款却不获付款的，须在票据权利时效内向出票银行作出说明，并提供本人身份证件或单位证明，持银行汇票和解讫通知向出票银行请求付款。

在银行开立存款账户的持票人向开户银行提示付款时，应在汇票背面“持票人向银行提示付款签章”处签章，签章须与预留银行签章相同，并将银行汇票和解讫通知、进账单送交开户银行。未在银行开立存款账户的个人持票人，可以向任何一家银行机构提示付款。提示付款时，应在汇票背面“持票人向银行提示付款签章”处签章，并填明本人身份证件名称、号码及发证机关，由其本人向银行提交身份证件及其复印件。

6. 银行汇票退款和丧失

申请人因银行汇票超过付款提示期限或其他原因要求退款时，应将银行汇票和解讫通知同时提交到出票银行。申请人为单位的，应出具该单位的证明；申请人为个人的，应出具本人的身份证件。对于代理付款银行查询的要求退款的银行汇票，应在汇票提示付款期满后方能办理退款。出票银行对于转账银行汇票的退款，只能转入原申请人账户；对于符合规定填明“现金”字样银行汇票的退款，才能退付现金。申请人缺少解讫通知要求退款的，出票银行应于银行汇票提示付款期满 1 个月后办理。

银行汇票丧失，失票人可以凭人民法院出具的其享有票据权利的证明，向出票银行请求付款或退款。

（七）商业汇票

1. 商业汇票的概念、种类和适用范围

商业汇票是出票人签发的，委托付款人在指定日期无条件支付确定的金额给收款人或者持票人的票据。商业汇票按照承兑人的不同分为商业承兑汇票和银行承兑汇票。银行承兑汇票由银行承兑，商业承兑汇票由银行以外的付款人承兑。电子商业汇票是指出票人依托上海票据交易所电子商业汇票系统（以下简称电子商业汇票系统），以数据电文形式制作的，委托付款人在指定日期无条件支付确定的金额给收款人或者持票人的票据。电子银行承兑汇票由银行业金融机构、财务公司承兑；电子商业承兑汇票由金融机构以外的法人或其他组织承兑。商业汇票的付款人为承兑人。在银行开立存款账户的法人及其他组织之间的结算，才能使用商业汇票。

2. 商业汇票的出票

（1）出票人的资格条件。商业承兑汇票的出票人，为在银行开立存款账户的法人以及其他组织，并与付款人具有真实的委托付款关系，具有支付汇票金额的可靠资金来源。银行承兑汇票的出票人必须是在承兑银行开立存款账户的法人以及其他组织，并与承兑银行具有真实的委托付款关系，资信状况良好，具有支付汇票金额的可靠资金来源。出票人办理电子商业汇票业务，还应同时具备签约开办对公业务的企业网银等电子服务渠道、与银行签订《电子商业汇票业务服务协议》。单张出票金额在 100 万元以上的商业汇票原则上应全部通过电子商业汇票办理；单张出票金额在 300 万元以上的商业汇票应全部通过电子商业汇票办理。

（2）出票人的确定。商业承兑汇票可以由付款人签发并承兑，也可以由收款人签发交由付款人承兑。银行承兑汇票应由在承兑银行开立存款账户的存款人签发。

（3）出票的记载事项。签发商业汇票必须记载下列事项：表明“商业承兑汇票”或“银行承兑汇票”的字样，无条件支付的委托，确定的金额，付款人名称，收款人名称出票日期，出票人签章。欠缺记载上述事项之一的，商业汇票无效。其中，“出票人签章”为该单位的财务专用章或者公章加其法定代表人或其授权的代理人的签名或者盖章。电子商业汇票信息以电子商业汇票系统的记录为准。电子商业汇票出票必须记载下列事项：表明“电子银行承兑汇票”或“电子商业承兑汇票”的字样；无条件支付的委托确定的金额；出票人名称；付款人名称；收款人名称；出票日期；票据到期日；出票人签章。

商业汇票的付款期限记载有三种形式：定日付款的汇票付款期限自出票日起计算，并在汇票上记载具体的到期日；出票后定期付款的汇票付款期限自出票日起按月计算，并在汇票上记载；见票后定期付款的汇票付款期限自承兑或拒绝承兑日起按月计算，并在汇票上记载。电子商业汇票的出票日是指出票人记载在电子商业汇票上的出票日期。

纸质商业汇票的付款期限，最长不得超过6个月。电子承兑汇票期限自出票日至到期日不超过1年。

3. 商业汇票的承兑

商业汇票可以在出票时向付款人提示承兑后使用，也可以在出票后先使用再向付款人提示承兑。付款人拒绝承兑的，必须出具拒绝承兑的证明。付款人承兑汇票后，应当承担到期付款的责任。

银行承兑汇票的出票人或持票人向银行提示承兑时，银行的信贷部门负责按照有关规定和审批程序，对出票人的资格、资信、购销合同和汇票记载的内容进行认真审查，必要时可由出票人提供担保。对资信良好的企业申请电子商业汇票承兑的，金融机构可通过审查合同、发票等材料的影印件，企业电子签名的方式，对电子商业汇票的真实交易关系和债权债务关系进行在线审核。对电子商务企业申请电子商业汇票承兑的，金融机构可通过审查电子订单或电子发票的方式，对电子商业汇票的真实交易关系和债权债务关系进行在线审核。符合规定和承兑条件的，与出票人签订承兑协议。银行承兑汇票的承兑银行，应按票面金额的一定比例向出票人收取手续费，银行承兑汇票手续费为市场调节价。

4. 票据信息登记与电子化

纸质票据贴现前，金融机构办理承兑、质押、保证等业务，应当不晚于业务办理的次一工作日在票据市场基础设施（即上海票据交易所，是中国人民银行指定的提供票据交易、登记托管、清算结算和信息服务的机构）完成相关信息登记工作。纸质商业承兑汇票完成承兑后，承兑人开户行应当根据承兑人委托代其进行承兑信息登记。承兑信息未能及时登记的，持票人有权要求承兑人补充登记承兑信息。纸质票据票面信息与登记信息不一致的，以纸质票据票面信息为准。电子商业汇票签发、承兑、质押、保证、贴现等信息应当通过电子商业汇票系统同步传送至票据市场基础设施。

5. 商业汇票的贴现

贴现是指票据持票人在票据未到期前为获得现金向银行贴付一定利息而发生的票据转让行为。贴现按照交易方式，分为买断式和回购式。

1）贴现条件

商业汇票的持票人向银行办理贴现必须具备下列条件：票据未到期；票据未记载“不得转让”事项；在银行开立存款账户的企业法人以及其他组织；与出票人或者直接前手之间具有真实的商品交易关系。电子商业汇票贴现必须记载：贴出人名称，贴入人名称，贴现日期，贴现类型，贴现利率，实付金额，贴出人签章。

电子商业汇票回购式贴现赎回应作成背书，并记载原贴出人名称、原贴入人名称、赎回日期、赎回利率、赎回金额、原贴入人签章。

贴现人办理纸质票据贴现时，应当通过票据市场基础设施查询票据承兑信息，并在确认纸质票据必须记载事项与已登记承兑信息一致后，为贴现申请人办理贴现，贴现申请人无需提供合同、发票等资料；信息不存在或者纸质票据必须记载事项与已登记承兑信息不一致的，不得办理贴现。贴现人办理纸质票据贴现后，应当在票据上记载“已电子登记权属”字样，该票据不再以纸质形式进行背书转让、设立质押或者其他交易行为。贴现人应当对纸质票据妥善保管。已贴现票据应当通过票据市场基础设施办理背书转让质押、保证、提示付款等票据业务。

贴现人可以按市场化原则选择商业银行对纸质票据进行保证增信。保证增信行对纸质票据进行保管并为贴现人的偿付责任进行先行偿付。

纸质票据贴现后，其保管人可以向承兑人发起付款确认。付款确认可以采用实物确认或者影像确认，两者具有同等效力。实物确认是指票据保管人将票据实物送达承兑人或者承兑人开户行，由承兑人在对票据真实性和背书连续性审查的基础上对到期付款责任进行确认。影像确认是指票据保管人将票据影像信息发送至承兑人或者承兑人开户行，由承兑人在对承兑信息和背书连续性审查的基础上对到期付款责任进行确认。承兑人要求实物确认的，银行承兑汇票保管人应当将票据送达承兑人，实物确认后，纸质票据由其承兑人代票据权利人妥善保管；商业承兑汇票保管人应当将票据通过承兑人开户行送达承兑人进行实物确认，实物确认后，纸质票据由商业承兑汇票开户行代票据权利人妥善保管。承兑人收到票据影像确认请求或者票据实物后，应当在 3 个工作日内作出或者委托其开户行作出同意或者拒绝到期付款的应答。拒绝到期付款的，应当说明理由。电子商业汇票一经承兑即视同承兑人已进行付款确认。

承兑人或者承兑人开户行进行付款确认后，除挂失止付、公示催告等合法抗辩情形外，应当在持票人提示付款后付款。

2）贴现利息的计算

贴现的期限从其贴现之日起至汇票到期日止。实付贴现金额按票面金额扣除贴现日至汇票到期前 1 日的利息计算。承兑人在异地的纸质商业汇票贴现的期限以及贴现利息的计算应另加 3 日的划款日期。

3）贴现的收款

贴现到期，贴现银行应向付款人收取票款。不获付款的，贴现银行应向其前手追索票款。贴现银行追索票款时可从申请人的存款账户直接收取票款。办理电子商业汇票贴现以及提示付款业务，可选择票款对付方式或同城票据交换、通存通兑、汇兑等方式清算票据资金。

电子商业汇票当事人在办理回购式贴现业务时，应明确赎回开放日、赎回截止日。

6. 票据交易

票据交易包括转贴现、质押式回购和买断式回购等。

转贴现是指卖出方将未到期的已贴现票据向买入方转让的交易行为。

质押式回购是指正回购方在将票据出质给逆回购方融入资金的同时，双方约定在未来某一日期，由正回购方按约定金额向逆回购方返还资金、逆回购方向正回购方返还原出质票据的交易行为。

买断式回购是指正回购方将票据卖给逆回购方的同时，双方约定在未来某一日期，正回购方再以约定价格从逆回购方买回票据的交易行为。

票据贴现、转贴现的计息期限，从贴现、转贴现之日起至票据到期日止，到期日遇法定节假日的顺延至下一工作日。

7. 商业汇票的到期处理

1）票据到期后偿付顺序

（1）票据未经承兑人付款确认和保证增信即交易的，若承兑人未付款，应当由贴现人先行偿付。该票据在交易后又经承兑人付款确认的，应当由承兑人付款；若承兑人未付款，应当由贴现人先行偿付。

（2）票据经承兑人付款确认且未保证增信即交易的，应当由承兑人付款；若承兑人未付款，应当由贴现人先行偿付。

（3）票据保证增信后即交易且未经承兑人付款确认的，若承兑人未付款，应当由保证增信行先行偿付；保证增信行未偿付的，应当由贴现人先行偿付

（4）票据保证增信后且经承兑人付款确认的，应当由承兑人付款；若承兑人未付款，应当由保证增信行先行偿付；保证增信行未偿付的，应当由贴现人先行偿付。

2）提示付款

商业汇票的提示付款期限：自汇票到期日起 10 日，持票人应在提示付款期内向付款人提示付款。

（1）持票人在提示付款期内通过票据市场基础设施提示付款的，承兑人应当在提示付款当日进行应答或者委托其开户行进行应答。承兑人存在合法抗辩事由拒绝付款的，应当在提示付款当日出具或者委托其开户行出具拒绝付款证明，并通过票据市场基础设施通知持票人。承兑人或者承兑人开户行在提示付款当日未作出应答的，视为拒绝付款，票据市场基础设施提供拒绝付款证明并通知持票人。

商业承兑汇票承兑人在提示付款当日同意付款的，承兑人账户余额足够支付票款的承兑人开户行应当代承兑人作出同意付款应答，并于提示付款日向持票人付款。承兑人账户余额不足以支付票款的，则视同承兑人拒绝付款。承兑人开户行应当于提示付款日代承兑人作出拒付应答并说明理由，同时通过票据市场基础设施通知持票人。

银行承兑汇票的承兑人已于到期前进行付款确认的，票据市场基础设施应当根据承兑人的委托于提示付款日代承兑人发送指令划付资金至持票人资金账户。

（2）纸质商业汇票的持票人在提示付款期内通过开户银行委托收款或直接向付款人提示付款的，对异地委托收款的，持票人可匡算邮程，提前通过开户银行委托收款。超过提示付款期限提示付款的，持票人开户银行不予受理，但在作出说明后，承兑人或者付款人仍应当继续对持票人承担付款责任。商业承兑汇票的付款人开户银行收到通过委托收款寄来的汇票，将汇票留存并通知付款人。付款人收到开户银行的付款通知，应在当日通知银行付款。付款人在接到通知日的次日起 3 日内（遇法定休假日顺延，下同）未通知银行付款的，视同付款人承诺付款。付款人提前收到由其承兑的商业汇票，应通知银行于汇票到期日付款。银行应于汇票到期日将票款划给持票人。付款人存在合法抗辩事由拒绝付款的，应自接到通知的次日起 3 日内，作成拒绝付款证明送交开户银行，银行将拒绝付款证明和商业承兑汇票邮寄持票人开户银行转交持票人。纸质银行承兑汇票的承兑银行应于汇票到期日或到期日后的见票当日支付票款。承兑银行存在合法抗辩事由拒绝支付的，应自接到商业汇票的

次日起3日内作出拒绝付款证明，连同银行承兑汇票邮寄持票人开户银行转交持票人。

(3) 银行承兑汇票的出票人应于汇票到期前将票款足额交存其开户银行，银行承兑汇票的出票人于汇票到期日未能足额交存票款时，承兑银行付款后，对出票人尚未支付的汇票金额按照每天5‱计收利息。

保证增信行或者贴现人承担偿付责任时，应当委托票据市场基础设施代其发送指令，划付资金至持票人资金账户。

(八) 银行本票

1. 本票的概念和适用范围

本票是指出票人签发的，承诺自己在见票时无条件支付确定的金额给收款人或者持票人的票据。在我国，本票仅限于银行本票，即银行出票、银行付款。银行本票可以用于转账，注明“现金”字样的银行本票可以用于支取现金。单位和个人在同一票据交换区域需要支付各种款项，均可以使用银行本票。

2. 银行本票的出票

1) 申请

申请人使用银行本票，应向银行填写“银行本票申请书”，填明收款人名称、申请人名称、支付金额、申请日期等事项并签章。申请人和收款人均为个人需要支取现金的，应在“金额”栏先填写“现金”字样，后填写支付金额。

2) 受理

出票银行受理“银行本票申请书”，收妥款项，签发银行本票交给申请人。签发银行本票必须记载下列事项：表明“银行本票”的字样，无条件支付的承诺，确定的金额，收款人名称，出票日期，出票人签章。欠缺记载上列事项之一的，银行本票无效。

申请人或收款人为单位的，银行不得为其签发现金银行本票。

出票银行必须具有支付本票金额的可靠资金来源，并保证支付。

3) 交付

申请人应将银行本票交付给本票上记明的收款人。收款人受理银行本票时，应审查下列事项：①收款人是否确为本单位或本人；②银行本票是否在提示付款期限内；③必须记载的事项是否齐全；④出票人签章是否符合规定，出票金额大小写是否一致；⑤出票金额、出票日期、收款人名称是否更改，更改的其他记载事项是否由原记载人签章证明。

3. 银行本票的付款

银行本票见票即付。银行本票的提示付款期限自出票日起最长不得超过2个月。本票的出票人在持票人提示见票时，必须承担付款的责任。持票人超过提示付款期限不获付款的，在票据权利时效内向出票银行作出说明，并提供本人身份证件或单位证明，可持银行本票向出票银行请求付款。

在银行开立存款账户的持票人向开户银行提示付款时，应在银行本票背面“持票人向银行提示付款签章”处签章，签章须与预留银行签章相同，并将银行本票、进账单送交开户银行。银行审查无误后办理转账。

未在银行开立存款账户的个人持票人，凭注明“现金”字样的银行本票向出票银行支取现金的，应在银行本票背面签章，记载本人身份证件名称、号码及发证机关，并交验本人身份证件及其复印件。

4. 银行本票的退款和丧失

申请人因银行本票超过提示付款期限或其他原因要求退款时，应将银行本票提交到出票银行。申请人为单位的，应出具该单位的证明；申请人为个人的，应出具该本人的身份证件。出票银行对于在本行开立存款账户的申请人，只能将款项转入原申请人账户。对于现金银行本票和未在本行开立存款账户的申请人，才能退付现金。

银行本票丧失，失票人可以凭人民法院出具的其享有票据权利的证明，向出票银行请求付款或退款。

(九) 支票

1. 支票的概念、种类和适用范围

1) 概念

支票是指出票人签发的、委托办理支票存款业务的银行在见票时无条件支付确定的金额给收款人或者持票人的票据。支票的基本当事人包括出票人、付款人和收款人。出票人即存款人，是在批准办理支票业务的银行机构开立可以使用支票的存款账户的单位和个人；付款人是出票人的开户银行；持票人是票面上填明的收款人，也可以是经背书转让的被背书人。

2) 种类

支票分为现金支票、转账支票和普通支票三种。支票上印有“现金”字样的为现金支票，现金支票只能用于支取现金。支票上印有“转账”字样的为转账支票，转账支票只能用于转账。支票上未印有“现金”或“转账”字样的为普通支票，普通支票可以用于支取现金，也可以用于转账。在普通支票左上角划两条平行线的，为划线支票，划线支票只能用于转账，不得支取现金。

3) 适用范围

单位和个人在同一票据交换区域的各种款项结算，均可以使用支票。全国支票影像系统支持全国使用。

2. 支票的出票

1) 开立支票存款账户

开立支票存款账户，申请人必须使用本名，提交证明其身份的合法证件，并应当预留其本名的签名式样和印鉴。

2) 出票

(1) 支票的记载事项。签发支票必须记载下列事项：表明“支票”的字样，无条件支付的委托，确定的金额，付款人名称，出票日期，出票人签章。支票上未记载前款规定事项之一的，支票无效。其中，支票的“付款人”为支票上记载的出票人开户银行。支票的金额、收款人名称，可以由出票人授权补记，未补记前不得背书转让和提示付款。支票上未记载付款地的，付款人的营业场所为付款地。支票上未记载出票地的，出票人的营业场所、住所或者经常居住地为出票地。出票人可以在支票上记载自己为收款人。

(2) 签发支票的注意事项。支票的出票人所签发的支票金额不得超过其付款时在付款人处实有的存款金额。出票人签发的支票金额超过其付款时在付款人处实有的存款金额的，为空头支票。禁止签发空头支票。支票的出票人不得签发与其预留本名的签名式样或者印鉴不符的支票。

支票上的出票人的签章：出票人为单位的，为与该单位在银行预留签章一致的财务专用章或者公章加其法定代表人或者其授权的代理人的签名或者盖章；出票人为个人的，为与该个人在银行预留签章一致的签名或者盖章。支票的出票人预留银行签章是银行审核支票付款的依据。出票人不得签发与其预留银行签章不符的支票。

3. 支票的付款

1）提示付款

支票的提示付款期限为自出票日起 10 日。持票人可以委托开户银行收款或直接向付款人提示付款。用于支取现金的支票仅限于收款人向付款人提示付款。

持票人委托开户银行收款时，应作委托收款背书，在支票背面背书人签章栏签章记载“委托收款”字样、背书日期，在被背书人栏记载开户银行名称，并将支票和填制的进账单送交开户银行。持票人持用于转账的支票向付款人提示付款时，应在支票背面背书人签章栏签章，并将支票和填制的进账单送交出票人开户银行。收款人持用于支取现金的支票向付款人提示付款时，应在支票背面“收款人签章”处签章，持票人为个人的，还需交验本人身份证件，并在支票背面注明证件名称、号码及发证机关。

2）付款

出票人必须按照签发的支票金额承担保证向该持票人付款的责任。出票人在付款人处的存款足以支付支票金额时，付款人应当在见票当日足额付款。付款人依法支付支票金额的，对出票人不再承担受委托付款的责任，对持票人不再承担付款的责任。但付款人以恶意或者有重大过失付款的除外。

二、其他结算方式

（一）汇兑

1. 汇兑的概念和种类

汇兑是汇款人委托银行将其款项支付给收款人的结算方式。汇兑分为信汇、电汇两种，单位和个人的各种款项的结算，均可使用汇兑结算方式。

2. 办理汇兑的程序

（1）签发汇兑凭证。签发汇兑凭证必须记载下列事项：表明“信汇”或“电汇”的字样，无条件支付的委托，确定的金额，收款人名称，汇款人名称，汇入地点，汇入行名称，汇出地点，汇出行名称，委托日期，汇款人签章。汇兑凭证记载的汇款人、收款人在银行开立存款账户的，必须记载其账号。

（2）银行受理。汇出银行受理汇款人签发的汇兑凭证，经审查无误后，应及时向汇入银行办理汇款，并向汇款人签发汇款回单。汇款回单只能作为汇出银行受理汇款的依据，不能作为该笔汇款已转入收款人账户的证明。

（3）汇入处理。汇入银行对开立存款账户的收款人，应将汇入的款项直接转入收款人账户，并向其发出收账通知。收账通知是银行将款项确已收入收款人账户的凭据。

3. 汇兑的撤销

汇款人对汇出银行尚未汇出的款项可以申请撤销。申请撤销时，应出具正式函件或本人身份证件及原信、电汇回单。

(二)委托收款

1. 委托收款的概念和适用范围

委托收款是收款人委托银行向付款人收取款项的结算方式。单位和个人凭已承兑的商业汇票、债券、存单等付款人债务证明办理款项的结算,均可以使用委托收款结算方式。委托收款在同城、异地均可以使用。

2. 办理委托收款的程序

(1) 签发委托收款凭证。签发委托收款凭证必须记载下列事项:表明“委托收款”的字样,确定的金额,付款人名称,收款人名称,委托收款凭据名称及附寄单证张数,委托日期,收款人签章。欠缺记载上列事项之一的,银行不予受理。委托收款以银行以外的单位为付款人的,委托收款凭证必须记载付款人开户银行名称;以银行以外的单位或在银行开立存款账户的个人为收款人的,委托收款凭证必须记载收款人开户银行名称;未在银行开立存款账户的个人为收款人的,委托收款凭证必须记载被委托银行名称。欠缺记载的,银行不予受理。

(2) 委托。收款人办理委托收款应向银行提交委托收款凭证和有关的债务证明。

(3) 付款。银行接到寄来的委托收款凭证及债务证明,审查无误后办理付款。

以银行为付款人的,银行应当在当日将款项主动支付给收款人。

以单位为付款人的,银行应及时通知付款人,需要将有关债务证明交给付款人的应交给付款人。付款人应于接到通知的当日书面通知银行付款。付款人未在接到通知日的次日起3日内通知银行付款的,视同付款人同意付款,银行应于付款人接到通知日的次日起第4日上午开始营业时,将款项划给收款人。银行在办理划款时,付款人存款账户不足支付的,应通过被委托银行向收款人发出未付款项通知书。

付款人审查有关债务证明后,对收款人委托收取的款项需要拒绝付款的,可以办理拒绝付款。以银行为付款人的,应自收到委托收款及债务证明的次日起3日内出具拒绝证明,连同有关债务证明、凭证寄给被委托银行,转交收款人;以单位为付款人的,应在付款人接到通知日的次日起3日内出具拒绝证明,持有债务证明的,应将其送交开户银行。银行将拒绝证明、债务证明和有关凭证一并寄给被委托银行,转交收款人。

三、银行卡

(一)银行卡的概念和分类

1. 银行卡的概念

银行卡是指经批准由商业银行向社会发行的具有消费信用、转账结算、存取现金等全部或部分功能的信用支付工具。

2. 银行卡的分类

按不同标准,可以对银行卡作不同的分类。

(1) 按是否具有透支功能,银行卡可分为信用卡和借记卡。前者可以透支,后者不具备透支功能。信用卡按是否向发卡银行交存备用金分为贷记卡、准贷记卡两类。贷记卡是指发卡银行给予持卡人一定的信用额度,持卡人可在信用额度内先消费、后还款的信用卡。准贷记卡是指持卡人须先按发卡银行要求交存一定金额的备用金,当备用金账户余额不足支付时,可在发卡银行规定的信用额度内透支的信用卡。

借记卡的主要功能包括消费、存取款、转账、代收付、外汇买卖、投资理财、网上支付等,按功能不同分为转账卡(含储蓄卡)、专用卡和储值卡。转账卡是实时扣账的借记卡,具有转账结算、存取现金和消费功能。专用卡是具有专门用途、在特定区域使用的借记卡,具有转账结算、存取现金功能。"专门用途"是指在百货、餐饮、饭店、娱乐行业以外的用途。储值卡是发卡银行根据持卡人要求将其资金转至卡内储存,交易时直接从卡内扣款的预付钱包式借记卡。

联名(认同)卡是商业银行与营利性机构/非营利性机构合作发行的银行卡附属品,其所依附的银行卡品种必须是经批准的品种,并应当遵守相应品种的业务章程或管理办法。发卡银行和联名单位应当为联名卡持卡人在联名单位用卡提供一定比例的折扣优惠或特殊服务。

(2) 按币种不同,银行卡可分为人民币卡和外币卡。外币卡是持卡人与发卡银行以除人民币以外的货币作为清算货币的银行卡。目前国内商户可受理维萨(VISA)、万事达(Master Card)、美国运通(American Express)、大来(Diners Club)等外币卡。

(3) 按发行对象不同,银行卡可分为单位卡(商务卡)和个人卡。

(4) 按信息载体不同,银行卡可分为磁条卡和芯片(IC)卡。芯片(IC)卡既可应用于单一的银行卡品种,又可应用于组合的银行卡品种。

(二) 银行卡账户和交易

1. 银行卡申领、注销和丧失

单位或个人申领银行卡,应按规定填制申请表,连同有关资料一并送交发卡银行。发卡银行可根据申请人的资信程度,要求其提供担保。担保的方式可采用保证、抵押或质押。凡在中国境内金融机构开立基本存款账户的单位,应当凭中国人民银行核发的开户许可证或企业基本存款账户编号申领单位卡;个人申领银行卡(储值卡除外),应当向发卡银行提供公安部门规定的本人有效身份证件,经发卡银行审查合格后,为其开立记名账户。银行卡及其账户只限经发卡银行批准的持卡人本人使用,不得出租和转借。

个人贷记卡申请的基本条件:①年满18周岁,有固定职业和稳定收入,工作单位和户口在常住地的城乡居民。②填写申请表,并在持卡人处亲笔签字。③向发卡银行提供本人及附属卡持卡人、担保人的身份证复印件;外地、境外人员及现役军官以个人名义领卡应出具当地公安部门签发的临时户口或有关部门开具的证明,并须提供具备担保条件的担保单位或有当地户口、在当地工作的担保人。

单位人民币卡账户的资金一律从其基本存款账户转账存入,不得存取现金,不得将销货收入存入单位卡账户。单位外币卡账户的资金应从其单位的外汇账户转账存入,不得在境内存取外币现钞。个人人民币卡账户的资金以其持有的现金存入或以其工资性款项、属于个人的合法的劳务报酬、投资回报等收入转账存入。个人外币卡账户的资金以其个人持有的外币现钞存入或从其外汇账户(含外钞账户)转账存入,该外汇账户及存款应符合国家外汇管理局的有关规定。严禁将单位的款项转入个人卡账户存储。

持卡人在还清全部交易款项、透支本息和有关费用后,可申请办理销户。销户时,单位人民币卡账户的资金应当转入其基本存款账户,单位外币卡账户的资金应当转回相应的外汇账户,不得提取现金。对于持卡人因死亡等原因而需办理的注销和清户,应按照《中华人民共和国继承法》《中华人民共和国公证法》等办理。发卡行受理注销申请之日起45日后,被注销信用卡账户方能清户。

持卡人丧失银行卡,应立即持本人身份证件或其他有效证明,并按规定提供有关情况,向发卡银行或代办银行申请挂失,发卡银行或代办银行审核后办理挂失手续。

2. 银行卡交易的基本规定

单位人民币卡可办理商品交易和劳务供应款项的结算,但不得透支。单位卡不得支取现金。

信用卡预借现金业务包括现金提取、现金转账和现金充值。现金提取是指持卡人通过柜面和自动柜员机等自助机具,以现钞形式获得信用卡预借现金额度内资金。现金转账是指持卡人将信用卡预借现金额度内资金划转到本人银行结算账户。现金充值是指持卡人将信用卡预借现金额度内资金划转到本人在非银行支付机构开立的支付账户。信用卡持卡人通过 ATM 机等自助机具办理现金提取业务,每卡每日累计不得超过 1 万元人民币;持卡人通过柜面办理现金提取业务,通过各类渠道办理现金转账业务的每卡每日限额,由发卡机构与持卡人通过协议约定;发卡机构可自主确定是否提供现金充值服务,并与持卡人协议约定每卡每日限额。发卡机构不得将持卡人信用卡预借现金额度内资金划转至其他信用卡,以及非持卡人的银行结算账户或支付账户。发卡银行应当对借记卡持卡人在 ATM 机等自助机具取款设定交易上限,每卡每日累计提款不得超过 2 万元人民币。储值卡的面值或卡内币值不得超过 1 000 元人民币。

贷记卡持卡人非现金交易可享受免息还款期和最低还款额待遇,银行记账日到发卡银行规定的到期还款日之间为免息还款期,持卡人在到期还款日前偿还所使用全部银行款项有困难的,可按照发卡银行规定的最低还款额还款。持卡人透支消费享受免息还款期和最低还款额待遇的条件和标准等,由发卡机构自主确定。

发卡银行通过下列途径追偿透支款项和诈骗款项:扣减持卡人保证金,依法处理抵押物和质物,向保证人追索透支款项,通过司法机关的诉讼程序进行追偿。

(三) 银行卡计息与收费

发卡银行对准贷记卡及借记卡(不含储值卡)账户内的存款,按照中国人民银行规定的同期同档次存款利率及计息办法计付利息。对信用卡透支利率实行上限和下限管理,透支利率上限为日利率 5‱,下限为日利率 5‱的 0.7 倍。信用卡透支的计结息方式,以及对信用卡溢缴款是否计付利息及其利率标准,由发卡机构自主确定。

发卡机构应在信用卡协议中以显著方式提示信用卡利率标准和计结息方式、免息还款期和最低还款额待遇的条件和标准,以及向持卡人收取违约金的详细情形和收取标准等与持卡人有重大利害关系的事项,确保持卡人充分知悉并确认接受。其中,对于信用卡利率标准,应注明日利率和年利率。发卡机构调整信用卡利率的,应至少提前 45 个自然日按照约定方式通知持卡人。持卡人有权在新利率标准生效之日前选择销户,并按照已签订的协议偿还相关款项。

取消信用卡滞纳金,对于持卡人违约逾期未还款的行为,发卡机构应与持卡人通过协议约定是否收取违约金,以及相关收取方式和标准。发卡机构向持卡人提供超过授信额度用卡的,不得收取超限费。

发卡机构对向持卡人收取的违约金和年费、取现手续费、货币兑换费等服务费用不得计收利息。

（四）银行卡收单

1. 银行卡收单业务概念

银行卡收单业务，是指收单机构与特约商户签订银行卡受理协议，在特约商户按约定受理银行卡并与持卡人达成交易后，为特约商户提供交易资金结算服务的行为。通俗地讲就是持卡人在银行签约商户那里刷卡消费，银行将持卡人刷卡消费的资金在规定周期内结算给商户，并从中扣取一定比例的手续费。

银行卡收单机构包括从事银行卡收单业务的银行业金融机构，获得银行卡收单业务许可、为实体特约商户提供银行卡受理并完成资金结算服务的支付机构，以及获得网络支付业务许可、为网络特约商户提供银行卡受理并完成资金结算服务的支付机构。

特约商户，是指与收单机构签订银行卡受理协议、按约定受理银行卡并委托收单机构为其完成交易资金结算的企事业单位、个体工商户或其他组织，以及按照国家市场监督管理机构有关规定，开展网络商品交易等经营活动的自然人。实体特约商户，是指通过实体经营场所提供商品或服务的特约商户。网络特约商户，是指基于公共网络信息系统提供商品或服务的特约商户。

2. 银行卡收单业务管理规定

1）特约商户管理

收单机构拓展特约商户，应遵循“了解你的客户”原则，对特约商户实行实名制管理。

收单机构应严格审核特约商户的营业执照等证明文件，以及法定代表人或负责人有效身份证件等申请材料。特约商户为自然人的，收单机构应当审核其有效身份证件。特约商户使用单位银行结算账户作为收单银行结算账户的，收单机构还应当审核其合法拥有该账户的证明文件。

收单机构应当与特约商户签订银行卡受理协议，就可受理的银行卡种类、开通的交易类型、收单银行结算账户的设置和变更、资金结算周期、结算手续费标准、差错和纠纷处置等事项，明确双方的权利、义务和违约责任。特约商户的收单银行结算账户应当为其同名单位银行结算账户，或其指定的、与其存在合法资金管理关系的单位银行结算账户。特约商户为个体工商户或自然人的，可使用其同名个人银行结算账户作为收单银行结算账户。

收单机构应当对实体特约商户收单业务进行本地化经营和管理，通过在特约商户及其分支机构所在省（自治区、直辖市）域内的收单机构或其分支机构提供收单服务，不得跨省（自治区、直辖市）域开展收单业务。对于连锁式经营或集团化管理的特约商户，收单机构或经其授权的特约商户所在地的分支机构可与特约商户签订总对总银行卡受理协议，并严格落实本地化服务和管理责任。

2）业务与风险管理

收单机构应当强化业务和风险管理措施，建立特约商户检查制度、资金结算风险管理制度、收单交易风险监测系统以及特约商户收单银行结算账户设置和变更审核制度等。建立对实体特约商户、网络特约商户分别进行风险评级制度，对于风险等级较高的特约商户，收单机构应当对其开通的受理卡种和交易类型进行限制，并采取强化交易监测、设置交易限额、延迟结算、增加检查频率、建立特约商户风险准备金等措施。

收单机构应按协议约定及时将交易资金结算到特约商户的收单银行结算账户，资金结算时限最迟不得超过持卡人确认可直接向特约商户付款的支付指令生效日后30个自然日，因涉嫌违法违规等风险交易需延迟结算的除外。收单机构应当根据交易发生时的原交易信息发起银行卡交易差错处理、退货交易，将资金退至持卡人原银行卡账户。若持卡人原银行卡账户已撤销的，应当退至持卡人指定的本人其他银行账户。

收单机构发现特约商户发生疑似银行卡套现、洗钱、欺诈、移机、留存或泄露持卡人账户信息等风险事件的，应当对特约商户采取延迟资金结算、暂停银行卡交易或收回受理终端（关闭网络支付接口）等措施，并承担因未采取措施导致的风险损失责任；涉嫌违法犯罪活动的，应当及时向公安机关报案。

3. 银行卡POS收单业务交易及结算流程

多功能终端（point of sale，POS）是安装在特约商户内，为持卡人提供授权、消费结算等服务的专用电子支付设备，也是能够保证银行交易处理信息安全的实体支付终端。目前国内银行卡POS交易的转接和资金清算由中国银联负责。境外银行卡POS交易的转接和转接清算由国际发卡组织负责（如维萨国际组织、万事达国际组织等）。

银行卡POS收单业务交易及结算流程如下：

（1）收银员审查银行卡，刷卡输入交易金额。

（2）持卡人确认消费金额并输入交易密码。

（3）交易信息通过中国银联输送至发卡机构。

（4）发卡机构系统检查卡片有效性、验证密码和账户余额，并发送交易处理结果信息（通过检查和验证后扣减持卡人账户资金并发送成功信息，未通过的发送失败信息）。

（5）中国银联把交易处理结果信息返回给受理机具。

（6）若交易成功，受理机具打印单据。

（7）持卡人在消费单据上签名，收银员保管好交易单据。

（8）中国银联每日23:00进行日终处理，按成员机构代号进行轧差清算，次日通过现代化支付系统直接拨收成员机构清算资金。

（9）成员机构次日从中国银联下载商户交易明细，对商户进行资金入账（已扣减交易手续费）并向特约商户提供交易明细。

4. 结算收费

收单机构向商户收取的收单服务费由收单机构与商户协商确定具体费率。发卡机构收取的发卡行服务费不区分商户类别，实行政府指导价、上限管理，费率为：借记卡交易不超过交易金额的0.35%，单笔收费金额不超过13元，贷记卡交易不超过0.45%。对非营利性的医疗机构、教育机构、社会福利机构、养老机构、慈善机构刷卡交易，实行发卡行服务费、网络服务费全额减免。

四、银行电子支付

网上支付是电子支付的一种形式，它是指电子交易的当事人，包括消费者、厂商和金融机构，使用电子支付手段通过网络进行的货币或资金流转。网上支付的主要方式有网上银行和第三方支付（本教材介绍条码支付）。

（一）网上银行

1. 网上银行的概念

网上银行（Internet Bank or E-bank）包含两个层次的含义：一个是机构概念，指通过信息网络开办业务的银行;另一个是业务概念,指银行通过信息网络提供的金融服务,包括传统银行业务和因信息技术应用带来的新兴业务。在日常生活和工作中,我们提及网上银行,更多是指第二个层次的概念,即网上银行的业务概念。

简单地说,网上银行就是银行在互联网上设立虚拟银行柜台,使传统的银行服务不再通过物理的银行分支机构来实现,而是借助于网络与信息技术手段在互联网上实现,因此网上银行也称网络银行。网上银行又被称为"3A 银行",因为它不受时间、空间限制,能够在任何时间(anytime)、任何地点(anywhere)以任何方式(anyway)为客户提供金融服务。

2. 网上银行的分类

按照不同的标准,网上银行可以分为不同的类型。

(1) 按主要服务对象分为企业网上银行和个人网上银行。企业网上银行主要适用于企事业单位,企事业单位可以通过企业网络银行适时了解财务运作情况,及时调度资金,轻松处理大批量的网络支付和工资发放业务。个人网上银行主要适用于个人与家庭,个人可以通过个人网络银行实现实时查询、转账、网络支付和汇款功能。

(2) 按经营组织分为分支型网上银行和纯网上银行。分支型网上银行是指现有的传统银行利用互联网作为新的服务手段,建立银行站点,提供在线服务而设立的网上银行。纯网上银行的本身就是一家银行,是专门为提供在线银行服务而成立的,因而也被称为只有一个站点的银行。

3. 网上银行的主要功能

目前,网上银行利用 Internet 和 HTML 技术,能够为客户提供综合、统一、安全、实时的银行服务,包括提供对私、对公的全方位银行业务,还可以为客户提供跨国的支付与清算等其他贸易和非贸易的银行业务服务。

1) 企业网上银行子系统

企业网上银行子系统目前能够支持所有的对公企业客户,能够为客户提供网上账务信息服务、资金划拨、B2B(Business to Business)网上支付和批量支付等服务,使集团公司总部能对其分支机构的财务活动进行实时监控,随时获得其账户的动态情况,同时还能为客户提供 B2B 网上支付。其主要业务功能包括:

(1) 账户信息查询。账户信息查询业务能够为企业客户提供账户信息的网上在线查询、网上下载和电子邮件发送账务信息等服务,包括账户的昨日余额、当前余额、当日明细和历史明细等。

(2) 支付指令。支付指令业务能够为客户提供集团、企业内部各分支机构之间的账务往来,同时也能提供集团、企业之间的账务往来,并且支持集团、企业向他行账户进行付款。

(3) B2B 网上支付。B2B 是指企业之间进行的电子商务活动。B2B 网上支付能够为客户提供网上 B2B 支付平台。

(4) 批量支付。批量支付业务能够为企业客户提供批量付款(包括同城、异地及跨行转账业务)、代发工资、一付多收等批量支付功能。企业客户负责按银行要求的格式生成数据文件,通过安全通道传送给银行,银行负责系统安全及业务处理,并将处理结果反馈给客户。

2) 个人网上银行子系统

个人网上银行子系统主要提供银行卡、本外币活期一本通客户账务管理、信息管理、网上支付等功能，是网上银行对个人客户服务的窗口。其具体业务功能包括：

(1) 账户信息查询。系统为客户提供信息查询功能，能够查询银行卡的人民币余额和活期一本通的不同币种的钞、汇余额；提供银行卡在一定时间段内的历史明细数据查询；下载包含银行卡、活期一本通一定时间段内的历史明细数据的文本文件；查询使用银行卡进行网上支付后的支付记录。

(2) 人民币转账。系统能够提供个人客户本人的或与他人的银行卡之间的卡卡转账服务。系统在转账功能上严格控制了单笔转账最大限额和当日转账最大限额，使客户的资金安全有一定的保障。

(3) 银证转账。银行卡客户在网上能够进行银证转账，可以实现银转证、证转银、查询证券资金余额等功能。

(4) 外汇买卖。客户通过网上银行系统能够进行外汇买卖，主要可以实现外汇即时买卖、外汇委托买卖、查询委托明细、查询外汇买卖历史明细、撤销委托等功能。

(5) 账户管理。系统提供客户对本人网上银行各种权限功能、客户信息的管理以及账户的挂失功能。

(6) B2C(Business to Customer)网上支付。B2C，商业机构对消费者的电子商务，指的是企业与消费者之间进行的在线式零售商业活动(包括网上购物和网上拍卖等)。个人客户在申请开通网上支付功能后，能够使用本人的银行卡进行网上购物后的电子支付。通过账户管理功能，客户还能够随时选择使用哪一张银行卡来进行网上支付。

(二) 条码支付

1. 条码支付的概念

《条码支付业务规范(试行)》第二条规定："本规范所称条码支付业务是指银行业金融机构(以下简称银行)、非银行支付机构(以下简称支付机构)应用条码技术，实现收付款人之间货币资金转移的业务活动。条码支付业务包括付款扫码和收款扫码。付款扫码是指付款人通过移动终端识读收款人展示的条码完成支付的行为。收款扫码是指收款人通过识读付款人移动终端展示的条码完成支付的行为。"

支付机构向客户提供基于条码技术付款服务的，应当取得网络支付业务许可；支付机构为实体特约商户和网络特约商户提供条码支付收单服务的，应当分别取得银行卡收单业务许可和网络支付业务许可。

2. 条码支付的交易验证及限额

银行、支付机构开展条码支付业务，可以组合选用下列三种要素，对客户条码支付交易进行验证：

(1) 仅客户本人知悉的要素，如静态密码等。

(2) 仅客户本人持有并特有的，不可复制或者不可重复利用的要素，如经过安全认证的数字证书、电子签名，以及通过安全渠道生成和传输的一次性密码等。

(3) 客户本人生物特征要素，如指纹等。

银行、支付机构应当确保采用的要素相互独立，部分要素的损坏或者泄露不应导致其他要素损坏或者泄露。

采用数字证书、电子签名作为验证要素的，数字证书及生成电子签名的过程应符合相关规定，应确保数字证书的唯一性、完整性及交易的不可抵赖性。

采用一次性密码作为验证要素的，应当切实防范一次性密码获取端与支付指令发起端为相同物理设备而带来的风险，并将一次性密码有效期严格限制在最短的必要时间内。

采用客户本人生物特征作为验证要素的，应当符合国家、金融行业标准和相关信息安全管理要求，防止被非法存储、复制或重放。

银行、支付机构应根据《条码支付安全技术规范（试行）》（银办发〔2017〕242 号）关于风险防范能力的分级，对个人客户的条码支付业务进行限额管理：

（1）风险防范能力达到 A 级，即采用包括数字证书或电子签名在内的两类（含）以上有效要素对交易进行验证的，可与客户通过协议自主约定单日累计限额。

（2）风险防范能力达到 B 级，即采用不包括数字证书、电子签名在内的两类（含）以上有效要素对交易进行验证的，同一客户单个银行账户或所有支付账户单日累计交易金额应不超过 5 000 元。

（3）风险防范能力达到 C 级，即采用不足两类要素对交易进行验证的，同一客户单个银行账户或所有支付账户单日累计交易金额应不超过 1 000 元。

（4）风险防范能力达到 D 级，即使用静态条码的，同一客户单个银行账户或所有支付账户单日累计交易金额应不超过 500 元。

3. 商户管理

银行、支付机构拓展条码支付特约商户，应遵循“了解你的客户”原则，确保所拓展的是依法设立、合法经营的特约商户。

银行、支付机构拓展特约商户应落实实名制规定，严格审核特约商户的营业执照等证明文件，以及法定代表人或负责人的有效身份证件等申请材料，确认申请材料的真实性、完整性、有效性，并留存申请材料的影印件或复印件。

对依据法律法规和相关监管规定免于办理工商注册登记的实体特约商户（小微商户），收单机构在遵循“了解你的客户”原则的前提下，可以通过审核商户主要负责人身份证明文件和辅助证明材料为其提供条码支付收单服务。辅助证明材料包括但不限于营业场所租赁协议或者产权证明、集中经营场所管理方出具的证明文件等能够反映小微商户真实、合法从事商品或服务交易活动的材料。

以同一个身份证件在同一家收单机构办理的全部小微商户基于信用卡的条码支付收款金额日累计不超过 1 000 元、月累计不超过 1 万元。银行、支付机构应当结合小微商户风险等级动态调整交易卡种、交易限额、结算周期等，强化对小微商户的交易监测。

银行、支付机构应建立特约商户检查制度，明确检查频率、检查内容、检查记录等管理要求，落实检查责任。

4. 风险管理

银行、支付机构应建立全面风险管理体系和内部控制机制，提升风险识别能力，采取有效措施防范风险，及时发现、处理可疑交易信息及风险事件。

银行、支付机构开展条码支付业务，应当评估业务相关的洗钱和恐怖融资风险，采取与风险水平相适应的管控措施。

银行、支付机构应建立特约商户风险评级制度，综合考虑特约商户的区域和行业特征、经营规模、财务和资信状况等因素，对特约商户进行风险评级。

银行、支付机构应结合特约商户风险等级及交易类型等因素，设置或与其约定单笔及日累计交易限额。

银行、支付机构对风险等级较高的特约商户，应通过强化交易监测、建立特约商户风险准备金、延迟清算等风险管理措施，防范交易风险。

银行、支付机构应建立特约商户检查、评估制度，根据特约商户的风险等级，制定不同的检查、评估频率和方式，并保留相关记录。

银行、支付机构发现特约商户发生疑似套现、洗钱、恐怖融资、欺诈、留存或泄露账户信息等风险事件的，应对特约商户采取延迟资金结算、暂停交易、冻结账户等措施，并承担因未采取措施导致的风险损失责任；发现涉嫌违法犯罪活动的，应及时向公安机关报案。

银行、支付机构或其外包服务机构、条码支付特约商户发生涉嫌重大支付违法犯罪案件或重大风险事件的，应当于2个工作日内向中国人民银行或其分支机构报告。

第四节 支付机构非现金支付业务

一、支付机构的概念和支付服务的种类

1. 支付机构的概念

《非金融机构支付服务管理办法》第二条规定："本办法所称非金融机构支付服务，是指非金融机构在收付款人之间作为中介机构提供下列部分或全部货币资金转移服务：①网络支付；②预付卡的发行与受理；③银行卡收单；④中国人民银行确定的其他支付服务。"

非金融机构提供支付服务，应当依据本办法规定取得《支付业务许可证》，成为支付机构。支付机构依法接受中国人民银行的监督管理。未经中国人民银行批准，任何非金融机构和个人不得从事或变相从事支付业务。

《非银行支付机构网络支付业务管理办法》（中国人民银行公告〔2015〕第43号）第二条规定："本办法所称支付机构是指依法取得《支付业务许可证》，获准办理互联网支付、移动电话支付、固定电话支付、数字电视支付等网络支付业务的非银行机构。"

2. 支付服务的种类

《非金融机构支付服务管理办法》第二条规定："本办法所称网络支付，是指依托公共网络或专用网络在收付款人之间转移货币资金的行为，包括货币汇兑、互联网支付、移动电话支付、固定电话支付、数字电视支付等。本办法所称预付卡，是指以营利为目的发行的、在发行机构之外购买商品或服务的预付价值，包括采取磁条、芯片等技术以卡片、密码等形式发行的预付卡。本办法所称银行卡收单，是指通过销售点（POS）终端等为银行卡特约商户代收货币资金的行为。"

二、网络支付

1. 网络支付的概念

《非银行支付机构网络支付业务管理办法》第二条规定："本办法所称网络支付业务，是指收款人或付款人通过计算机、移动终端等电子设备，依托公共网络信息系统远程发起支付指令，且付款人电子设备不与收款人特定专属设备交互，由支付机构为收付款人提供货币资金转移服务的活动。"

2. 网络支付机构

根据2016年7月1日起实施的《非银行支付机构网络支付业务管理办法》第二条的规定，非银行支付机构是指依法取得《支付业务许可证》，获得办理互联网支付、移动电话支付、固定电话支付、数字电视支付等网络支付业务的非银行机构。例如，支付宝（中国）网络技术有限公司、银联商务股份有限公司、财付通支付科技有限公司、快钱支付清算信息有限公司和网银在线（北京）科技有限公司等。

3. 支付账户

支付账户，是指获得互联网支付业务许可的支付机构，根据客户的真实意愿为其开立的，用于记录预付交易资金余额、客户凭此发起支付指令、反映交易明细信息的电子簿记。支付账户不得透支，不得出借、出租、出售，不得利用支付账户从事或者协助他人从事非法活动。

4. 网络支付交易验证与限额

支付机构可以组合选用下列三类要素，对客户使用支付账户余额付款的交易进行验证：①仅客户本人知悉的要素，如静态密码等；②仅客户本人持有并特有的，不可复制或者不可重复利用的要素，如经过安全认证的数字证书、电子签名，以及通过安全渠道生成和传输的一次性密码等；③客户本人生理特征要素，如指纹等。

支付机构应当确保采用的要素相互独立，部分要素的损坏或者泄露不应导致其他要素损坏或者泄露。

支付机构采用数字证书、电子签名作为验证要素的，数字证书及生成电子签名的过程应符合《中华人民共和国电子签名法》《金融电子认证规范》（JR/T 0118-2015）等有关规定，确保数字证书的唯一性、完整性及交易的不可抵赖性。

支付机构采用一次性密码作为验证要素的，应当切实防范一次性密码获取端与支付指令发起端为相同物理设备而带来的风险，并将一次性密码有效期严格限制在最短的必要时间内。

支付机构采用客户本人生理特征作为验证要素的，应当符合国家、金融行业标准和相关信息安全管理要求，防止被非法存储、复制或重放。

支付机构应根据交易验证方式的安全级别，按照下列要求对个人客户使用支付账户余额付款的交易进行限额管理：

（1）支付机构采用包括数字证书或电子签名在内的两类（含）以上有效要素进行验证的交易，单日累计限额由支付机构与客户通过协议自主约定。

（2）支付机构采用不包括数字证书、电子签名在内的两类（含）以上有效要素进行验证的交易，单个客户所有支付账户单日累计金额应不超过5 000元（不包括支付账户向客户本人同名银行账户转账）。

（3）支付机构采用不足两类有效要素进行验证的交易，单个客户所有支付账户单日累计金额应不超过1 000元（不包括支付账户向客户本人同名银行账户转账），且支付机构应当承诺无条件全额承担此类交易的风险损失赔付责任。

5. 网络支付业务与风险管理

1）网络支付业务管理

支付机构不得经营或者变相经营证券、保险、信贷、融资、理财、担保、信托、货币兑换、现金存取等业务。

支付机构向客户开户银行发送支付指令，扣划客户银行账户资金的，支付机构和银行应当执行下列要求：

（1）支付机构应当事先或在首笔交易时自主识别客户身份并分别取得客户和银行的协议授权，同意其向客户的银行账户发起支付指令扣划资金。

（2）银行应当事先或在首笔交易时自主识别客户身份并与客户直接签订授权协议，明确约定扣款适用范围和交易验证方式，设立与客户风险承受能力相匹配的单笔和单日累计交易限额，承诺无条件全额承担此类交易的风险损失先行赔付责任。

（3）除单笔金额不超过200元的小额支付业务，公共事业缴费、税费缴纳、信用卡还款等收款人固定并且定期发生的支付业务，以及符合《非银行支付机构网络支付业务管理办法》第三十七条规定的情形以外，支付机构不得代替银行进行交易验证。

支付机构应根据客户身份对同一客户在本机构开立的所有支付账户进行关联管理，并按照下列要求对个人支付账户进行分类管理：

（1）对于以非面对面方式通过至少1个合法安全的外部渠道进行身份基本信息验证，且为首次在本机构开立支付账户的个人客户，支付机构可以为其开立Ⅰ类支付账户，账户余额仅可用于消费和转账，余额付款交易自账户开立起累计不超过1 000元（包括支付账户向客户本人同名银行账户转账）。

（2）对于支付机构自主或委托合作机构以面对面方式核实身份的个人客户，或以非面对面方式通过至少3个合法安全的外部渠道进行身份基本信息多重交叉验证的个人客户，支付机构可以为其开立Ⅱ类支付账户，账户余额仅可用于消费和转账，其所有支付账户的余额付款交易年累计不超过10万元（不包括支付账户向客户本人同名银行账户转账）。

（3）对于支付机构自主或委托合作机构以面对面方式核实身份的个人客户，或以非面对面方式通过至少5个合法安全的外部渠道进行身份基本信息多重交叉验证的个人客户，支付机构可以为其开立Ⅲ类支付账户，账户余额可以用于消费、转账以及购买投资理财等金融类产品，其所有支付账户的余额付款交易年累计不超过20万元（不包括支付账户向客户本人同名银行账户转账）。

客户身份基本信息外部验证渠道包括但不限于政府部门数据库、商业银行信息系统、商业化数据库等。其中，通过商业银行验证个人客户身份基本信息的，应为Ⅰ类银行账户或信用卡。

支付机构办理银行账户与支付账户之间转账业务的，相关银行账户与支付账户应属于同一客户。支付机构应按照与客户的约定及时办理支付账户向客户本人银行账户转账业务，不得对Ⅱ类、Ⅲ类支付账户向客户本人银行账户转账设置限额。

支付机构为客户办理本机构发行的预付卡向支付账户转账的，应当按照《支付机构预付卡业务管理办法》（中国人民银行公告〔2012〕第12号）相关规定对预付卡转账至支付账户的余额单独管理，仅限其用于消费，不得通过转账、购买投资理财等金融类产品等形式进行套现或者变相套现。

支付机构应当确保交易信息的真实性、完整性、可追溯性以及在支付全流程中的一致性，不得篡改或者隐匿交易信息。交易信息包括但不限于下列内容：

（1）交易渠道、交易终端或接口类型、交易类型、交易金额、交易时间，以及直接向客户提供商品或者服务的特约商户名称、编码和按照国家与金融行业标准设置的商户类别码。

(2) 收付款客户名称,收付款支付账户账号或者银行账户的开户银行名称及账号。

(3) 付款客户的身份验证和交易授权信息。

(4) 有效追溯交易的标识。

(5) 单位客户单笔超过5万元的转账业务的付款用途和事由。

对于客户的网络支付业务操作行为,支付机构应当在确认客户身份及真实意愿后及时办理,并在操作生效之日起至少5年内,真实、完整保存操作记录。

客户操作行为包括但不限于登录和注销登录、身份识别和交易验证、变更身份信息和联系方式、调整业务功能、调整交易限额、变更资金收付方式,以及变更或挂失密码。

2) 网络支付风险管理

支付机构应当综合客户类型、身份核实方式、交易行为特征、资信状况等因素,建立客户风险评级管理制度和机制,并动态调整客户风险评级及相关风险控制措施。

支付机构应当根据客户风险评级、交易验证方式、交易渠道、交易终端或接口类型、交易类型、交易金额、交易时间、商户类别等因素,建立交易风险管理制度和交易监测系统,对疑似欺诈、套现、洗钱、非法融资、恐怖融资等交易,及时采取调查核实、延迟结算、终止服务等措施。

支付机构应当向客户充分提示网络支付业务的潜在风险,及时揭示不法分子新型作案手段,对客户进行必要的安全教育,并对高风险业务在操作前、操作中进行风险警示。

支付机构为客户购买合作机构的金融类产品提供网络支付服务的,应当确保合作机构为取得相应经营资质并依法开展业务的机构,并在首次购买时向客户展示合作机构信息和产品信息,充分提示相关责任、权利、义务及潜在风险,协助客户与合作机构完成协议签订。

支付机构应当建立健全风险准备金制度和交易赔付制度,并对不能有效证明因客户原因导致的资金损失及时先行全额赔付,保障客户合法权益。

支付机构应于每年1月31日前,将前一年度发生的风险事件、客户风险损失发生和赔付等情况在网站对外公告。支付机构应在年度监管报告中如实反映上述内容和风险准备金计提、使用及结余等情况。

三、预付卡

(一)预付卡的概念和分类

预付卡是指发卡机构以特定载体和形式发行的、可在发卡机构之外购买商品或服务的预付价值。

目前市场上预付卡有两类:一类是专营发卡机构发行,可跨地区、跨行业、跨法人使用的多用途预付卡;另一类是商业企业发行,只在本企业或同一品牌连锁商业企业购买商品、服务的单用途预付卡。本章讲述的是多用途预付卡。预付卡按是否记载持卡人身份信息分为记名预付卡和不记名预付卡。

(二)预付卡的相关规定

1. 预付卡的限额

预付卡以人民币计价,不具有透支功能。单张记名预付卡资金限额不得超过5 000元,单张不记名预付卡资金限额不得超过1 000元。

2. 预付卡的期限

预付卡卡面记载有效期限或有效期截止日。记名预付卡可挂失，可赎回，不得设置有效期；不记名预付卡不挂失，不赎回，另有规定的除外。不记名预付款有效期不得低于3年。超过有效期尚有资金余额的预付卡，可通过延期、激活、换卡等方式继续使用。

3. 预付卡的办理

个人或单位购买记名预付卡或一次性购买不记名预付卡1万元以上的，应当使用实名并向发卡机构提供有效身份证件。发卡机构应当识别购卡人、单位经办人的身份，核对有效身份证件，登记身份基本信息，并留存有效身份证件的复印件或影印件。代理他人购买预付卡的，发卡机构应当采取合理方式确认代理关系，核对代理人和被代理人的有效身份证件，登记代理人和被代理人的身份基本信息，并留存代理人和被代理人的有效身份证件的复印件或影印件。使用实名购买预付卡的，发卡机构应当登记购卡人姓名或单位名称、单位经办人姓名、有效身份证件名称和号码、联系方式、购卡数量、购卡日期、购卡总金额、预付卡卡号及金额等信息。单位一次性购买预付卡5 000元以上，个人一次性购买预付卡5万元以上的，应当通过银行转账等非现金结算方式购买，不得使用现金。购卡人不得使用信用卡购买预付卡。

4. 预付卡的充值

预付卡只能通过现金或银行转账方式进行充值，不得使用信用卡为预付卡充值。一次性充值金额5 000元以上的，不得使用现金。单张预付卡充值后的资金余额不得超过规定限额。预付卡现金充值通过发卡机构网点进行，但单张预付卡同日累计现金充值在200元以下的，可通过自助充值终端、销售合作机构代理等方式充值。

5. 预付卡的使用

预付卡在发卡机构拓展、签约的特约商户中使用，不得用于或变相用于提取现金，不得用于购买、交换非本发卡机构发行的预付卡、单一行业卡及其他商业预付卡或向其充值，卡内资金不得向银行账户或向非本发卡机构开立的网络支付账户转移。

6. 预付卡的赎回

记名预付卡可在购卡3个月后办理赎回。赎回时，持卡人应当出示预付卡及持卡人和购卡人的有效身份证件。由他人代理赎回的，应当同时出示代理人和被代理人的有效身份证件。单位购买的记名预付卡，只能由单位办理赎回。

7. 预付卡的发卡机构

预付卡发卡机构必须是经中国人民银行核准，取得《支付业务许可证》的支付机构。支付机构要严格按照核准的业务类型和业务覆盖范围从事预付卡业务。发卡机构要采取有效措施加强对购卡人和持卡人信息的保护，确保信息安全，防止信息泄露和滥用，未经购卡人和持卡人同意，不得用于与购卡人和持卡人的预付卡业务无关的目的。发卡机构要严格发票管理，按照《中华人民共和国发票管理办法》有关规定开具发票。发卡人要加强预付卡资金管理，维护持卡人合法权益，发卡机构接受的、客户用于未来支付需要的预付卡资金，不属于发卡机构的自有财产，发卡机构不得挪用、挤占。发卡机构对客户备付金需100%集中交存中国人民银行。

第五节 支付结算纪律与法律责任

一、支付结算纪律

支付结算纪律是银行、单位和个人办理支付结算业务所应遵守的基本规定。《支付结算办法》规定，单位和个人办理支付结算，不准签发没有资金保证的票据或远期支票，套取银行信用；不准签发、取得和转让没有真实交易和债权债务的票据，套取银行和他人资金；不准无理拒绝付款，任意占用他人资金；不准违反规定开立和使用账户。

银行办理支付结算，不准以任何理由压票、任意退票、截留挪用客户和他行资金；不准无理拒绝支付应由银行支付的票据款项；不准受理无理拒付、不扣少扣滞纳金；不准违章签发、承兑、贴现票据，套取银行资金；不准签发空头银行汇票、银行本票和办理空头汇款；不准在支付结算制度之外规定附加条件，影响汇路畅通；不准违反规定为单位和个人开立账户；不准拒绝受理、代理他行正常结算业务。

二、违反支付结算法律制度的法律责任

银行、单位和个人违反结算纪律，要分别承担相应的法律责任。根据目前的法律、法规和规章的规定，对于下列行为，应依法分别承担民事、行政和刑事责任。

（一）签发空头支票、印章与预留印鉴不符的支票，尚未构成犯罪行为的法律责任

单位或个人签发空头支票或者签发与其预留的签章不符、使用支付密码但支付密码错误的支票，不以骗取财物为目的的，由中国人民银行处以票面金额5%但不低于1 000元的罚款；持票人有权要求出票人赔偿支票金额2%的赔偿金。屡次签发空头支票的，银行有权停止为其办理支票或全部支付结算业务。根据《行政处罚法》和《票据管理实施办法》的规定，中国人民银行是空头支票的处罚主体，银行机构发现空头支票行为的，应向中国人民银行分支机构举报，并协助送达相应的行政处罚法律文书。

（二）无理拒付，占用他人资金行为的法律责任

票据的付款人对见票即付或者到期的票据，故意压票、拖延支付的，银行机构违反票据承兑等结算业务规定，不予兑现，不予收付入账，压单、压票或者违反规定退票的，由国务院银行保险监督管理机构责令其改正，有违法所得的，没收违法所得。违法所得5万元以上的，并处违法所得1倍以上5倍以下罚款；没有违法所得或者违法所得不足5万元的，处5万元以上50万元以下罚款。

（三）违反账户管理规定行为的法律责任

（1）存款人开立、撤销银行结算账户违反规定：①违反规定开立银行结算账户；②伪造、变造证明文件欺骗银行开立银行结算账户；③违反规定不及时撤销银行结算账户。属于非经营性存款人的，给予警告并处以1 000元的罚款；属于经营性存款人的，给予警告并处以1万元以上3万元以下的罚款；构成犯罪的，移交司法机关依法追究刑事责任。

（2）存款人使用银行结算账户违反规定：①违反规定将单位款项转入个人银行结算账户；②违反规定支取现金；③利用开立银行结算账户逃废银行债务；④出租出借银行结算账户；⑤从基本存款账户之外的银行结算账户转账存入、将销货收入存入或现金存入单位信用

卡账户;⑥法定代表人或主要负责人、存款人地址以及其他开户资料的变更事项未在规定期限内通知银行。非经营性的存款人有上述第①至⑤项行为的,给予警告并处以 1 000 元罚款;经营性的存款人有上述第①至⑤项行为的,给予警告并处以 5 000 元以上 3 万元以下的罚款;存款人有上述所列第⑥项行为的,给予警告并处以 1 000 元的罚款。

(3) 伪造、变造、私自印制开户许可证的存款人,属非经营性的处以 1 000 元罚款;属经营性的处以 1 万元以上 3 万元以下的罚款;构成犯罪的,移交司法机关依法追究刑事责任。

(四) 票据欺诈等行为的法律责任

1. 票据欺诈行为

(1) 伪造、变造票据、托收凭证、汇款凭证、信用证,伪造信用卡等,故意使用伪造、变造的票据的。

(2) 签发空头支票或者故意签发与其预留的本名签名式样或者印鉴不符的支票,骗取财物的。

(3) 签发无可靠资金来源的汇票、本票,骗取资金的。

(4) 汇票、本票的出票人在出票时作虚假记载,骗取财物的。

(5) 冒用他人的票据,或者故意使用过期或者作废的票据,骗取财物的。

(6) 付款人同出票人、持票人恶意串通的。

实施前 6 项行为之一的,依法追究刑事责任。有上述行为之一,情节轻微,不构成犯罪的,依照国家有关规定给予行政处罚。

2. 法律责任

伪造、变造票据、托收凭证、汇款凭证、信用证,伪造信用卡的,处 5 年以下有期徒刑或者拘役,并处或者单处 2 万元以上 20 万元以下罚金;情节严重的,处 5 年以上 10 年以下有期徒刑,并处 5 万元以上 50 万元以下罚金;情节特别严重的,处 10 年以上有期徒刑或者无期徒刑,并处 5 万元以上 50 万元以下罚金或者没收财产。单位犯上述罪行的,对单位判处罚金,并对其直接负责的主管人员和其他责任人员,依照上述规定处罚。

有下列情形之一,妨害信用卡管理的,处 3 年以下有期徒刑或者拘役,并处或者单处 1 万元以上 10 万元以下罚金;数量巨大或者有其他严重情节的,处 3 年以上 10 年以下有期徒刑,并处 2 万元以上 20 万元以下罚金:明知是伪造的信用卡而持有、运输的或者明知是伪造的空白信用卡而持有、运输,数量较大的;非法持有他人信用卡,数量较大的;使用虚假的身份证明骗领信用卡的;出售、购买、为他人提供伪造的信用卡或者以虚假的身份证明骗领信用卡的;窃取、收买或者非法提供他人信用卡信息资料的。

有下列情形之一,进行信用卡诈骗活动,数额较大的,处 5 年以下有期徒刑或者拘役,并处 2 万元以上 20 万元以下罚金;数额巨大或者有其他严重情节的,处 5 年以上 10 年以下有期徒刑,并处 5 万元以上 50 万元以下罚金;数额特别巨大或者有其他特别严重情节的,处 10 年以上有期徒刑或者无期徒刑,并处 5 万元以上 50 万元以下罚金或者没收财产:使用伪造的信用卡,或者使用以虚假的身份证明骗领的信用卡的;使用作废的信用卡的;冒用他人信用卡的;恶意透支的。

第三章测试题及
参考答案

第四章 税法概述及货物和劳务税法律制度

本章导学

本章主要介绍税法基础理论知识和货物与劳务税基本理论问题，内容包括税法要素、税种、征收机关、增值税、消费税、城市维护建设税、车辆购置税、关税等概念及其规则。

学习目标

（一）掌握现行税种与征收机关。

（二）掌握增值税纳税人和扣缴义务人、征税范围、应纳税额的计算、增值税专用发票使用规定。

（三）掌握消费税纳税人、征税范围、应纳税额的计算。

（四）掌握城市维护建设税纳税人、计税依据和应纳税额的计算。

（五）掌握车辆购置税纳税人、征税范围。

（六）掌握关税纳税人、课税对象。

（七）熟悉税收与税法、税收法律关系、税法要素。

（八）熟悉增值税税收优惠和征收管理、消费税税目和征收管理、教育费附加与地方教育附加、车辆购置税计税依据和应纳税额的计算、关税计税依据和应纳税额的计算。

（九）熟悉全面数字化电子发票。

（十）了解增值税税率、征收率和纳税申报表、、增值税出口退税消费税税率和纳税申报表。

课程思政

一、基本案情

2005 年 1 月，广州德发房产建设有限公司（以下简称德发公司）委托机构拍卖其自有“美国银行中心”的房产后，按 1.382 55 亿元的拍卖成交价格，向税务部门缴付了增值税（营改增）6 912 750 元，并取得了相应的完税凭证。2006 年，广州市地方税务局第一稽查局（以下简称广州税稽一局)在检查德发公司2004年至2005年地方税费的缴纳情况时,认为德发公司的上述房产拍卖成交价格2 300元/平方米不及市场价的一半,价格严重偏低,于2009年9月,作出穗地税稽一处〔2009〕66号税务处理决定,核定德发公司委托拍卖的上述房产的交易价格为311 678 775元,并以311 678 775元为标准核定应缴纳增值税,决定追缴德发公司未缴纳的增值税8 671 188.75元,加收增值税滞纳金2 805 129.56元。德发公司不服该决定,提起行政诉讼。

二、裁判结果

本案一审判决驳回德发公司诉讼请求;二审维持一审判决,驳回德发公司上诉。再审判决撤销一、二审判决,并撤销被诉处理决定中加收增值税滞纳金的部分。

最高人民法院再审认为:税务机关确定应纳税额时,应当尊重市场行为形成的市场价格;其基于国家税收利益的考虑否定拍卖价格作为计税价格时,在行使《中华人民共和国税收征收管理法》(以下简称《税收征收管理法》)第三十五条第一款第六项应纳税额核定权时,应当受到严格限制。纳税义务人以拍卖不动产的拍卖价格作为计税依据依法纳税后,在该拍卖行为未被有权机关依法认定为无效或者认定存在违反拍卖法的行为并影响拍卖价格的情况下,税务机关原则上不能根据《税收征收管理法》第三十五条第一款第六项的规定行使应纳税额核定权,但如果拍卖行为中存在影响充分竞价的因素导致拍卖价格过低,税务机关基于国家税收利益的考虑,有权行使应纳税额核定权。

没有法律、法规和规章的规定,行政机关不得作出影响行政相对人合法权益或者增加行政相对人义务的决定。税务机关根据《税收征收管理法》第三十五条第一款第六项的规定行使应纳税额核定权时,应当受到《税收征收管理法》第五十二条关于追缴税款和滞纳金的条件和期限的限制;因不能归责于纳税义务人的原因时,新确定的应纳税额,缴纳义务应当自核定之日发生,征收该应纳税额确定之前的税收滞纳金没有法律依据。

三、典型意义

本案是最高人民法院提审改判的第一起税务行政案件,案件多个焦点问题的裁判理由均具有较强的典型意义:体现法院在促进依法行政方面的司法能动性,既保障国家利益不受损,也要防止税收权力的任性;进一步明确拍卖价格作为计税依据的合法性,限定税务机关行使应纳税额核定权行使条件,厘清特定税收专业领域行政机关职权和市场主体自治的界限;贯彻"法无明文规定不可为"的法治理念,确保当事人合法权益不受行政机关无法律依据的剥夺;行政权的行使应当严格限定在法律明确规定的范围内,在法律没有规定的情况下,行政机关不得作出影响行政相对人合法权益或者增加行政相对人义务的决定。

[参考资料来源:中华人民共和国最高人民法院行政判决书(2015)行提字第13号,https://wenshu.court.gov.cn/。]

学习内容

第一节 税收法律制度概述

一、税收与税收法律关系

(一) 税收与税法

1. 税收的概念与特征

税收是指国家为了实现国家政治经济和社会职能,凭借国家权力,按照法定标准和程序,无偿取得财政收入的一种国民收入分配形式。它体现了国家与纳税人在征税和纳税上的一种利益分配关系。税收是国家财政收入的最重要来源。在我国社会主义市场经济运行中,税收主要担负着资源有效配置、收入公平分配、经济稳定发展和国家政权巩固等功能。税收具有非常明显的强制性、无偿性和固定性特征。

2. 税法的概念

税法即税收法律制度,是调整税收关系的法律、法规、规章等规范性文件的总称,是中国特色社会主义法律体系的重要组成部分。税法主要调整国家与纳税人在税收征纳上的权利与义务关系,维护社会经济稳健运行,促进和保障国家利益,同时维护纳税人合法权益。税法是国家征税主体和纳税主体依法征税、依法纳税的基本行为准则和模式。

(二) 税收法律关系

1. 税收法律关系的概念

税收法律关系,是指经过税收法律规范所调整的征税主体与纳税主体之间的税收权利与税收义务关系。税收法律关系,也是由主体、客体和内容三个要素构成。

2. 税收法律关系的主体

税收法律关系的主体,是指参与到税收法律关系中并享有税收权利和承担税收义务的当事人,包括征税主体与纳税主体。我国的征税主体是指代表国家行使征税权力的税务机关和海关;我国的纳税主体是指依法履行纳税义务的自然人、法人和其他组织,包括纳税人和扣缴义务人。

3. 税收法律关系的客体

税收法律关系的客体,是指征税主体和纳税主体的税收权利和税收义务所共同指向的对象。例如,企业所得税法律关系的客体就是所得额,财产税法律关系的客体就是财产,行为税法律关系的客体就是行为等。

4. 税收法律关系的内容

税收法律关系的内容,是指征税主体和纳税主体依法所应当享有的征税权利和所应当承担的税收义务。

二、税法要素

税法要素是指单行税法所共同具有的基本构成元素。税法要素包括纳税人、征税对象、税率、计税依据、纳税环节、纳税期限、纳税地点、税收优惠、法律责任等。我国税法，既包括实体法，也包括程序法。

(一) 纳税人

纳税人，是指法律、行政法规规定负有纳税义务的自然人、法人和其他组织。

扣缴义务人是指依据我国税法规定，在经营活动中负有代扣或代收税款并向国库缴纳的自然人、法人和其他组织。

(二) 征税对象

征税对象，又称课税对象，即税收法律关系的客体，即国家对什么征税。一般认为，征税对象是区别不同税种的重要标志。税目，是征税对象的具体化。例如，我国消费税共有 15 个税目，每个税目都明确规定了具体的征税范围，并且规定了不同的税率。

(三) 税率

1. 税率的概念及意义

税率，是指应纳税额与计税依据(或数量单位)之间的比例，是计算应纳税额的依据与标准。税率的高低直接体现着国家税收政策导向，直接关系到国家财政收入幅度以及纳税人的负担程度。

2. 税率的具体形式

税率的具体类型，包括比例税率、累进税率和定额税率三种。

1) 比例税率

比例税率，是指对同一征税对象，按同一个比例征税的税率形式。我国税法普遍采用比例税率，如增值税、企业所得税、个人所得税等。

2) 累进税率

累进税率，是指根据征税对象的数量或者金额的大小，按法定的等级逐步提高税率。累进税率又分为全额累进税率、超额累进税率和超率累进税率三种。

(1) 全额累进税率。全额累进税率是按征税对象数额的逐步递增划分若干等级，并按等级规定逐步提高的税率。征税对象的金额达到哪一个等级，全部按相应的税率征税。目前，我国的税收法律制度中已不采用这种税率。

(2) 超额累进税率。超额累进税率是将征税对象数额的逐步递增划分为若干等级，按等级规定相应的递增税率，对每个等级分别计算税额。我国个人所得税对综合所得和经营所得采取超额累进税率。

(3) 超率累进税率。超率累进税率是按征税对象的某种递增比例划分若干等级，按等级规定相应的递增税率，对每个等级分别计算税额。我国的土地增值税采用超率累进税率。

3) 定额税率

定额税率，又称固定税额，是指按征税对象的一定单位直接规定固定的税额，而不采取百分比的形式。我国的车船税、城镇土地使用税、耕地占用税等税种采取定额税率。

(四) 计税依据

计税依据，是指计算应纳税额的依据或标准，即根据什么来计算纳税人应缴纳的税额。税款的计算方式一般有两种：一是从价计征；二是从量计征。

从价计征，是以计税金额为计税依据，计税金额是指征税对象的数量乘以计税价格的数额。我国税收法律制度大量采取从价计征方式。

从量计征，是以征税对象的重量、体积、数量等为计税依据。我国的车船税、城镇土地使用税、耕地占用税等税种采取从量计征方式。

（五）纳税环节

纳税环节，主要是指税法规定的征税对象在从生产到消费的流转过程中应当缴纳税款的环节。我国的增值税对流转的每一个环节都征税，具有不同于其他税种的特点。我国的消费税主要在生产销售和进口环节征收，个别应税消费品在批发销售和零售销售环节征收。

（六）纳税期限

纳税期限，是指纳税人的纳税义务发生后应依法缴纳税款的期限。纳税期限包括纳税义务发生时间、纳税期限和缴库期限。规定纳税期限是为了保证国家财政收入的及时实现，也是税收强制性和固定性的体现。税法中，根据不同的情况规定不同的纳税期限，纳税人必须在规定的纳税期限内缴纳税款。

（七）纳税地点

纳税地点，是指税法根据各税种的纳税环节和有利于税款的源泉控制而规定的纳税人（包括代征、代扣、代缴义务人）具体申报缴纳税款的地点。比较常见的纳税地点有纳税人住所地、纳税人经营地、不动产所在地等。

（八）税收优惠

1. 税收优惠的概念与目的

税收优惠，是指国家对某些纳税人和征税对象给予鼓励和照顾的一种特殊规定。制定这种特殊规定，一方面是为了鼓励和支持某些行业或项目的发展，另一方面是为了照顾某些纳税人的特殊困难。

2. 税收优惠的主要形式

1）减税和免税

减税，是指对应征税款减少征收部分税款。免税，是对按规定应征收的税款给予免除。减税和免税具体又分两种情况：一种是税法直接规定的长期减免税项目；另一种是依法给予的一定期限内的减免税措施，期满之后仍按规定纳税。我国税收法律制度大量采取减税和免税的税收优惠形式。

2）起征点

起征点，也称征税起点，是指对征税对象开始征税的数额界限。征税对象的数额没有达到规定起征点的不征税；达到或超过起征点的，就其全部数额征税。我国增值税采取了起征点的税收优惠形式。

3）免征额

免征额，是指对征税对象总额中免予征税的数额，即对纳税对象中的一部分给予减免，只就减除后的剩余部分计征税款。我国个人所得税采取了免征额的税收优惠形式。

（九）法律责任

法律责任，是指行为人因实施了违反国家税法规定的行为而应承受的不利的法律后果。违反税法规定的行为，包括作为和不作为。税法中的法律责任包括行政责任和刑事责任。纳税人和税务人员违反税法规定，都将依法承担法律责任。

三、现行税种与征收机关

（一）我国现行税收征收机关

现阶段，我国税收征收管理机关有税务机关和海关。

（二）税务机关征收管理的税种

税务机关主要负责下列税种的征收和管理：①增值税；②消费税；③企业所得税；④个人所得税；⑤资源税；⑥城镇土地使用税；⑦城市维护建设税；⑧印花税；⑨土地增值税；⑩房产税；⑪车船税；⑫车辆购置税；⑬烟叶税；⑭耕地占用税；⑮契税；⑯环境保护税。

出口产品退税（增值税、消费税）由税务机关负责办理，部分非税收入和社会保险费的征收也由税务机关负责。

（三）海关征收管理的税种

海关主要负责下列税种的征收和管理：①关税；②船舶吨税。进口环节的增值税、消费税由海关代征。

第二节　增值税法律制度

增值税是对销售商品或者劳务过程中实现的增值额征收的一种税。增值税是我国现阶段税收收入规模最大的税种。

一、增值税纳税人和扣缴义务人

（一）增值税纳税人

在中华人民共和国境内销售货物或者提供加工、修理修配劳务、进口货物以及销售服务、无形资产或者不动产的单位和个人，为增值税的纳税人。单位是指企业、行政事业单位、军事单位、社会团体及其他单位。个人是指个体工商户和其他个人。

（二）增值税纳税人的分类

1. 小规模纳税人

（1）小规模纳税人标准为年应税销售额500万元及以下。年应税销售额是指纳税人在连续不超过12个月或4个季度的经营期内累计应征增值税销售额，包括纳税申报销售额、稽查查补销售额、纳税评估调整销售额。

（2）已登记为增值税一般纳税人的单位和个人，转登记日前连续12个月或者连续4个季度累计销售额未超过500万元的，在2020年12月31日前，可选择转登记为小规模纳税人，其未抵扣的进项税额作转出处理。

小规模纳税人会计核算健全，能够提供准确税务资料的，可以向税务机关申请登记为一般纳税人，不再作为小规模纳税人。会计核算健全是指能够按照国家统一的会计制度规定设置账簿，根据合法、有效的凭证核算。

小规模纳税人实行简易计税办法，并且一般不使用增值税专用发票，但基于增值税征收管理中一般纳税人与小规模纳税人之间客观存在的经济往来的实情，小规模纳税人可以到税务机关代开增值税专用发票。

为持续推进“放管服”（即简政放权、放管结合、优化服务）改革，全面推行小规模纳税人自行开具增值税专用发票。小规模纳税人（其他个人除外）发生增值税应税行为，需要开具增值税专用发票的，可以自愿使用增值税发票管理系统自行开具。

2. 一般纳税人

一般纳税人是指年应税销售额超过财政部、国家税务总局规定的小规模纳税人标准的企业和企业性单位。一般纳税人实行登记制，除另有规定外，应当向税务机关办理登记手续。

下列纳税人不办理一般纳税人登记：

(1) 选择按照小规模纳税人纳税的非企业性单位。

(2) 选择按照小规模纳税人纳税的不经常发生应税行为的企业。

(3) 年应税销售额超过规定标准的其他个人。其他个人是指除个体工商户以外的个人。

纳税人自一般纳税人生效之日起，按照增值税一般计税方法计算应纳税额，并可以按照规定领用增值税专用发票，财政部、国家税务总局另有规定的除外。

纳税人登记为一般纳税人后，不得转为小规模纳税人，国家税务总局另有规定的除外。

(三) 扣缴义务人

境外单位或个人在境内提供应税劳务，在境内未设有经营机构的，以其代理人为扣缴义务人；在境内没有代理人的，以购买方为扣缴义务人。

二、增值税征税范围

(一) 销售货物

销售货物是指有偿转让货物的所有权。货物是指有形动产，包括电力、热力、气体在内。有偿是指从购买方取得货币、货物或者其他经济利益。

(二) 销售劳务

销售劳务是指有偿提供加工、修理修配劳务。单位或个体工商户聘用的员工为本单位或雇主提供加工、修理修配劳务，不包括在内。加工是指受托加工货物，即委托方提供原料及主要材料，受托方按照委托方的要求，制造货物并收取加工费的业务。修理修配是指受托对损伤和丧失功能的货物进行修复，使其恢复原状和功能的业务。加工、修理的对象为有形动产。

(三) 销售服务

销售服务是指提供交通运输服务、邮政服务、电信服务、建筑服务、金融服务、现代服务、生活服务。

1. 交通运输服务

交通运输服务是指利用运输工具将货物或者旅客送达目的地，使其空间位置得到转移的业务活动。

1) 陆路运输服务

陆路运输服务，是指通过陆路（地上或者地下）运送货物或者旅客的运输业务活动，包括铁路运输服务和其他陆路运输服务。铁路运输服务，是指通过铁路运送货物或者旅客的运输业务活动。其他陆路运输服务，是指铁路运输以外的陆路运输业务活动，包括公路运输、缆车运输、索道运输、地铁运输、城市轻轨运输等。

出租车公司向使用本公司自有出租车的出租车司机收取的管理费用，按照陆路运输服务缴纳增值税。

2）水路运输服务

水路运输服务，是指通过江、河、湖、川等天然、人工水道或者海洋航道运送货物或者旅客的运输业务活动。水路运输的程租和期租业务，属于水路运输服务。

程租业务，是指运输企业为租船人完成某一特定航次的运输任务并收取租赁费的业务。

期租业务，是指运输企业将配备有操作人员的船舶承租给他人使用一定期限，承租期内听候承租方调遣，不论是否经营，均按天向承租方收取租赁费，发生的固定费用均由船东负担的业务。

3）航空运输服务

航空运输服务，是指通过空中航线运送货物或者旅客的运输业务活动。航空运输的湿租业务，属于航空运输服务。

湿租业务，是指航空运输企业将配备有机组人员的飞机承租给他人使用一定期限，承租期内听候承租方调遣，不论是否经营，均按一定标准向承租方收取租赁费，发生的固定费用均由承租方承担的业务。

航天运输服务按照航空运输服务缴纳增值税。航天运输服务，是指利用火箭等载体将卫星、空间探测器等空间飞行器发射到空间轨道的业务活动。

4）管道运输服务

管道运输服务，是指通过管道设施输送气体、液体、固体物质的运输业务活动。

无运输工具承运业务按照交通运输服务缴纳增值税。无运输工具承运业务，是指经营者以承运人身份与托运人签订运输服务合同，收取运费并承担承运人责任，然后委托实际承运人完成运输服务的经营活动。

2. 邮政服务

邮政服务是指中国邮政集团公司及其所属邮政企业提供邮件寄递、邮政汇兑、机要通信和邮政代理等邮政基本服务的业务活动。邮政服务包括邮政普遍服务、邮政特殊服务和其他邮政服务。

(1) 邮政普遍服务，是指函件、包裹等邮件寄递，以及邮票发行、报刊发行和邮政汇兑(不包括邮政储蓄)等业务活动。

(2) 邮政特殊服务，是指义务兵平常信函、机要通信、盲人读物和革命烈士遗物的寄递等业务活动。

(3) 其他邮政服务，是指邮册等邮品销售、邮政代理等活动。

3. 电信服务

电信服务是指利用有线、无线的电磁系统或者光电系统等各种通信网络资源，提供语音通话服务，传送、发射、接收或者应用图像、短信等电子数据和信息的业务活动。电信服务包括基础电信服务和增值电信服务。

(1) 基础电信服务，是指利用固网、移动网、卫星、互联网，提供语音通话服务的业务活动，以及出租或者出售带宽、波长等网络元素的业务活动。

(2) 增值电信服务，是指利用固网、移动网、卫星、互联网、有线电视网络，提供短信和彩信服务、电子数据和信息的传输及应用服务、互联网接入服务等业务活动。

卫星电视信号落地转接服务按照增值电信服务缴纳增值税。

4. 建筑服务

建筑服务是指各类建筑物、构筑物及其附属设施的建造、修缮、装饰，线路、管道、设备、设施等的安装以及其他工程作业的业务活动。建筑服务包括工程服务、安装服务、修缮服务、装饰服务和其他建筑服务。

(1) 工程服务，是指新建、改建各种建筑物、构筑物的工程作业，包括与建筑物相连的各种设备或者支柱、操作平台的安装或者装设工程作业，以及各种窑炉和金属结构工程作业。

(2) 安装服务，是指生产设备、动力设备、起重设备、运输设备、传动设备、医疗实验设备以及其他各种设备、设施的装配、安置工程作业，包括与被安装设备相连的工作台、梯子、栏杆的装设工程作业，以及被安装设备的绝缘、防腐、保温、油漆等工程作业。固定电话、有线电视、宽带、水、电、燃气、暖气等经营者向用户收取的安装费、初装费、开户费、扩容费以及类似收费，按照安装服务缴纳增值税。

(3) 修缮服务，是指对建筑物、构筑物进行修补、加固、养护、改善，使之恢复原来的使用价值或者延长其使用期限的工程作业。

(4) 装饰服务，是指对建筑物、构筑物进行修饰装修，使之美观或者具有特定用途的工程作业。

(5) 其他建筑服务，是指上列工程作业之外的各种工程作业服务，如钻井(打井)、拆除建筑物或者构筑物、平整土地、园林绿化、疏浚(不包括航道疏浚)、建筑物平移、搭脚手架、爆破、矿山穿孔、表面附着物(包括岩层、土层、沙层等)剥离和清理等工程作业。

5. 金融服务

金融服务是指经营金融保险的业务活动。金融服务包括贷款服务、直接收费金融服务、保险服务和金融商品转让。

(1) 贷款服务，是指将资金贷与他人使用而取得利息收入的业务活动。各种占用、拆借资金取得的收入，包括金融商品持有期间(含到期)利息(保本收益、报酬、资金占用费、补偿金等)收入、信用卡透支利息收入、买入返售金融商品利息收入、融资融券收取的利息收入，以及融资性售后回租、押汇、罚息、票据贴现、转贷等业务取得的利息及利息性质的收入，按照贷款服务缴纳增值税。

融资性售后回租，是指承租方以融资为目的，将资产出售给从事融资性售后回租业务的企业后，从事融资性售后回租业务的企业将该资产出租给承租方的业务活动。

以货币资金投资收取的固定利润或者保底利润，应作为利息性质的收入处理，按照贷款服务缴纳增值税。

(2) 直接收费金融服务，是指为货币资金融通及其他金融业务提供相关服务并且收取费用的业务活动。直接收费金融服务包括提供货币兑换、账户管理、电子银行、信用卡、信用证、财务担保、资产管理、信托管理、基金管理、金融交易场所(平台)管理、资金结算、资金清算、金融支付等服务。

(3) 保险服务，是指投保人根据合同约定，向保险人支付保险费，保险人对于合同约定的可能发生的事故因其发生所造成的财产损失承担赔偿保险金责任，或者当被保险人死亡、伤残、疾病或者达到合同约定的年龄、期限等条件时承担给付保险金责任的商业保险行为。保险服务包括人身保险服务和财产保险服务。

(4) 金融商品转让，是指转让外汇、有价证券、非货物期货和其他金融商品所有权的业务活动。金融商品转让包括基金、信托、理财产品等各类资产管理产品和各种金融衍生品的转让。

6. 现代服务

现代服务是指围绕制造业、文化产业、现代物流产业等提供技术性、知识性服务的业务活动。

(1) 研发和技术服务，包括研发服务、合同能源管理服务、工程勘察勘探服务、专业技术服务。

(2) 信息技术服务，包括软件服务、电路设计及测试服务、信息系统服务、业务流程管理服务和信息系统增值服务。

(3) 文化创意服务，包括设计服务、知识产权服务、广告服务和会议展览服务。

(4) 物流辅助服务，包括航空服务、港口码头服务、货运客运场站服务、打捞救助服务、仓储服务、装卸搬运服务和收派服务。

(5) 租赁服务，包括融资租赁服务和经营租赁服务。融资性售后回租，属于金融业，不按照本税目缴纳增值税。将建筑物、构筑物等不动产或者飞机、车辆等有形动产的广告位出租给其他单位或者个人用于发布广告，按照经营租赁服务缴纳增值税。车辆停放服务、道路通行服务(包括过路费、过桥费、过闸费等)等按照不动产经营租赁服务缴纳增值税。

(6) 鉴证咨询服务，包括认证服务、鉴证服务和咨询服务。翻译服务和市场调查服务按照咨询服务缴纳增值税。

(7) 广播影视服务，包括广播影视节目(作品)的制作服务、发行服务和播映(含放映)服务。

(8) 商务辅助服务，包括企业管理服务、经纪代理服务、人力资源服务、安全保护服务。

(9) 其他现代服务，是指除研发和技术服务、信息技术服务、文化创意服务、物流辅助服务、租赁服务、鉴证咨询服务、广播影视服务和商务辅助服务以外的现代服务。

7. 生活服务

生活服务是指为满足城乡居民日常生活需求提供的各类服务活动。

(1) 文化体育服务，包括文化服务和体育服务。文化服务，是指为满足社会公众文化生活需求提供的各种服务，包括文艺创作、文艺表演、文化比赛，图书馆的图书和资料借阅，档案馆的档案管理，文物及非物质遗产保护，组织举办宗教活动、科技活动、文化活动，提供游览场所。体育服务，是指组织举办体育比赛、体育表演、体育活动，以及提供体育训练、体育指导、体育管理的业务活动。

(2) 教育医疗服务，包括教育服务和医疗服务。教育服务，是指提供学历教育服务、非学历教育服务、教育辅助服务的业务活动。学历教育服务，是指根据教育行政管理部门确定或者认可的招生和教学计划组织教学，并颁发相应学历证书的业务活动，包括初等教育、初级中等教育、高级中等教育、高等教育等。非学历教育服务，包括学前教育、各类培训、演讲、讲座、报告会等。教育辅助服务，包括教育测评、考试、招生等服务。医疗服务，是指提供医学检查、诊断、治疗、康复、预防、保健、接生、计划生育、防疫服务等方面的服务，以及与这些服务有关的提供药品、医用材料器具、救护车、病房住宿和伙食的业务。

(3) 旅游娱乐服务，包括旅游服务和娱乐服务。旅游服务，是指根据旅游者的要求，组织安排交通、游览、住宿、餐饮、购物、文娱、商务等服务的业务活动。娱乐服务，是指为娱乐活动同时提供场所和服务的业务，具体包括：歌厅、舞厅、夜总会、酒吧、台球、高尔夫球、保龄球、游艺（包括射击、狩猎、跑马、游戏机、蹦极、卡丁车、热气球、动力伞、射箭、飞镖）。

（4）餐饮住宿服务，包括餐饮服务和住宿服务。餐饮服务，是指通过同时提供饮食和饮食场所的方式为消费者提供饮食消费服务的业务活动。住宿服务，是指提供住宿场所及配套服务等的活动，包括宾馆、旅馆、旅社、度假村和其他经营性住宿场所提供的住宿服务。

（5）居民日常服务，是指主要为满足居民个人及其家庭日常生活需求提供的服务，包括市容市政管理、家政、婚庆、养老、殡葬、照料和护理、救助救济、美容美发、按摩、桑拿、氧吧、足疗、沐浴、洗染、摄影扩印等服务。

（6）其他生活服务，是指除文化体育服务、教育医疗服务、旅游娱乐服务、餐饮住宿服务和居民日常服务之外的生活服务。

（四）销售无形资产

销售无形资产，是指转让无形资产所有权或者使用权的业务活动。无形资产是指不具有实物形态，但能带来经济利益的资产，包括技术、商标、著作权、商誉、自然资源使用权和其他权益性无形资产。

技术，包括专利技术和非专利技术。

自然资源使用权，包括土地使用权、海域使用权、探矿权、采矿权、取水权和其他自然资源使用权。

其他权益性无形资产，包括基础设施资产经营权、公共事业特许权、配额、经营权（包括特许经营权、连锁经营权、其他经营权）、经销权、分销权、代理权、会员权、席位权、网络游戏虚拟道具、域名、名称权、肖像权、冠名权、转会费等。

（五）销售不动产

销售不动产，是指转让不动产所有权的业务活动。不动产是指不能移动或者移动后会引起性质、形状改变的财产，包括建筑物、构筑物等。

建筑物包括住宅、商业营业用房、办公楼等可供居住、工作或者进行其他活动的建造物。构筑物包括道路、桥梁、隧道、水坝等建造物。

转让建筑物有限产权或者永久使用权的，转让在建的建筑物或者构筑物所有权的，以及在转让建筑物或者构筑物时一并转让其所占土地的使用权的，按照销售不动产缴纳增值税。

（六）进口货物

进口货物是指申报进入中国海关境内的货物。根据《中华人民共和国增值税暂行条例》（以下简称《增值税暂行条例》）的规定，只要是报关进口的应税货物，均属于增值税的征税范围，除享受免税政策外，在进口环节缴纳增值税。

（七）非经营活动的界定

销售服务、无形资产或者不动产，是指有偿提供服务、有偿转让无形资产或者不动产，但属于下列非经营活动的情形除外：

（1）行政单位收取的同时满足以下条件的政府性基金或者行政事业性收费：①由国务院或者财政部批准设立的政府性基金，由国务院或者省级人民政府及其财政、价格主管部门批准设立的行政事业性收费；②收取时开具省级以上（含省级）财政部门监（印）制的财政票据；③所收款项全额上缴财政。

（2）单位或者个体工商户聘用的员工为本单位或者雇主提供取得工资的服务。

(3) 单位或者个体工商户为聘用的员工提供服务。

(4) 财政部和国家税务总局规定的其他情形。

(八) 境内销售服务、无形资产或者不动产的界定

(1) 在境内销售服务、无形资产或者不动产,是指:①服务(租赁不动产除外)或者无形资产(自然资源使用权除外)的销售方或者购买方在境内;②所销售或者租赁的不动产在境内;③所销售自然资源使用权的自然资源在境内;④财政部和国家税务总局规定的其他情形。

(2) 下列情形,不属于在境内销售服务或无形资产:①境外单位或者个人向境内单位或者个人销售完全在境外发生的服务;②境外单位或者个人向境内单位或者个人销售完全在境外使用的无形资产;③境外单位或者个人向境内单位或者个人出租完全在境外使用的有形动产;④财政部和国家税务总局规定的其他情形。

(九) 视同销售货物行为

单位或者个体工商户的下列行为视同销售货物,征收增值税:①将货物交付其他单位或者个人代销;②销售代销货物;③设有两个以上机构并实行统一核算的纳税人,将货物从一个机构移送其他机构用于销售,但相关机构设在同一县(市)的除外;④将自产或者委托加工的货物用于非增值税应税项目;⑤将自产、委托加工的货物用于集体福利或者个人消费;⑥将自产、委托加工或者购进的货物作为投资,提供给其他单位或者个体工商户;⑦将自产、委托加工或者购进的货物分配给股东或者投资者;⑧将自产、委托加工或者购进的货物无偿赠送其他单位或者个人。

单位或者个人的下列情形视同销售服务、无形资产或者不动产,征收增值税:①单位或者个体工商户向其他单位或者个人无偿提供服务,但用于公益事业或者以社会公众为对象的除外;②单位或者个人向其他单位或者个人无偿转让无形资产或者不动产,但用于公益事业或者以社会公众为对象的除外;③财政部和国家税务总局规定的其他情形。

(十) 混合销售

一项销售行为如果既涉及货物又涉及服务,为混合销售。从事货物的生产、批发或者零售的单位和个体工商户的混合销售行为,按照销售货物缴纳增值税;其他单位和个体工商户的混合销售行为,按照销售服务缴纳增值税。上述从事货物的生产、批发或者零售的单位和个体工商户,包括以从事货物的生产、批发或者零售为主,并兼营销售服务的单位和个体工商户在内。

自 2017 年 5 月起,纳税人销售活动板房、机器设备、钢结构件等自产货物的同时提供建筑、安装服务,不属于混合销售,应分别核算货物和建筑服务的销售额,分别适用不同的税率或者征收率。

(十一) 兼营

兼营是指纳税人的经营中包括销售货物、劳务以及销售服务、无形资产和不动产的行为。

纳税人发生兼营行为,应当分别核算适用不同税率或者征收率的销售额,未分别核算销售额的,按照以下办法适用税率或者征收率:

(1) 兼有不同税率的销售货物、劳务、服务、无形资产或者不动产,从高适用税率。

(2) 兼有不同征收率的销售货物、劳务、服务、无形资产或者不动产,从高适用征收率。

(3) 兼有不同税率和征收率的销售货物、劳务、服务、无形资产或者不动产,从高适用税率。

混合销售与兼营有着根本性不同。混合销售是同一个销售行为中既含有销售货物又含有销售服务的行为，而且该项服务是对其销售的货物提供服务，两者具有因果关系。例如，某商场销售空调给客户并为其提供上门安装服务，销售空调和安装服务有因果关系。兼营是指纳税人多业经营，销售货物、劳务、服务、无形资产或者不动产，适用不同税率或者征收率。例如，某商场分别设有销售部门和安装部门，安装部门独立从事安装服务，而非因为销售本商场产品才提供安装服务。此时，销售货物和安装服务就属于该商场的兼营行为。

(十二) 不征收增值税项目

(1) 根据国家指令无偿提供的铁路运输服务、航空运输服务，属于《营业税改征增值税试点实施办法》规定的用于公益事业的服务。

(2) 存款利息。

(3) 被保险人获得的保险赔付。

(4) 房地产主管部门或者其他指定机构、公积金管理中心、开发企业以及物业管理单位代收的住宅专项维修资金。

(5) 在资产重组过程中，通过合并、分立、出售、置换等方式，将全部或者部分实物资产以及与其相关联的债权、负债和劳动力一并转让给其他单位和个人，其中涉及的不动产、土地使用权转让行为。

(6) 纳税人在资产重组过程中，通过合并、分立、出售、置换等方式，将全部或者部分实物资产以及与其相关联的债权、负债和劳动力一并转让给其他单位和个人，不属于增值税的征税范围，其中涉及的货物转让，不征收增值税。

三、增值税税率和征收率

(一) 增值税税率

(1) 纳税人销售货物、劳务、有形动产租赁服务或者进口货物，除《增值税暂行条例》第二条第二项、第四项、第五项[即下列第(2)、(4)、(5)项]另有规定外，税率为13%。

(2) 纳税人销售交通运输、邮政、基础电信、建筑、不动产租赁服务，销售不动产，转让土地使用权，销售或者进口下列货物，税率为9%：①粮食等农产品、食用植物油、食用盐；②自来水、暖气、冷气、热水、煤气、石油液化气、天然气、二甲醚、沼气、居民用煤炭制品；③图书、报纸、杂志、音像制品、电子出版物；④饲料、化肥、农药、农机、农膜；⑤国务院规定的其他货物。

(3) 纳税人销售服务、无形资产，除《增值税暂行条例》第二条第一项、第二项、第五项[即上述第(1)、(2)项和下列第(5)项]另有规定外，税率为6%。

(4) 纳税人出口货物，税率为零；但是，国务院另有规定的除外。

(5) 境内单位和个人跨境销售国务院规定范围内的服务、无形资产，税率为零，包括：①国际运输服务；②航天运输服务；③向境外单位提供的完全在境外消费的研发服务、合同能源管理服务、设计服务、广播影视节目(作品)的制作和发行服务、软件服务、电路设计及测试服务、信息系统服务、业务流程管理服务、离岸服务外包业务、转让技术；④国务院规定的其他服务。

(二) 增值税征收率

1. 征收率的一般规定

小规模纳税人以及一般纳税人选择简易办法计税的，征收率为3%。另有规定除外。具体为：

（1）一般纳税人销售自己使用过的属于《增值税暂行条例》第十条规定，不得抵扣且未抵扣进项税额的固定资产，按简易办法依3%征收率减按2%征收增值税。

（2）一般纳税人销售自己使用过的其他固定资产（以下简称已使用过的固定资产）应区分不同情形征收增值税：①销售自己使用过的2009年1月1日以后购进或者自制的固定资产，按照适用税率征收增值税；②2008年12月31日以前未纳入扩大增值税抵扣范围试点的纳税人，销售自己使用过的2008年12月31日以前购进或者自制的固定资产，按照3%征收率减按2%征收增值税；③2008年12月31日以前已纳入扩大增值税抵扣范围试点的纳税人，销售自己使用过的在本地区扩大增值税抵扣范围试点以前购进或者自制的固定资产，按照3%征收率减按2%征收增值税；销售自己使用过的在本地区扩大增值税抵扣范围试点以后购进或者自制的固定资产，按照适用税率征收增值税。

（3）一般纳税人销售自己使用过的除固定资产以外的物品，应当按照适用税率征收增值税。

（4）小规模纳税人（除其他个人外，下同）销售自己使用过的固定资产，减按2%征收率征收增值税。小规模纳税人销售自己使用过的除固定资产以外的物品，应按3%的征收率征收增值税。

（5）纳税人销售旧货，按照简易办法依照3%征收率减按2%征收增值税。旧货，是指进入二次流通的具有部分使用价值的货物（含旧汽车、旧摩托车和旧游艇），但不包括自己使用过的物品。自2020年5月1日至2023年12月31日，从事二手车经销业务的纳税人销售其收购的二手车，由原按照简易办法依3%征收率减按2%征收增值税，改为减按0.5%征收增值税，并按下列公式计算销售额：

$$销售额=含税销售额\div(1+0.5\%)$$

（6）一般纳税人销售自产的下列货物，可以选择按照简易办法依照3%的征收率计算缴纳增值税，选择简易办法计算缴纳增值税后，36个月内不得变更，具体适用范围为：①县级及县级以下小型水力发电单位生产的电力；②建筑用和生产建筑材料所用的砂、土、石料；③以自己采掘的砂、土、石料或其他矿物连续生产的砖、瓦、石灰（不含粘土实心砖、瓦）；④用微生物、微生物代谢产物、动物毒素、人或动物的血液或组织制成的生物制品；⑤自来水（对属于一般纳税人的自来水公司销售自来水按简易办法依照3%的征收率征收增值税，不得抵扣其购进自来水取得增值税扣税凭证上注明的增值税税款）；⑥商品混凝土（仅限于以水泥为原料生产的水泥混凝土）。

（7）一般纳税人销售货物属于下列情形之一的，暂按简易办法依照3%的征收率计算缴纳增值税：①寄售商店代销寄售物品（包括居民个人寄售的物品在内）；②典当业销售死当物品。

（8）建筑企业一般纳税人提供建筑服务属于老项目的，可以选择简易办法依照3%的征收率征收增值税。

（9）自2021年4月1日至2021年12月31日，增值税小规模纳税人适用3%征收率的应税销售收入，减按1%征收率征收增值税；适用3%预征率的预缴增值税项目，减按1%预征率预缴增值税。

（10）一般纳税人发生下列应税行为可以选择适用简易计税方法计税，不允许抵扣进项税额:①公共交通运输服务,包括轮客渡、公交客运、地铁、城市轻轨、出租车、长途客运、班车;②经认定的动漫企业为开发动漫产品提供的动漫脚本编撰、形象设计、背景设计、动画设计、分镜、动画制作、摄制、描线、上色、画面合成、配音、配乐、音效合成、剪辑、字幕制作、压缩转码(面向网络动漫、手机动漫格式适配)服务,以及在境内转让动漫版权(包括动漫品牌、形象或者内容的授权及再授权);③电影放映服务、仓储服务、装卸搬运服务、收派服务和文化体育服务;④以纳入营改增试点之日前取得的有形动产为标的物提供的经营租赁服务;⑤在纳入营改增试点之日前签订的尚未执行完毕的有形动产租赁合同。

2. 征收率的特殊规定

(1) 小规模纳税人转让其取得的不动产,按照5%的征收率征收增值税。

(2) 一般纳税人转让其2016年4月30日前取得的不动产,选择简易计税方法计税的,按照5%的征收率征收增值税。

(3) 小规模纳税人出租其取得的不动产(不含个人出租住房),按照5%的征收率征收增值税。

(4) 一般纳税人出租其2016年4月30日前取得的不动产,选择简易计税方法计税的,按照5%的征收率征收增值税。

(5) 房地产开发企业(一般纳税人)销售自行开发的房地产老项目,选择简易计税方法计税的,按照5%的征收率征收增值税。

(6) 房地产开发企业(小规模纳税人)销售自行开发的房地产项目,按照5%的征收率征收增值税。

(7) 纳税人提供劳务派遣服务,选择差额纳税的,按照5%的征收率征收增值税。

(8) 自2021年10月1日起,住房租赁企业中的增值税一般纳税人向个人出租住房取得的全部出租收入,可以选择适用简易计税方法,按照5%的征收率减按1.5%计算缴纳增值税,或适用一般计税方法计算缴纳增值税,住房租赁企业中的增值税小规模纳税人向个人出租住房,按照5%的征收率减按1.5%计算缴纳增值税。

四、增值税应纳税额的计算

(一) 一般计税方法下应纳税额的计算

一般纳税人销售货物、劳务、服务、无形资产、不动产(以下简称应税销售行为),采取一般计税方法计算应纳增值税额。计算公式为:

$$应纳税额 = 当期销项税额 - 当期进项税额$$

当期销项税额小于当期进项税额不足抵扣时,其不足部分可以结转下期继续抵扣。

销项税额是指纳税人发生应税销售行为,按照销售额和适用税率计算并向购买方收取的增值税税款,计算公式为:

$$销项税额 = 销售额 \times 适用税率$$

1. 销售额的确定

1) 销售额的概念

销售额是指纳税人发生应税销售行为向购买方收取的全部价款和价外费用,但是不包括收取的销项税额。价外费用,包括价外向购买方收取的手续费、补贴、基金、集资费、返还利润、奖励费、违约金、滞纳金、延期付款利息、赔偿金、代收款项、代垫款项、包装费、包装物租金、储备费、优质费、运输装卸费以及其他各种性质的价外收费。下列项目不包括在销售额内:

(1) 受托加工应征消费税的消费品所代收代缴的消费税。

(2) 同时符合以下条件代为收取的政府性基金或者行政事业性收费:由国务院或者财政部批准设立的政府性基金,由国务院或者省级人民政府及其财政、价格主管部门批准设立的行政事业性收费;收取时开具省级以上财政部门印制的财政票据;全额上交财政的所收款项。

(3) 销售货物的同时代办保险等而向购买方收取的保险费,以及向购买方收取的代购买方缴纳的车辆购置税、车辆牌照费。

(4) 以委托方名义开具发票代委托方收取的款项。

2) 含税销售额的换算

增值税实行价外税,计算销项税额时,销售额中不应含有增值税款。如果销售额中包含了增值税款即销项税额,则应将含税销售额换算成不含税销售额。计算公式为:

$$不含税销售额=含税销售额\div(1+增值税税率)$$

3) 视同销售货物的销售额的确定

《中华人民共和国增值税暂行条例实施细则》规定了 8 种视同销售货物行为,这 8 种视同销售货物行为一般不以资金的形式反映出来,因而会出现无销售额的情况。在此情况下,税务机关有权按照下列顺序核定其销售额:

(1) 按纳税人最近时期同类货物的平均销售价格确定。

(2) 按其他纳税人最近时期同类货物的平均销售价格确定。

(3) 按组成计税价格确定。计算公式为:组成计税价格=成本×(1+成本利润率)。

征收增值税的货物,同时又征收消费税的,其组成计税价格中应包含消费税税额。计算公式为:

$$组成计税价格=成本\times(1+成本利润率)+消费税税额$$

或:

$$组成计税价格=成本\times(1+成本利润率)\div(1-消费税税率)$$

上述公式中的成本分为两种情况:一是销售自产货物的为实际生产成本;二是销售外购货物的为实际采购成本。成本利润率根据规定统一为 10%。但属于应从价定率征收消费税的货物,其组成计税价格公式中的成本利润率,为《消费税若干具体问题的规定》中规定的成本利润率。

纳税人销售货物或者劳务的价格明显偏低并无正当理由的,由税务机关按照上述方法核定其销售额。

纳税人销售服务、无形资产或者不动产价格明显偏低或者偏高且不具有合理商业目的的,或者发生无销售额的,税务机关有权按照下列顺序确定销售额:

(1) 按纳税人最近时期销售同类服务、无形资产或者不动产的平均价格确定。

(2) 按其他纳税人最近时期销售同类服务、无形资产或者不动产的平均价格确定。

(3) 按组成计税价格确定。计算公式为:组成计税价格=成本×(1+成本利润率)。

成本利润率由国家税务总局确定。

4）混合销售的销售额的确定

依照《营业税改征增值税试点实施办法》及相关规定，混合销售的销售额为货物的销售额与服务销售额的合计。

5）兼营的销售额的确定

纳税人兼营不同税率的货物、劳务、服务、无形资产或者不动产，应当分别核算不同税率或者征收率的销售额；未分别核算销售额的，从高适用税率。

6）特殊销售方式下销售额的确定

（1）折扣方式销售。折扣销售是指销货方在销售货物时，因购货方购货数量较大等原因而给予购货方的价格优惠。纳税人采取折扣方式销售货物，如果销售额和折扣额在同一张发票上分别注明，可以按折扣后的销售额征收增值税；如果将折扣额另开发票，不论在财务上如何处理，均不得从销售额中减除折扣额。

（2）以旧换新方式销售。以旧换新销售是指纳税人在销售货物时，折价收回同类旧货物，并以折价款部分冲减新货物价款的一种销售方式。纳税人采取以旧换新方式销售货物的，应按新货物的同期销售价格确定销售额，不得扣减旧货物的收购价格。但是对金银首饰以旧换新业务，可以按销售方实际收取的不含增值税的全部价款征收增值税。

（3）还本销售方式销售。还本销售是指纳税人在销售货物后，到一定期限将货款一次或分次退还给购货方全部或部分价款的一种销售方式。这种方式实际上是一种筹资，是以货物换取资金的使用价值，到期还本不付息的方法。纳税人采取还本销售方式销售货物，其销售额就是货物的销售价格，不得从销售额中减除还本支出。

（4）以物易物方式销售。以物易物是指购销双方不是以货币结算，而是以同等价款的货物相互结算，实现货物购销的一种方式。以物易物双方都应作购销处理，以各自发出的货物核算销售额并计算销项税额，以各自收到的货物按规定核算购货额并计算进项税额。在以物易物活动中，应分别开具合法的票据，如收到的货物不能取得相应的增值税专用发票或其他合法票据的，不能抵扣进项税额。

（5）直销方式销售。直销企业先将货物销售给直销员，直销员再将货物销售给消费者的，直销企业的销售额为其向直销员收取的全部价款和价外费用。直销员将货物销售给消费者时，应按照现行规定缴纳增值税。直销企业通过直销员向消费者销售货物，直接向消费者收取货款，直销企业的销售额为其向消费者收取的全部价款和价外费用。

7）包装物押金

包装物是指纳税人包装本单位货物的各种物品。销货方向购货方收取包装物押金，购货方在规定时间内返还包装物，销货方再将收取的包装物押金返还。包装物押金收入单独记账核算的，时间在 1 年以内又未逾期的，不并入销售额征税，但对逾期未收回包装物不再退还的押金，应按所包装货物的适用税率计算增值税款。“逾期”是指按合同约定实际逾期或以 1 年为期限，对收取 1 年以上的押金，无论是否退还均并入销售额征税。包装物押金是含税收入，在并入销售额征税时，需要先将该押金换算为不含税收入，再计算应纳增值税款。从 1995 年 6 月 1 日起，对销售除啤酒、黄酒外的其他酒类产品而收取的包装物押金，无论是否返还以及会计上如何核算，均应并入当期销售额征收增值税。

8）“营改增”行业销售额的规定

（1）贷款服务，以提供贷款服务取得的全部利息及利息性质的收入为销售额。

（2）直接收费金融服务，以提供直接收费金融服务收取的手续费、佣金、酬金、管理费、服务费、经手费、开户费、过户费、结算费、转托管费等各类费用为销售额。

（3）金融商品转让，按照卖出价扣除买入价的余额为销售额。若相抵后出现负差，可结转下一纳税期相抵，但年末时仍出现负差的，不得转入下一个会计年度。金融商品的买入价，可以选择按照加权平均法或者移动加权平均法进行核算，选择后36个月内不得变更。金融商品转让，不得开具增值税专用发票。

（4）经纪代理服务，以取得的全部价款和价外费用，扣除向委托方收取并代为支付的政府性基金或者行政事业性收费后的余额为销售额。向委托方收取的政府性基金或者行政事业性收费，不得开具增值税专用发票。

（5）航空运输企业的销售额，不包括代收的机场建设费和代售其他航空运输企业客票而代收转付的价款。

（6）客运场站服务，以其取得的全部价款和价外费用扣除支付给承运方运费后的余额为销售额。

（7）旅游服务，可以选择以取得的全部价款和价外费用，扣除向旅游服务购买方收取并支付给其他单位或者个人的住宿费、餐饮费、交通费、签证费、门票费和支付给其他接团旅游企业的旅游费用后的余额为销售额。可以选择上述办法计算，但向旅游服务购买方收取并支付的上述费用，不得开具增值税专用发票，可以开具普通发票。

（8）建筑服务，以取得的全部价款和价外费用扣除支付的分包款后的余额为销售额。

（9）房地产开发企业中的一般纳税人销售其开发的房地产项目（选择简易计税方法的房地产老项目除外），以取得的全部价款和价外费用，扣除受让土地时向政府部门支付的土地价款后的余额为销售额。房地产老项目是指《建筑工程施工许可证》注明的合同开工日期在2016年4月30日前的房地产项目。

9）销售额确定的特殊规定

纳税人兼营免税、减税项目的，应当分别核算免税、减税项目的销售额；未分别核算的，不得免税、减税。

纳税人发生应税销售行为，开具增值税专用发票后，发生开票有误或者销售折让、中止、退回等情形的，应当按照国家税务总局的规定开具红字增值税专用发票；未按照规定开具红字增值税专用发票的，不得扣减销项税额或者销售额。

10）外币销售额的折算

纳税人按人民币以外的货币结算销售额的，其销售额的人民币折合率可以选择销售额发生的当天或者当月1日的人民币外汇中间价。纳税人应在事先确定采用何种折合率，确定后在一年内不得变更。

2. 进项税额的确定

进项税额是指纳税人购进货物、劳务、服务、无形资产或者不动产，支付或者负担的增值税额。

1）准予抵扣的进项税额

（1）从销售方取得的增值税专用发票上注明的增值税额。

（2）从海关取得的海关进口增值税专用缴款书上注明的增值税额。

（3）购进农产品，取得一般纳税人开具的增值税专用发票或者海关进口增值税专用缴款书的，以增值税专用发票或者海关进口增值税专用缴款书上注明的增值税额为进项税额；从按照简易计税方法依照3%征收率计算缴纳增值税的小规模纳税人取得增值税专用发票的，以增值税专用发票上注明的金融和9%的扣除率计算进项税额；取得（开具）农产品销售发票或收购发票的，以农产品销售发票或收购发票上注明的农产品买价和9%的扣除率计算进项税额；纳税人购进用于生产或委托加工13%税率货物的农产品，按照10%的扣除率计算进项税额。

进项税额计算公式为：进项税额＝买价×扣除率。

（4）纳税人购进国内旅客运输服务未取得增值税专用发票的，暂按以下规定确定进项税额：

取得增值税电子普通发票的，为发票上注明的税额。

取得注明旅客身份信息的航空运输电子客票行程单的，按照下列公式计算进项税额：

$$\text{航空旅客运输进项税额}=(\text{票价}+\text{燃油附加费})\div(1+9\%)\times 9\%$$

取得注明旅客身份信息的铁路车票的，按照下列公式计算的进项税额：

$$\text{铁路旅客运输进项税额}=\text{票面金额}\div(1+9\%)\times 9\%$$

取得注明旅客身份信息的公路、水路等其他客票的，按照下列公式计算进项税额：

$$\text{公路、水路等其他旅客运输进项税额}=\text{票面金额}\div(1+3\%)\times 3\%$$

（5）自境外单位或者个人购进劳务、服务、无形资产或者境内的不动产，从税务机关或者扣缴义务人取得的代扣代缴税款的完税凭证上注明的增值税额。

（6）原增值税一般纳税人购进货物或者接受劳务，用于《销售服务、无形资产或者不动产注释》所列项目的，不属于《增值税暂行条例》第十条规定不得抵扣进项税额的项目，其进项税额准予抵扣。

（7）原增值税一般纳税人购进服务、无形资产或者不动产，取得的增值税专用发票上注明的增值税额为进项税额，准予抵扣。

（8）原增值税一般纳税人自用的应征消费税的摩托车、汽车、游艇，其进项税额准予抵扣。

纳税人凭完税凭证抵扣进项税额的，应当具备书面合同、付款证明和境外单位的对账单或者发票。资料不全的，其进项税额不得抵扣。

2）不得抵扣的进项税额

（1）用于简易计税方法计税项目、免征增值税项目、集体福利或者个人消费的购进货物、劳务、服务、无形资产和不动产。其中涉及的固定资产、无形资产、不动产，仅指专用于上述项目的固定资产、无形资产（不包括其他权益性无形资产）、不动产。自2018年1月1日起，纳税人租入固定资产、不动产，既用于一般计税方法计税项目，又用于简易计税方法计税项目、免征增值税项目、集体福利或者个人消费的，其进项税额准予全额抵扣。

（2）非正常损失的购进货物，以及相关的加工修理修配劳务和交通运输服务。

（3）非正常损失的在产品、产成品所耗用的购进货物（不包括固定资产）、加工修理修配劳务和交通运输服务。

（4）非正常损失的不动产，以及该不动产所耗用的购进货物、设计服务和建筑服务。

（5）非正常损失的不动产在建工程（包括新建、改建、扩建、修缮、装饰不动产）所耗用的购进货物、设计服务和建筑服务。

非正常损失，是指因管理不善造成被盗、丢失、霉烂变质的损失，以及因违反法律法规造成货物或不动产被依法没收、毁损、拆除的情形。如果是因不可抗力毁损或者发生合理损耗，对应的进项税额可以抵扣。

(6) 购进的贷款服务、餐饮服务、居民日常服务和娱乐服务。

(7) 纳税人接受贷款服务向贷款方支付的与该笔贷款直接相关的投融资顾问费、手续费、咨询费等费用，其进项税额也不得抵扣。

(8) 财政部和国家税务总局规定的其他情形。

3) 进项税额抵扣的其他规定

(1) 适用一般计税方法的纳税人，兼营简易计税方法计税项目、免征增值税项目而无法划分不得抵扣的进项税额，按照下列公式计算不得抵扣的进项税额：

不得抵扣的进项税额＝当期无法划分的全部进项税额×
（当期简易计税方法计税项目销售额＋
免征增值税项目销售额）÷
当期全部销售额

(2) 已抵扣进项税额的购进货物或者劳务如果事后改变用途，用于集体福利或者个人消费、购进货物发生非正常损失、在产品或产成品发生非正常损失等，应当将该项购进货物或者劳务的进项税额从当期的进项税额中扣减；无法确定该项进项税额的，按当期外购项目的实际成本计算应扣减的进项税额。

(3) 已抵扣进项税额的固定资产，发生《增值税暂行条例》规定的不得抵扣情形的，应在当月按下列公式计算不得抵扣的进项税额：

不得抵扣的进项税额＝固定资产净值×适用税率

(4) 已抵扣进项税额的购进服务，发生《营业税改征增值税试点实施办法》规定的不得抵扣情形（简易计税方法计税项目、免征增值税项目除外）的，应当将该进项税额从当期进项税额中扣减；无法确定该进项税额的，按照当期实际成本计算应扣减的进项税额。

(5) 已抵扣进项税额的无形资产，发生《营业税改征增值税试点实施办法》规定的不得抵扣情形的，按下列公式计算不得抵扣的进项税额：

不得抵扣的进项税额＝无形资产净值×适用税率

(6) 已抵扣进项税额的不动产，发生非正常损失，或者改变用途，专用于简易计税方法计税项目、免征增值税项目、集体福利或者个人消费的，按下列公式计算不得抵扣的进项税额，从当期进项税额中扣减：

不得抵扣的进项税额＝已抵扣进项税额×不动产净值率
不动产净值率＝（不动产净值÷不动产原值）×100％

(7) 纳税人适用一般计税方法计税的，因销售折让、中止或者退回而退还给购买方的增值税额，应当从当期的销项税额中扣减；因销售折让、中止或者退回而收回的增值税额，应当从当期的进项税额中扣减。

(8) 有下列情形之一者，不得抵扣进项税额，也不得使用增值税专用发票：①一般纳税人会计核算不健全，或者不能够提供准确税务资料的；②应当办理一般纳税人资格登记而未办理的。

(9) 自2019年4月1日起，增值税一般纳税人取得不动产或者不动产在建工程的进项税额不再分两年抵扣。此前尚未抵扣完毕的待抵扣进项税额，可自2019年4月税款所属期起从销项税额中抵扣。

(10) 根据《营业税改征增值税试点实施办法》及相关规定，不得抵扣且未抵扣进项税额的固定资产、无形资产，发生用途改变，用于允许抵扣进项税额的应税项目，可在用途改变的次月按照下列公式计算可以抵扣的进项税额：

可以抵扣的进项税额＝固定资产、无形资产净值÷(1＋适用税率)×适用税率

(11) 按照规定不得抵扣进项税额的不动产，发生用途改变，用于允许抵扣进项税额项目的，按照下列公式在用途改变的次月计算可以抵扣的进项税额：

可以抵扣的进项税额＝增值税扣税凭证注明或计算的进项税额×不动产净值率

(12) 一般纳税人发生下列应税行为可以选择适用简易计税方法计税，不允许抵扣进项税额：①公共交通运输服务，公共交通包括轮客渡、公交客运、地铁、城市轻轨、出租车、长途客运、班车。②经认定的动漫企业为开发动漫产品提供的动漫脚本编撰、形象设计、背景设计、动画设计、分镜、动画制作、摄制、描线、上色、画面合成、配音、配乐、音效合成、剪辑、字幕制作、压缩转码(面向网络动漫、手机动漫格式适配)服务，以及在境内转让动漫版权(包括动漫品牌、形象或者内容的授权及再授权)。③电影放映服务、仓储服务、装卸搬运服务、收派服务和文化体育服务。④以纳入营改增试点之日前取得的有形动产为标的物提供的经营租赁服务。⑤在纳入营改增试点之日前签订的尚未执行完毕的有形动产租赁合同。

(二) 简易计税方法下应纳税额的计算

小规模纳税人发生应税销售行为采用简易计税方法计税，按照销售额和征收率计算应纳增值税税额，不得抵扣进项税额。计算公式为：

应纳税额＝销售额×征收率

简易计税方法的销售额不包括其应纳税额，纳税人采用销售额和应纳税额合并定价方法的，按照下列公式计算销售额：

不含税销售额＝含税销售额÷(1＋征收率)

纳税人适用简易计税方法计税的，因销售折让、中止或者退回而退还给购买方的销售额，应当从当期销售额中扣减。扣减当期销售额后仍有余额造成多缴的税款，可以从以后的应纳税额中扣减。

(三) 进口货物应纳税额的计算

纳税人进口货物，无论是一般纳税人还是小规模纳税人，均应按照组成计税价格和规定的税率计算应纳税额，不允许抵扣发生在境外的任何税金。计算公式为：

应纳税额＝组成计税价格×税率

组成计税价格的构成分两种情况：

(1) 如果进口货物不征收消费税，则组成计税价格的计算公式为：

组成计税价格＝关税完税价格＋关税

(2) 如果进口货物征收消费税,则组成计税价格的计算公式为:

$$组成计税价格=关税完税价格+关税+消费税$$
$$=(关税完税价格+关税)\div(1-消费税比例税率)$$

一般贸易下进口货物的关税完税价格以海关审定的成交价格为基础的到岸价格作为完税价格。

成交价格是进口货物的买方为购买该货物向卖方实际支付或应当支付的价格;到岸价格包括货价,加上货物运抵我国境内输入地点起卸前的包装费、运费、保险费和其他劳务费等费用构成的一种价格。

(四) 扣缴计税方法

境外单位或个人在境内发生应税销售行为,在境内未设有经营机构的,扣缴义务人按照下列公式计算应扣缴税额:

$$应扣缴税额=购买方支付的价款\div(1+税率)\times税率$$

五、增值税税收优惠

(一)《增值税暂行条例》及其实施细则规定的免税项目

(1) 农业生产者销售的自产农产品。

(2) 避孕药品和用具。

(3) 古旧图书。古旧图书是指向社会收购的古书和旧书。

(4) 直接用于科学研究、科学试验和教学的进口仪器、设备。

(5) 外国政府、国际组织无偿援助的进口物资和设备。

(6) 由残疾人的组织直接进口供残疾人专用的物品。

(7) 销售自己使用过的物品。自己使用过的物品是指其他个人自己使用过的物品。

(二)"营改增"试点过渡政策的规定

(1) 下列项目免征增值税:①托儿所、幼儿园提供的保育和教育服务。②养老机构提供的养老服务。③残疾人福利机构提供的育养服务。④婚姻介绍服务。⑤殡葬服务。⑥残疾人员本人为社会提供的服务。⑦医疗机构提供的医疗服务。⑧从事学历教育的学校提供的教育服务。⑨学生勤工俭学提供的服务。⑩农业机耕、排灌、病虫害防治、植物保护、农牧保险以及相关技术培训业务,家禽、牲畜、水生动物的配种和疾病防治。⑪纪念馆、博物馆、文化馆、文物保护单位管理机构、美术馆、展览馆、书画院、图书馆在自己的场所提供文化体育服务取得的第一道门票收入。⑫寺院、宫观、清真寺和教堂举办文化、宗教活动的门票收入。⑬行政单位之外的其他单位收取的符合规定条件的政府性基金和行政事业性收费。⑭个人转让著作权。⑮个人销售自建自用住房。⑯2020 年 12 月 31 日前,公共租赁住房经营管理单位出租公租住房。⑰台湾航运公司、航空公司从事海峡两岸海上直航、空中直航业务在大陆取得的运输收入。⑱纳税人提供的直接或者间接国际货物运输代理服务。⑲符合规定条件的贷款和债券利息收入。⑳被撤销金融机构以货物、不动产、无形资产、有价证券、票据等财产清偿债务。㉑保险公司开办的一年期以上人身保险产品取得的保费收入。㉒符合规定条件的金融商品转让收入。㉓金融同业往来利息收入。㉔同时符合规定条件的担保机构从事中小企业信用担保或再担保业务取得的收入，3 年内免征增值税。㉕国家商品储备管理单位及其直属企业承担商品储备任务，从中央或者地方财政取得的利息补贴收入和价差补贴收入。㉖纳税人提供技术转让、技术开发和与之相关的技术咨询、技术服务。㉗符合规定条件的合同能源管理服务。㉘2020 年 12 月 31 日前，科普单位的门票收入，以及县级及以上党政部门和科协开展科普活动的门票收入。㉙政府举办的从事学历教育的高等、中等和初等学校（不含下属单位），举办进修班、培训班取得的全部归该学校所有的收入。㉚政府举办的职业学校设立的主要为在校学生提供实习场所、并由学校出资自办、由学校负责经营管理、经营收入归学校所有的企业，从事“现代服务”（不含融资租赁服务、广告服务和其他现代服务）、“生活服务”（不含文化体育服务、其他生活服务和桑拿、氧吧）业务活动取得的收入。㉛家政服务企业由员工制家政服务员提供家政服务取得的收入。㉜福利彩票、体育彩票的发行收入。㉝军队空余房产租赁收入。㉞为了配合国家住房制度改革，企业、行政事业单位按房改成本价、标准价出售住房取得的收入。㉟将土地使用权转让给农业生产者用于农业生产。㊱涉及家庭财产分割的个人无偿转让不动产、土地使用权。㊲土地所有者出让土地使用权和土地使用者将土地使用权归还给土地所有者。㊳县级以上地方人民政府或自然资源行政主管部门出让、转让或收回自然资源使用权（不含土地使用权）。㊴随军家属就业。㊵军队转业干部就业。㊶提供社区养老、托育、家政等服务取得的收入。

（2）下列项目，增值税即征即退：①一般纳税人提供管道运输服务，对其增值税实际税负超过 3%的部分实行增值税即征即退政策。②经人民银行、银监会或者商务部批准从事融资租赁业务的试点纳税人中的一般纳税人，提供有形动产融资租赁服务和有形动产融资性售后回租服务的，对其增值税实际税负超过 3%的部分实行增值税即征即退政策。商务部授权的省级商务主管部门和国家经济技术开发区批准的从事融资租赁业务和融资性售后回租业务的试点纳税人中的一般纳税人，2016 年 5 月 1 日后实收资本达到 1.7 亿元的，从达到标准的当月起享受即征即退；2016 年 5 月 1 日后实收资本未达到 1.7 亿元但注册资本达到 1.7 亿元的，在 2016 年 7 月 31 日前仍可按照上述规定执行，2016 年 8 月 1 日后开展的有形动产融资租赁业务和有形动产融资性售后回租业务不得享受即征即退。

（3）下列项目扣减增值税：①退役士兵自主创业就业。②重点群体创业就业。

（4）金融企业发放贷款后，自结息日起 90 天内发生的应收未收利息按现行规定缴纳增值税，自结息日起 90 天后发生的应收未收利息暂不缴纳增值税，待实际收到利息时按规定缴纳增值税。

（5）个人将购买不足 2 年的住房对外销售的，按照 5%的征收率全额缴纳增值税；个人将购买 2 年以上（含 2 年）的住房对外销售的，免征增值税。上述政策适用于北京市、上海市、广州市和深圳市之外的地区。个人将购买不足 2 年的住房对外销售的，按照 5%的征收率全额缴纳增值税；个人将购买 2 年以上（含 2 年）的非普通住房对外销售的，以销售收入减去购买住房价款后的差额按照 5%的征收率缴纳增值税；个人将购买 2 年以上（含 2 年）的普通住房对外销售的，免征增值税。上述政策仅适用于北京市、上海市、广州市和深圳市。

（三）跨境行为免征增值税的政策规定

境内的单位和个人销售的下列服务和无形资产免征增值税，但财政部和国家税务总局规定适用增值税零税率的除外：

（1）下列服务：①工程项目在境外的建筑服务。②工程项目在境外的工程监理服务。

③工程、矿产资源在境外的工程勘察勘探服务。④会议展览地点在境外的会议展览服务。⑤存储地点在境外的仓储服务。⑥标的物在境外使用的有形动产租赁服务。⑦在境外提供的广播影视节目(作品)的播映服务。⑧在境外提供的文化体育服务、教育医疗服务、旅游服务。

(2) 为出口货物提供的邮政服务、收派服务、保险服务。

(3) 向境外单位提供的完全在境外消费的下列服务和无形资产:①电信服务;②知识产权服务;③物流辅助服务(仓储服务、收派服务除外);④鉴证咨询服务;⑤专业技术服务;⑥商务辅助服务;⑦广告投放地在境外的广告服务;⑧无形资产。

(4) 以无运输工具承运方式提供的国际运输服务。

(5) 为境外单位之间的货币资金融通及其他金融业务提供的直接收费金融服务,且该服务与境内的货物、无形资产和不动产无关。

(6) 财政部和国家税务总局规定的其他服务。

(四) 起征点

纳税人发生应税销售行为的销售额未达到增值税起征点的,免征增值税;达到起征点的,全额计算缴纳增值税。

增值税起征点的适用范围限于个人,且不适用于登记为一般纳税人的个体工商户,起征点的幅度规定如下:

(1) 按期纳税的,为月销售额 5 000～20 000 元(含本数)。

(2) 按次纳税的,为每次(日)销售额 300～500 元(含本数)。

起征点的调整由财政部和国家税务总局规定。省、自治区、直辖市财政厅(局)和国家税务局应当在规定的幅度内,根据实际情况确定本地区适用的起征点,并报财政部和国家税务总局备案。

(五) 小规模纳税人减免税规定

自 2023 年 1 月 1 日至 2027 年 12 月 31 日,对月销售额 10 万元以下(含本数)的增值税小规模纳税人免征增值税。

小规模纳税人以 1 个月为 1 个纳税期的,月销售额未超过 10 万元;小规模纳税人以 1 个季度为 1 个纳税期的,季度销售额未超过 30 万元,可以享受免征增值税政策。小规模纳税人发生增值税应税销售行为,合计月销售额超过 10 万元,但扣除本期发生的销售不动产的销售额后未超过 10 万元的,其销售货物、劳务、服务、无形资产取得的销售额免征增值税。适用增值税差额征税政策的小规模纳税人,以差额后的销售额确定是否可以享受上述免征增值税政策。其他个人采取一次性收取租金形式出租不动产取得的租金收入,可在对应的租赁期内平均分摊,分摊后的月租金收入未超过 10 万元的,免征增值税。按固定期限纳税的小规模纳税人可以选择以 1 个月或 1 个季度为纳税期限,一经选择,一个会计年度内不得变更。

增值税小规模纳税人适用 3%征收率的应税销售收入,减按 1%征收率征收增值税;适用 3%预征率的预缴增值税项目,减按 1%预征率预缴增值税。

(六) 其他减免税规定

(1) 纳税人兼营免税、减税项目的,应当分别核算免税、减税项目的销售额;未分别核算销售额的,不得免税、减税。

(2) 纳税人发生应税销售行为适用免税规定的,可以放弃免税,依照《增值税暂行条例》

或者《营业税改征增值税试点实施办法》的规定缴纳增值税。放弃免税后，36 个月内不得再申请免税。

(3) 纳税人发生应税销售行为同时适用免税和零税率规定的，纳税人可以选择适用免税或者零税率。

(4) 退役军人创业就业税收优惠。自 2023 年 1 月 1 日至 2027 年 12 月 31 日，自主就业退役军人从事个体经营的，自办理个体工商户登记当月起，在 3 年(36 个月)内按每户每年 20 000 元为限额依次扣减其当年实际应缴纳的增值税、城市维护建设税、教育费附加、地方教育附加和个人所得税。限额标准最高可上浮 20%，各省、自治区、直辖市人民政府可根据本地区实际情况在此幅度内确定具体限额标准。

(5) 脱贫人口(含防止返贫监测对象)创业就业税收优惠。自 2023 年 1 月 1 日至 2027 年 12 月 31 日，脱贫人口(含防止返贫监测对象)从事个体经营的，自办理个体工商户登记当月起，在 3 年(36 个月)内按每户每年 20 000 元为限额依次扣减其当年实际应缴纳的增值税、城市维护建设税、教育费附加、地方教育附加和个人所得税。限额标准最高可上浮 20%，各省、自治区、直辖市人民政府可根据本地区实际情况在此幅度内确定具体限额标准。纳税人年度应缴纳税款小于规定扣减限额的，减免税额以实际缴纳的税款为限；大于规定扣减限额的，以上述扣减限额为限。脱贫人口从事个体经营的，向主管税务机关申报纳税时享受优惠。

六、增值税征收管理

(一) 纳税义务发生时间

(1) 纳税人发生应税销售行为，为收讫销售款项或者取得索取销售款项凭据的当天；先开具发票的，为开具发票的当天。具体为：①采取直接收款方式销售货物，不论货物是否发出，均为收到销售款或者取得索取销售款凭据的当天。②采取托收承付和委托银行收款方式销售货物，为发出货物并办妥托收手续的当天。③采取赊销和分期收款方式销售货物，为书面合同约定的收款日期的当天，无书面合同的或者书面合同没有约定收款日期的，为货物发出的当天。④采取预收货款方式销售货物，为货物发出的当天，但生产销售生产工期超过 12 个月的大型机械设备、船舶、飞机等货物，为收到预收款或者书面合同约定的收款日期的当天。⑤委托其他纳税人代销货物，为收到代销单位的代销清单或者收到全部或者部分货款的当天；未收到代销清单及货款的，为发出代销货物满 180 天的当天。⑥纳税人提供建筑服务、租赁服务采取预收款方式的，其纳税义务发生时间为收到预收款的当天。⑦纳税人从事金融商品转让的，为金融商品所有权转移的当天。⑧纳税人发生相关视同销售货物行为，为货物移送的当天。⑨纳税人发生视同销售劳务、服务、无形资产、不动产情形的，为劳务、服务、无形资产转让完成的当天或者不动产权属变更的当天。

(2) 纳税人进口货物，其纳税义务发生时间为报关进口的当天。

(3) 增值税扣缴义务发生时间为纳税人增值税纳税义务发生的当天。

(二) 纳税地点

(1) 固定业户应当向其机构所在地或者居住地主管税务机关申报纳税。总机构和分支机构不在同一县(市)的，应当分别向各自所在地的主管税务机关申报纳税；经财政部和国家税务总局或者其授权的财政和税务机关批准，可以由总机构汇总向总机构所在地的主管税务机关申报纳税。

(2) 固定业户到外县(市)销售货物的,应当向其机构所在地主管税务机关申请开具外出经营活动税收管理证明,向其机构所在地主管税务机关申报纳税。未持有其机构所在地主管税务机关核发的外出经营活动税收管理证明,到外县(市)销售货物或者应税劳务的,应当向销售地或劳务发生地主管税务机关申报纳税;未向销售地或劳务发生地主管税务机关申报纳税的,由其机构所在地主管税务机关补征税款。

(3) 非固定业户销售货物或者应税劳务,应当向销售地或劳务发生地主管税务机关申报纳税;未向销售地或劳务发生地主管税务机关申报纳税的,由其机构所在地或者居住地主管税务机关补征税款。

(4) 进口货物,应当向报关地海关申报纳税。

(5) 其他个人提供建筑服务,销售或者租赁不动产,转让自然资源使用权,应向建筑服务发生地、不动产所在地、自然资源所在地主管税务机关申报纳税。

(6) 扣缴义务人应当向其机构所在地或者居住地主管税务机关申报缴纳扣缴的税款。

(三) 纳税期限

增值税的纳税期限分别为1日、3日、5日、10日、15日、1个月或1个季度。纳税人的具体纳税期限,由税务机关根据纳税人应纳税额的大小分别核定;不能按期纳税的,可以按次纳税。

以1个季度为纳税期限的规定适用于小规模纳税人、银行、财务公司、信托投资公司、信用社,以及财政部和国家税务总局规定的其他纳税人。

纳税人以1个月或者1个季度为1个纳税期的,自期满之日起15日内申报纳税;以1日、3日、5日、10日或者15日为1个纳税期的,自期满之日起5日内预缴税款,于次月1日起15日内申报纳税并结清上月应纳税款。

纳税人进口货物,应当自海关填发海关进口增值税专用缴款书之日起15日内缴纳税款。

七、增值税专用发票使用规定

增值税专用发票是增值税一般纳税人发生应税销售行为开具的发票,是购买方支付增值税额并可按照增值税有关规定据以抵扣增值税进项税额的凭证。

一般纳税人应通过增值税防伪税控系统使用专用发票。使用,包括领购、开具、缴销、认证、稽核比对专用发票及其相应的数据电文。

(一) 专用发票的联次及用途

专用发票由基本联次或者基本联次附加其他联次构成,基本联次为3联,分别为:

(1) 发票联,作为购买方核算采购成本和增值税进项税额的记账凭证。

(2) 抵扣联,作为购买方报送税务机关认证和留存备查的扣税凭证。

(3) 记账联,作为销售方核算销售收入和增值税销项税额的记账凭证。

其他联次用途,由一般纳税人自行确定。

(二) 专用发票的领购

一般纳税人领购专用设备后,凭《最高开票限额申请表》和《发票领购簿》到税务机关办理初始发行。一般纳税人凭《发票领购簿》、金税盘(或IC卡)和经办人身份证明领购专用发票。

一般纳税人有下列情形之一的,不得领购、开具专用发票:

(1) 会计核算不健全,不能向税务机关准确提供增值税销项税额、进项税额、应纳税额数据及其他有关增值税税务资料的。

（2）有《税收征收管理法》规定的税收违法行为，拒不接受税务机关处理的。

（3）有下列行为之一，经税务机关责令限期改正而仍未改正的：①虚开增值税专用发票；②私自印制专用发票；③向税务机关以外的单位和个人买取专用发票；④借用他人专用发票；⑤未按本规定第十一条开具专用发票；⑥未按规定保管专用发票和专用设备；⑦未按规定申请办理防伪税控系统变更发行；⑧未按规定接受税务机关检查。

有上列情形的，如已领购专用发票，主管税务机关应暂扣其结存的专用发票和IC卡。

（三）专用发票的使用管理

1. 专用发票开票限额

增值税专用发票实行最高开票限额管理。最高开票限额，是指单份专用发票开具的销售额合计数不得达到的上限额度。最高开票限额由一般纳税人申请，区县税务机关依法审批。一般纳税人申请最高开票限额时，需填报《增值税专用发票最高开票限额申请单》。主管税务机关受理纳税人申请以后，根据需要进行实地查验，实地查验的范围和方法由各省税务机关确定。自2014年5月1日起，一般纳税人申请增值税专用发票最高开票限额不超过10万元的，主管税务机关不需要事前进行实地查验。

2. 专用发票开具范围

一般纳税人发生应税销售行为，应当向索取增值税专用发票的购买方开具专用发票。属于下列情形之一的，不得开具增值税专用发票。

（1）商业企业一般纳税人零售烟、酒、食品、服装、鞋帽（不包括劳保专用部分）、化妆品等消费品的。

（2）应税销售行为的购买方为消费者个人的。

（3）发生应税销售行为适用免税规定的。

3. 专用发票开具要求

专用发票应按下列要求开具：

（1）项目齐全，与实际交易相符。

（2）字迹清楚，不得压线、错格。

（3）发票联和抵扣联加盖财务专用章或者发票专用章。

（4）按照增值税纳税义务的发生时间开具。

（四）全面数字化电子发票

2021年3月，中共中央办公厅、国务院办公厅印发《关于进一步深化税收征管改革的意见》，提出稳步实施发票电子化改革，制定出台电子发票国家标准，2025年基本实现发票全领域、全环节、全要素电子化，着力降低制度性交易成本。为落实中办、国办印发的《关于进一步深化税收征管改革的意见》要求，加大推广使用全面数字化的电子发票（以下简称“数电票”）力度，经国家税务总局同意，自2023年3月30日起，决定在深圳市开展数字化电子发票试点工作。

数字化电子发票的法律效力、基本用途等与现有纸质发票相同。其中，带有“增值税专用发票”字样的数字化电子发票，其法律效力、基本用途与现有增值税专用发票相同；带有“普通发票”字样的数字化电子发票，其法律效力、基本用途与现有普通发票相同。

数字化电子发票无联次，基本内容包括：发票号码、开票日期、购买方信息、销售方信息、项目名称、规格型号、单位、数量、单价、金额、税率/征收率、税额、合计、价税合计(大写、小写)、备注、开票人等。

纳税人无需使用税控专用设备即可通过电子发票服务平台开具发票,无需进行发票验旧操作。其中,数字化电子发票无需进行发票票种核定和发票领用。

纳税人可以通过电子发票服务平台税务数字账户自动交付数字化电子发票,也可通过电子邮件、二维码等方式自行交付数字化电子发票。

八、增值税出口退税制度

企业出口货物或者劳务、服务,以不含税价格参与国际市场竞争是国际上通行的做法。我国同世界上其他征收增值税的国家一样,为了鼓励出口,增值税对出口货物或者劳务、服务实行零税率的优惠政策,而且出口货物根据政策规定,还可以退还以前环节的已纳税款。由于各种货物出口前涉及征免税的情况不同,国家在遵循“征多少,退多少”、“未征不退”和“彻底退税”的基本原则的基础上,规定了不同的税务处理办法。

(一) 我国出口货物增值税的退(免)税政策和具体措施

我国出口货物增值税的退(免)税政策有三个:一是出口免税并且退税;二是出口免税但不予退税;三是出口不免税也不予退税,即征税后出口的政策。

1. 出口免税并且退税政策

出口免税并且退税是指出口的凡属于已征或应征增值税的货物,除国家明确规定不予退(免)税的货物和出口企业从小规模纳税人购进并持有增值税普通发票的部分货物外,都属于出口货物退(免)税的范围,均应予以退还已征增值税和消费税。可以退(免)税的货物应是报关离境出口收汇并已核销的、在财务上做销售处理的属于增值税、消费税征税范围的货物。以上货物报关出口后,按照生产和国内流通的实际税负和出口退税率计算的退税额,在“先征后退”或“免、抵、退”的退税办法下申请退税。

出口免税并且退税政策的适用范围是具备以上条件的生产性自营出口或委托外贸企业代理出口的自产货物出口业务和有进出口经营权的外贸企业收购后直接出口或委托其他外贸企业代理出口货物的业务。

除以上适用范围之外,我国对不具备以上条件的特定出口货物,除了出口货物属于税法列举规定的免税货物或限制、禁止出口的货物外,也适用出口免税并且退税政策。特定出口货物包括:

(1) 对外承包工程公司运出境外用于对外承包项目的货物。

(2) 对外承揽修理修配业务的企业用于对外修理修配的货物。

(3) 企业在国内采购并运往境外作为在国外投资的货物。

(4) 外轮供应公司、远洋运输供应公司销售给外轮、远洋货轮并且收取外汇的货物。

(5) 利用外国政府贷款或国际金融组织贷款,通过国际招标由国内企业中标的机电产品、建筑材料。

(6) 对外补偿贸易及易货贸易、小额贸易出口的货物。

(7) 对港澳台贸易的货物等。

2. 出口免税但不予退税政策

除了出口货物属于税法列举规定的限制或禁止出口的货物外,实行国内免税或出口免税但不予退税的政策。这些货物主要包括：

(1) 属于生产企业的小规模纳税人自营出口或委托外贸企业代理出口的自产货物。

(2) 外贸企业从小规模纳税人购进并持有增值税普通发票的货物出口，免税但不予退税。

(3) 外贸企业直接购进国家规定免税的货物(包括免税农产品)出口的。

(4) 来料加工复出口的货物，即原材料进口免税，加工自制的货物出口不退税。

(5) 避孕药品和用具、古旧图书内销免税的，出口免税不退税。

(6) 国家出口计划内的卷烟。有出口卷烟权的企业出口国家出口计划内的卷烟，在生产环节免征增值税、消费税，出口环节不予办理退税。其他非计划内出口的卷烟照章征收增值税和消费税，出口一律不退税。

(7) 软件产品。其具体范围是指海关税则号前四位为“9803”的货物。

(8) 含黄金、铂金成分的货物，钻石及其饰品。

(9) 油画、花生果仁、黑大豆等财政部和国家税务总局规定的出口免税的货物。

(10) 外贸企业取得增值税普通发票、废旧物资收购凭证、农产品收购发票、政府非税收入票据的货物。

(11) 以旅游购物贸易方式报关出口的货物。

(12) 国家规定的其他免税货物，如农业生产者销售自产农业产品、饲料、农膜等。

出口货物享受免征增值税的货物，其耗用的原材料、零部件等支付的进项税额，包括运输费用所含的进项税额，不能从内销货物的销项税额中抵扣，应计入产品成本处理。

3. 出口不免税也不予退税政策

以下货物除了经批准属于进料加工复出口贸易外，实行出口不免税也不予退税政策：

(1) 国家计划外出口的原油(自 1999 年 9 月 1 日起国家计划内出口的原油恢复按 13% 的退税率退税)、国家计划外出口的卷烟。

(2) 中国援外项目下的出口货物不免税也不退税，但对利用中国政府的援外优惠贷款和合作项目基金方式下出口的货物，比照一般贸易出口，实行出口退税政策。

(3) 国家禁止出口的货物，包括麝香、天然牛黄、铜及铜基合金、白银等。

另外，出口企业不能提供退(免)税所需单证，或提供的单证有问题的出口货物，不得退(免)税。

(二) 增值税出口退税的退税率

出口货物退税率是出口货物的实际退税额与退税计税依据之间的比例，是出口退税的中心环节。现行出口货物的增值税退税率有 13%、11%、9%、8%、5%等。

(三) 出口退税的计算

出口货物只有在适用免税并且退税的政策时，才会涉及如何计算退税的问题。出口退税的计算有“免、抵、退”和“先征后退”两种方法。

1. “免、抵、退”方法

“免、抵、退”方法适用于具有实际生产能力的生产企业(一般纳税人)自营或委托外贸企业代理出口自产货物，除另有规定外，增值税一律实行免、抵、退税管理办法。增值税小规模纳税人出口货物实行免税办法。生产企业自产货物属于应征消费税的货物，实行免征消费税的办法。

实行“免、抵、退”税管理办法的“免”税，是指对生产企业出口的自产货物，免征企业生产、销售环节的增值税；“抵”税，是指生产企业出口自产货物所耗用的原材料、零部件、燃料、动力等所含应予退还的进项税额，抵减内销货物的应纳税额；“退”税，是指生产企业出口的自产货物在当期内抵减的进项税额大于应纳税额时，对未抵减完的部分予以退税。实行“免、抵、退”方法的计算过程如下：

（1）出口货物免税。

（2）计算出口环节当期应纳税额。

出口环节当期应纳税额＝当期内销货物的销项税额－（当期进项税额－当期免、抵、退税不得免征和抵扣税额）－上期留抵税额

当期免、抵、退税不得免征和抵扣税额是指在征税率不等于退税率的情况下，征税率大于退税率所形成的征税额。

当期免、抵、退税不得免征和抵扣税额＝当期出口货物离岸价格×外汇人民币牌价×（出口货物征税率－出口货物退税率）－当期免、抵、退税不得免征和抵扣的税额抵减额

出口货物离岸价格以出口发票计算的离岸价格为准。

当期免、抵、退税不得免征和抵扣的税额抵减额＝当期免税购进原材料价格×（出口货物征税率－出口货物退税率）

免税购进原材料包括从国内购进免税原材料和进料加工免税进口的料件，其中进料加工免税进口的料件的价格为组成计税价格，其计算公式为：

进料加工免税进口的料件的组成计税价格＝货物到岸价格＋关税＋消费税

（3）计算免、抵、退税额。

当期免、抵、退税额＝当期出口离岸价格×外汇人民币牌价×出口货物退税率－当期免、抵、退税额抵减额

当期免、抵、退税额抵减额＝当期免税购进原材料价格×出口货物退税率

（4）计算当期应退税额和免抵税额。

一方面，如果|出口环节当期应纳税额|≤当期免、抵、退税额，则：

当期应退税额＝当期期末留抵税额

当期免抵税额＝当期免、抵、退税额－当期应退税额

当期期末留抵税额＝0

另一方面，如果|出口环节当期应纳税额|＞当期免、抵、退税额，则：

当期应退税额＝当期免、抵、退税额

当期免抵税额＝0

期末留抵税额＝当期留抵税额－当期免、抵、退税额

当期期末留抵税额根据当期《增值税纳税申报表》中“期末留抵税额”确定。

2. 先征后退方法

先征后退方法主要适用于收购货物出口的外(工)贸企业。

(1) 外贸企业以及实行外贸企业财务制度的工贸企业收购货物出口。

外贸企业以及实行外贸企业财务制度的工贸企业收购货物出口,免征其出口环节的增值税;其收购货物的成本部分,因外贸企业在支付收购货款的同时也支付了增值税进项税款,因此,在货物出口后按收购成本与退税率计算退税,征、退之差计入企业成本。

外贸企业出口货物增值税的计算应依据购进出口货物增值税专用发票上注明的购进金额和退税率计算,计算公式为:

应退税额=外贸收购(不含增值税)金额×退税率

(2) 外贸企业收购小规模纳税人出口货物增值税的退税规定。

① 外贸企业从小规模纳税人购进并持有普通发票的一般货物,是不能出口退税的。只有取得税务机关代开增值税专用发票的出口货物,才能出口退税。

② 凡从小规模纳税人购进持普通发票特准退税的抽纱、工艺品等12类出口货物,同样实行销售出口货物的收入免税并退还出口货物进项税额的办法,计算公式为:

本期应退税额=普通发票注明的含税销售额÷(1+征收率)× 征收率

凡从小规模纳税人购进税务机关代开增值税专用发票的出口货物,其应退税额的计算公式为:

本期应退税额=增值税专用发票注明的金额×征收率

(3) 外贸企业委托生产企业加工出口货物应退税额。

外贸企业委托生产企业加工出口货物应退税额。外贸企业委托生产企业加工收回后报关出口的货物,按购进国内原辅材料的增值税专用发票上注明的进项税额,依原辅材料的退税率计算原辅材料应退税额。支付的加工费,凭受托方开具货物适用的退税率计算加工费的应退税额。

第三节 消费税法律制度

消费税是对特定的某些消费品和消费行为征收的一种间接税,属于流转税的范畴。我国在对货物普遍征收增值税的基础上,选择部分消费品再征收一道消费税,目的是调节产品结构,引导消费方向,保证国家财政收入。

一、消费税纳税人

在我国境内生产、委托加工和进口《中华人民共和国消费税暂行条例》(以下简称《消费税暂行条例》)规定的消费品的单位和个人,以及国务院确定的销售《消费税暂行条例》规定的消费品的其他单位和个人,为消费税的纳税人。

在我国境内是指生产、委托加工和进口属于应当缴纳消费税的消费品的起运地或者所在地在境内。单位是指企业、行政单位、事业单位、军事单位、社会团体和其他单位。个人是指个体工商户及其他个人。

二、消费税征税范围

根据《消费税暂行条例》及其实施细则的规定，消费税的征税范围包括下列内容。

1. 生产应税消费品

纳税人生产应税消费品于纳税人销售时纳税。

纳税人自产自用的应税消费品，用于连续生产应税消费品的，不纳税；用于其他方面的，于移送使用时纳税。

用于连续生产应税消费品是指纳税人将自产自用的应税消费品作为直接材料生产最终应税消费品，自产自用的应税消费品构成最终应税消费品的实体。

用于其他方面是指纳税人将自产自用的应税消费品用于生产非应税消费品、在建工程、管理部门、非生产机构、提供劳务、馈赠、赞助、集资、广告、样品、职工福利、奖励等方面。

2. 委托加工应税消费品

委托加工的应税消费品，是指由委托方提供原料和主要材料，受托方只收取加工费和代垫部分辅助材料加工的应税消费品。对于由受托方提供原材料生产的应税消费品，或者受托方先将原材料卖给委托方，然后再接受加工的应税消费品，以及由受托方以委托方名义购进原材料生产的应税消费品，不论在财务上是否作为销售处理，都不得作为委托加工应税消费品，而应当按照销售自制应税消费品缴纳消费税。

委托加工的应税消费品，除受托方为个人外，由受托方在向委托方交货时代收代缴消费税。委托个人加工的应税消费品，由委托方收回后缴纳消费税。

委托加工的应税消费品，委托方用于连续生产应税消费品的，所纳税款准予按规定抵扣。

委托方将收回的应税消费品，以不高于受托方的计税价格出售的，为直接出售，不再缴纳消费税；委托方以高于受托方的计税价格出售的，不属于直接出售，需按照规定申报缴纳消费税，在计税时准予扣除受托方已代收代缴的消费税。

3. 进口应税消费品

单位和个人进口应税消费品，于报关进口时缴纳消费税。为了减少征税成本，进口环节缴纳的消费税由海关代征。

4. 零售应税消费品

1）商业零售金银首饰

自 1995 年 1 月 1 日起，金银首饰消费税由生产销售环节征收改为零售环节征收。改在零售环节征收消费税的金银首饰仅限于金、银以及金基、银基合金首饰和金基、银基合金的镶嵌首饰。自 2002 年 1 月 1 日起，对钻石及钻石饰品消费税的纳税环节由生产环节、进口环节后移至零售环节。自 2003 年 5 月 1 日起，铂金首饰消费税改为零售环节征税。

下列业务视同零售业，在零售环节缴纳消费税：

(1) 为经营单位以外的单位和个人加工金银首饰。加工包括带料加工、翻新改制、以旧换新等业务，不包括修理和清洗。

(2) 经营单位将金银首饰用于馈赠、赞助、集资、广告样品、职工福利、奖励等方面。

(3) 未经中国人民银行总行批准，经营金银首饰批发业务的单位将金银首饰销售给经营单位。

2）零售超豪华小汽车

自 2016 年 12 月 1 日起，对超豪华小汽车，在生产（进口）环节按现行税率征收消费税的基础上，在零售环节加征消费税，将超豪华小汽车销售给消费者的单位和个人为超豪华小汽车零售环节纳税人。

5. 批发销售卷烟

自 2015 年 5 月 10 日起，将卷烟批发环节从价税税率由 5%提高至 11%，并按 0.005 元/支加征从量税。

烟草批发企业将卷烟销售给其他烟草批发企业的，不缴纳消费税。

卷烟消费税改为在生产和批发两个环节征收后，批发企业在计算应纳税额时不得扣除已含的生产环节的消费税税款。

纳税人兼营卷烟批发和零售业务的，应当分别核算批发和零售环节的销售额、销售数量；未分别核算批发和零售环节的销售额、销售数量的，按照全部销售额、销售数量计征批发环节消费税。

三、消费税税目

根据《消费税暂行条例》的规定，消费税税目共有 15 个，具体内容如下。

1. 烟

凡是以烟叶为原料加工生产的产品，不论使用何种辅料，均属于本税目的征收范围。具体包括 3 个子目，分别是：

（1）卷烟，包括甲类卷烟和乙类卷烟。

（2）雪茄烟，包括各种规格、型号的雪茄烟。

（3）烟丝，包括以烟叶为原料加工生产的不经卷制的散装烟。

2. 酒

酒，包括白酒、黄酒、啤酒和其他酒。具体包括：

（1）白酒，包括粮食白酒和薯类白酒。

（2）黄酒，包括各种原料酿制的黄酒和酒度超过 12 度（含 12 度）的土甜酒。

（3）啤酒，分为甲类啤酒和乙类啤酒。对饮食业、商业、娱乐业举办的啤酒屋（啤酒坊）利用啤酒生产设备生产的啤酒，应当征收消费税。

（4）其他酒，包括糠麸白酒、其他原料白酒、土甜酒、复制酒、果木酒、汽酒、药酒、葡萄酒等。对以黄酒为酒基生产的配制或泡制酒，按其他酒征收消费税。调味料酒不征收消费税。

3. 高档化妆品

本税目的征收范围包括高档美容、修饰类化妆品、高档护肤类化妆品和成套化妆品。舞台、戏剧、影视演员化妆用的上妆油、卸妆油、油彩，不属于本税目的征收范围。

4. 贵重首饰及珠宝玉石

本税目的征收范围包括各种金银珠宝首饰和经采掘、打磨、加工的各种珠宝玉石。宝石坯是经采掘、打磨、初级加工的珠宝玉石半成品，对宝石坯应按规定征收消费税。

5. 鞭炮、烟火

本税目的征收范围包括各种鞭炮、焰火，具体包括喷花类、旋转类、火箭类、吐珠类、小礼花类、烟雾类、爆竹类、组合烟花类、礼花弹类等。体育上用的发令纸、鞭炮药引线，不按本税目征收。

6. 成品油

本税目包括汽油、柴油、石脑油、溶剂油、航空煤油、润滑油、燃料油 7 个子目。

(1) 汽油。汽油是指用原油或其他原料加工生产的辛烷值不小于 66 的可用作汽油发动机燃料的各种轻质油。以汽油、汽油组分调和生产的甲醇汽油、乙醇汽油也属于本税目征收范围。

(2) 柴油。柴油是指用原油或其他原料加工生产的倾点或凝点在－50 ℃至 30 ℃的可用作柴油发动机燃料的各种轻质油和以柴油组分为主、经调和精制可用作柴油发动机燃料的非标油。以柴油、柴油组分调和生产的生物柴油也属于本税目征收范围。

(3) 石脑油。石脑油又称化工轻油，是以原油或其他原料加工生产的用于化工原料的轻质油。石脑油的征收范围包括除汽油、柴油、航空煤油、溶剂油以外的各种轻质油。

(4) 溶剂油。溶剂油是用原油或其他原料加工生产的用于涂料、油漆、食用油、印刷油墨、皮革、农药、橡胶、化妆品生产和机械清洗、胶粘行业的轻质油。橡胶填充油、溶剂油原料，属于溶剂油征收范围。

(5) 航空煤油。航空煤油也叫喷气燃料，是用原油或其他原料加工生产的用作喷气发动机和喷气推进系统燃料的各种轻质油。

(6) 润滑油。润滑油是用原油或其他原料加工生产的用于内燃机、机械加工过程的润滑产品。润滑油分为矿物性润滑油、植物性润滑油、动物性润滑油和化工原料合成润滑油。润滑油的征收范围包括矿物性润滑油、矿物性润滑油基础油、植物性润滑油、动物性润滑油和化工原料合成润滑油。

(7) 燃料油。燃料油也称重油、渣油，是用原油或其他原料加工生产，主要用作电厂发电、锅炉用燃料、加热炉燃料、冶金和其他工业炉燃料。自 2012 年 11 月 1 日起，催化料、焦化料属于燃料油的征收范围，应当征收消费税。

7. 摩托车

本税目的征收范围包括气缸容量(排气量)为 250 毫升的摩托车和气缸容量(排气量)在 250 毫升(不含)以上的摩托车两种。对最大设计车速不超过 50 公里/小时，发动机气缸总工作容量不超过 50 毫升的三轮摩托车不征收消费税。

8. 小汽车

本税目包括乘用车、中轻型商用客车和超豪华小汽车 3 个子目。

(1) 乘用车，包括含驾驶员座位在内最多不超过 9 个座位(含)。用排气量小于 1.5 升(含)的乘用车底盘(车架)改装、改制的车辆属于乘用车征收范围。

(2) 中轻型商用客车，包括含驾驶员座位在内的座位数在 10～23 座(含 23 座)。用排气量大于 1.5 升的乘用车底盘(车架)或用中轻型商用客车底盘(车架)改装、改制的车辆属于中轻型商用客车征收范围。含驾驶员人数(额定载客)为区间值的(如 8～10 人)小汽车，按其区间值下限人数确定征收范围。

(3) 超豪华小汽车，是每辆零售价格为130万元(不含增值税)及以上的乘用车和中轻型商用客车，即乘用车和中轻型商用客车子税目中的超豪华小汽车。

电动汽车不属于本税目征收范围。沙滩车、雪地车、卡丁车、高尔夫车，不属于消费税征收范围，不征收消费税。

车身长度大于7米(含)，并且座位在10～23座(含)以下的商用客车，不属于中轻型商用客车征税范围，不征收消费税。

对于企业购进货车或厢式货车改装生产的商务车、卫星通信车等专用汽车不属于消费税征收范围，不征收消费税。

对于购进乘用车、中轻型商用客车整车改装生产的汽车，应按规定征收消费税。

9. 高尔夫球及球具

本税目的征收范围包括高尔夫球、高尔夫球杆及高尔夫球包(袋)、高尔夫球杆的杆头、杆身和握把。

10. 高档手表

高档手表是指销售价格(不含增值税)每只在10 000元(含)以上的各类手表。本税目的征收范围包括符合以上标准的各类手表。

11. 游艇

游艇是指长度大于8米小于90米，船体由玻璃钢、钢、铝合金、塑料等多种材料制作，可以在水上移动的水上浮载体。按照动力划分，游艇分为无动力艇、帆艇和机动艇。本税目的征收范围包括艇身长度大于8米(含)小于90米(含)，内置发动机，可以在水上移动，一般为私人或团体购置，主要用于水上运动和休闲娱乐等非牟利活动的各类机动艇。

12. 木制一次性筷子

木制一次性筷子是指以木材为原料经过锯段、浸泡、旋切、刨切、烘干、筛选、打磨、倒角、包装等环节加工而成的各类一次性使用的筷子。本税目的征收范围包括各种规格的木制一次性筷子和未经打磨、倒角的木制一次性筷子。

13. 实木地板

实木地板是指以木材为原料，经锯割、干燥、刨光、截断、开榫、涂漆等工序加工而成的块状或条状的地面装饰材料。实木地板按生产工艺不同，可分为独板(块)实木地板、实木指接地板、实木复合地板三类；按表面处理状态不同，可分为未涂饰地板(白坯板、素板)和漆饰地板两类。本税目的征收范围包括各类规格的实木地板、实木指接地板、实木复合地板及用于装饰墙壁、天棚的侧端面为榫、槽的实木装饰板。未经涂饰的素板属于本税目征税范围。

14. 电池

征收消费税的电池主要包括以下五类：原电池、蓄电池、燃料电池、太阳能电池和其他电池。对无汞原电池、锂原电池、金属氢化物镍蓄电池(又称“氢镍蓄电池”或“镍氢蓄电池”)、锂离子蓄电池、全钒液流电池，以及太阳能电池、燃料电池免征消费税。自2016年1月1日起，对铅蓄电池按4%税率征收消费税。

15. 涂料

涂料，是指涂于物体表面能形成具有保护、装饰或特殊性能的固态涂膜的一类液体或固体材料的总称。涂料由主要成膜物质、次要成膜物质等构成。按主要成膜物质涂料可分为油脂类、天然树脂类、酚醛树脂类、沥青类、醇酸树脂类、氨基树脂类、硝基类、过滤乙烯树脂类、烯类树脂类、丙烯酸酯类树脂类、聚酯树脂类、环氧树脂类、聚氨酯树脂类、元素有机类、橡胶类、纤维素类、其他成膜物类等。对施工状态下挥发性有机物（volatile organic compounds，VOC）含量低于420克/升（含）的涂料免征消费税。

四、消费税税率

消费税税率采取比例税率和定额税率两种形式，以适应不同应税消费品的实际情况。消费税根据不同的税目或子目确定相应的税率或单位税额。一般情况下，对一种消费品只选择一种税率形式，但为了更好、更有效地保全消费税税基，对卷烟和白酒，采取了比例税率和定额税率复合征收的形式。

消费税税目、税率见表4-1。

表4-1 消费税税目、税率

税目	税率
一、烟	
1. 卷烟	
(1) 甲类卷烟	56%加0.003元/支(生产环节)
(2) 乙类卷烟	36%加0.003元/支(生产环节)
(3) 批发环节	11%加0.005元/支
2. 雪茄烟	36%
3. 烟丝	30%
二、酒	
1. 白酒	20%加0.5元/500克(或500毫升)
2. 黄酒	240元/吨
3. 啤酒	
(1) 甲类啤酒	250元/吨
(2) 乙类啤酒	220元/吨
4. 其他酒	10%
三、高档化妆品	15%
四、贵重首饰及珠宝玉石	
1. 金银首饰、铂金首饰和钻石及钻石饰品	5%
2. 其他贵重首饰和珠宝玉石	10%
五、鞭炮、焰火	15%
六、成品油	
1. 汽油	1.52元/升
2. 柴油	1.20元/升

（续表）

税目	税率
3. 航空煤油	1.20 元/升
4. 石脑油	1.52 元/升
5. 溶剂油	1.52 元/升
6. 润滑油	1.52 元/升
7. 燃料油	1.20 元/升
七、摩托车	
1. 气缸容量(排气量)250 毫升的	3%
2. 气缸容量(排气量)在 250 毫升(不含)以上的	10%
八、小汽车	
1. 乘用车	
(1) 气缸容量在 1.0 升(含 1.0 升)以下的	1%
(2) 气缸容量在 1.0 升至 1.5 升(含 1.5 升)的	3%
(3) 气缸容量在 1.5 升至 2.0 升(含 2.0 升)的	5%
(4) 气缸容量在 2.0 升至 2.5 升(含 2.5 升)的	9%
(5) 气缸容量在 2.5 升至 3.0 升(含 3.0 升)的	12%
(6) 气缸容量在 3.0 升至 4.0 升(含 4.0 升)的	25%
(7) 气缸容量在 4.0 升以上的	40%
2. 中轻型商用客车	5%
3. 超豪华小汽车	10%(零售环节)
九、高尔夫球及球具	10%
十、高档手表	20%
十一、游艇	10%
十二、木制一次性筷子	5%
十三、实木地板	5%
十四、电池	4%
十五、涂料	4%

存在下列情况时，纳税人应按照相关规定确定适用税率：

(1) 纳税人兼营不同税率的应税消费品，应当分别核算不同税率应税消费品的销售额、销售数量。未分别核算销售额、销售数量，或者将不同税率的应税消费品组成成套消费品销售的，从高适用税率。

(2) 配制酒适用税率的确定。配制酒(露酒)是指以发酵酒、蒸馏酒或食用酒精为酒基，加入可食用或药食两用的辅料或食品添加剂，进行调配、混合或再加工制成的，并改变了其原酒基风格的饮料酒。以蒸馏酒或食用酒精为酒基，同时符合以下条件的配制酒，按“其他酒”10%适用税率征收消费税：①具有国家相关部门批准的国食健字或卫食健字文号；②酒精度低于38度(含)。以发酵酒为酒基,酒精度低于20度(含)的配制酒,按“其他酒”10%适用税率征收消费税。其他配制酒,按“白酒”适用税率征收消费税。上述蒸馏酒或食用酒精为酒基是指酒基中蒸馏酒或食用酒精的比重超过80%(含);发酵酒为酒基是指酒基中发酵酒的比重超过80%(含)。

(3) 纳税人自产自用的卷烟应当按照纳税人生产的同牌号规格的卷烟销售价格确定征税类别和适用税率。

(4) 卷烟由于接装过滤嘴、改变包装或其他原因提高销售价格后,应按照新的销售价格确定征税类别和适用税率。

(5) 委托加工的卷烟按照受托方同牌号规格卷烟的征税类别和适用税率征税。没有同牌号规格卷烟的,一律按卷烟最高税率征税。

(6) 残次品卷烟应当按照同牌号规格正品卷烟的征税类别确定适用税率。

(7) 下列卷烟不分征税类别一律按照56%税率征税,并按照定额每标准箱150元计算征税:①白包卷烟;②手工卷烟;③未经国务院批准纳入计划的企业和个人生产的卷烟。

五、消费税应纳税额的计算

(一) 销售额的确定

消费税应纳税额的计算分为从价计征、从量计征和复合计征三种方法。

1. 从价计征销售额的确定

(1) 销售额是指纳税人销售应税消费品向购买方收取的全部价款和价外费用,不包括应向购买方收取的增值税税款。价外费用是指价外向购买方收取的手续费、补贴、基金、集资费、返还利润、奖励费、违约金(延期付款利息)、赔偿金、包装费、包装物租金、储备费、优质费、运输装卸费、代收款项、代垫款项及其他各种性质的价外收费。下列项目不包括在销售额内:

第一,同时符合以下条件的代垫运输费用:承运部门的运输费用发票开具给购买方的;纳税人将该项发票转交给购买方的。

第二,同时符合以下条件代为收取的政府性基金或者行政事业性收费:由国务院或者财政部批准设立的政府性基金,由国务院或者省级人民政府及其财政、价格主管部门批准设立的行政事业性收费;收取时开具省级以上财政部门印制的财政票据;所收款项全额上缴财政。

(2) 含增值税销售额的换算。如果纳税人应税消费品的销售额中未扣除增值税税款或者因不得开具增值税专用发票而发生价款和增值税税款合并收取的,在计算消费税时,应将含增值税的销售额换算为不含增值税的销售额。换算公式为:

应税消费品的销售额=含增值税的销售额÷(1+增值税税率或征收率)

2. 从量计征销售数量的确定

(1) 销售数量是指纳税人生产、加工和进口应税消费品的数量。具体规定为:①销售应税消费品的,为应税消费品的销售数量;②自产自用应税消费品的,为应税消费品的移送使用数量;③委托加工应税消费品的,为纳税人收回的应税消费品数量;④进口应税消费品的,为海关核定的应税消费品进口征税数量。

(2) 从量定额的换算标准:为了规范不同产品的计量单位,以准确计算应纳税额,《中华人民共和国消费税暂行条例实施细则》规定了吨与升两个计量单位的换算标准,具体标准见表 4-2。

表 4-2　计量单位换算标准

序号	项目	计量单位换算标准
1	黄酒	1 吨=962 升
2	啤酒	1 吨=988 升
3	汽油	1 吨=1 388 升
4	柴油	1 吨=1 176 升
5	航空煤油	1 吨=1 246 升
6	石脑油	1 吨=1 385 升
7	溶剂油	1 吨=1 282 升
8	润滑油	1 吨=1 126 升
9	燃料油	1 吨=1 015 升

3. 复合计征销售额和销售数量的确定

卷烟和白酒实行从价定率和从量定额相结合的复合计征办法征收消费税。销售额为纳税人生产销售卷烟、白酒向购买方收取的全部价款和价外费用。销售数量为纳税人生产销售、进口、委托加工、自产自用卷烟、白酒的销售数量、海关核定数量、委托方收回数量和移送使用数量。

4. 特殊情形下销售额和销售数量的确定

(1) 纳税人通过自设非独立核算门市部销售的自产应税消费品,应当按照门市部对外销售额或者销售数量征收消费税。

(2) 纳税人用于"换取生产资料和消费资料、投资入股和抵偿债务"等方面的应税消费品,应当以纳税人同类应税消费品的最高销售价格作为计税依据计算消费税。

(3) 白酒生产企业向商业销售单位收取的"品牌使用费"应并入白酒的销售额中缴纳消费税。

(4) 实行从价计征办法征收消费税的应税消费品连同包装销售的,无论包装物是否单独计价以及在会计上如何核算,均应并入应税消费品的销售额中缴纳消费税。包装物不作价随同产品销售,而是收取押金,此项押金则不应并入应税消费品的销售额中征税,但对因逾期未收回的包装物不再退还的或者已收取的时间超过 12 个月的押金,应并入应税消费品的销售额,按照应税消费品的适用税率缴纳消费税。对包装物既作价随同应税消费品销售,又另外收取押金的包装物的押金,凡纳税人在规定的期限内没有退还的,均应并入应税消费品的销售额,按照应税消费品的适用税率缴纳消费税。对酒类产品生产企业销售酒类产品而收取的包装物押金,无论押金是否返还与会计上如何核算,均需并入酒类产品销售额中依酒类产品的适用税率征收消费税。

(5) 纳税人采用以旧换新(含翻新改制)方式销售的金银首饰,应按实际收取的不含增值税的全部价款确定计税依据征收消费税。对既销售金银首饰,又销售非金银首饰的生产、经营单位，应将两类商品划分清楚，分别核算销售额。凡划分不清楚或不能分别核算的，在生产环节销售的，一律从高适用税率征收消费税；在零售环节销售的，一律按金银首饰征收消费税。金银首饰与其他产品组成成套消费品销售的，应按销售额全额征收消费税。金银首饰连同包装物销售的，无论包装是否单独计价，也无论会计上如何核算，均应并入金银首饰的销售额，计征消费税。带料加工的金银首饰，应按受托方销售同类金银首饰的销售价格确定计税依据征收消费税。没有同类金银首饰销售价格的，按照组成计税价格计算纳税。组成计税价格的计算公式为：

组成计税价格＝(材料成本＋加工费)÷(1－金银首饰消费税税率)

(6) 纳税人销售的应税消费品，以人民币以外的货币结算销售额的，其销售额的人民币折合率可以选择销售额发生的当天或者当月 1 日的人民币汇率中间价。纳税人应在事先确定采取何种折合率，确定后 1 年内不得变更。

(二) 应纳税额的计算

1. 生产销售应纳消费税的计算

(1) 实行从价定率计征消费税的，其计算公式为：

应纳税额＝销售额×比例税率

(2) 实行从量定额计征消费税的，其计算公式为：

应纳税额＝销售数量×定额税率

(3) 实行从价定率和从量定额复合方法计征消费税的，其计算公式为：

应纳税额＝销售额×比例税率＋销售数量×定额税率

现行消费税的征税范围中，只有卷烟、白酒采用复合计算方法。

2. 自产自用应纳消费税的计算

纳税人自产自用的应税消费品，用于连续生产应税消费品的，不纳税；用于其他方面的，于移送使用时，按照纳税人生产的同类消费品的销售价格计算纳税；没有同类消费品销售价格的，按照组成计税价格计算纳税。

(1) 实行从价定率计征消费税的，其计算公式为：

组成计税价格＝(成本＋利润)÷(1－比例税率)
应纳税额＝组成计税价格×比例税率

(2) 实行复合计税计征消费税的，其计算公式为：

组成计税价格＝(成本＋利润＋自产自用数量×定额税率)÷(1－比例税率)
应纳税额＝组成计税价格×比例税率＋自产自用数量×定额税率

其中，成本是指应税消费品的产品生产成本。利润是指根据应税消费品的全国平均成本利润率计算的利润。

应税消费品的全国平均成本利润率由国家税务总局确定，具体标准见表 4-3。

表 4-3 应税消费品的全国平均成本利润率

货物名称	利润率	货物名称	利润率
1. 甲类卷烟	10%	11. 摩托车	6%
2. 乙类卷烟	5%	12. 高尔夫球及球具	10%
3. 雪茄烟	5%	13. 高档手表	20%
4. 烟丝	5%	14. 游艇	10%
5. 粮食白酒	10%	15. 木制一次性筷子	5%
6. 薯类白酒	5%	16. 实木地板	5%
7. 其他酒	5%	17. 乘用车	8%
8. 高档化妆品	5%	18. 中轻型商用客车	5%
9. 鞭炮、焰火	5%	19. 电池	4%
10. 贵重首饰及珠宝玉石	6%	20. 涂料	7%

同类消费品的销售价格是指纳税人或者代收代缴义务人当月销售的同类消费品的销售价格，如果当月同类消费品各期销售价格高低不同，应按销售数量加权平均计算。但销售的应税消费品有下列情况之一的，不得列入加权平均计算：①销售价格明显偏低并无正当理由的；②无销售价格的。

如果当月无销售或者当月未完结，应按照同类消费品上月或者最近月份的销售价格计算纳税。

3. 委托加工应纳消费税的计算

委托加工的应税消费品，按照受托方的同类消费品的销售价格计算纳税；没有同类消费品销售价格的，按照组成计税价格计算纳税。

(1) 实行从价定率计征消费税的，其计算公式为：

$$组成计税价格 =(材料成本 + 加工费) \div (1 - 比例税率)$$
$$应纳税额 = 组成计税价格 \times 比例税率$$

(2) 实行复合计税计征消费税的，其计算公式为：

$$组成计税价格 =(材料成本 + 加工费 + 委托加工数量 \times 定额税率) \div (1 - 比例税率)$$
$$应纳税额 = 组成计税价格 \times 比例税率 + 委托加工数量 \times 定额税率$$

其中，材料成本是指委托方所提供加工材料的实际成本。加工费是指受托方加工应税消费品向委托方所收取的全部费用(包括代垫辅助材料的实际成本)，不包括增值税税款。

4. 进口环节应纳消费税的计算

纳税人进口应税消费品，按照组成计税价格和规定的税率计算应纳税额。

(1) 实行从价定率计征消费税的，其计算公式为：

$$组成计税价格 =(关税完税价格 + 关税) \div (1 - 消费税比例税率)$$
$$应纳税额 = 组成计税价格 \times 消费税比例税率$$

(2) 实行复合计税计征消费税的,其计算公式为:

组成计税价格=(关税完税价格+关税+进口数量×消费税定额税率)÷(1-消费税比例税率)

应纳税额=组成计税价格×比例税率+进口数量×定额税率

进口环节消费税除国务院另有规定外,一律不得给予减税、免税。

(三) 已纳消费税的扣除

为了避免重复征税,现行消费税法规定,将外购应税消费品和委托加工收回的应税消费品继续生产应税消费品销售的,可以将外购应税消费品和委托加工收回应税消费品已缴纳的消费税给予扣除。

1. 外购应税消费品已纳税款的扣除

由于某些应税消费品是用外购已缴纳消费税的应税消费品连续生产出来的,在对这些连续生产出来的应税消费品计算征税时,税法规定应按当期生产领用数量计算准予扣除外购的应税消费品已纳的消费税税款。扣除范围包括:

(1) 外购已税烟丝生产的卷烟。

(2) 外购已税高档化妆品原料生产的高档化妆品。

(3) 外购已税珠宝、玉石原料生产的贵重首饰及珠宝、玉石。

(4) 外购已税鞭炮、焰火原料生产的鞭炮、焰火。

(5) 外购已税杆头、杆身和握把为原料生产的高尔夫球杆。

(6) 外购已税木制一次性筷子原料生产的木制一次性筷子。

(7) 外购已税实木地板原料生产的实木地板。

(8) 外购已税石脑油、燃料油、润滑油为原料生产的成品油。

(9) 外购已税汽油、柴油为原料生产的汽油、柴油。

上述当期准予扣除外购应税消费品已纳消费税税款的计算公式为:

$$\text{当期准予扣除的外购应税消费品已纳税款}=\text{当期准予扣除的外购应税消费品买价}\times\text{外购应税消费品适用税率}$$

$$\text{当期准予扣除的外购应税消费品买价}=\text{期初库存的外购应税消费品的买价}+\text{当期购进的应税消费品的买价}-\text{期末库存的外购应税消费品的买价}$$

外购应税消费品的买价是指购货发票上的销售额,不包括增值税税额。

对自己不生产应税消费品,而只是购进后再销售应税消费品的工业企业,其销售的高档化妆品、鞭炮、焰火和珠宝玉石,凡不能构成最终消费品直接进入消费品市场,而需进一步生产加工的(如需进行深加工、包装、贴标、组合的珠宝玉石、高档化妆品、鞭炮、焰火等),应当征收消费税,同时允许扣除上述外购应税消费品的已纳税款。

纳税人用外购的已税珠宝玉石生产的改在零售环节征收消费税的金银首饰(镶嵌首饰),在计税时一律不得扣除外购珠宝玉石的已纳税款。

允许扣除已纳税款的应税消费品只限于从工业企业购进的应税消费品和进口环节已缴纳消费税的应税消费品,对从境内商业企业购进应税消费品的已纳税款一律不得扣除。

2．委托加工收回的应税消费品已纳税款的扣除

委托加工收回的应税消费品因为已由受托方代收代缴消费税，因此，委托方收回货物后用于连续生产应税消费品的，其已纳税款准予按照规定从连续生产的应税消费品应纳消费税税额中抵扣。下列连续生产的应税消费品准予从应纳消费税税额中按当期生产领用数量计算扣除委托加工收回的应税消费品已纳消费税税款：

（1）以委托加工收回的已税烟丝为原料生产的卷烟。

（2）以委托加工收回的已税高档化妆品为原料生产的高档化妆品。

（3）以委托加工收回的已税珠宝玉石为原料生产的贵重首饰及珠宝玉石。

（4）以委托加工收回的已税鞭炮、焰火为原料生产的鞭炮、焰火。

（5）以委托加工收回的已税杆头、杆身和握把为原料生产的高尔夫球杆。

（6）以委托加工收回的已税木制一次性筷子为原料生产的木制一次性筷子。

（7）以委托加工收回的已税实木地板为原料生产的实木地板。

（8）以委托加工收回的已税石脑油、润滑油、燃料油为原料生产的成品油。

（9）以委托加工收回的已税汽油、柴油为原料生产的汽油、柴油。

上述当期准予扣除委托加工收回的应税消费品已纳消费税税款的计算公式为：

$$\text{当期准予扣除的委托加工应税消费品已纳税款}=\text{期初库存的委托加工应税消费品已纳税款}+\text{当期收回的委托加工应税消费品已纳税款}-\text{期末库存的委托加工应税消费品已纳税款}$$

纳税人用委托加工收回的已税珠宝玉石原料生产的改在零售环节征收消费税的金银首饰，在计税时一律不得扣除委托加工收回的珠宝玉石原料的已纳消费税税款。

六、消费税征收管理

（一）纳税义务发生时间

（1）纳税人销售应税消费品的，按不同的销售结算方式确定，分别为：①采取赊销和分期收款结算方式的，为书面合同约定的收款日期的当天，书面合同没有约定收款日期或者无书面合同的，为发出应税消费品的当天；②采取预收货款结算方式的，为发出应税消费品的当天；③采取托收承付和委托银行收款方式的，为发出应税消费品并办妥托收手续的当天；④采取其他结算方式的，为收讫销售款或者取得索取销售款凭据的当天。

（2）纳税人自产自用应税消费品的，为移送使用的当天。

（3）纳税人委托加工应税消费品的，为纳税人提货的当天。

（4）纳税人进口应税消费品的，为报关进口的当天。

（二）纳税地点

（1）纳税人销售的应税消费品，以及自产自用的应税消费品，除国务院财政、税务主管部门另有规定外，应当向纳税人机构所在地或者居住地的税务机关申报纳税。

（2）委托加工的应税消费品，除受托方为个人外，由受托方向机构所在地或者居住地的税务机关解缴消费税税款。受托方为个人的，由委托方向机构所在地的税务机关申报纳税。

（3）进口的应税消费品，由进口人或其代理人向报关地海关申报缴纳消费税。

(4) 纳税人到外县(市)销售或者委托外县(市)代销自产应税消费品的,于应税消费品销售后,向机构所在地或者居住地的税务机关申报纳税。

(5) 纳税人的总机构与分支机构不在同一县(市)的,应当由生产应税消费品的分支机构汇总向总机构所在地缴纳消费税。经过国家税务总局和省级国家税务局批准,纳税人分支机构应纳的消费税税款也可以由总机构向所在地的税务机关缴纳。其中,总机构与分支机构不在同一省(自治区、直辖市)内的,需要经过国家税务总局批准;总机构与分支机构在同一省(自治区、直辖市)的,不在同一县(市)的,由省级国家税务局批准。

(三) 纳税期限

消费税的纳税期限分别为1日、3日、5日、10日、15日、1个月或者1个季度。纳税人的具体纳税期限,由主管税务机关根据纳税人应纳税额的大小分别核定;不能按照固定期限纳税的,可以按次纳税。

纳税人以1个月或者1个季度为1个纳税期的,自期满之日起15日内申报纳税;以1日、3日、5日、10日或者15日为1个纳税期的,自期满之日起5日内预缴税款,于次月1日起15日内申报纳税并结清上月应纳税款。

纳税人进口应税消费品,应当自海关填发海关进口消费税专用缴款书之日起15日内缴纳税款。

第四节 城市维护建设税和教育费附加法律制度

城市维护建设税是以纳税人实际缴纳的增值税、消费税税额为计税依据所征收的种税,主要目的是筹集城镇设施建设和维护资金。1985年2月8日,国务院发布了《中华人民共和国城市维护建设税暂行条例》。2020年8月11日第十三届全国人民代表大会常务委员会第二十一次会议通过了《中华人民共和国城市维护建设税法》。

教育费附加是以各单位和个人实际缴纳的增值税、消费税的税额为计征依据而征收的一种费用,其目的是加快发展教育事业,扩大教育经费资金来源。1986年4月28日,国务院发布了《征收教育费附加的暂行规定》,自1986年7月1日起施行。

一、城市维护建设税

(一) 纳税人

城市维护建设税的纳税人,是指在中华人民共和国境内缴纳增值税、消费税的单位和个人,包括各类企业(含外商投资企业、外国企业)、行政单位、事业单位、军事单位、社会团体及其他单位,以及个体工商户和其他个人(含外籍个人)。城市维护建设税扣缴义务人为负有增值税、消费税扣缴义务的单位和个人,在扣缴增值税、消费税的同时扣缴城市维护建设税。

(二) 税率

1. 税率的具体规定

城市维护建设税实行差别比例税率。我国按照纳税人所在地区的不同,设置了3档比例税率:①纳税人所在地在市区的,税率为7%;②纳税人所在地在县城、镇的,税率为5%;③纳税人所在地不在市区、县城或者镇的,税率为1%。

纳税人所在地,是指纳税人住所地或者与纳税人生产经营活动相关的其他地点,具体地点由省、自治区、直辖市确定。

2. 适用税率的确定

由受托方代扣代缴、代收代缴增值税、消费税的单位和个人，其代扣代缴、代收代缴的城市维护建设税按受托方所在地适用税率执行。

流动经营等无固定纳税地点的单位和个人，在经营地缴纳增值税、消费税的，其城市维护建设税的缴纳按经营地适用税率执行。

（三）计税依据

城市维护建设税的计税依据为纳税人实际缴纳的增值税、消费税税额。在计算计税依据时，应当按照规定扣除期末留抵退税退还的增值税税额。

（四）应纳税额的计算

城市维护建设税的应纳税额按照纳税人实际缴纳的增值税、消费税税额乘以适用税率计算。其计算公式为：

应纳税额＝实际缴纳的增值税、消费税税额×适用税率

对实行增值税期末留抵退税的纳税人，允许其从城市维护建设税的计税依据中扣除退还的增值税税额。

（五）税收优惠

城市维护建设税属于增值税、消费税的一种附加税，原则上不单独规定税收减免条款。如果税法规定减免增值税、消费税，也就相应地减免了城市维护建设税。现行城市维护建设税的减免规定主要有：

（1）对进口货物或者境外单位和个人向境内销售劳务、服务、无形资产缴纳的增值税、消费税税额，不征收城市维护建设税。

（2）对出口货物、劳务和跨境销售服务、无形资产以及因优惠政策退还增值税、消费税的，不退还已缴纳的城市维护建设税。

（3）对增值税、消费税实行先征后返、先征后退、即征即退办法的，除另有规定外，对随增值税、消费税附征的城市维护建设税，一律不予退（返）还。

（4）根据国民经济和社会发展的需要，国务院对重大公共基础设施建设、特殊产业和群体以及重大突发事件应对等情形可以规定减征或者免征城市维护建设税，报全国人民代表大会常务委员会备案。

（六）征收管理

1. 纳税义务发生时间

城市维护建设税纳税义务发生时间与增值税、消费税的纳税义务发生时间一致，分别与增值税、消费税同时缴纳。

2. 纳税地点

城市维护建设税纳税地点为实际缴纳增值税、消费税的地点。扣缴义务人应当向其机构所在地或者居住地的主管税务机关申报缴纳其扣缴的税款。有特殊情况的，按下列原则和办法确定纳税地点：

（1）代扣代缴、代收代缴增值税、消费税的单位和个人，同时也是城市维护建设税的代扣代缴、代收代缴义务人，其纳税地点为代扣代收地。

（2）对流动经营等无固定纳税地点的单位和个人，应随同增值税、消费税在经营地纳税。

3. 纳税期限

城市维护建设税按月或者按季计征。不能按固定期限计征的，可以按次计征。实行按月或者按季计征的，纳税人应当于月度或者季度终了之日起15日内申报并缴纳税款。实行按次计征的，纳税人应当于纳税义务发生之日起15日内申报并缴纳税款。扣缴义务人解缴税款的期限，依照上述规定执行。

二、教育费附加

(一) 征收范围

教育费附加的征收范围为税法规定征收增值税、消费税的单位和个人，包括外商投资企业、外国企业及外籍个人。

(二) 计征依据

教育费附加以纳税人实际缴纳的增值税、消费税税额之和为计征依据。

(三) 征收比率

按照1994年2月7日《国务院关于教育费附加征收问题的紧急通知》的规定，现行教育费附加征收比率为3%。

(四) 计算与缴纳

1. 计算公式

应纳教育费附加＝实际缴纳增值税、消费税税额之和×征收比率

2. 费用缴纳

教育费附加分别与增值税、消费税税款同时缴纳。

(五) 减免规定

教育费附加的减免，原则上比照增值税、消费税的减免规定。如果税法规定增值税、消费税减免，则教育费附加也就相应地减免。主要的减免规定有：

(1) 对海关进口产品征收的增值税、消费税，不征收教育费附加。

(2) 对由于减免增值税、消费税而发生退税的，可同时退还已征收的教育费附加但对出口产品退还增值税、消费税的，不退还已征的教育费附加。

第五节 车辆购置税法律制度

车辆购置税，是对在中国境内购置应税车辆的单位和个人征收的一种税。它由车辆购置附加费演变而来。2000年10月22日国务院颁布了《中华人民共和国车辆购置税暂行条例》。2001年1月1日起开征车辆购置税。2018年12月29日第十三届全国人民代表大会常务委员会第七次会议通过了《中华人民共和国车辆购置税法》，自2019年7月1日起施行。

一、车辆购置税纳税人

在中华人民共和国境内购置汽车、有轨电车、汽车挂车、排气量超过150毫升的摩托车(以下统称应税车辆)的单位和个人，为车辆购置税的纳税人。

购置，是指以购买、进口、自产、受赠、获奖或者其他方式取得并自用应税车辆的行为。

二、车辆购置税征收范围

车辆购置税的征收范围包括汽车、有轨电车、汽车挂车、排气量超过150毫升的摩托车。

三、车辆购置税税率

车辆购置税采用比例税率,税率为10%。

四、车辆购置税计税依据

车辆购置税的计税依据为应税车辆的计税价格。计税价格根据不同情况,按照下列规定确定:

(1) 纳税人购买自用应税车辆的计税价格,为纳税人实际支付给销售者的全部价款,不包括增值税税款。

(2) 纳税人进口自用应税车辆的计税价格,为关税完税价格加上关税和消费税。计算公式为:

计税价格=关税完税价格+关税+消费税

(3) 纳税人自产自用应税车辆的计税价格,按照纳税人生产的同类应税车辆的销售价格确定,不包括增值税税款。

(4) 纳税人以受赠、获奖或者其他方式取得自用应税车辆的计税价格,按照购置应税车辆时相关凭证载明的价格确定,不包括增值税税款。

(5) 纳税人申报的应税车辆计税价格明显偏低,又无正当理由的,由税务机关依照《中华人民共和国税收征收管理法》的规定核定其应纳税额。

纳税人以外汇结算应税车辆价款的,按照申报纳税之日的人民币汇率中间价折合成人民币计算缴纳税款。

五、车辆购置税应纳税额的计算

车辆购置税实行从价定率的方法计算应纳税额。计算公式如下:

应纳税额=计税依据×税率

进口应税车辆应纳税额=(关税完税价格+关税+消费税)×税率

六、车辆购置税税收优惠

下列车辆免征车辆购置税:

(1) 依照法律规定应当予以免税的外国驻华使馆、领事馆和国际组织驻华机构及其有关人员自用的车辆。

(2) 中国人民解放军和中国人民武装警察部队列入装备订货计划的车辆。

(3) 悬挂应急救援专用号牌的国家综合性消防救援车辆。

(4) 设有固定装置的非运输专用作业车辆。

(5) 城市公交企业购置的公共汽电车辆。

根据国民经济和社会发展的需要，国务院可以规定减征或者其他免征车辆购置税的情形，报全国人民代表大会常务委员会备案。

新能源汽车减免车辆购置税优惠政策。根据财政部、税务总局、工信部于 2023 年 6 月 19 日联合发布的《关于延续和优化新能源汽车车辆购置税减免政策的公告》规定，对购置日期在 2024 年 1 月 1 日至 2025 年 12 月 31 日期间的新能源汽车免征车辆购置税，其中，每辆新能源乘用车免税额不超过 3 万元；对购置日期在 2026 年 1 月 1 日至 2027 年 12 月 31 日期间的新能源汽车减半征收车辆购置税，其中，每辆新能源乘用车减税额不超过 1.5 万元。购置日期按照机动车销售统一发票或海关关税专用缴款书等有效凭证的开具日期确定。

七、车辆购置税征收管理

（一）纳税申报

车辆购置税实行一次性征收。购置已征车辆购置税的车辆，不再征收车辆购置税。车辆购置税由税务机关负责征收。车辆购置税的纳税义务发生时间为纳税人购置应税车辆的当日。纳税人应当自纳税义务发生之日起 60 日内申报缴纳车辆购置税。

（二）纳税环节

纳税人应当在向公安机关交通管理部门办理车辆注册登记前，缴纳车辆购置税。

纳税人应当持主管税务机关出具的完税证明或者免税证明，向公安机关车辆管理机构办理车辆登记注册手续；没有完税证明或者免税证明的，公安机关车辆管理机构不得办理车辆登记注册手续。

公安机关交通管理部门办理车辆注册登记，应当根据税务机关提供的应税车辆完税或者免税电子信息对纳税人申请登记的车辆信息进行核对，核对无误后依法办理车辆注册登记。

免税、减税车辆因转让、改变用途等原因不再属于免税、减税范围的，纳税人应当在办理车辆转移登记或者变更登记前缴纳车辆购置税。计税价格以免税、减税车辆初次办理纳税申报时确定的计税价格为基准，每满 1 年扣减 10％。

纳税人将已征车辆购置税的车辆退回车辆生产企业或者销售企业的，可以向主管税务机关申请退还车辆购置税。退税额以已缴税款为基准，自缴纳税款之日至申请退税之日，每满 1 年扣减 10％。

（三）纳税地点

纳税人购置应税车辆，应当向车辆登记地的主管税务机关申报缴纳车辆购置税；购置不需要办理车辆登记的应税车辆的，应当向纳税人所在地的主管税务机关申报缴纳车辆购置税。

第六节　关税法律制度

关税是对进出国境或关境的货物、物品征收的一种税。

关境又称税境，是指一国海关法规可以全面实施的境域。国境是一个主权国家的领土范围。在通常情况下，一国的关境与其国境的范围是一致的，关境即国境。但由于自由港、自由区和关税同盟的存在，关境与国境有时不完全一致。

关税一般分为进口关税、出口关税和过境关税。我国目前对进出境货物征收的关税分为进口关税和出口关税两类。

我国关税的相关法律、法规主要包括国务院颁布的《中华人民共和国进出口关税条例》(以下简称《进出口关税条例》)、《中华人民共和国海关进出口税则》(以下简称《海关进出口税则》)以及1987年1月22日第六届全国人民代表大会常务委员会第十九次会议通过,2017年11月4日第十二届全国人民代表大会常务委员会第三十次会议第五次修正的《中华人民共和国海关法》(以下简称《海关法》)。

一、关税纳税人

贸易性商品的纳税人是经营进出口货物的收、发货人,具体包括:①外贸进出口公司;②工贸或农贸结合的进出口公司;③其他经批准经营进出口商品的企业。

物品的纳税人包括:①入境旅客随身携带的行李、物品的持有人;②各种运输工具上服务人员入境时携带自用物品的持有人;③馈赠物品以及其他方式入境个人物品的所有人;④个人邮递物品的收件人。

接受纳税人委托办理货物报关等有关手续的代理人,可以代办纳税手续。

二、关税课税对象和税目

关税的课税对象是进出境的货物、物品。凡准许进出口的货物,除国家另有规定的以外,均应由海关征收进口关税或出口关税。对从境外采购进口的原产于中国境内的货物,也应按规定征收进口关税。

关税的税目、税率都由《海关进出口税则》规定。它包括归类总规则、进口税率表、出口税率表这三个主要部分。其中,归类总规则是进出口货物分类的具有法律效力的原则和方法。

进出口税则中的商品分类目录为关税税目。按照税则归类总规则及其归类方法,每种商品都能找到一个最适合的对应税目。

三、关税税率

(一) 税率的种类

关税的税率分为进口税率和出口税率两种。其中,进口税率又分为普通税率、最惠国税率、协定税率、特惠税率、关税配额税率和暂定税率。进口货物适用何种关税税率是以进口货物的原产地为标准的。进口关税一般采用比例税率,实行从价计征的办法,但对啤酒、原油等少数货物则实行从量计征。对广播用录像机、放像机、摄像机等实行从价加从量的复合税率。

(1) 普通税率。对原产于未与我国共同适用最惠国条款的世界贸易组织成员,未与我国订有相互给予最惠国待遇、关税优惠条款贸易协定和特殊关税优惠条款贸易协定的国家或者地区的进口货物,以及原产地不明的货物,按照普通税率征税。

(2) 最惠国税率。对原产于与我国共同适用最惠国条款的世界贸易组织成员的进口货物,原产于与我国签订含有相互给予最惠国待遇的双边贸易协定的国家或者地区的进口货物,以及原产于我国的进口货物,按照最惠国税率征税。

(3) 协定税率。对原产于与我国签订含有关税优惠条款的区域性贸易协定的国家或地区的进口货物，按协定税率征税。

（4）特惠税率。对原产于与我国签订含有特殊关税优惠条款的贸易协定的国家或地区的进口货物，按特惠税率征收。

（5）关税配额税率，是指关税配额限度内的税率。关税配额是进口国限制进口货物数量的措施，把征收关税和进口配额相结合以限制进口。对于在配额内进口的货物可以适用较低的关税配额税率，对于配额之外的则适用较高税率。

（6）暂定税率，是在最惠国税率的基础上，对于一些国内需要降低进口关税的货物，以及出于国际双边关系的考虑需要个别安排的进口货物，可以实行暂定税率。

（二）税率的确定

进出口货物应当依照《海关进出口税则》规定的归类原则归入合适的税号，按照适用的税率征税。

（1）进出口货物，应当按照收发货人或者他们的代理人申报进口或者出口之日实施的税率征税。

（2）进口货物到达前，经海关核准先行申报的，应当按照装载此货物的运输工具申报进境之日实施的税率征税。

（3）进出口货物的补税和退税，适用该进出口货物原申报进口或者出口之日所实施的税率，但下列情况除外：①按照特定减免税办法批准予以减免税的进口货物，后因情况改变经海关批准转让或出售需予补税的，应按其原进口之日实施的税率征税。②加工贸易进口料、件等属于保税性质的进口货物，如经批准转为内销，应按向海关申报转为内销当日实施的税率征税；如未经批准擅自转为内销的，则按海关查获日期所施行的税率征税。③对经批准缓税进口的货物以后交税时，不论是分期或一次交清税款，都应按货物原进口之日实施的税率计征税款。④分期支付租金的租赁进口货物，分期付税时，都应按该项货物原进口之日实施的税率征税。⑤溢卸、误卸货物事后确定需予征税时，应按其原运输工具申报进口日期所实施的税率征税。如原进口日期无法查明的，可按确定补税当天实施的税率征税。⑥对由于《海关进出口税则》归类的改变、完税价格的审定或其他工作差错而需补征税款的，应按原征税日期实施的税率征税。⑦查获的走私进口货物需予补税时，应按查获日期实施的税率征税。⑧暂时进口货物转为正式进口需予补税时，应按其转为正式进口之日实施的税率征税。

四、关税计税依据

我国对进出口货物征收关税，主要采取从价计征的办法，以商品价格为标准征收关税。因此，关税主要以进出口货物的完税价格为计税依据。

（一）进口货物的完税价格

1. 一般贸易项下进口货物的完税价格

一般贸易项下进口的货物以海关审定的成交价格为基础的到岸价格作为完税价。所谓成交价格是一般贸易项下进口货物的买方为购买该项货物向卖方实际支付或应当支付的价格。在货物成交过程中，进口人在成交价格外另支付给卖方的佣金，应计入成交价格，而向境外采购代理人支付的买方佣金则不能列入，如已包括在成交价格中应予以扣除；卖方付给进口人的正常回扣，应从成交价格中扣除。卖方违反合同规定延期交货的罚款，卖方在货价中冲减时，罚款则不能从成交价格中扣除。

到岸价格是指包括货价以及货物运抵我国关境内输入地点起卸前的包装费、运费保险费和其他劳务费等费用构成的一种价格，其中还应包括为了在境内生产、制造、使用或出版、发行的目的而向境外支付的与该进口货物有关的专利、商标、著作权，以及专有技术、计算机软件和资料等费用。

为避免低报、瞒报价格偷逃关税，进口货物的到岸价格不能确定时，本着公正、合理原则，海关应当按照规定估定完税价格。

2. 特殊贸易项下进口货物的完税价格

对于以某些特殊、灵活的贸易方式(如寄售等)进口的货物，在进口时没有“成交价格”可作依据，为此，《进出口关税条例》对这些进口货物制定了确定其完税价格的方法。

(1) 运往境外加工的货物的完税价格。出境时已向海关报明，并在海关规定期限内复运进境的，以境外加工费和料件费以及复运进境的运输及其相关费用和保险费审查确定完税价格。

(2) 运往境外修理的机械器具、运输工具或者其他货物的完税价格。出境时已向海关报明并在海关规定期限内复运进境的，已经海关审定的修理费和料件费作为完税价格。

(3) 租借和租赁进口货物的完税价格。租借、租赁方式进境的货物，以海关审查确定的货物租金作为完税价格。

(4) 对于国内单位留购的进口货样、展览品和广告陈列品，以留购价格作为完税价格。但对于留购货样、展览品和广告陈列品的买方，除按留购价格付款外，又直接或间接给卖方一定利益的，海关可以另行确定上述货物的完税价格。

(5) 逾期未出境的暂进口货物的完税价格。对于经海关批准暂时进口的施工机械、工程车辆、供安装使用的仪器和工具、电视或电影摄制机械，以及盛装货物的容器等，如入境超过半年仍留在国内使用的，应自第 7 个月起，按月征收进口关税，其完税价格按原货进口时的到岸价格确定，每月的税额计算公式为：

$$每月关税税额=货物原到岸价格\times关税税率\times1/48$$

(6) 转让出售进口减免税货物的完税价格。按照特定减免税办法批准予以减免税进口的货物，在转让或出售而需补税时，可按这些货物原进口时的到岸价格来确定其完税价格。其计算公式为：

$$完税价格=原入境到岸价格\times[1-实际使用月份\div(管理年限\times12)]$$

管理年限是指海关对减免税进口的货物监督管理的年限。

(二) 出口货物的完税价格

出口货物应当以海关审定的货物售予境外的离岸价格，扣除出口关税后作为完税价格。计算公式为：

$$出口货物完税价格=离岸价格\div(1+出口税率)$$

离岸价格应以该项货物运离关境前的最后一个口岸的离岸价格为实际离岸价格。若该项货物从内地起运，则从内地口岸至最后出境口岸所支付的国内段运输费用应予扣除。离岸价格不包括装船以后发生的费用。出口货物在成交价格以外支付给国外的佣金应予扣除，未单独列明的则不予扣除。出口货物在成交价格以外，买方还另行支付的货物包装费，应计入成交价格。当离岸价格不能确定时，完税价格由海关估定。

（三）进出口货物完税价格的审定

对于进出口货物的收发货人或其代理人向海关申报进出口货物的成交价格明显偏低，而又不能提供合法证据和正当理由的；申报价格明显低于海关掌握的相同或类似货物的国际市场上公开成交货物的价格，而又不能提供合法证据和正当理由的；海关调查认定买卖双方之间有特殊经济关系或对货物的使用、转让互相订有特殊条件或特殊安排，影响成交价格的，以及其他特殊成交情况，海关认为需要估价的，则按以下方法依次估定完税价格：

(1) 相同货物成交价格法。以从同一出口国家或者地区购进的相同货物的成交价格作为该被估货物完税价格的价格依据。

(2) 类似货物成交价格法。以从同一出口国家或者地区购进的类似货物的成交价格作为被估货物的完税价格的依据。

(3) 国际市场价格法。以进口货物的相同或类似货物在国际市场上公开的成交价格为该进口货物的完税价格

(4) 国内市场价格倒扣法。以进口货物的相同或类似货物在国内市场上的批发价格，扣除合理的税、费、利润后的价格。

(5) 合理方法估定的价格。如果按照上述几种方法顺序估价仍不能确定其完税价格时，则可由海关按照合理方法估定。

五、关税应纳税额的计算

(1) 从价税计算方法。从价税是最普遍的关税计征方法，它以进(出)口货物的完税价格作为计税依据。进(出)口货物应纳关税税额的计算公式为：

应纳税额＝应税进(出)口货物数量×单位完税价格×适用税率

(2) 从量税计算方法。从量税是以进口商品的数量为计税依据的一种关税计征方法。其应纳关税税额的计算公式为：

应纳税额＝应税进口货物数量×关税单位税额

(3) 复合税计算方法。复合税是对某种进口货物同时使用从价和从量计征的一种关税计征方法。其应纳关税税额的计算公式为：

应纳税额＝应税进口货物数量×关税单位税额＋应税进口货物数量×单位完税价格×适用税率

(4) 滑准税计算方法。滑准税是指关税的税率随着进口商品价格的变动而反方向变的一种税率形式，即价格越高，税率越低，税率为比例税率。因此，对实行滑准税率的进口商品应纳关税税额的计算方法与从价税的计算方法相同。

六、关税税收优惠

关税的减税、免税分为法定性减免税、政策性减免税和临时性减免税。

《海关法》和《进出口关税条例》中规定的减免税，称为法定性减免税。主要有下列情形：

(1) 一票货物关税税额、进口环节增值税或者消费税税额在人民币50元以下的。

(2) 无商业价值的广告品及货样。

（3）国际组织、外国政府无偿赠送的物资。

（4）进出境运输工具装载的途中必需的燃料、物料和饮食用品。

（5）因故退还的中国出口货物，可以免征进口关税，但已征收的出口关税，不予退还。

（6）因故退还的境外进口货物，可以免征出口关税，但已征收的进口关税不予退还对有上述情况的货物，经海关审查无误后可以免税。

有下列情形之一的进口货物，海关可以酌情减免税：

（1）在境外运输途中或者在起卸时，遭受到损坏或者损失的。

（2）起卸后海关放行前，因不可抗力遭受损坏或者损失的。

（3）海关查验时已经破漏、损坏或者腐烂，经证明不是保管不慎造成的。

为境外厂商加工、装配成品和为制造外销产品而进口的原材料、辅料、零件、部件、配套件和包装物料，海关按照实际加工出口的成品数量免征进口关税；或者对进口料、件先征进口关税，再按照实际加工出口的成品数量予以退税。

中国缔结或参加的国际条约规定减征、免征关税的货物、物品，海关应当按照规定减免关税。

七、关税征收管理

关税是在货物实际进出境时，即在纳税人按进出口货物通关规定向海关申报后、海关放行前一次性缴纳。进出口货物的收发货人或其代理人应当在海关填发税款缴款书之日起15日内（星期日和法定节假日除外），向指定银行缴纳税款。逾期不缴的，除依法追缴外，由海关自到期次日起至缴清税款之日止，按日征收欠缴税额0.5‰的滞纳金。

自2016年6月1日起，旅客携运进出境的行李物品有下列情形之一的，海关暂不予放行：

（1）旅客不能当场缴纳进境物品税款的。

（2）进出境的物品属于许可证件管理的范围，但旅客不能当场提交的。

（3）进出境的物品超出自用合理数量，按规定应当办理货物报关手续或其他海关手续，其尚未办理的。

（4）对进出境物品的属性、内容存疑，需要由有关主管部门进行认定、鉴定、验核的。

（5）按规定暂不予以放行的其他行李物品。

对由于海关误征、多缴纳税款的；海关核准免验的进口货物在完税后，发现有短缺情况，经海关审查认可的；已征出口关税的货物，因故未装运出口申报退关，经海关查验属实的，纳税人可以从缴纳税款之日起的1年内，书面声明理由，连同纳税收据向海关申请退税，逾期不予受理。海关应当自受理退税申请之日起30日内作出书面答复，并通知退税申请人。进出口货物完税后，如发现少征或漏征税款，海关有权在1年内予以补征；如因收发货人或其代理人违反规定而造成少征或漏征税款的，海关在3年内可以追缴。

第四章测试题及
参考答案

第五章　企业所得税、个人所得税法律制度

本章导学

本章主要介绍企业所得税和个人所得税基本理论与基础问题，主要内容包括企业所得税和个人所得税的纳税人、征税对象、税率、应纳税额计算以及税收征收管理。

学习目标

（一）掌握企业所得税纳税人、征税对象、资产的税务处理、应纳税所得额、应纳税额的计算、企业所得税税收优惠和征收管理。

（二）掌握个人所得税纳税人及其纳税义务、所得来源的确定、应税所得项目、应纳税所得额的确定和应纳税额的计算。

（三）熟悉企业重组业务企业所得税处理。

（四）熟悉个人所得税税收优惠和征收管理。

（五）了解企业所得税税率、特别纳税调整和纳税申报表。

（六）了解个人所得税税率。

课程思政

一、基本案情

2003年11月，儿童投资主基金(The Children's Investment Master Fund)在开曼群岛注册成立。2004年3月，香港国汇公司与浙江国叶公司签订合同设立国益路桥公司，香港国汇公司占国益路桥公司95%的股份。国益路桥公司于2005年10月获准受让杭州绕城高速公路收费经营权；同月，CFC公司在开曼群岛注册成立，该公司持有香港国汇公司100%股权。2005年11月，儿童投资主基金通过股权转让和认购新股方式取得了CFC公司26.32%的股权，该份股权又于2011年9月转让给MDL公司，转让价格为2.8亿美元，另收取利息约380万美元。其后，杭州市西湖区国家税务局(以下简称西湖区国税局)对上述交易展开调查并层报国家税务总局审核。国家税务总局于2013年7月明确批复：本案存在有关公司仅在避税地或低税率地区注册，不从事制造、经销、管理等实质性经营活动，股权转让价主要取决

于国益路桥公司估值，股权受让方对外披露收购的实际标的为国益路桥公司股权等事实，税务机关有较充分的理由认定相关交易不具有合理商业目的，属于以减少我国企业所得税为主要目的的安排。据此，西湖区国税局在与儿童投资主基金沟通后于2013年11月作出《税务事项通知书》，要求其就上述交易申报缴纳企业所得税人民币1亿余元。儿童投资主基金不服，向杭州市国税局申请复议未果后诉至法院，请求判决撤销上述《税务事项通知书》。

二、裁判结果

浙江省杭州市中级人民法院一审认为：我国有关税收法律法规已规定非居民企业须就其来源于中国境内的所得缴纳企业所得税，并规定了确定所得发生地的规则。其中，《中华人民共和国企业所得税法》第四十七条规定了企业实施其他不具有合理商业目的的安排而减少其应纳税收入或者所得额的，税务机关有权按照合理方法调整。《国家税务总局关于加强非居民企业股权转让所得税管理的通知》第六条亦明确规定了“境外投资方（实际控制方）通过滥用组织形式等安排间接转让中国居民企业股权，且不具有合理的商业目的，规避企业所得税纳税义务的，主管税务机关层报税务总局审核后可以按照经济实质对该股权转让交易重新定性，否定被用作税收安排的境外控股公司的存在”。本案中，税务机关适用上述规定具有正当性和必要性，遂判决驳回儿童投资主基金的诉讼请求。其提出上诉后，浙江省高级人民法院二审以基本相同的理由判决驳回了上诉、维持原判。

儿童投资主基金申请再审，最高人民法院经审查认为：原审认定事实来源于税务机关通过调查所得出的结论，围绕涉案公司的注册地点、股权转让的具体数额与方式、股权收购的实际标的、转让所得的实际来源、转让价格的决定因素以及股权交易的动机与目的等要素，均有充分证据予以证明。有关征税对象、标准的确定亦符合中国相关法律规定和税收政策的具体要求。本案事关税收法律法规和政策的把握，事关如何看待中华人民共和国税务机关处理类似问题的基本规则和标准，事关中国政府涉外经贸管理声誉和外国公司与中国公司合法权益的平等保护，在经过人民法院严格的司法审查且再审申请人缺乏充分证据证明被诉行政行为违法的情形下，原审生效裁判效力应予维持。故裁定驳回儿童投资主基金的再审申请。

三、典型意义

本案的典型意义在于，人民法院针对借境外公司注册成立公司实施资产交易而实际所得来源为境内的刻意避税情形，以裁判方式彰显了中国税收主权和通行的国际征税规则，保护了涉外经贸领域的国家合法权益。随着我国对外经贸规模日益扩大和交往方式不断增多，明确对各类市场主体股权转让、融资等行为的征税准则，与国家重大经济安全和经贸利益息息相关，具有迫切的现实意义和长远的战略意义。本案中，西湖区国税局对于有关公司借在中国境外的低税率（或免税）国家与地区注册并转让股权事项，如何认定是否存在逃避中国税收问题，经请示国家税务总局并与再审申请人充分沟通后，作出了涉案《税务事项通知书》，一、二审法院和最高人民法院充分肯定了被诉征税行为的合法性，明确了相关法律适用规则和政策把握标准，对于遏制类似避税、逃税情形，具有鲜明的示范和警示作用。办案过程也得到关注本案的全国人大代表和多个部门的充分肯定。

[参考资料来源：最高人民法院行政审判十大典型案例（第一批），https://www.court.gov.cn/zixun-xiangqing-47862.html。]

学习内容

第一节 企业所得税法律制度

企业所得税是对企业生产经营所得和其他所得征收的一种所得税。

一、企业所得税的纳税人

1. 企业所得税的纳税人概念

在中华人民共和国境内，企业和其他取得收入的组织(以下统称企业)为企业所得税的纳税人，依照企业所得税法的规定缴纳企业所得税。

企业所得税法上所说的“企业”，包括依照中国法律、行政法规在中国境内成立的企业、事业单位、社会团体以及其他取得收入的组织。

依法成立的个人独资企业、合伙企业，不属于企业所得税的纳税人，不缴企业所得税。

2. 企业所得税纳税人的分类

企业分为居民企业和非居民企业。

居民企业，是指依法在中国境内成立，或者依照外国(地区)法律成立但实际管理机构在中国境内的企业。

非居民企业，是指依照外国(地区)法律成立且实际管理机构不在中国境内，但在中国境内设立机构、场所的，或者在中国境内未设立机构、场所，但有来源于中国境内所得的企业。

实际管理机构，是指对企业的生产经营、人员、账务、财产等实施实质性全面管理和控制的机构。

机构、场所，是指在中国境内从事生产经营活动的机构、场所，包括：管理机构、营业机构、办事机构；工厂、农场、开采自然资源的场所；提供劳务的场所；从事建筑、安装、装配、修理、勘探等工程作业的场所；其他从事生产经营活动的机构、场所。

非居民企业委托营业代理人在中国境内从事生产经营活动的，包括委托单位或者个人经常代其签订合同，或者储存、交付货物等，该营业代理人视为非居民企业在中国境内设立的机构、场所。

二、企业所得税的征税对象

1. 居民企业的征税对象

居民企业应当就其来源于中国境内、境外的所得缴纳企业所得税。“所得”包括销售货物所得、提供劳务所得、转让财产所得、股息红利等权益性投资所得、利息所得、租金所得、特许权使用费所得、接受捐赠所得和其他所得。

2. 非居民企业的征税对象

非居民企业在中国境内设立机构、场所的，应当就其所设机构、场所取得的来源于中国境内的所得，以及发生在中国境外但与其所设机构、场所有实际联系的所得，缴纳企业所得税。

非居民企业在中国境内未设立机构、场所的，或者虽设立机构、场所但取得的所得与其所设机构、场所没有实际联系的，应当就其来源于中国境内的所得缴纳企业所得税。

实际联系，是指非居民企业在中国境内设立的机构、场所拥有据以取得所得的股权、债权，以及拥有、管理、控制据以取得所得的财产等。

3. 所得来源地的确定原则

来源于中国境内、境外的所得，按照以下原则确定：

（1）销售货物所得，按照交易活动发生地确定。

（2）提供劳务所得，按照劳务发生地确定。

（3）转让财产所得，不动产转让所得按照不动产所在地确定，动产转让所得按照转让动产的企业或者机构、场所所在地确定，权益性投资资产转让所得按照被投资企业所在地确定。

（4）股息、红利等权益性投资所得，按照分配所得的企业所在地确定。

（5）利息所得、租金所得、特许权使用费所得，按照负担、支付所得的企业或者机构、场所所在地确定，或者按照负担、支付所得的个人的住所地确定。

（6）其他所得，由国务院财政、税务主管部门确定。

三、企业所得税的税率

企业所得税采用比例税率。

居民纳税人，来源于中国境内、境外的所得适用25%税率。

非居民纳税人，在境内设立机构、场所的，应当就所设机构、场所取得的来源于境内的所得，以及发生在境外，但与其所设机构、场所有实际联系的所得适用25%税率。

非居民纳税人，在境内未设立机构、场所的，或虽设立但取得的所得与其所设机构、场所没有实际联系，应当就其来源于中国境内的所得适用20%税率。

四、企业所得税应纳税所得额的计算

企业所得税的计税依据是应纳税所得额。企业每一纳税年度的收入总额，减除不征税收入、免税收入、各项扣除以及允许弥补的以前年度亏损后的余额，为应纳税所得额。它可以简化为下列公式：

应纳税所得额＝收入总额－不征税收入－免税收入－各项扣除－以前年度亏损

企业应纳税所得额的计算，以权责发生制为原则，属于当期的收入和费用，不论款项是否收付，均作为当期收入和费用；不属于当期的收入和费用，即使款项已经在当期收付，均不作为当期的收入和费用。

在计算应纳税所得额时，企业财务、会计处理办法与税收法规的规定不一致的，应当依照税收法律法规的规定计算。

亏损，是指企业依照企业所得税法及其实施条例的规定将每一纳税年度的收入总额减除不征税收入、免税收入和各项扣除后小于零的数额。

（一）收入总额

收入总额是指企业以货币形式和非货币形式从各种来源取得的收入，它包括：销售货物收入，提供劳务收入，转让财产收入，股息、红利等权益性投资收益，利息收入，租金收入，特许权使用费收入，接受捐赠收入和其他收入。

企业取得收入的货币形式，包括现金、存款、应收账款、应收票据、准备持有至到期的债券投资以及债务的豁免等。

企业取得收入的非货币形式，包括固定资产、生物资产、无形资产、股权投资、存货、不准备持有至到期的债券投资、劳务以及有关权益等。

企业以非货币形式取得的收入，应当按照公允价值确定收入额。公允价值，是指按照市场价格确定的价值。

(1) 销售货物收入，是指企业销售商品、产品、原材料、包装物、低值易耗品以及其他存货取得的收入。

(2) 提供劳务收入，是指企业从事建筑安装、修理修配、交通运输、仓储租赁、金融保险、邮电通信、咨询经纪、文化体育、科学研究、技术服务、教育培训、餐饮住宿、中介代理、卫生保健、社区服务、旅游、娱乐、加工以及其他劳务服务活动取得的收入。

(3) 转让财产收入，是指企业转让固定资产、生物资产、无形资产、股权、债权等财产取得的收入。

(4) 股息、红利等权益性投资收益，是指企业因权益性投资从被投资方取得的收入。股息、红利等权益性投资收益，除国务院财政、税务主管部门另有规定外，按照被投资方作出利润分配决定的日期确认收入的实现。

(5) 利息收入，是指企业将资金提供他人使用但不构成权益性投资，或者因他人占用本企业资金取得的收入，包括存款利息、贷款利息、债券利息、欠款利息等收入。利息收入，按照合同约定的债务人应付利息的日期确认收入的实现。

(6) 租金收入，是指企业提供固定资产、包装物或者其他有形资产的使用权取得的收入。租金收入，按照合同约定的承租人应付租金的日期确认收入的实现。

(7) 特许权使用费收入，是指企业提供专利权、非专利技术、商标权、著作权以及其他特许权的使用权取得的收入。特许权使用费收入，按照合同约定的特许权使用人应付特许权使用费的日期确认收入的实现。

(8) 接受捐赠收入，是指企业接受的来自其他企业、组织或者个人无偿给予的货币性资产、非货币性资产。接受捐赠收入，按照实际收到捐赠资产的日期确认收入的实现。

(9) 其他收入，是指企业取得的除上述(1)至(8)项规定的收入外的其他收入，包括企业资产溢余收入、逾期未退包装物押金收入、确实无法偿付的应付款项、已作坏账损失处理后又收回的应收款项、债务重组收入、补贴收入、违约金收入、汇兑收益等。

企业的下列生产经营业务可以分期确认收入的实现：①以分期收款方式销售货物的，按照合同约定的收款日期确认收入的实现；②企业受托加工制造大型机械设备、船舶、飞机，以及从事建筑、安装、装配工程业务或者提供其他劳务等，持续时间超过 12 个月的，按照纳税年度内完工进度或者完成的工作量确认收入的实现。

采取产品分成方式取得收入的，按照企业分得产品的日期确认收入的实现，其收入额，按照产品的公允价值确定。

企业发生非货币性资产交换，以及将货物、财产、劳务用于捐赠、偿债、赞助、集资、广告、样品、职工福利或者利润分配等用途的，应当视同销售货物、转让财产或者提供劳务，但国务院财政、税务主管部门另有规定的除外。

（二）不征税收入和免税收入

1. 不征税收入

不征税收入不属于营利活动带来的收入，不应列入企业所得税的征税范围。

收入总额中的下列收入为不征税收入：

（1）财政拨款。

（2）依法收取并纳入财政管理的行政事业性收费、政府性基金。

（3）国务院规定的其他不征税收入。

国务院规定的其他不征税收入，是指企业取得的财政性资金，该项财政性资金已由国务院财政、税务主管部门规定了专门用途，并经国务院批准。

县级以上人民政府将国有资产无偿划入企业，凡指定专门用途并按规定进行管理的，企业可作为不征税收入进行企业所得税处理。其中，该项资产属于非货币性资产的，应按政府确定的接收价值计算不征税收入。

自 2018 年 9 月 20 日起，全国社会保障基金理事会及基本养老保险基金投资管理机构在国务院批准的投资范围内，运用养老基金投资取得的归属于养老基金的投资收入，作为企业所得税不征税收入。

自 2018 年 9 月 10 日起，全国社会保障基金取得的直接股权投资收益、股权投资基金收益，作为企业所得税不征税收入。

企业的不征税收入用于支出所形成的费用或者资产，不得扣除或者计算对应的折旧、摊销扣除。

2. 免税收入

免税收入是为了实现特定的经济和社会发展目标，国家在一定时期对特殊收入（如国债利息收入）给予的税收优惠政策。因此，免税收入属于企业的应税所得，但是按照税法规定免予征收企业所得税的收入。

下列收入属于免税收入：

（1）国债利息收入。不包括国债转让收入。

（2）符合条件的居民企业之间的股息、红利等权益性收益。它是指居民企业直接投资于其他居民企业取得的投资收益。

（3）在中国境内设立机构、场所的非居民企业从居民企业取得与该机构、场所有实际联系的股息、红利等权益性投资收益。股息、红利等权益性投资收益，不包括连续持有居民企业公开发行并上市流通的股票不足 12 个月取得的投资收益。

（4）符合条件的非营利组织的非营利性收入。不包括非营利组织从事营利性活动取得的收入，但国务院财政、税务主管部门另有规定的除外。

（三）税前扣除项目以及扣除标准

1. 税前扣除项目

企业实际发生的与取得收入有关的、合理的支出，包括成本、费用、税金、损失和其他支出，准予在计算应纳税所得额时扣除。

有关的支出，是指与取得收入直接相关的支出。

合理的支出，是指符合生产经营活动常规，应当计入当期损益或者有关资产成本的必要和正常的支出。

企业发生的支出应当区分收益性支出和资本性支出。收益性支出在发生当期直接扣除;资本性支出应当分期扣除或者计入有关资产成本,不得在发生当期直接扣除。

企业实际发生的成本、费用、税金、损失和其他支出,不得重复扣除。

(1) 成本,是指企业在生产经营活动中发生的销售成本、销货成本、业务支出以及其他耗费。

(2) 费用,是指企业在生产经营活动中发生的销售费用、管理费用和财务费用,已经计入成本的有关费用除外。

(3) 税金,是指企业发生的除企业所得税和允许抵扣的增值税以外的各项税金及其附加。

(4) 损失,是指企业在生产经营活动中发生的固定资产和存货的盘亏、毁损、报废损失,转让财产损失,呆账损失,坏账损失,自然灾害等不可抗力因素造成的损失以及其他损失。企业发生的损失,减除责任人赔偿和保险赔款后的余额,依照国务院财政、税务主管部门的规定扣除。企业已经作为损失处理的资产,在以后纳税年度又全部收回或者部分收回时,应当计入当期收入。

(5) 其他支出,是指除成本、费用、税金、损失外,企业在生产经营活动中发生的与生产经营活动有关的、合理的支出。

2. 税前扣除项目的具体扣除标准

1) 工资、薪金支出

企业发生的合理的工资薪金支出,准予扣除。

工资薪金,是指企业每一纳税年度支付给在本企业任职或者受雇的员工的所有现金形式或者非现金形式的劳动报酬,包括基本工资、奖金、津贴、补贴、年终加薪、加班工资,以及与员工任职或者受雇有关的其他支出。

2) 保险费、住房公积金

企业依法依规为职工缴纳的基本养老保险费、基本医疗保险费、失业保险费、工伤保险费、生育保险费等基本社会保险费和住房公积金,准予扣除。

企业为投资者或者职工支付的补充养老保险费、补充医疗保险费,在国务院财政、税务主管部门规定的范围和标准内,准予扣除。

企业参加财产保险,按照规定缴纳的保险费,准予扣除。

企业参加雇主责任险、公众责任险等责任保险,按规定缴纳的保险费,准予在企业所得税税前扣除。

除企业依照国家有关规定为特殊工种职工支付的人身安全保险费和国务院财政、税务主管部门规定可以扣除的其他商业保险费外,企业为投资者或者职工支付的商业保险费,不得扣除。

3) 借款费用

企业在生产经营活动中发生的合理的不需要资本化的借款费用,准予扣除。

企业为购置、建造固定资产、无形资产和经过12个月以上的建造才能达到预定可销售状态的存货发生借款的,在有关资产购置、建造期间发生的合理的借款费用,应当作为资本性支出计入有关资产的成本,并依照《中华人民共和国企业所得税法实施条例》(以下简称《企业所得税法实施条例》)的规定扣除。

4) 利息支出

企业在生产经营活动中发生的下列利息支出,准予扣除:

(1) 非金融企业向金融企业借款的利息支出、金融企业的各项存款利息支出和同业拆借利息支出、企业经批准发行债券的利息支出。

(2) 非金融企业向非金融企业借款的利息支出,不超过按照金融企业同期同类贷款利率计算的数额的部分。

5) 汇兑损失

企业在货币交易中,以及纳税年度终了时将人民币以外的货币性资产、负债按照期末即期人民币汇率中间价折算为人民币时产生的汇兑损失,除已经计入有关资产成本以及与向所有者进行利润分配相关的部分外,准予扣除。

6) “四项”经费支出

企业发生的职工福利费支出,不超过工资薪金总额14%的部分,准予扣除。

企业拨缴的工会经费,不超过工资薪金总额2%的部分,准予扣除。

除国务院财政、税务主管部门另有规定,企业发生的职工教育经费支出,不超过工资薪金总额8%的部分,准予扣除;超过部分,准予在以后纳税年度结转扣除。

国有企业(包括国有独资、全资、国有资本绝对控股和相对控股企业)纳入管理费用的党组织工作经费,实际支出不超过职工年度工资总额1%的部分,可以据实在企业所得税前扣除。非公有制企业党组织工作经费纳入企业管理费用列支,实际支出不超过职工年度工资总额1%的部分,可以据实在企业所得税前扣除。

7) 业务招待费支出

企业发生的与生产经营活动有关的业务招待费支出,按照发生额的60%扣除,但最高不得超过当年销售(营业)收入的5‰。

8) 广告费和业务宣传费支出

企业发生的符合条件的广告费和业务宣传费支出,除国务院财政、税务主管部门另有规定,不超过当年销售(营业)收入15%的部分,准予扣除;超过部分,准予在以后纳税年度结转扣除。

自2016年1月1日起至2020年12月31日,对化妆品制造或销售、医药制造和饮料制造(不含酒类制造)企业发生的广告费和业务宣传费支出,不超过当年销售(营业)收入30%的部分,准予扣除;超过部分,准予在以后纳税年度结转扣除。

烟草企业的烟草广告费和业务宣传费支出,一律不得在计算应纳税所得额时扣除。

9) 环境保护和生态恢复专项资金

企业依照法律、行政法规有关规定提取的用于环境保护、生态恢复等方面的专项资金,准予扣除。上述专项资金提取后改变用途的,不得扣除。

10) 租赁费

企业根据生产经营活动的需要租入固定资产支付的租赁费,按照以下方法扣除:

(1) 以经营租赁方式租入固定资产发生的租赁费支出,按照租赁期限均匀扣除。

(2) 以融资租赁方式租入固定资产发生的租赁费支出,按照规定构成融资租入固定资产价值的部分应当提取折旧费用,分期扣除。

11）劳动保护支出

企业发生的合理的劳动保护支出，准予扣除。

12）非居民企业境外总机构分摊费用

非居民企业在中国境内设立的机构、场所，就其中国境外总机构发生的与该机构、场所生产经营有关的费用，能够提供总机构出具的费用汇集范围、定额、分配依据和方法等证明文件，并合理分摊的，准予扣除。

13）公益性捐赠

公益性捐赠是指企业通过公益性社会组织或者县级以上人民政府及其部门，用于符合法律规定的慈善活动、公益事业的捐赠。

公益性社会组织，是指同时符合《企业所得税法实施条例》第五十二条规定的条件的慈善组织以及其他社会组织。

企业当年发生以及以前年度结转的公益性捐赠支出，不超过年度利润总额12%的部分，准予扣除。超过年度利润总额12%的部分，准予结转以后3年内在计算应纳税所得额时扣除。企业对公益性捐赠支出计算扣除时，应先扣除以前年度结转的捐赠支出，再扣除当年发生的捐赠支出。

自2019年1月1日至2022年12月31日，企业通过公益性社会组织或者县级以上人民政府及其组成部门，用于目标脱贫地区的扶贫捐赠支出，准予在计算企业所得税应纳税所得额时据实扣除。企业同时发生扶贫捐赠支出和其他公益性捐赠支出，在计算公益性捐赠支出年度扣除限额时，符合条件的扶贫捐赠支出不计算在内。

年度利润总额，是指企业依照国家统一会计制度的规定计算的年度会计利润。依法准予扣除的其他项目，包括违约金、诉讼费、差旅费、会议费等。

14）手续费

企业发生与生产经营有关的手续费及佣金支出，不超过规定计算限额以内的部分，准予扣除；超过部分，不得扣除。

保险企业：按当年全部保费收入扣除退保金等后余额的18%（含本数）计算限额。

其他企业：按与具有合法经营资格中介服务机构或个人（不含交易双方及其雇员、代理人和代表人等）所签订服务协议或合同确认的收入金额的5%计算限额。

15）不得扣除的项目

在计算应纳税所得额时，下列支出不得扣除：

（1）向投资者支付的股息、红利等权益性投资收益款项。

（2）企业所得税税款。

（3）税收滞纳金。

（4）罚金、罚款和被没收财物的损失。

（5）《企业所得税法》第九条规定以外的捐赠支出。

（6）赞助支出。

（7）未经核定的准备金支出。

（8）与取得收入无关的其他支出。

企业之间支付的管理费、企业内营业机构之间支付的租金和特许权使用费，以及非银行企业内营业机构之间支付的利息，不得扣除。

赞助支出是指企业发生的与生产经营活动无关的各种非广告性质支出。

未经核定的准备金支出，是指不符合国务院财政、税务主管部门规定的各项资产减值准备、风险准备等准备金支出。

纳税人直接向受赠人的捐赠，不允许在税前扣除。

（四）亏损弥补

企业纳税年度发生的亏损，准予向以后年度结转，用以后年度的所得弥补，但结转年限最长不得超过 5 年。

（五）非居民企业的应纳税所得额

在中国境内未设立机构、场所的，或者虽设立机构、场所但取得的所得与其所设机构、场所没有实际联系的非居民企业，其取得的来源于中国境内的所得，按照下列方法计算其应纳税所得额：

（1）股息、红利等权益性投资收益和利息、租金、特许权使用费所得，以收入全额为应纳税所得额。

（2）转让财产所得，以收入全额减除财产净值后的余额为应纳税所得额。

财产净值，是指有关资产、财产的计税基础减除已经按照规定扣除的折旧、折耗、摊销、准备金等后的余额。

（3）其他所得，参照前两项规定的方法计算应纳税所得额。

非居民企业在中国境内设立的机构、场所，就其中国境外总机构发生的与该机构、场所生产经营有关的费用，能够提供总机构出具的费用汇集范围、定额、分配依据和方法等证明文件并合理分摊的，准予扣除。

五、企业资产的税务处理

企业的各项资产，包括固定资产、生产性生物资产、无形资产、长期待摊费用、投资资产、存货等，以历史成本为计税基础。

历史成本，是指企业取得该项资产时实际发生的支出。

企业持有各项资产期间资产增值或者减值，除国务院财政、税务主管部门规定可以确认损益外，不得调整该资产的计税基础。

（一）固定资产

固定资产，是指企业为生产产品、提供劳务、出租或者经营管理而持有的、使用时间超过 12 个月的非货币性资产，包括房屋、建筑物、机器、机械、运输工具以及其他与生产经营活动有关的设备、器具、工具等。

固定资产的税务处理原则：在计算应纳税所得额时，企业按照规定计算的固定资产折旧，准予扣除。

1. 固定资产计税基础

固定资产按照以下方法确定计税基础：

（1）外购的固定资产，以购买价款和支付的相关税费以及直接归属于使该资产达到预定用途发生的其他支出为计税基础。

（2）自行建造的固定资产，以竣工结算前发生的支出为计税基础。

（3）融资租入的固定资产，以租赁合同约定的付款总额和承租人在签订租赁合同过程中发生的相关费用为计税基础，租赁合同未约定付款总额的，以该资产的公允价值和承租人在签订租赁合同过程中发生的相关费用为计税基础。

(4) 盘盈的固定资产，以同类固定资产的重置完全价值为计税基础。

(5) 通过捐赠、投资、非货币性资产交换、债务重组等方式取得的固定资产，以该资产的公允价值和支付的相关税费为计税基础。

(6) 改建的固定资产，除《企业所得税法》第十三条第(一)项和第(二)项规定的支出外，以改建过程中发生的改建支出增加计税基础。

2. 固定资产的折旧年限

固定资产按照直线法计算的折旧，准予扣除。

企业应当自固定资产投入使用月份的次月起计算折旧；停止使用的固定资产，应当自停止使用月份的次月起停止计算折旧。

企业应当根据固定资产的性质和使用情况，合理确定固定资产的预计净残值。固定资产的预计净残值一经确定，不得变更。

除国务院财政、税务主管部门另有规定外，固定资产计算折旧的最低年限如下：

(1) 房屋、建筑物，为20年。

(2) 飞机、火车、轮船、机器、机械和其他生产设备，为10年。

(3) 与生产经营活动有关的器具、工具、家具等，为5年。

(4) 飞机、火车、轮船以外的运输工具，为4年。

(5) 电子设备，为3年。

3. 不得计算折旧扣除的固定资产

下列固定资产不得计算折旧扣除：

(1) 房屋、建筑物以外未投入使用的固定资产。

(2) 以经营租赁方式租入的固定资产。

(3) 以融资租赁方式租出的固定资产。

(4) 已足额提取折旧仍继续使用的固定资产。

(5) 与经营活动无关的固定资产。

(6) 单独估价作为固定资产入账的土地。

(7) 其他不得计算折旧扣除的固定资产。

(二) 生产性生物资产

生产性生物资产，是指企业为生产农产品、提供劳务或者出租等而持有的生物资产，包括经济林、薪炭林、产畜和役畜等。

1. 生产性生物资产的计税基础

生产性生物资产按照以下方法确定计税基础：

(1) 外购的生产性生物资产，以购买价款和支付的相关税费为计税基础。

(2) 通过捐赠、投资、非货币性资产交换、债务重组等方式取得的生产性生物资产，以该资产的公允价值和支付的相关税费为计税基础。

2. 生产性生物资产的折旧

生产性生物资产按照直线法计算的折旧，准予扣除。

企业应当自生产性生物资产投入使用月份的次月起计算折旧；停止使用的生产性生物

资产，应当自停止使用月份的次月起停止计算折旧。

企业应当根据生产性生物资产的性质和使用情况，合理确定生产性生物资产的预计净残值。生产性生物资产的预计净残值一经确定，不得变更。

3. 生产性生物资产计算折旧的最低年限

(1) 林木类生产性生物资产，为10年。

(2) 畜类生产性生物资产，为3年。

(三) 无形资产

无形资产，是指企业为生产产品、提供劳务、出租或者经营管理而持有的、没有实物形态的非货币性长期资产，包括专利权、商标权、著作权、土地使用权、非专利技术、商誉等。

1. 无形资产的计税基础

无形资产按照以下方法确定计税基础：

(1) 外购的无形资产，以购买价款和支付的相关税费以及直接归属于使该资产达到预定用途发生的其他支出为计税基础。

(2) 自行开发的无形资产，以开发过程中该资产符合资本化条件后至达到预定用途前发生的支出为计税基础。

(3) 通过捐赠、投资、非货币性资产交换、债务重组等方式取得的无形资产，以该资产的公允价值和支付的相关税费为计税基础。

2. 无形资产的摊销

无形资产按照直线法计算的摊销费用准予扣除。

无形资产的摊销年限不得低于10年。

作为投资或者受让的无形资产，有关法律规定或者合同约定了使用年限的，可以按照规定或者约定的使用年限分期摊销。

外购商誉的支出，在企业整体转让或者清算时，准予扣除。

3. 不得计算摊销费用扣除的无形资产

下列无形资产不得计算摊销费用扣除：

(1) 自行开发的支出已在计算应纳税所得额时扣除的无形资产。

(2) 自创商誉。

(3) 与经营活动无关的无形资产。

(4) 其他不得计算摊销费用扣除的无形资产。

(四) 长期待摊费用

在计算应纳税所得额时，企业发生的下列4项支出作为长期待摊费用，按照规定摊销的，准予扣除。

(1) 已足额提取折旧的固定资产的改建支出。

(2) 租入固定资产的改建支出。

(3) 固定资产的大修理支出。

(4) 其他应当作为长期待摊费用的支出。

其中，固定资产的大修理支出，是指同时符合下列条件的支出：

(1) 修理支出达到取得固定资产时的计税基础50%以上。

(2) 修理后固定资产的使用年限延长2年以上。

固定资产的大修理支出，按照固定资产尚可使用年限分期摊销。

其他应当作为长期待摊费用的支出，自支出发生月份的次月起，分期摊销，摊销年限不得低于3年。

（五）投资资产

投资资产是指企业对外进行权益性投资和债权性投资形成的资产。

企业对外投资期间，投资资产的成本在计算应纳税所得额时不得扣除。企业在转让或者处置投资资产时，投资资产的成本，准予扣除。

投资资产按照以下方法确定成本：

（1）通过支付现金方式取得的投资资产，以购买价款为成本。

（2）通过支付现金以外的方式取得的投资资产，以该资产的公允价值和支付的相关税费为成本。

（六）存货

存货是指企业持有以备出售的产品或者商品、处在生产过程中的在产品、在生产或者提供劳务过程中耗用的材料和物料等。

企业使用或者销售存货，按照规定计算的存货成本，准予在计算应纳税所得额时扣除。

存货按照以下方法确定成本：

（1）通过支付现金方式取得的存货，以购买价款和支付的相关税费为成本。

（2）通过支付现金以外的方式取得的存货，以该存货的公允价值和支付的相关税费为成本。

（3）生产性生物资产收获的农产品，以产出或者采收过程中发生的材料费、人工费和分摊的间接费用等必要支出为成本。

企业使用或者销售的存货的成本计算方法，可以在先进先出法、加权平均法、个别计价法中选用一种。计价方法一经选用，不得随意变更。

（七）资产转让

企业转让资产时，该项资产的净值，准予在计算应纳税所得额时扣除。

资产的净值或者财产净值，是指有关资产、财产的计税基础减除已经按照规定扣除的折旧、折耗、摊销、准备金等后的余额。

除国务院财政、税务主管部门另有规定外，企业在重组过程中，应当在交易发生时确认有关资产的转让所得或者损失，相关资产应当按照交易价格重新确定计税基础。

（八）资产损失

资产损失，是指企业在生产经营活动中实际发生的、与取得应税收入有关的资产损失，包括现金损失，存款损失，坏账损失，贷款损失，股权投资损失，固定资产和存货的盘亏、毁损、报废、被盗损失，自然灾害等不可抗力因素造成的损失以及其他损失。

企业发生上述资产损失，应在按税法规定实际确认或者实际发生的当年申报扣除。

企业以前年度发生的资产损失未能在当年税前扣除的，可以按照规定，向税务机关说明并进行专项申报扣除。其中，属于实际资产损失，准予追补至该项损失发生年度扣除，其追补确认期限一般不得超过5年。企业因以前年度实际资产损失未在税前扣除而多缴的企业所得税税款，可在追补确认年度企业所得税应纳税款中予以抵扣，不足抵扣的，向以后年度递延抵扣。

六、企业所得税应纳税额的计算

应纳税所得额乘以适用税率，减除依照《企业所得税法》关于税收优惠的规定减免和抵免的税额后的余额，为企业所得税应纳税额。

企业所得税应纳税额的计算方法有直接法和间接法。

（一）企业所得税应纳税额的计算(直接法)

企业所得税应纳税额＝应纳税所得额×适用税率－减免税额－抵免税额
＝(收入总额－不征税收入－免税收入－各项扣除－以前年度亏损)×适用税率－减免税额－抵免税额

减免税额和抵免税额，是指依照《企业所得税法》和国务院的税收优惠规定减征、免征和抵免的应纳税额。

（二）企业所得税应纳税额的计算(间接法)

应纳税额＝应纳税所得额×适用税率－减免税额－抵免税额
＝(会计利润±纳税调整项目金额)×适用税率－减免税额－抵免税额

七、企业所得税的税收优惠

国家对重点扶持和鼓励发展的产业和项目，给予企业所得税优惠。

（一）免税收入

企业的下列收入为免税收入：

(1) 国债利息收入。

(2) 符合条件的居民企业之间的股息、红利等权益性投资收益。

(3) 在中国境内设立机构、场所的非居民企业从居民企业取得与该机构、场所有实际联系的股息、红利等权益性投资收益。

(4) 符合条件的非营利组织的收入。

（二）免征、减征企业所得税

企业的下列所得，可以免征、减征企业所得税。

1. 从事农、林、牧、渔业项目的所得

(1) 企业从事下列项目的所得，免征企业所得税：①蔬菜、谷物、薯类、油料、豆类、棉花、麻类、糖料、水果、坚果的种植；②农作物新品种的选育；③中药材的种植；④林木的培育和种植；⑤牲畜、家禽的饲养；⑥林产品的采集；⑦灌溉、农产品初加工、兽医、农技推广、农机作业和维修等农、林、牧、渔服务业项目；⑧远洋捕捞。

(2) 企业从事下列项目的所得，减半征收企业所得税：①花卉、茶以及其他饮料作物和香料作物的种植；②海水养殖、内陆养殖。

2. 从事国家重点扶持的公共基础设施项目投资经营的所得

国家重点扶持的公共基础设施项目，是指《公共基础设施项目企业所得税优惠目录》规定的港口码头、机场、铁路、公路、城市公共交通、电力、水利等项目。

企业从事前款规定的国家重点扶持的公共基础设施项目的投资经营的所得，自项目取得第一笔生产经营收入所属纳税年度起，第一年至第三年免征企业所得税，第四年至第六年减半征收企业所得税。

企业承包经营、承包建设和内部自建自用本条规定的项目，不得享受本条规定的企业所得税优惠。

享受减免税优惠的项目，在减免税期限内转让的，受让方自受让之日起，可以在剩余期限内享受规定的减免税优惠；减免税期限届满后转让的，受让方不得就该项目重复享受减免税优惠。

3. 从事符合条件的环境保护、节能节水项目的所得

符合条件的环境保护、节能节水项目，包括公共污水处理、公共垃圾处理、沼气综合开发利用、节能减排技术改造、海水淡化等。项目的具体条件和范围由国务院财政、税务主管部门或国务院有关部门制订，报国务院批准后公布施行。

企业从事前款规定的符合条件的环境保护、节能节水项目的所得，自项目取得第一笔生产经营收入所属纳税年度起，第一年至第三年免征企业所得税，第四年至第六年减半征收企业所得税。

享受减免税优惠的项目，在减免税期限内转让的，受让方自受让之日起，可以在剩余期限内享受规定的减免税优惠；减免税期限届满后转让的，受让方不得就该项目重复享受减免税优惠。

4. 符合条件的技术转让所得

符合条件的技术转让所得免征、减征企业所得税，是指一个纳税年度内，居民企业技术转让所得不超过500万元的部分，免征企业所得税；超过500万元的部分，减半征收企业所得税。

5.《企业所得税法》第三条第三款规定的所得

非居民企业在中国境内未设立机构、场所的，或者虽设立机构、场所但取得的所得与其所设机构、场所没有实际联系的，应当就其来源于中国境内的所得缴纳企业所得税，其取得的所得，减按10%的税率征收企业所得税。

(三) 小型微利企业和高新技术企业的税率优惠

符合条件的小型微利企业，减按20%的税率征收企业所得税。国家需要重点扶持的高新技术企业，减按15%的税率征收企业所得税。

自2023年1月1日至2024年12月31日，对小型微利企业年应纳税所得额不超过100万元的部分，减按25%计入应纳税所得额，按20%的税率缴纳企业所得税。

小型微利企业是指从事国家非限制和禁止行业，且同时符合年度应纳税所得额不超过300万元、从业人数不超过300人、资产总额不超过5000万元等三个条件的企业。从业人数，包括与企业建立劳动关系的职工人数和企业接受的劳务派遣用工人数。所称从业人数和资产总额指标，应按企业全年的季度平均值确定。具体计算公式如下：

季度平均值＝(季初值＋季末值)÷2

全年季度平均值＝全年各季度平均值之和÷4

年度中间开业或者终止经营活动的，以其实际经营期作为一个纳税年度确定上述相关指标。

国家需要重点扶持的高新技术企业，是指拥有核心自主知识产权，并同时符合下列条件的企业：

（1）产品（服务）属于《国家重点支持的高新技术领域》规定的范围。

（2）研究开发费用占销售收入的比例不低于规定比例。

（3）高新技术产品（服务）收入占企业总收入的比例不低于规定比例。

（4）科技人员占企业职工总数的比例不低于规定比例。

（5）高新技术企业认定管理办法规定的其他条件。

（四）应纳税所得额的加计扣除

企业开展研发活动中实际发生的研发费用，未形成无形资产计入当期损益的，在按规定据实扣除的基础上，自 2023 年 1 月 1 日起，再按照实际发生额的 100%在税前加计扣除；形成无形资产的，自 2023 年 1 月 1 日起，按照无形资产成本的 200%在税前摊销。

（五）抵扣应纳税所得额

创业投资企业从事国家需要重点扶持和鼓励的创业投资，可以按投资额的一定比例抵扣应纳税所得额。

抵扣应纳税所得额，是指创业投资企业采取股权投资方式投资于未上市的中小高新技术企业 2 年以上的，可以按照其投资额的 70%在股权持有满 2 年的当年抵扣该创业投资企业的应纳税所得额；当年不足抵扣的，可以在以后纳税年度结转抵扣。

（六）加速折旧

企业的固定资产由于技术进步等原因，确需加速折旧的，可以缩短折旧年限或者采取加速折旧的方法。

可以采取缩短折旧年限或者采取加速折旧的方法的固定资产，包括：

（1）由于技术进步，产品更新换代较快的固定资产。

（2）常年处于强震动、高腐蚀状态的固定资产。

采取缩短折旧年限方法的，最低折旧年限不得低于《企业所得税法实施条例》第六十条规定折旧年限的 60%；采取加速折旧方法的，可以采取双倍余额递减法或者年数总和法。

（七）减计收入

企业综合利用资源，生产符合国家产业政策规定的产品所取得的收入，可以在计算应纳税所得额时减计收入。

减计收入，是指企业以《资源综合利用企业所得税优惠目录》规定的资源作为主要原材料，生产国家非限制和禁止并符合国家和行业相关标准的产品取得的收入，减按 90%计入收入总额。其中，原材料占生产产品材料的比例不得低于《资源综合利用企业所得税优惠目录》规定的标准。

（八）税额抵免

企业购置用于环境保护、节能节水、安全生产等专用设备的投资额，可以按一定比例实行税额抵免。

税额抵免，是指企业购置并实际使用《环境保护专用设备企业所得税优惠目录》《节能节水专用设备企业所得税优惠目录》和《安全生产专用设备企业所得税优惠目录》规定的环境保护、节能节水、安全生产等专用设备的，该专用设备的投资额的 10%可以从企业当年的应纳税额中抵免；当年不足抵免的，可以在以后 5 个纳税年度结转抵免。

享受税额抵免的企业所得税优惠的企业，应当实际购置并自身实际投入使用前款规定的专用设备；企业购置上述专用设备在5年内转让、出租的，应当停止享受企业所得税优惠，并补缴已经抵免的企业所得税税款。

企业同时从事适用不同企业所得税待遇的项目的，其优惠项目应当单独计算所得，并合理分摊企业的期间费用；没有单独计算的，不得享受企业所得税优惠。

（九）其他税收优惠

1. 中国保险保障基金有限责任公司取得收入

对中国保险保障基金有限责任公司（以下简称保险保障基金公司）根据《保险保障基金管理办法》取得的下列收入，免征企业所得税：境内保险公司依法缴纳的保险保障基金；依法从撤销或破产保险公司清算财产中获得的受偿收入和向有关责任方追偿所得，以及依法从保险公司风险处置中获得的财产转让所得；接受捐赠收入；银行存款利息收入；购买政府债券、中央银行、中央企业和中央级金融机构发行债券的利息收入；国务院批准的其他资金运用取得的收入。

2. 从事污染防治的第三方企业减按15%的税率征收

为鼓励污染防治企业的专业化、规模化发展，更好支持生态文明建设，对符合条件的从事污染防治的第三方企业（以下称第三方防治企业）减按15%的税率征收企业所得税。第三方防治企业是指受排污企业或政府委托，负责环境污染治理设施运营维护的企业。执行期限自2024年1月1日起至2027年12月31日止。此外，为引导企业加大设备、器具投资力度，企业在2024年1月1日至2027年12月31日期间新购进的设备、器具，单位价值不超过500万元的，允许一次性计入当期成本费用在计算应纳税所得额时扣除，不再分年度计算折旧；单位价值超过500万元的，仍按企业所得税法实施条例等相关规定执行。

3. 企业出资给非营利单位用于基础研究的支出

对企业出资给非营利性科学技术研究开发机构（科学技术研究开发机构以下简称科研机构）、高等学校和政府性自然科学基金用于基础研究的支出，在计算应纳税所得额时可按实际发生额在税前扣除，并可按100%在税前加计扣除。对非营利性科研机构、高等学校接收企业、个人和其他组织机构基础研究资金收入，免征企业所得税。企业出资基础研究应签订相关协议或合同，协议或合同中需明确资金用于基础研究领域。

4. 金融机构农户小额贷款的利息收入、保险公司为种植业、养殖业提供保险业务取得的保费收入和符合条件的小额贷款公司取得农户小额贷款利息收入

为支持农村金融发展，对金融机构农户小额贷款的利息收入，在计算应纳税所得额时，按90%计入收入总额。对保险公司为种植业、养殖业提供保险业务取得的保费收入，在计算应纳税所得额时，按90%计入收入总额。

小额贷款，是指单笔且该农户贷款余额总额在10万元（含本数）以下的贷款。保费收入，是指原保险保费收入加上分保费收入减去分出保费后的余额。金融机构应对符合条件的农户小额贷款利息收入进行单独核算，不能单独核算的不得适用该优惠政策。

八、企业所得税的征收管理

1. 纳税地点

居民企业以企业登记注册地为纳税地点；但登记注册地在境外的，以实际管理机构所在

地为纳税地点。居民企业在中国境内设立不具有法人资格的营业机构的，应当汇总计算并缴纳企业所得税。除国务院另有规定外，企业之间不得合并缴纳企业所得税。

非居民企业以机构、场所所在地为纳税地点。非居民企业在中国境内设立两个或者两个以上机构、场所，符合国务院税务主管部门规定条件的，可以选择由其主要机构、场所汇总缴纳企业所得税。

非居民企业在中国境内未设立机构、场所的，或者虽设立机构、场所但取得的所得与其所设机构、场所没有实际联系的，以扣缴义务人所在地为纳税地点。

2. 纳税期限

企业所得税按纳税年度计算，分月或者分季预缴，年终汇算清缴，多退少补。

纳税年度自公历1月1日起至12月31日止。企业在一个纳税年度中间开业，或者终止经营活动，使该纳税年度的实际经营期不足12个月的，应当以其实际经营期为一个纳税年度。企业依法清算时，应当以清算期间作为一个纳税年度。

企业应当自年度终了之日起5个月内，向税务机关报送年度企业所得税纳税申报表，并汇算清缴，结清应缴应退税款。企业在年度中间终止经营活动的，应当自实际经营终止之日起60日内，向税务机关办理当期企业所得税汇算清缴。

3. 纳税申报

企业所得税分月或者分季预缴的，企业应当自月份或者季度终了之日起15日内，向税务机关报送预缴企业所得税纳税申报表，预缴税款。

企业在报送企业所得税纳税申报表时，应当按照规定附送财务会计报告和其他有关资料。

企业所得税分月或者分季预缴，由税务机关具体核定。企业应当按照月度或者季度的实际利润额预缴；按照月度或者季度的实际利润额预缴有困难的，可以按照上一纳税年度应纳税所得额的月度或者季度平均额预缴，或者按照经税务机关认可的其他方法预缴。预缴方法一经确定，该纳税年度内不得随意变更。

企业在纳税年度内无论盈利或者亏损，都应当依照《企业所得税法》第五十四条规定的期限，向税务机关报送预缴企业所得税纳税申报表、年度企业所得税纳税申报表、财务会计报告和税务机关规定应当报送的其他有关资料。

企业应当在办理注销登记前，就其清算所得向税务机关申报并依法缴纳企业所得税。

九、企业重组企业所得税处理

(一) 企业重组的概念

根据《财政部、国家税务总局关于企业重组业务企业所得税处理若干问题的通知(财税〔2009〕59号)》，企业重组，是指企业在日常经营活动以外发生的法律结构或经济结构重大改变的交易，包括企业法律形式改变、债务重组、股权收购、资产收购、合并、分立等。

企业法律形式改变，是指企业注册名称、住所以及企业组织形式等的简单改变，但符合本通知规定其他重组的类型除外。

债务重组，是指在债务人发生财务困难的情况下，债权人按照其与债务人达成的书面协议或者法院裁定书，就其债务人的债务作出让步的事项。

股权收购，是指一家企业（以下称为收购企业）购买另一家企业（以下称为被收购企业）的股权，以实现对被收购企业控制的交易。收购企业支付对价的形式包括股权支付、非股权支付或两者的组合。

资产收购，是指一家企业（以下称为受让企业）购买另一家企业（以下称为转让企业）实质经营性资产的交易。受让企业支付对价的形式包括股权支付、非股权支付或两者的组合。

企业合并，是指一家或多家企业（以下称为被合并企业）将其全部资产和负债转让给另一家现存或新设企业（以下称为合并企业），被合并企业股东换取合并企业的股权或非股权支付，实现两个或两个以上企业的依法合并。

企业分立，是指一家企业（以下称为被分立企业）将部分或全部资产分离转让给现存或新设的企业（以下称为分立企业），被分立企业股东换取分立企业的股权或非股权支付，实现企业的依法分立。

（二）企业重组的税务处理

企业重组的税务处理，区分不同条件分别适用一般性税务处理规定和特殊性税务处理规定。通常税法将企业重组视为一项资产买卖业务，对隐含的资产增值（减值）在当期确认所得（损失），并计算缴纳企业所得税，即重组业务的一般性税务处理。税法对符合条件的重组业务隐含的资产增值收益暂不确认应税所得，而是递延到后续实际处置时再予以确认，即重组业务的特殊性税务处理

1. 企业重组的一般性税务处理规定

企业重组，除符合规定适用特殊性税务处理规定的外，按以下规定进行税务处理。

（1）企业法律形式变更的税务处理规定。企业由法人转变为个人独资企业、合伙企业等非法人组织，或将登记注册地转移至中华人民共和国境外（包括港澳台地区），应视同企业进行清算、分配，股东重新投资成立新企业，企业的全部资产以及股东投资的计税基础均应以公允价值为基础确定。

企业发生其他法律形式简单改变的，可直接变更税务登记，除另有规定外，有关企业所得税纳税事项（包括亏损结转、税收优惠等权益和义务）由变更后企业承继，但因住所发生变化而不符合税收优惠条件的除外。

（2）企业债务重组，相关交易应按以下规定处理。

① 以非货币资产清偿债务，应当分解为转让相关非货币性资产、按非货币性资产公允价值清偿债务两项业务，确认相关资产的所得或损失。

② 发生债权转股权的，应当分解为债务清偿和股权投资两项业务，确认有关债务清偿所得或损失。

③ 债务人应当按照支付的债务清偿额低于债务计税基础的差额，确认债务重组所得；债权人应当按照收到的债务清偿额低于债权计税基础的差额，确认债务重组损失。

④ 债务人的相关所得税纳税事项原则上保持不变。

（3）企业股权收购、资产收购重组交易，相关交易应按以下规定处理。

① 被收购方应确认股权、资产转让所得或损失。

② 收购方取得股权或资产的计税基础应以公允价值为基础确定。

③ 被收购企业的相关所得税事项原则上保持不变。

（4）企业合并，当事各方应按下列规定处理。

① 合并企业应按公允价值确定接受被合并企业各项资产和负债的计税基础。

② 被合并企业及其股东都应按清算进行所得税处理。

③ 被合并企业的亏损不得在合并企业结转弥补。

(5) 企业分立,当事各方应按下列规定处理。

① 被分立企业对分立出去资产应按公允价值确认资产转让所得或损失。

② 分立企业应按公允价值确认接受资产的计税基础。

③ 被分立企业继续存在时,其股东取得的对价应视同被分立企业分配进行处理。

④ 被分立企业不再继续存在时,被分立企业及其股东都应按清算进行所得税处理。

⑤ 企业分立相关企业的亏损不得相互结转弥补。

2. 企业重组的特殊性税务处理规定

(1) 企业重组适用特殊性税务处理应当同时符合下列条件。

① 具有合理的商业目的,且不以减少、免除或者推迟缴纳税款为主要目的。

② 被收购、合并或分立部分的资产或股权比例符合规定的比例。

③ 企业重组后的连续 12 个月内不改变重组资产原来的实质性经营活动。

④ 重组交易对价中涉及股权支付金额符合规定比例。

⑤ 企业重组中取得股权支付的原主要股东,在重组后连续 12 个月内,不得转让所取得的股权。

(2) 企业重组的交易各方对其交易中的股权支付部分,可以按以下规定进行特殊性税务处理。

股权支付,是指企业重组中购买、换取资产的一方支付的对价中,以本企业或其控股企业的股权、股份作为支付的形式;非股权支付,是指以本企业的现金、银行存款、应收款项、本企业或其控股企业股权和股份以外的有价证券、存货、固定资产、其他资产以及承担债务等作为支付的形式。

企业债务重组确认的应纳税所得额占该企业当年应纳税所得额 50%以上,可以在 5 个纳税年度的期间内,均匀计入各年度的应纳税所得额。

企业发生债权转股权业务,对债务清偿和股权投资两项业务暂不确认有关债务清偿所得或损失,股权投资的计税基础以原债权的计税基础确定。企业的其他相关所得税事项保持不变。

股权收购,收购企业购买的股权不低于被收购企业全部股权的 75%,且收购企业在该股权收购发生时的股权支付金额不低于其交易支付总额的 85%,可以选择按以下规定处理:

① 被收购企业的股东取得收购企业股权的计税基础,以被收购股权的原有计税基础确定。

② 收购企业取得被收购企业股权的计税基础,以被收购股权的原有计税基础确定。

③ 收购企业、被收购企业的原有各项资产和负债的计税基础和其他相关所得税事项保持不变。

资产收购,受让企业收购的资产不低于转让企业全部资产的 75%,且受让企业在该资产收购发生时的股权支付金额不低于其交易支付总额的 85%,可以选择按以下规定处理:

① 转让企业取得受让企业股权的计税基础,以被转让资产的原有计税基础确定。

② 受让企业取得转让企业资产的计税基础,以被转让资产的原有计税基础确定。

企业合并，企业股东在该企业合并发生时取得的股权支付金额不低于其交易支付总额的85%，以及同一控制下且不需要支付对价的企业合并，可以选择按以下规定处理：

① 合并企业接受被合并企业资产和负债的计税基础，以被合并企业的原有计税基础确定。

② 被合并企业合并前的相关所得税事项由合并企业承继。

③ 可由合并企业弥补的被合并企业亏损的限额＝被合并企业净资产公允价值×截至合并业务发生当年年末国家发行的最长期限的国债利率。

④ 被合并企业股东取得合并企业股权的计税基础，以其原持有的被合并企业股权的计税基础确定。

企业分立，被分立企业所有股东按原持股比例取得分立企业的股权，分立企业和被分立企业均不改变原来的实质经营活动，且被分立企业股东在该企业分立发生时取得的股权支付金额不低于其交易支付总额的85%，可以选择按以下规定处理：

① 分立企业接受被分立企业资产和负债的计税基础，以被分立企业的原有计税基础确定。

② 被分立企业已分立出去资产相应的所得税事项由分立企业承继。

③ 被分立企业未超过法定弥补期限的亏损额可按分立资产占全部资产的比例进行分配，由分立企业继续弥补。

④ 被分立企业的股东取得分立企业的股权（以下简称“新股”），如需部分或全部放弃原持有的被分立企业的股权（以下简称“旧股”），“新股”的计税基础应以放弃“旧股”的计税基础确定。如不需放弃“旧股”，则其取得“新股”的计税基础可从以下两种方法中选择确定：直接将“新股”的计税基础确定为零；或者以被分立企业分立出去的净资产占被分立企业全部净资产的比例先调减原持有的“旧股”的计税基础，再将调减的计税基础平均分配到“新股”上。

重组交易各方按前述5项规定对交易中股权支付暂不确认有关资产的转让所得或损失的，其非股权支付仍应在交易当期确认相应的资产转让所得或损失，并调整相应资产的计税基础。

$$\begin{array}{c}\text{非股权支付对应的资产}\\\text{转让所得或损失}\end{array}=\left(\begin{array}{c}\text{被转让资产的}\\\text{公允价值}\end{array}-\begin{array}{c}\text{被转让资产的}\\\text{计税基础}\end{array}\right)\times$$
$$(\text{非股权支付金额}\div\text{被转让资产的公允价值})$$

企业发生涉及中国境内与境外之间（包括港澳台地区）的股权和资产收购交易，除应符合特殊性税务处理规定的条件外，还应同时符合下列条件，才可选择适用特殊性税务处理规定：非居民企业向其100%直接控股的另一非居民企业转让其拥有的居民企业股权，没有因此造成以后该项股权转让所得预提税负担变化，且转让方非居民企业向主管税务机关书面承诺在3年（含3年）内不转让其拥有受让方非居民企业的股权；非居民企业向与其具有100%直接控股关系的居民企业转让其拥有的另一居民企业股权；居民企业以其拥有的资产或股权向其100%直接控股的非居民企业进行投资；财政部、国家税务总局核准的其他情形。

十、企业所得税的征收管理

企业所得税的征收管理重要涉及纳税地点、纳税期限和纳税申报。

企业所得税纳税申报表(填写)《企业纳税申报表 A》(见附录)。

A200000 中华人民共和国企业所得税月(季)度预缴纳税申报表(A 类)

税款所属期间： 年 月 日至 年 月 日

纳税人识别号(统一社会信用代码)：□□□□□□□□□□□□□□□□□□

纳税人名称： 金额单位：人民币元(列至角分)

<table>
<tr><td colspan="10">优惠及附报事项有关信息</td></tr>
<tr><td rowspan="2">项目</td><td colspan="2">一季度</td><td colspan="2">二季度</td><td colspan="2">三季度</td><td colspan="2">四季度</td><td rowspan="2">季度平均值</td></tr>
<tr><td>季初</td><td>季末</td><td>季初</td><td>季末</td><td>季初</td><td>季末</td><td>季初</td><td>季末</td></tr>
<tr><td>从业人数</td><td></td><td></td><td></td><td></td><td></td><td></td><td></td><td></td><td></td></tr>
<tr><td>资产总额(万元)</td><td></td><td></td><td></td><td></td><td></td><td></td><td></td><td></td><td></td></tr>
<tr><td>国家限制或禁止行业</td><td colspan="4">□是 □否</td><td colspan="4">小型微利企业</td><td>□是 □否</td></tr>
<tr><td></td><td colspan="8">附报事项名称</td><td>金额或选项</td></tr>
<tr><td>事项 1</td><td colspan="8">(填写特定事项名称)</td><td></td></tr>
<tr><td>事项 2</td><td colspan="8">(填写特定事项名称)</td><td></td></tr>
<tr><td></td><td colspan="8">预缴税款计算</td><td>本年累计</td></tr>
<tr><td>1</td><td colspan="8">营业收入</td><td></td></tr>
<tr><td>2</td><td colspan="8">营业成本</td><td></td></tr>
<tr><td>3</td><td colspan="8">利润总额</td><td></td></tr>
<tr><td>4</td><td colspan="8">加：特定业务计算的应纳税所得额</td><td></td></tr>
<tr><td>5</td><td colspan="8">减：不征税收入</td><td></td></tr>
<tr><td>6</td><td colspan="8">减：资产加速折旧、摊销(扣除)调减额(填写 A201020)</td><td></td></tr>
<tr><td>7</td><td colspan="8">减：免税收入、减计收入、加计扣除(7.1＋7.2＋…)</td><td></td></tr>
<tr><td>7.1</td><td colspan="8">(填写优惠事项名称)</td><td></td></tr>
<tr><td>7.2</td><td colspan="8">(填写优惠事项名称)</td><td></td></tr>
<tr><td>8</td><td colspan="8">减：所得减免(8.1＋8.2＋…)</td><td></td></tr>
<tr><td>8.1</td><td colspan="8">(填写优惠事项名称)</td><td></td></tr>
<tr><td>8.2</td><td colspan="8">(填写优惠事项名称)</td><td></td></tr>
<tr><td>9</td><td colspan="8">减：弥补以前年度亏损</td><td></td></tr>
<tr><td>10</td><td colspan="8">实际利润额(3＋4－5－6－7－8－9)\按照上一纳税年度应纳税所得额平均额确定的应纳税所得额</td><td></td></tr>
<tr><td>11</td><td colspan="8">税率(25%)</td><td></td></tr>
<tr><td>12</td><td colspan="8">应纳所得税额(10×11)</td><td></td></tr>
<tr><td>13</td><td colspan="8">减：减免所得税额(13.1＋13.2＋…)</td><td></td></tr>
<tr><td>13.1</td><td colspan="8">(填写优惠事项名称)</td><td></td></tr>
<tr><td>13.2</td><td colspan="8">(填写优惠事项名称)</td><td></td></tr>
</table>

（续表）

<table>
<tr><td colspan="4">优惠及附报事项有关信息</td></tr>
<tr><td>14</td><td colspan="2">减：本年实际已缴纳所得税额</td><td></td></tr>
<tr><td>15</td><td colspan="2">减：特定业务预缴（征）所得税额</td><td></td></tr>
<tr><td>16</td><td colspan="2">本期应补（退）所得税额（12－13－14－15）\税务机关确定的本期应纳所得税额</td><td></td></tr>
<tr><td colspan="4">汇总纳税企业总分机构税款计算</td></tr>
<tr><td>17</td><td rowspan="4">总机构</td><td>总机构本期分摊应补（退）所得税额（18＋19＋20）</td><td></td></tr>
<tr><td>18</td><td>其中：总机构分摊应补（退）所得税额（16×总机构分摊比例%）</td><td></td></tr>
<tr><td>19</td><td>财政集中分配应补（退）所得税额（16×财政集中分配比例%）</td><td></td></tr>
<tr><td>20</td><td>总机构具有主体生产经营职能的部门分摊所得税额（16×全部分支机构分摊比例____%×总机构具有主体生产经营职能部门分摊比例%）</td><td></td></tr>
<tr><td>21</td><td>分支机构</td><td>分支机构本期分摊比例</td><td></td></tr>
<tr><td>22</td><td></td><td>分支机构本期分摊应补（退）所得税额</td><td></td></tr>
<tr><td colspan="4">实际缴纳企业所得税计算</td></tr>
<tr><td>23</td><td colspan="2">减：民族自治地区企业所得税地方分享部分：□免征 □减征：减征幅度____%）</td><td>本年累计应减免金额［（12－13－15）×40%×减征幅度］</td></tr>
<tr><td>24</td><td colspan="2">实际应补（退）所得税额</td><td></td></tr>
<tr><td colspan="4">谨声明：本纳税申报表是根据国家税收法律法规及相关规定填报的，是真实的、可靠的、完整的。
纳税人（签章）：
年　月　日</td></tr>
<tr><td colspan="2">经办人：
经办人身份证号：
代理机构签章：
代理机构统一社会信用代码：</td><td colspan="2">受理人：
受理税务机关（章）：
受理日期：　年　月　日</td></tr>
</table>

国家税务总局监制

十一、企业所得税的特别纳税调整

（一）转让定价税制

企业与其关联方之间的业务往来，不符合独立交易原则而减少企业或者其关联方应纳税收入或者所得额的，税务机关有权按照合理方法调整。

1. 关联方

关联方是指与企业有下列关联关系之一的企业、其他组织或者个人：在资金、经营、购销等方面存在直接或者间接的控制关系；直接或者间接地同为第三者控制；在利益上具有相关联的其他关系。

2. 独立交易原则

独立交易原则，是指没有关联关系的交易各方，按照公平成交价格和营业常规进行业务往来遵循的原则。

3. 税务机关调整的合理方法调整

"合理方法"包括：

可比非受控价格法，是指按照没有关联关系的交易各方进行相同或者类似业务往来的价格进行定价的方法；

再销售价格法，是指按照从关联方购进商品再销售给没有关联关系的交易方的价格，减除相同或者类似业务的销售毛利进行定价的方法；

成本加成法，是指按照成本加合理的费用和利润进行定价的方法；

交易净利润法，是指按照没有关联关系的交易各方进行相同或者类似业务往来取得的净利润水平确定利润的方法；

利润分割法，是指将企业与其关联方的合并利润或者亏损在各方之间采用合理标准进行分配的方法；

其他符合独立交易原则的方法。

4. 税务机关的纳税核定权

企业不提供与其关联方之间业务往来资料，或者提供虚假、不完整资料，未能真实反映其关联业务往来情况的，税务机关有权依法核定其应纳税所得额。

税务机关依照企业所得税法规定核定企业的应纳税所得额时，可以采用下列方法：

(1) 参照同类或者类似企业的利润率水平核定；

(2) 按照企业成本加合理的费用和利润的方法核定；

(3) 按照关联企业集团整体利润的合理比例核定；

(4) 按照其他合理方法核定。

(二) 预约定价安排

企业可以向税务机关提出与其关联方之间业务往来的定价原则和计算方法，税务机关与企业协商、确认后，达成预约定价安排。

预约定价安排，是指企业就其未来年度关联交易的定价原则和计算方法，向税务机关提出申请，与税务机关按照独立交易原则协商、确认后达成的协议。

1. 适用条件

年度发生的关联交易金额在 4 000 万元人民币以上；

依法履行关联申报义务；

按照规定准备、保存和提供统计资料。

2. 适用期限

自企业提交正式书面申请年度的次年起 3 到 5 个连续年度的关联交易。

(三) 成本分摊协议

企业与其关联方共同开发、受让无形资产，或者共同提供、接受劳务发生的成本，在计算应纳税所得额时应当按照独立交易原则进行分摊。

企业按照独立交易原则与其关联方分摊共同发生的成本，应当达成成本分摊协议。企业与其关联方分摊成本时，应当按照成本与预期收益相配比的原则进行分摊，并在税务机关规定的期限内，按照税务机关的要求报送有关资料。企业与其关联方分摊成本时违反独立交易原则等规定的，其自行分摊的成本不得在计算应纳税所得额时扣除。

（四）受控外国企业税制

由居民企业，或者由居民企业和中国居民控制的设立在实际税负明显低于企业所得税法规定税率水平（25%）的国家（地区）的企业，并非由于合理的经营需要而对利润不作分配或者减少分配的，上述利润中应归属于该居民企业的部分，应当计入该居民企业的当期收入。

实际税负明显低于企业所得税法规定税率水平（25%），是指该境外企业所适用的税率低于12.5%（即低于我国企业所得税法规定税率的50%）。

中国居民，是指根据《中华人民共和国个人所得税法》的规定，就其从中国境内、境外取得的所得在中国缴纳个人所得税的个人。

控制，包括：居民企业或者中国居民直接或者间接单一持有外国企业10%以上有表决权股份，且由其共同持有该外国企业50%以上股份；居民企业，或者居民企业和中国居民持股比例没有达到前述规定的标准，但在股份、资金、经营、购销等方面对该外国企业构成实质控制。

（五）资本弱化税制

所谓资本弱化，是指在企业的资本结构中债务融资的比重大大超过了股权融资的比重。由于企业的债务利息可以税前扣除，而股息、红利只能税后支付，因而资本弱化可以降低企业所得税的税负。

企业从其关联方接受的债权性投资与权益性投资的比例超过规定标准而发生的利息支出，不得在计算应纳税所得额时扣除。

债权性投资，是指企业直接或者间接从关联方获得的，需要偿还本金和支付利息或者需要以其他具有支付利息性质的方式予以补偿的融资。企业间接从关联方获得的债权性投资，包括：关联方通过无关联第三方提供的债权性投资；无关联第三方提供的、由关联方担保且负有连带责任的债权性投资；其他间接从关联方获得的具有负债实质的债权性投资。

权益性投资，是指企业接受的不需要偿还本金和支付利息，投资人对企业净资产拥有所有权的投资。

（1）债权性投资与权益性投资的比例的具体标准，由国务院财政、税务主管部门另行规定。

金融企业的债权性投资与权益性投资的比例是5∶1；其他企业的债权性投资与权益性投资的比例是2∶1。

（2）不得扣除的利息支出＝年度实际支付的全部关联方利息×（1－标准比例）÷关联债资比例

非金融企业：

不得扣除的利息支出＝年度实际支付的全部关联方利息×（1－注册资本×2）÷向关联方的借款金额

金融企业：

不得扣除的利息支出＝年度实际支付的全部关联方利息×（1－注册资本×5）÷向关联方的借款金额

（六）反避税的一般性条款

特别纳税调整规则是一种授权性规范，法律授予税务机关基于反避税目的进行纳税调整的权力。税务机关依授权抛开法律形式的束缚，直接针对经济实质课税，可以有效地规制避税行为。[①]

《企业所得税法》第四十七条规定,"企业实施其他不具有合理商业目的的安排而减少其应纳税收入或者所得额的,税务机关有权按照合理方法调整"。

不具有合理商业目的,是指以减少、免除或者推迟缴纳税款为主要目的。非商业目的性,即纳税人从事的避税活动并非出于经营管理上的需要,其主要目的是要在税收上获得一些好处。[②]

(七) 关于提供关联交易相关资料的规定

企业向税务机关报送年度企业所得税纳税申报表时,应当就其与关联方之间的业务往来,附送年度关联业务往来报告表。

税务机关在进行关联业务调查时,企业及其关联方,以及与关联业务调查有关的其他企业,应当按照规定提供相关资料。相关资料,包括:与关联业务往来有关的价格、费用的制定标准、计算方法和说明等同期资料;关联业务往来所涉及的财产、财产使用权、劳务等的再销售(转让)价格或者最终销售(转让)价格的相关资料;与关联业务调查有关的其他企业应当提供的与被调查企业可比的产品价格、定价方式以及利润水平等资料;其他与关联业务往来有关的资料。

企业应当在税务机关规定的期限内提供与关联业务往来有关的价格、费用的制定标准、计算方法和说明等资料。关联方以及与关联业务调查有关的其他企业应当在税务机关与其约定的期限内提供相关资料。

企业不提供与其关联方之间业务往来资料,或者提供虚假、不完整资料,未能真实反映其关联业务往来情况的,税务机关有权依法核定其应纳税所得额。

税务机关依照企业所得税法规定核定企业的应纳税所得额时,可以采用下列方法:参照同类或者类似企业的利润率水平核定;按照企业成本加合理的费用和利润的方法核定;按照关联企业集团整体利润的合理比例核定;按照其他合理方法核定。企业对税务机关按照前款规定的方法核定的应纳税所得额有异议的,应当提供相关证据,经税务机关认定后,调整核定的应纳税所得额。

(八) 关于纳税调整加收利息规定和纳税调整时效

税务机关依照企业所得税法规定作出纳税调整,需要补征税款的,应当补征税款,并按照国务院规定加收利息。

税务机关根据税收法律、行政法规的规定,对企业作出特别纳税调整的,应当对补征的税款,自税款所属纳税年度的次年 6 月 1 日起至补缴税款之日止的期间,按日加收利息。加收利息,不得在计算应纳税所得额时扣除。

利息,应当按照税款所属纳税年度中国人民银行公布的与补税期间同期的人民币贷款基准利率加 5 个百分点计算。企业依照企业所得税法及其实施条例的规定提供关联业务调查的相关资料,可以只按人民币贷款基准利率计算利息。

企业与其关联方之间的业务往来,不符合独立交易原则,或者企业实施其他不具有合理商业目的的安排的,税务机关有权在该业务发生的纳税年度起 10 年内,进行纳税调整。

---

① 徐孟洲,叶姗.特别纳税调整规则法理基础之探究[J].税务研究,2008,(2):54-56.

② 朱青.《企业所得税法》"特别纳税调整"亮点解读[J].涉外税务,2008,(2):13-16.

第二节 个人所得税法律制度

一、个人所得税纳税人和所得来源的确定

(一) 个人所得税纳税人

个人所得税纳税人,包括中国公民(含香港、澳门、台湾同胞)、个体工商户、个人独资企业投资者和合伙企业自然人合伙人等。

个人所得税纳税人依据住所和居住时间两个标准,分为居民个人和非居民个人。

1. 居民个人

在中国境内有住所,或者无住所而一个纳税年度内在中国境内居住累计满183天的个人,为居民个人。

在中国境内有住所,是指因户籍、家庭、经济利益关系而在中国境内习惯性居住;纳税年度,自公历1月1日起至12月31日止。

无住所个人一个纳税年度内在中国境内累计居住天数,按照个人在中国境内累计停留的天数计算。在中国境内停留的当天满24小时的,计入中国境内居住天数,在中国境内停留的当天不足24小时的,不计入中国境内居住天数。

2. 非居民个人

在中国境内无住所又不居住,或者无住所而一个纳税年度内在中国境内居住累计不满183天的个人,为非居民个人。

(二) 个人所得税纳税人的纳税义务

居民个人从中国境内和境外取得的所得,依照法律规定缴纳个人所得税。

非居民个人从中国境内取得的所得,依照法律规定缴纳个人所得税。

从中国境内和境外取得的所得,分别是指来源于中国境内的所得和来源于中国境外的所得。

在中国境内无住所的个人,在一个纳税年度内在中国境内居住累计不超过90天的,其来源于中国境内的所得,由境外雇主支付并且不由该雇主在中国境内的机构、场所负担的部分,免予缴纳个人所得税。

在中国境内无住所的个人,在中国境内居住累计满183天的年度连续不满6年的,经向主管税务机关备案,其来源于中国境外且由境外单位或者个人支付的所得,免予缴纳个人所得税;在中国境内居住累计满183天的任一年度中有一次离境超过30天的,其在中国境内居住累计满183天的年度的连续年限重新起算。中国境内无住所的个人一个纳税年度在中国境内累计居住满183天的,如果此前6年在中国境内每年累计居住天数都满183天而且没有任何一年单次离境超过30天,该纳税年度来源于中国境内、境外所得应当缴纳个人所得税;如果此前6年的任一年在中国境内累计居住天数不满183天或者单次离境超过30天,该纳税年度来源于中国境外且由境外单位或者个人支付的所得,免予缴纳个人所得税。

(三) 所得来源的确定

除国务院财政、税务主管部门另有规定外,下列所得,不论支付地点是否在中国境内,均

为来源于中国境内的所得：

（1）因任职、受雇、履约等在中国境内提供劳务取得的所得。

（2）将财产出租给承租人在中国境内使用而取得的所得。

（3）许可各种特许权在中国境内使用而取得的所得。

（4）转让中国境内的不动产等财产或者在中国境内转让其他财产取得的所得。

（5）从中国境内企业、事业单位、其他组织以及居民个人取得的利息、股息、红利所得。

二、个人所得税应税所得项目

按应纳税所得的来源划分，现行个人所得税共分为9个应税项目。

（一）工资、薪金所得

工资、薪金所得，是指个人因任职或者受雇而取得的工资、薪金、奖金、年终加薪、劳动分红、津贴、补贴以及与任职或者受雇有关的其他所得。

下列项目不属于工资、薪金性质的补贴、津贴，不予征收个人所得税。这些项目包括：①独生子女补贴；②执行公务员工资制度未纳入基本工资总额的补贴、津贴差额和家属成员的副食补贴；③托儿补助费；④差旅费津贴、误餐补助。误餐补助是指按照财政部规定，个人因公在城区、郊区工作，不能在工作单位或返回就餐的，根据实际误餐顿数，按规定的标准领取的误餐费。单位以误餐补助名义发给职工的补助、津贴不包括在内，应当并入当月工资、薪金所得计征个人所得税。

（二）劳务报酬所得

劳务报酬所得，是指个人从事劳务取得的所得，包括从事设计、装潢、安装、制图、化验、测试、医疗、法律、会计、咨询、讲学、翻译、审稿、书画、雕刻、影视、录音、录像、演出、表演、广告、展览、技术服务、介绍服务、经纪服务、代办服务以及其他劳务取得的所得。

区分“劳务报酬所得”和“工资、薪金所得”，主要看是否存在雇佣与被雇佣的关系。“工资、薪金所得”是个人从事非独立劳动，从所在单位（雇主）领取的报酬，存在雇佣与被雇佣的关系，即在机关、团体、学校、部队、企事业单位及其他组织中任职、受雇而得到的报酬。而“劳务报酬所得”则是指个人独立从事某种技艺，独立提供某种劳务而取得的报酬，一般不存在雇佣关系。个人所得税所列各项“劳务报酬所得”一般属于个人独立从事自由职业取得的所得或属于独立个人劳动所得。如果从事某项劳务活动取得的报酬是以工资、薪金形式体现的，如演员从其所属单位领取工资，教师从学校领取工资，就属于“工资、薪金所得”，而不属于“劳务报酬所得”。如果从事某项劳务活动取得的报酬不是来自聘用、雇佣或工作单位，如演员“走穴”演出取得的报酬，教师自行举办学习班、培训班等取得的收入，就属于“劳务报酬所得”或“经营所得”。

（1）个人兼职取得的收入应按照“劳务报酬所得”项目缴纳个人所得税。

（2）律师以个人名义再聘请其他人员为其工作而支付的报酬，应由该律师按“劳务报酬所得”项目负责代扣代缴个人所得税。为了便于操作，税款可由其任职的律师事务所代为缴入国库。

（三）稿酬所得

稿酬所得，是指个人因其作品以图书、报刊形式出版、发表而取得的所得。作品包括文学作品、书画作品、摄影作品，以及其他作品。作者去世后，财产继承人取得的遗作稿酬，也应按“稿酬所得”征收个人所得税。

(四) 特许权使用费所得

特许权使用费所得，是指个人提供专利权、商标权、著作权、非专利技术以及其他特许权的使用权取得的所得；提供著作权的使用权取得的所得，不包括稿酬所得。

(1) 作者将自己的文字作品手稿原件或复印件拍卖取得的所得，按照“特许权使用费所得”项目缴纳个人所得税。

(2) 个人取得专利赔偿所得，应按“特许权使用费所得”项目缴纳个人所得税。

(3) 对于剧本作者从电影、电视剧的制作单位取得的剧本使用费，不再区分剧本的使用方是否为其任职单位，统一按“特许权使用费所得”项目计征个人所得税。

(五) 经营所得

经营所得，是指：

(1) 个体工商户从事生产、经营活动取得的所得，个人独资企业投资人、合伙企业的个人合伙人来源于境内注册的个人独资企业、合伙企业生产、经营的所得；

(2) 个人依法从事办学、医疗、咨询以及其他有偿服务活动取得的所得；

(3) 个人对企业、事业单位承包经营、承租经营以及转包、转租取得的所得；

(4) 个人从事其他生产、经营活动取得的所得。

(六) 利息、股息、红利所得

利息、股息、红利所得，是指个人拥有债权、股权而取得的利息、股息、红利所得。其中，利息一般是指存款、贷款和债券的利息。股息、红利是指个人拥有股权取得的公司、企业分红。按照一定的比率派发的每股息金，称为股息。根据公司、企业应分配的超过股息部分的利润，按股派发的红股，称为红利。

(七) 财产租赁所得

财产租赁所得，是指个人出租不动产、机器设备、车船以及其他财产取得的所得。

(1) 个人取得的房屋转租收入，属于“财产租赁所得”项目。

(2) 房地产开发企业与商店购买者个人签订协议，以优惠价格出售其商店给购买者个人，购买者个人在一定期限内必须将购买的商店无偿提供给房地产开发企业对外出租使用。该行为实质上是购买者个人以所购商店交由房地产开发企业出租而取得的房屋租赁收入支付了部分购房价款。对购买者个人少支出的购房价款，应视同个人财产租赁所得，按“财产租赁所得”项目征收个人所得税。每次财产租赁所得的收入额，按照少支出的购房价款和协议规定的租赁月份数平均计算确定。

(八) 财产转让所得

财产转让所得，是指个人转让有价证券、股权、合伙企业中的财产份额、不动产、机器设备、车船以及其他财产取得的所得。

(1) 个人将投资于在中国境内成立的企业或组织(不包括个人独资企业和合伙企业)的股权或股份，转让给其他个人或法人的行为，按照“财产转让所得”项目，依法计算缴纳个人所得税，具体包括以下情形：①出售股权；②公司回购股权；③发行人首次公开发行新股时，被投资企业股东将其持有的股份以公开发行方式一并向投资者发售；④股权被司法或行政机关强制过户；⑤以股权对外投资或进行其他非货币性交易；⑥以股权抵偿债务；⑦其他股权转移行为。

(2) 个人因各种原因终止投资、联营、经营合作等行为，从被投资企业或合作项目、被投资企业的其他投资者以及合作项目的经营合作人取得股权转让收入、违约金、补偿金、赔偿金及以其他名目收回的款项等，均属于个人所得税应税收入，应按照“财产转让所得”项目适用的规定计算缴纳个人所得税。

(3) 个人以非货币性资产投资，属于个人转让非货币性资产和投资同时发生。对个人转让非货币性资产的所得，应按照“财产转让所得”项目，依法计算缴纳个人所得税。

(4) 纳税人收回转让的股权征收个人所得税的方法：①股权转让合同履行完毕、股权已作变更登记，且所得已经实现的，转让人取得的股权转让收入应当依法缴纳个人所得税。转让行为结束后，当事人双方签订并执行解除原股权转让合同、退回股权的协议，是另一次股权转让行为，对前次转让行为征收的个人所得税款不予退回。②股权转让合同未履行完毕，因执行仲裁委员会作出的解除股权转让合同及补充协议的裁决、停止执行原股权转让合同，并原价收回已转让股权的，由于其股权转让行为尚未完成、收入未完全实现，随着股权转让关系的解除，股权收益不复存在，纳税人不应缴纳个人所得税。

(5) 对个人转让新三板挂牌公司原始股取得的所得，按照“财产转让所得”，适用 20%的比例税率征收个人所得税。原始股是指个人在新三板挂牌公司挂牌前取得的股票，以及在该公司挂牌前和挂牌后由上述股票孳生的送、转股。

(6) 个人通过招标、竞拍或其他方式购置债权以后，通过相关司法或行政程序主张债权而取得的所得，应按照“财产转让所得”项目缴纳个人所得税。

(7) 个人通过网络收购玩家的虚拟货币，加价后向他人出售取得的收入，应按照“财产转让所得”项目计算缴纳个人所得税。

(九) 偶然所得

偶然所得，是指个人得奖、中奖、中彩以及其他偶然性质的所得。得奖是指参加各种有奖竞赛活动，取得名次得到的奖金；中奖、中彩是指参加各种有奖活动，如有奖储蓄、购买彩票，经过规定程序，抽中、摇中号码而取得的奖金。

(1) 企业对累积消费达到一定额度的顾客，给予额外抽奖机会，个人的获奖所得，按照“偶然所得”项目，全额缴纳个人所得税。

(2) 个人取得单张有奖发票奖金所得超过 800 元的，应全额按照“偶然所得”项目征收个人所得税。税务机关或其指定的有奖发票兑奖机构，是有奖发票奖金所得个人所得税的扣缴义务人。

(3) 个人为单位或他人提供担保获得收入，按照“偶然所得”项目计算缴纳个人所得税。

(4) 房屋产权所有人将房屋产权无偿赠与他人的，受赠人因无偿受赠房屋取得的受赠收入，按照“偶然所得”项目计算缴纳个人所得税。

(5) 企业在业务宣传、广告等活动中，随机向本单位以外的个人赠送礼品(包括网络红包，下同)，以及企业在年会、座谈会、庆典以及其他活动中向本单位以外的个人赠送礼品，个人取得的礼品收入，按照“偶然所得”项目计算缴纳个人所得税，但企业赠送的具有价格折扣或折让性质的消费券、代金券、抵用券、优惠券等礼品除外。

个人取得的所得，难以界定应纳税所得项目的，由国务院税务主管部门确定。

居民个人取得上述(一)至(四)项所得(综合所得)，按纳税年度合并计算个人所得税；非居民个人取得上述(一)至(四)项所得，按月或者按次分项计算个人所得税。纳税人取得上述(五)至(九)项所得,依照法律规定分别计算个人所得税。

三、个人所得税税率

(一) 综合所得

居民个人每一纳税年度内取得的综合所得包括:工资、薪金所得,劳务报酬所得,稿酬所得,特许权使用费所得。

综合所得适用3%～45%的超额累进税率,具体税率见表5-1。

表5-1 个人所得税税率表(综合所得适用)

级数	全年应纳税所得额	税率
1	不超过36 000元的	3%
2	超过36 000元至144 000元的部分	10%
3	超过144 000元至300 000元的部分	20%
4	超过300 000元至420 000元的部分	25%
5	超过420 000元至660 000元的部分	30%
6	超过660 000元至960 000元的部分	35%
7	超过960 000元的部分	45%

注:①本表所称全年应纳税所得额是指依照法律规定,居民个人取得综合所得以每一纳税年度收入额减除费用6万元以及专项扣除、专项附加扣除和依法确定的其他扣除后的余额。②非居民个人取得工资、薪金所得,劳务报酬所得,稿酬所得和特许权使用费所得,依照本表按月换算后计算应纳税额。

(二) 经营所得

经营所得适用5%～35%的超额累进税率,具体税率见表5-2。

表5-2 个人所得税税率表(经营所得适用)

级数	全年应纳税所得额	税率
1	不超过30 000元的	5%
2	超过30 000元至90 000元的部分	10%
3	超过90 000元至300 000元的部分	20%
4	超过300 000元至500 000元的部分	30%
5	超过500 000元的部分	35%

注:本表所称全年应纳税所得额是指依照法律规定,以每一纳税年度的收入总额减除成本、费用以及损失后的余额。

(三) 利息、股息、红利所得,财产租赁所得,财产转让所得和偶然所得

利息、股息、红利所得,财产租赁所得,财产转让所得和偶然所得适用比例税率,税率为20%。

自2001年1月1日起,对个人出租住房取得的所得暂减按10%的税率征收个人所得税。

四、个人所得税应纳税所得额的确定

个人所得税的计税依据是纳税人取得的应纳税所得额。应纳税所得额为个人取得的各

项收入减去税法规定的费用扣除金额和减免税收入后的余额。由于个人所得税的应税项目不同，扣除费用标准也各不相同，需要按不同应税项目分项计算。

（一）个人所得的形式

个人所得的形式，包括现金、实物、有价证券和其他形式的经济利益；所得为实物的，应当按照取得的凭证上所注明的价格计算应纳税所得额，无凭证的实物或者凭证上所注明的价格明显偏低的，参照市场价格核定应纳税所得额；所得为有价证券的，根据票面价格和市场价格核定应纳税所得额；所得为其他形式的经济利益的，参照市场价格核定应纳税所得额。

（二）应纳税所得额确定方式

1. 居民个人的综合所得

居民个人的综合所得，以每一纳税年度的收入额减除费用 6 万元以及专项扣除、专项附加扣除和依法确定的其他扣除后的余额，为应纳税所得额。

综合所得，包括工资、薪金所得，劳务报酬所得，稿酬所得，特许权使用费所得四项。劳务报酬所得、稿酬所得、特许权使用费所得以收入减除 20%的费用后的余额为收入额。稿酬所得的收入额减按 70%计算。

1）专项扣除

专项扣除，包括居民个人按照国家规定的范围和标准缴纳的基本养老保险、基本医疗保险、失业保险等社会保险费和住房公积金等。

2）专项附加扣除

专项附加扣除，包括 3 岁以下婴幼儿照护、子女教育、继续教育、大病医疗、住房贷款利息或者住房租金、赡养老人等支出。

（1）3 岁以下婴幼儿照护。自 2023 年 1 月 1 日起，3 岁以下婴幼儿照护专项附加扣除标准，由每个婴幼儿每月 1000 元提高到 2000 元。

（2）子女教育。纳税人的子女接受全日制学历教育的相关支出、年满 3 岁至小学入学前处于学前教育阶段的子女，按照每个子女每月 2 000 元的标准定额扣除。

学历教育包括义务教育（小学、初中教育）、高中阶段教育（普通高中、中等职业、技工教育）、高等教育（大学专科、大学本科、硕士研究生、博士研究生教育）。

父母可以选择由其中一方按扣除标准的 100%扣除，也可以选择由双方分别按扣除标准的 50%扣除，具体扣除方式在一个纳税年度内不能变更。

纳税人子女在中国境外接受教育的，纳税人应当留存境外学校录取通知书、留学签证等相关教育的证明资料备查。

（3）继续教育。纳税人在中国境内接受学历（学位）继续教育的支出，在学历（学位）教育期间按照每月 400 元定额扣除。同一学历（学位）继续教育的扣除期限不能超过 48 个月。纳税人接受技能人员职业资格继续教育、专业技术人员职业资格继续教育的支出，在取得相关证书的当年，按照 3600 元定额扣除。

个人接受本科及以下学历（学位）继续教育，符合《个人所得税专项附加扣除暂行办法》规定扣除条件的，可以选择由其父母扣除，也可以选择由本人扣除。

纳税人接受技能人员职业资格继续教育、专业技术人员职业资格继续教育的，应当留存相关证书等资料备查。

（4）大病医疗。在一个纳税年度内，纳税人发生的与基本医保相关的医药费用支出，扣除医保报销后个人负担(指医保目录范围内的自付部分)累计超过 15 000 元的部分,由纳税人在办理年度汇算清缴时,在 80 000 元限额内据实扣除。纳税人及其配偶、未成年子女发生的医药费用支出,按上述规定分别计算扣除额。

纳税人发生的医药费用支出可以选择由本人或者其配偶扣除;未成年子女发生的医药费用支出可以选择由其父母一方扣除。

纳税人应当留存医药服务收费及医保报销相关票据原件(或者复印件)等资料备查。医疗保障部门应当向患者提供在医疗保障信息系统记录的本人年度医药费用信息查询服务。

(5) 住房贷款利息。纳税人本人或者配偶单独或者共同使用商业银行或者住房公积金个人住房贷款为本人或者其配偶购买中国境内住房,发生的首套住房贷款利息支出,在实际发生贷款利息的年度,按照每月 1 000 元的标准定额扣除,扣除期限最长不超过 240 个月。纳税人只能享受一次首套住房贷款的利息扣除。

首套住房贷款是指购买住房享受首套住房贷款利率的住房贷款。

经夫妻双方约定,可以选择由其中一方扣除,具体扣除方式在一个纳税年度内不能变更。

夫妻双方婚前分别购买住房发生的首套住房贷款,其贷款利息支出,婚后可以选择其中一套购买的住房,由购买方按扣除标准的 100%扣除,也可以由夫妻双方对各自购买的住房分别按扣除标准的 50%扣除,具体扣除方式在一个纳税年度内不能变更。

纳税人应当留存住房贷款合同、贷款还款支出凭证备查。

(6) 住房租金。纳税人在主要工作城市没有自有住房而发生的住房租金支出,可以按照以下标准定额扣除:①直辖市、省会(首府)城市、计划单列市以及国务院确定的其他城市,扣除标准为每月 1 500 元。②除上述所列城市以外,市辖区户籍人口超过 100 万的城市,扣除标准为每月 1 100 元;市辖区户籍人口不超过 100 万的城市,扣除标准为每月 800 元。

纳税人的配偶在纳税人的主要工作城市有自有住房的,视同纳税人在主要工作城市有自有住房。

市辖区户籍人口,以国家统计局公布的数据为准。

主要工作城市是指纳税人任职受雇的直辖市、计划单列市、副省级城市、地级市(地区、州、盟)全部行政区域范围;纳税人无任职受雇单位的,为受理其综合所得汇算清缴的税务机关所在城市。

夫妻双方主要工作城市相同的,只能由一方扣除住房租金支出。

住房租金支出由签订租赁住房合同的承租人扣除。

纳税人及其配偶在一个纳税年度内不能同时分别享受住房贷款利息和住房租金专项附加扣除。

纳税人应当留存住房租赁合同、协议等有关资料备查。

(7) 赡养老人。纳税人赡养一位及以上被赡养人的赡养支出,统一按照以下标准定额扣除:①纳税人为独生子女的,按照每月 3 000 元的标准定额扣除;②纳税人为非独生子女的,由其与兄弟姐妹分摊每月 3 000 元的扣除额度,每人分摊的额度不能超过每月 1 000 元。可以由赡养人均摊或者约定分摊,也可以由被赡养人指定分摊。约定或者指定分摊的须签订书面分摊协议,指定分摊优先于约定分摊。具体分摊方式和额度在一个纳税年度内不能变更。

被赡养人是指年满 60 岁的父母,以及子女均已去世的年满 60 岁的祖父母、外祖父母。

《个人所得税专项附加扣除暂行办法》所称父母，是指生父母、继父母、养父母。所称子女，是指婚生子女、非婚生子女、继子女、养子女。父母之外的其他人担任未成年人的监护人的，比照《个人所得税专项附加扣除暂行办法》的规定执行。

3）其他扣除

其他扣除，包括个人缴付符合国家规定的企业年金、职业年金，个人购买符合国家规定的商业健康保险、税收递延型商业养老保险的支出，以及国务院规定可以扣除的其他项目。

专项扣除、专项附加扣除和依法确定的其他扣除，以居民个人一个纳税年度的应纳税所得额为限额；一个纳税年度扣除不完的，不结转以后年度扣除。

2. 非居民个人的工资、薪金所得

非居民个人的工资、薪金所得，以每月收入额减除费用 5 000 元后的余额为应纳税所得额；劳务报酬所得、稿酬所得、特许权使用费所得，以每次收入额为应纳税所得额。

3. 经营所得

经营所得，以每一纳税年度的收入总额减除成本、费用以及损失后的余额，为应纳税所得额。

成本、费用，是指生产、经营活动中发生的各项直接支出和分配计入成本的间接费用以及销售费用、管理费用、财务费用；损失，是指生产、经营活动中发生的固定资产和存货的盘亏、毁损、报废损失，转让财产损失，坏账损失，自然灾害等不可抗力因素造成的损失以及其他损失。

取得经营所得的个人，没有综合所得的，计算其每一纳税年度的应纳税所得额时，应当减除费用 6 万元、专项扣除、专项附加扣除以及依法确定的其他扣除。专项附加扣除在办理汇算清缴时减除。

从事生产、经营活动，未提供完整、准确的纳税资料，不能正确计算应纳税所得额的，由主管税务机关核定应纳税所得额或者应纳税额。

个体工商户的生产、经营所得个人所得税法律具体规定如下：个体工商户的生产、经营所得，以每一纳税年度的收入总额，减除成本、费用、税金、损失、其他支出以及允许弥补的以前年度亏损后的余额，为应纳税所得额。

成本是指个体工商户在生产经营活动中发生的销售成本、销货成本、业务支出以及其他耗费。

费用是指个体工商户在生产经营活动中发生的销售费用、管理费用和财务费用，已经计入成本的有关费用除外。

税金是指个体工商户在生产经营活动中发生的除个人所得税和允许抵扣的增值税以外的各项税金及其附加。

损失是指个体工商户在生产经营活动中发生的固定资产和存货的盘亏、毁损、报废损失，转让财产损失，坏账损失，自然灾害等不可抗力因素造成的损失以及其他损失。个体工商户发生的损失，减除责任人赔偿和保险赔款后的余额，参照财政部、国家税务总局有关企业资产损失税前扣除的规定扣除。

其他支出是指除成本、费用、税金、损失外，个体工商户在生产经营活动中发生的与生产经营活动有关的、合理的支出。

允许弥补的以前年度亏损，是指个体工商户依照规定计算的应纳税所得额小于零的数额。

个体工商户已经作为损失处理的资产，在以后纳税年度又全部收回或者部分收回时，应当计入收回当期的收入。

（1）个体工商户下列支出不得扣除：①个人所得税税款；②税收滞纳金；③罚金、罚款和被没收财物的损失；④不符合扣除规定的捐赠支出；⑤赞助支出；⑥用于个人和家庭的支出；⑦与取得生产经营收入无关的其他支出；⑧国家税务总局规定不准扣除的支出。

（2）个体工商户生产经营活动中，应当分别核算生产经营费用和个人、家庭费用。对于生产经营与个人、家庭生活混用难以分清的费用，其40%视为与生产经营有关的费用，准予扣除。

（3）个体工商户纳税年度发生的亏损，准予向以后年度结转，用以后年度的生产经营所得弥补，但结转年限最长不得超过5年。

（4）个体工商户实际支付给从业人员的、合理的工资薪金支出，准予扣除。

个体工商户业主的工资薪金支出不得税前扣除。

（5）个体工商户按照国务院有关主管部门或者省级人民政府规定的范围和标准为其业主和从业人员缴纳的基本养老保险费、基本医疗保险费、失业保险费、工伤保险费和住房公积金，准予扣除。

个体工商户为从业人员缴纳的补充养老保险费、补充医疗保险费，分别在不超过从业人员工资总额5%标准内的部分据实扣除；超过部分，不得扣除。

个体工商户业主本人缴纳的补充养老保险费、补充医疗保险费，以当地（地级市）上年度社会平均工资的3倍为计算基数，分别在不超过该计算基数5%标准内的部分据实扣除；超过部分，不得扣除。

除个体工商户依照国家有关规定为特殊工种从业人员支付的人身安全保险费和财政部、国家税务总局规定可以扣除的其他商业保险费外，个体工商户业主本人或者为从业人员支付的商业保险费，不得扣除。

（6）个体工商户在生产经营活动中发生的合理的不需要资本化的借款费用，准予扣除。

（7）个体工商户在生产经营活动中发生的下列利息支出，准予扣除：①向金融企业借款的利息支出；②向非金融企业和个人借款的利息支出，不超过按照金融企业同期同类贷款利率计算的数额的部分。

（8）个体工商户向当地工会组织拨缴的工会经费、实际发生的职工福利费支出、职工教育经费支出分别在工资薪金总额的2%、14%、2.5%的标准内据实扣除。

工资薪金总额是指允许在当期税前扣除的工资薪金支出数额。

职工教育经费的实际发生数额超出规定比例当期不能扣除的数额，准予在以后纳税年度结转扣除。

个体工商户业主本人向当地工会组织缴纳的工会经费、实际发生的职工福利费支出、职工教育经费支出，以当地（地级市）上年度社会平均工资的3倍为计算基数，在规定比例内据实扣除。

（9）个体工商户发生的与生产经营活动有关的业务招待费，按照实际发生额的60%扣除，但最高不得超过当年销售（营业）收入的5‰。

业主自申请营业执照之日起至开始生产经营之日止所发生的业务招待费，按照实际发生额的60%计入个体工商户的开办费。

（10）个体工商户每一纳税年度发生的与其生产经营活动直接相关的广告费和业务宣传费不超过当年销售（营业）收入15%的部分，可以据实扣除；超过部分，准予在以后纳税年度结转扣除。

（11）个体工商户代其从业人员或者他人负担的税款，不得税前扣除。

（12）个体工商户按照规定缴纳的摊位费、行政性收费、协会会费等，按实际发生数额扣除。

（13）个体工商户参加财产保险，按照规定缴纳的保险费，准予扣除。

（14）个体工商户发生的合理的劳动保护支出，准予扣除。

（15）个体工商户自申请营业执照之日起至开始生产经营之日止所发生符合规定的费用，除为取得固定资产、无形资产的支出，以及应计入资产价值的汇兑损益、利息支出外，作为开办费，个体工商户可以选择在开始生产经营的当年一次性扣除，也可以自生产经营月份起在不短于3年期限内摊销扣除，但一经选定，不得改变。

开始生产经营之日为个体工商户取得第一笔销售（营业）收入的日期。

（16）个体工商户通过公益性社会团体或者县级以上人民政府及其部门，用于《中华人民共和国公益事业捐赠法》规定的公益事业的捐赠，捐赠额不超过其应纳税所得额30%的部分可以据实扣除。

财政部、国家税务总局规定可以全额在税前扣除的捐赠支出项目，按有关规定执行。个体工商户直接对受益人的捐赠不得扣除。

（17）个体工商户研究开发新产品、新技术、新工艺所发生的开发费用，以及研究开发新产品、新技术而购置单台价值在10万元以下的测试仪器和试验性装置的购置费准予直接扣除；单台价值在10万元以上（含10万元）的测试仪器和试验性装置，按固定资产管理，不得在当期直接扣除。

个人独资企业的投资者以全部生产经营所得为应纳税所得额；合伙企业的投资者按照合伙企业的全部生产经营所得和合伙协议约定的分配比例确定应纳税所得额，合伙协议没有约定分配比例的，以全部生产经营所得和合伙人数量平均计算每个投资者的应纳税所得额。生产经营所得，包括企业分配给投资者个人的所得和企业当年留存的所得（利润）。

查账征收的个人独资企业和合伙企业的扣除项目比照《个体工商户个人所得税计税办法》的规定确定。

投资者兴办两个或两个以上企业，并且企业性质全部是个人独资的，年度终了后汇算清缴时，应汇总其投资兴办的所有企业的经营所得作为应纳税所得额，以此确定适用税率，计算出全年经营所得的应纳税额，再根据每个企业的经营所得占所有企业经营所得的比例，分别计算出每个企业的应纳税额和应补缴税额。投资者兴办两个或两个以上企业的，其投资者个人费用扣除标准由投资者选择在其中一个企业的生产经营所得中扣除。

计提的各种准备金不得扣除。

企业与其关联企业之间的业务往来，应当按照独立企业之间的业务往来收取或者支付价款、费用。不按照独立企业之间的业务往来收取或者支付价款、费用，而减少其应纳税所得额的，主管税务机关有权进行合理调整。

国家对下列情形的个人独资企业和合伙企业实行核定征收个人所得税，具体包括：依照国家有关规定应当设置但未设置账簿的；虽设置账簿，但账目混乱或者成本资料、收入凭证、费用凭证残缺不全，难以查账的；纳税人发生纳税义务，未按照规定的期限办理纳税申报，经税务机关责令限期申报，逾期仍不申报的。核定征收方式包括定额征收、核定应税所得率征收以及其他合理的征收方式。

4. 财产租赁所得

财产租赁所得，每次收入不超过4 000元的，减除费用800元；4 000元以上的，减除20%的费用，其余额为应纳税所得额。

5. 财产转让所得

财产转让所得，以转让财产的收入额减除财产原值和合理费用后的余额，为应纳税所得额。

财产原值，按照下列方法计算：

(1) 有价证券，为买入价以及买入时按照规定交纳的有关费用。

(2) 建筑物，为建造费或者购进价格以及其他有关费用。

(3) 土地使用权，为取得土地使用权所支付的金额、开发土地的费用以及其他有关费用。

(4) 机器设备、车船，为购进价格、运输费、安装费以及其他有关费用。

其他财产，参照前款规定的方法确定财产原值。

纳税人未提供完整、准确的财产原值凭证，不能按照规定的方法确定财产原值的，由主管税务机关核定财产原值。

合理费用，是指卖出财产时按照规定支付的有关税费。

6. 利息、股息、红利所得和偶然所得

利息、股息、红利所得和偶然所得，以每次收入额为应纳税所得额。

(三) 其他费用扣除规定

(1) 个人将其所得对教育、扶贫、济困等公益慈善事业进行捐赠，捐赠额未超过纳税人申报的应纳税所得额30%的部分，可以从其应纳税所得额中扣除；国务院规定对公益慈善事业捐赠实行全额税前扣除的，从其规定。个人将其所得对教育、扶贫、济困等公益慈善事业进行捐赠，是指个人将其所得通过中国境内的公益性社会组织、国家机关向教育、扶贫、济困等公益慈善事业的捐赠。应纳税所得额，是指计算扣除捐赠额之前的应纳税所得额。

(2) 个人通过非营利性的社会团体和国家机关向红十字事业的捐赠，在计算缴纳个人所得税时，准予在税前的所得额中全额扣除。

(3) 个人通过境内非营利的社会团体、国家机关向教育事业的捐赠，准予在个人所得税前全部扣除。

(4) 个人通过非营利的社会团体和国家机关向农村义务教育的捐赠，在计算缴纳个人所得税时，准予在税前的所得额中全额扣除。

农村义务教育的范围是指政府和社会力量举办的农村乡镇(不含县和县级市政府所在地的镇)、村的小学和初中以及属于这一阶段的特殊教育学校。纳税人对农村义务教育与高中在一起的学校的捐赠，也享受规定的所得税前扣除政策。接受捐赠或办理转赠的非营利的社会团体和国家机关，应按照财务隶属关系分别使用由中央或省级财政部门统一印(监)制的捐赠票据，并加盖接受捐赠或转赠单位的财务专用印章。税务机关据此对捐赠个人进行税前扣除。

(5) 个人通过非营利性社会团体和国家机关对公益性青少年活动场所(其中包括新建)的捐赠,在计算缴纳个人所得税时,准予在税前的所得额中全额扣除。公益性青少年活动场所,是指专门为青少年学生提供科技、文化、德育、爱国主义教育、体育活动的青少年宫、青少年活动中心等校外活动的公益性场所。

(6) 根据财政部、国家税务总局有关规定,个人通过宋庆龄基金会等6家单位,中国医药卫生事业发展基金会、中国教育发展基金会、中国老龄事业发展基金会等8家单位,中华健康快车基金会等5家单位用于公益救济性的捐赠,符合相关条件的,准予在缴纳个人所得税前全额扣除。

(7) 根据财政部、国家税务总局有关规定,个人通过非营利性的社会团体和政府部门向福利性、非营利性老年服务机构捐赠,符合相关条件的,准予在缴纳个人所得税前全额扣除。

(8) 对个人购买符合规定的商业健康保险产品的支出,允许在当年(月)计算应纳税所得额时予以税前扣除,扣除限额为2 400元/年(200元/月)。单位统一为员工购买符合规定的商业健康保险产品的支出,应分别计入员工个人工资、薪金,视同个人购买,按上述限额予以扣除。2 400元/年(200元/月)的限额扣除为个人所得税法规定减除费用标准之外的扣除。适用商业健康保险税收优惠政策的纳税人,是指取得工资薪金所得、连续性劳务报酬所得的个人,以及取得个体工商户生产经营所得、对企事业单位的承包承租经营所得的个体工商户业主、个人独资企业投资者、合伙企业合伙人和承包承租经营者。

(四) 每次收入的确定

(1) 财产租赁所得,以一个月内取得的收入为一次。

(2) 利息、股息、红利所得,以支付利息、股息、红利时取得的收入为一次。

(3) 偶然所得,以每次取得该项收入为一次。

(4) 非居民个人取得的劳务报酬所得、稿酬所得、特许权使用费所得,属于一次性入的,以取得该项收入为一次;属于同一项目连续性收入的,以一个月内取得的收入为一次。

五、个人所得税应纳税额的计算

(一) 应纳税额的计算

1. 综合所得应纳税额的计算

综合所得应纳税额的计算公式为:

应纳税额=应纳税所得额×适用税率-速算扣除数

=(每一纳税年度的收入额-费用6万元-专项扣除-专项附加扣除-依法确定的其他扣除)×适用税率-速算扣除数

2. 扣缴义务人对居民个人工资、薪金所得,劳务报酬所得,稿酬所得,特许权使用费所得预扣预缴个人所得税的计算

(1) 扣缴义务人向居民个人支付工资、薪金所得时,应当按照累计预扣法计算预扣税款,并按月办理全员全额扣缴申报。累计预扣法,是指扣缴义务人在一个纳税年度内预扣预缴税款时,以纳税人在本单位截至当前月份工资、薪金所得累计收入减除累计免税收入、累计减除费用、累计专项扣除、累计专项附加扣除和累计依法确定的其他扣除后的余额为累计预

扣预缴应纳税所得额，计算累计应预扣预缴税额，再减除累计减免税额和累计已预扣预缴税额，其余额为本期应预扣预缴税额。余额为负值时，暂不退税。纳税年度终了后余额仍为负值时，由纳税人通过办理综合所得年度汇算清缴，税款多退少补。

具体计算公式如下：

本期应预扣预缴税额＝（累计预扣预缴应纳税所得额×预扣率－速算扣除数）－累计减免税额－累计已预扣预缴税额

累计预扣预缴应纳税所得额＝累计收入－累计免税收入－累计减除费用－累计专项扣除－累计专项附加扣除－累计依法确定的其他扣除

其中，累计减除费按照5 000元/月乘以纳税人当年截至本月在本单位的任职受雇月份数计算。

上述公式中，计算居民个人工资、薪金所得预扣预缴税额的预扣率、速算扣除数，按“个人所得税预扣率表一”（表5-3）执行。

表5-3 个人所得税预扣率表一（居民个人工资、薪金所得预扣预缴适用）

级数	累计预扣预缴应纳税所得额	预扣率	速算扣除数
1	不超过36 000元的部分	3%	0
2	超过36 000元至144 000元的部分	10%	2 520
3	超过144 000元至300 000元的部分	20%	16 920
4	超过300 000元至420 000元的部分	25%	31 920
5	超过420 000元至660 000元的部分	30%	52 920
6	超过660 000元至960 000元的部分	35%	85 920
7	超过960 000元的部分	45%	181 920

自2020年7月1日起，对一个纳税年度内首次取得工资、薪金所得的居民个人，扣缴义务人在预扣预缴个人所得税时，可按照5 000元/月乘以纳税人当年截至本月月份数计算累计减除费用。首次取得工资、薪金所得的居民个人，是指自纳税年度首月起至新入职时，未取得工资、薪金所得或者未按照累计预扣法预扣预缴过连续性劳务报酬所得个人所得税的居民个人。

（2）扣缴义务人向居民个人支付劳务报酬所得、稿酬所得、特许权使用费所得，按次或者按月预扣预缴个人所得税。劳务报酬所得、稿酬所得、特许权使用费所得，属于一次性收入的，以取得该项收入为一次；属于同一项目连续性收入的，以一个月内取得的收入为一次。具体预扣预缴方法如下。

劳务报酬所得、稿酬所得、特许权使用费所得以收入减除费用后的余额为收入额。其中，稿酬所得的收入额减按70%计算。

减除费用：劳务报酬所得、稿酬所得、特许权使用费所得每次收入不超过4 000元的，减除费用按800元计算；每次收入4 000元以上的，减除费用按20%计算。

应纳税所得额：劳务报酬所得、稿酬所得、特许权使用费所得，以每次收入额为预扣预缴应纳税所得额。

劳务报酬所得适用20%～40%的超额累进预扣率，按“个人所得税预扣率表二”(表5-4)执行，稿酬所得、特许权使用费所得适用20%的比例预扣率。

劳务报酬所得应预扣预缴税额＝预扣预缴应纳税所得额×预扣率－速算扣除数

稿酬所得、特许权使用费所得应预扣预缴税额＝预扣预缴应纳税所得额×20%

表5-4 个人所得税预扣率表二(居民个人劳务报酬所得预扣预缴适用)

级数	预扣预缴应纳税所得额	预扣率	速算扣除数
1	不超过20 000元的部分	20%	0
2	超过20 000元至50 000元的部分	30%	2 000
3	超过50 000元的部分	40%	7 000

居民个人工资、薪金所得，劳务报酬所得，稿酬所得，特许权使用费所得年度预扣预缴税额与年度应纳税额不一致的，由居民个人于次年3月1日至6月30日向主管税务机关办理综合所得年度汇算清缴，税款多退少补。

3. 扣缴义务人代扣代缴个人所得税的计算

扣缴义务人向非居民个人支付工资、薪金所得，劳务报酬所得，稿酬所得和特许权使用费所得时，应当按以下方法按月或者按次代扣代缴个人所得税。

非居民个人的工资、薪金所得，以每月收入额减除费用5 000元后的余额为应纳税所得额；劳务报酬所得、稿酬所得、特许权使用费所得，以每次收入额为应纳税所得额，适用按月换算后的非居民个人月度税率表，即“个人所得税税率表三”(表5-5)计算应纳税额。其中，劳务报酬所得、稿酬所得、特许权使用费所得以收入减除20%的费用后的余额为收入额。稿酬所得的收入额减按70%计算。

非居民个人工资、薪金所得，劳务报酬所得，稿酬所得，特许权使用费所得应纳税额＝应纳税所得额×税率－速算扣除数

表5-5 个人所得税税率表三(非居民个人工资、薪金所得，劳务报酬所得，稿酬所得，特许权使用费所得适用)

级数	应纳税所得额	税率	速算扣除数
1	不超过3 000元的部分	3%	0
2	超过3 000元至12 000元的部分	10%	210
3	超过12 000元至25 000元的部分	20%	1 410
4	超过25 000元至35 000元的部分	25%	2 660
5	超过35 000元至55 000元的部分	30%	4 410
6	超过55 000元至80 000元的部分	35%	7 160
7	超过80 000元的部分	45%	15 160

4. 经营所得应纳税额的计算

个体工商户的生产、经营所得应纳税额的计算公式为：

应纳税额＝应纳税所得额×适用税率－速算扣除数

＝(全年收入总额－成本、费用、税金、损失、其他支出及以前年度亏损)×适用税率－速算扣除数

5. 利息、股息、红利所得应纳税额的计算

利息、股息、红利所得应纳税额的计算公式为：

应纳税额＝应纳税所得额×适用税率＝每次收入额×适用税率

6. 财产租赁所得应纳税额的计算

财产租赁所得应纳税额的计算公式如下。

(1) 每次(月)收入不足4 000元的：

应纳税额＝[每次(月)收入额－财产租赁过程中缴纳的税费－由纳税人负担的租赁财产实际开支的修缮费用(800元为限)－800元]×20%

(2) 每次(月)收入在4 000元以上的：

应纳税额＝[每次(月)收入额－财产租赁过程中缴纳的税费－由纳税人负担的租赁财产实际开支的修缮费用(800元为限)]×(1－20%)×20%

个人出租房屋的个人所得税应税收入不含增值税，计算房屋出租所得可扣除的税费不包括本次出租缴纳的增值税。个人转租房屋的，其向房屋出租方支付的租金及增值税额，在计算转租所得时予以扣除。

7. 财产转让所得应纳税额的计算

财产转让所得应按照一次转让财产的收入额减除财产原值和合理费用后的余额计算纳税。

财产转让所得应纳税额的计算公式为：

应纳税额＝应纳税所得额×适用税率＝(收入总额－财产原值－合理费用)×20%

个人转让房屋的个人所得税应税收入不含增值税，其取得房屋时所支付价款中包含的增值税计入财产原值，计算转让所得时可扣除的税费不包括本次转让缴纳的增值税。

受赠人转让受赠房屋的，以其转让受赠房屋的收入减除原捐赠人取得该房屋的实际购置成本以及赠与和转让过程中受赠人支付的相关税费后的余额，为受赠人的应纳税所得额，依法计征个人所得税。受赠人转让受赠房屋价格明显偏低且无正当理由的，税务机关可以依据该房屋的市场评估价格或其他合理方式确定的价格核定其转让收入。

8. 偶然所得应纳税额的计算

偶然所得应纳税额的计算公式为：

应纳税额＝应纳税所得额×适用税率＝每次收入额×20%

(二) 应纳税额计算的其他规定

(1) 全年一次性奖金的征税规定：

居民个人取得全年一次性奖金，符合相关规定的，在2021年12月31日前，不并入当年综合所得，以全年一次性奖金收入除以12个月得到的数额，按照按月换算后的综合所得税率表，确定适用税率和速算扣除数，单独计算纳税。计算公式为：

应纳税额＝全年一次性奖金收入×适用税率－速算扣除数

居民个人取得全年一次性奖金，也可以选择并入当年综合所得计算纳税。

自2022年1月1日起，居民个人取得全年一次性奖金，应并入当年综合所得计算缴纳个人所得税。

（2）上市公司股权激励的征税规定：

居民个人取得股票期权、股票增值权、限制性股票、股权奖励等股权激励，符合规定的相关条件的，在2021年12月31日前，不并入当年综合所得，全额单独适用综合所得税率表，计算纳税。

计算公式为：

$$应纳税额=股权激励收入\times适用税率-速算扣除数$$

居民个人一个纳税年度内取得两次以上（含两次）股权激励的，应合并计算纳税。

（3）个人领取年金的征税规定：

个人达到国家规定的退休年龄，领取的企业年金、职业年金，符合相关规定的，不并入综合所得，全额单独计算应纳税款。其中按月领取的，适用月度税率表计算纳税；按季领取的，平均分摊计入各月，按每月领取额适用月度税率表计算纳税；按年领取的，适用综合所得税率表计算纳税。

个人因出境定居而一次性领取的年金个人账户资金，或个人死亡后，其指定的受益人或法定继承人一次性领取的年金个人账户余额，适用综合所得税率表计算纳税。对个人除上述特殊原因外一次性领取年金个人账户资金或余额的，适用月度税率表计算纳税。

（4）解除劳动关系一次性补偿收入的征税规定：

个人与用人单位解除劳动关系取得一次性补偿收入（包括用人单位发放的经济补偿金、生活补助费和其他补助费），在当地上年职工平均工资3倍数额以内的部分，免征个人所得税；超过3倍数额的部分，不并入当年综合所得，单独适用综合所得税率表，计算纳税。

（5）提前退休一次性补贴收入的征税规定：

个人办理提前退休手续而取得的一次性补贴收入，应按照办理提前退休手续至法定离退休年龄之间实际年度数平均分摊，确定适用税率和速算扣除数，单独适用综合所得税率表，计算纳税。计算公式为：

$$应纳税额=[(一次性补贴收入\div办理提前退休手续至法定退休年龄的实际年度数-费用扣除标准)\times适用税率-速算扣除数]\times办理提前退休手续至法定退休年龄的实际年度数$$

（6）内部退养一次性补贴收入的征税规定：

实行内部退养的个人在其办理内部退养手续后至法定离退休年龄之间从原任职单位取得的工资、薪金，不属于离退休工资，应按“工资、薪金所得”项目计征个人所得税。个人在办理内部退养手续后从原任职单位取得的一次性收入，应按办理内部退养手续后至法定离退休年龄之间的所属月份进行平均，并与领取当月的工资、薪金所得合并后减除当月费用扣除标准，以余额为基数确定适用税率，再将当月工资、薪金加上取得的一次性收入，减去费用扣除标准，按适用税率计征个人所得税。

个人在办理内部退养手续后至法定离退休年龄之间重新就业取得的工资、薪金所得，应与其从原任职单位取得的同一月份的工资、薪金所得合并，并依法自行向主管税务机关申报缴纳个人所得税。

(7) 单位低价向职工售房的征税规定：

单位按低于购置或建造成本价格出售住房给职工，职工因此而少支出的差价部分，于合相关规定的，不并入当年综合所得，以差价收入除以 12 个月得到的数额，按照月度税率表确定适用税率和速算扣除数，单独计算纳税。计算公式为：

应纳税额＝职工实际支付的购房价款低于该房屋的购置或建造成本价格的差额×适用税率－速算扣除数

(8) 个人取得公务交通、通讯补贴收入的征税规定：

个人因公务用车和通讯制度改革而取得的公务用车、通讯补贴收入，扣除一定标准的公务费用后，按照“工资、薪金所得”项目计征个人所得税。

(9) 退休人员再任职取得收入的征税规定：

退休人员再任职取得的收入，在减除按个人所得税法规定的费用扣除标准后，按“工资、薪金所得”应税项目缴纳个人所得税。

(10) 离退休人员从原任职单位取得各类补贴、奖金、实物的征税规定：

离退休人员除按规定领取离退休工资或养老金外，另从原任职单位取得的各类补贴、奖金、实物、不属于免税的退休工资、离休工资、离休生活补助费，应在减除费用扣除标准后，按“工资、薪金所得”应税项目缴纳个人所得税。

(11) 基本养老保险费、基本医疗保险费、失业保险费、住房公积金的征税规定：

企事业单位和个人超过规定的比例和标准缴付的基本养老保险费、基本医疗保险费和失业保险费，应将超过部分并入个人当期的工资、薪金收入，计征个人所得税。

单位和个人分别在不超过职工本人上一年度月平均工资 12％的幅度内，其实际缴存的住房公积金，允许在个人应纳税所得额中扣除。单位和职工个人缴存住房公积金的月平均工资不得超过职工工作地所在设区城市上一年度职工月平均工资的 3 倍，具体标准按照各地有关规定执行。单位和个人超过规定比例和标准缴付的住房公积金，应将超过部分并入个人当期的工资、薪金收入，计征个人所得税。

(12) 企业为员工支付保险金的征税规定：

对企业为员工支付各项免税之外的保险金，应在企业向保险公司缴付时并入员工当期的工资收入，按“工资、薪金所得”项目计征个人所得税，税款由企业负责代扣代缴。

(13) 兼职律师从律师事务所取得工资、薪金性质所得的征税规定：

兼职律师从律师事务所取得工资、薪金性质的所得，律师事务所在代扣代缴其个人得税时，不再减除个人所得税法规定的费用扣除标准，以收入全额(取得分成收入的为除办理案件支出费用后的余额)直接确定适用税率，计算扣缴个人所得税。兼职律师应行向主管税务机关申报两处或两处以上取得的工资、薪金所得，合并计算缴纳个人所得税兼职律师是指取得律师资格和律执业证书，不脱离本职工作从事律师职业的人员。

(14) 从职务科技成果转化收入中给予科技人员的现金奖励的征税规定：

依法批准设立的非营利性研究开发机构和高等学校根据《中华人民共和国促进科技成果转化法》规定，从职务科技成果转化收入中给予科技人员的现金奖励，可减按 50％计入科技人员当月工资、薪金所得,依法缴纳个人所得税。

非营利性科研机构和高校包括国家设立的科研机构和高校、民办非营利性科研机构和高校。

(15) 保险营销员、证券经纪人取得的佣金收入,属于“劳务报酬所得”,以不含增值税的收入减除20%的费用后的余额为收入额,收入额减去展业成本以及附加税费后,并入当年综合所得,计算缴纳个人所得税。保险营销员、证券经纪人展业成本按照收入额的25%计算。

扣缴义务人向保险营销员、证券经纪人支付佣金收入时,应按照规定的累计预扣法计算预扣税款。

(16) 个人投资者收购企业股权后,将企业原有盈余积累转增股本的个人所得税规定:

一名或多名个人投资者以股权收购方式取得被收购企业100%股权,股权收购前,被收购企业原账面金额中的“资本公积、盈余公积、未分配利润”等盈余积累未转增股本,而在股权交易时将其一并计入股权转让价格并履行了所得税纳税义务。

股权收购后,企业将原账面金额中的盈余积累向个人投资者(以下称新股东)转增股本,有关个人所得税问题区分以下情形处理:

新股东以不低于净资产价格收购股权的,企业原盈余积累已全部计入股权交易价格,新股东取得盈余积累转增股本的部分,不征收个人所得税。

新股东以低于净资产价格收购股权的,企业原盈余积累中,对于股权收购价格减去原股本的差额部分已经计入股权交易价格,新股东取得盈余积累转增股本的部分,不征收个人所得税;对于股权收购价格低于原所有者权益的差额部分未计入股权交易价格,新股东取得盈余积累转增股本的部分,应按照“利息、股息、红利所得”项目征收个人所得税。

新股东以低于净资产价格收购企业股权后转增股本,应按照下列顺序进行,即:先转增应税的盈余积累部分,然后再转增免税的盈余积累部分。

(17) 个人从公开发行和转让市场取得的上市公司股票,持股期限在1个月以内(含1个月)的,其股息红利所得全额计入应纳税所得额;持股期限在1个月以上至1年(含1年)的,暂减按50%计入应纳税所得额;上述所得统一适用20%的税率计征个人所得税。

对个人持有的上市公司限售股,解禁后取得的股息红利,按照上市公司股息红利差别化个人所得税政策规定计算纳税,持股时间自解禁日起计算;解禁前取得的股息红利继续暂减按50%计入应纳税所得额,适用20%的税率计征个人所得税。

个人从公开发行和转让市场取得的上市公司股票包括:①通过证券交易所集中交易系统或大宗交易系统取得的股票;②通过协议转让取得的股票;③因司法扣划取得的股票;④因依法继承或家庭财产分割取得的股票;⑤通过收购取得的股票;⑥权证行权取得的股票;⑦使用可转换公司债券转换的股票;⑧取得发行的股票、配股、股份股利及公积金转增股本;⑨持有从代办股份转让系统转到主板市场(或中小板、创业板市场)的股票;⑩上市公司合并,个人持有的被合并公司股票转换的合并后公司股票;⑪上市公司分立,个人持有的被分立公司股票转换的分立后公司股票;⑫其他从公开发行和转让市场取得的股票。

自2019年7月1日起至2024年6月30日,个人持有全国中小企业股份转让系统挂牌公司的股票,持股期限在1个月以内(含1个月)的,其股息红利所得全额计入应纳税所得额;持股期限在1个月以上至1年(含1年)的,暂减按50%计入应纳税所得额;上述所得统一适用20%的税率计征个人所得税。

对证券投资基金从挂牌公司取得的股息红利所得，按照前述规定计征个人所得税。

(18) 房屋买受人在未办理房屋产权证的情况下，按照与房地产公司约定条件(如对房屋的占有、使用、收益和处分权进行限制)在一定时期后无条件退房而取得的补偿款，应按照"利息、股息、红利所得"项目缴纳个人所得税，税款由支付补偿款的房地产公司代扣代缴。

(19) 自2010年1月1日起，对个人转让限售股取得的所得，按照"财产转让所得"项目征收个人所得税。

个人转让限售股，以每次限售股转让收入，减除股票原值和合理税费后的余额，为应纳税所得额，即：

$$应纳税所得额=限售股转让收入-(限售股原值+合理税费)$$
$$应纳税额=应纳税所得额\times 20\%$$

限售股转让收入，是指转让限售股股票实际取得的收入。限售股原值，是指限售股买入时的买入价及按照规定缴纳的有关费用。合理税费，是指转让限售股过程中发生的印花税、佣金、过户费等与交易相关的税费。

(20) 两个以上的个人共同取得同一项目收入的，应当对每个人取得的收入分别按照个人所得税法的规定计算纳税。

(21) 居民个人从中国境内和境外取得的综合所得、经营所得，应当分别合并计算应纳税额；从中国境内和境外取得的其他所得，应当分别单独计算应纳税额。居民个人从中国境外取得的所得，可以从其应纳税额中抵免已在境外缴纳的个人所得税税额，但抵免额不得超过该纳税人境外所得依照个人所得税法规定计算的应纳税额。

已在境外缴纳的个人所得税税额，是指居民个人来源于中国境外的所得，依照该所得来源国家(地区)的法律应当缴纳并且实际已经缴纳的所得税税额。

纳税人境外所得依照个人所得税法规定计算的应纳税额，是居民个人抵免已在境外缴纳的综合所得、经营所得以及其他所得的所得税税额的限额(以下简称"抵免限额")。除国务院财政、税务主管部门另有规定外，来源于中国境外一个国家(地区)的综合所得抵免限额、经营所得抵免限额以及其他所得抵免限额之和，为来源于该国家(地区)所得的抵免限额。

居民个人在中国境外一个国家(地区)实际已经缴纳的个人所得税税额，低于依照规定计算出的来源于该国家(地区)所得的抵免限额的，应当在中国缴纳差额部分的税款；超过来源于该国家(地区)所得的抵免限额的，其超过部分不得在本纳税年度的应纳税额中抵免，但是可以在以后纳税年度来源于该国家(地区)所得的抵免限额的余额中补扣。补扣期限最长不得超过5年。

居民个人申请抵免已在境外缴纳的个人所得税税额，应当提供境外税务机关出具的税款所属年度的有关纳税凭证。

(22) 出租汽车经营单位对出租车驾驶员采取单车承包或承租方式运营，出租车驾驶员从事客货营运取得的收入，按"工资、薪金所得"项目征税。

出租车属于个人所有，但挂靠出租汽车经营单位或企事业单位，驾驶员向挂靠单位缴纳管理费的，或出租汽车经营单位将出租车所有权转移给驾驶员的，出租车驾驶员从事客货运营取得的收入，比照"经营所得"项目征税。

从事个体出租车运营的出租车驾驶员取得的收入，按"经营所得"项目缴纳个人所得税。

(23) 关于企业改组改制过程中个人取得的量化资产征税问题：

根据国家有关规定，集体所有制企业在改制为股份合作制企业时，可以将有关资产量化给职工个人。

为了支持企业改组改制的顺利进行，对于企业在改制过程中个人取得量化资产的征税问题，税法作出了如下规定：①对职工个人以股份形式取得的仅作为分红依据，不拥有所有权的企业量化资产，不征收个人所得税。②对职工个人以股份形式取得的拥有所有权的企业量化资产，暂缓征收个人所得税；待个人将股份转让时，就其转让收入额，减除个人取得该股份时实际支付的费用支出和合理转让费用后的余额，按"财产转让所得"项目计征个人所得税。③对职工个人以股份形式取得的企业量化资产参与企业分配而获得的股息、红利，应按"利息、股息、红利所得"项目征收个人所得税。

(24) 符合以下情形的房屋或其他财产，不论所有权人是否将财产无偿或有偿交付企业使用，其实质均为企业对个人进行了实物性质的分配，应依法计征个人所得税：①企业出资购买房屋及其他财产，将所有权登记为投资者个人、投资者家庭成员或企业其他人员的。②企业投资者个人、投资者家庭成员或企业其他人员向企业借款用于购买房屋及其他财产，将所有权登记为投资者、投资者家庭成员或企业其他人员，且借款年度终了后未归还借款的。③对个人独资企业、合伙企业的个人投资者或其家庭成员取得的上述所得，视为企业对个人投资者的利润分配，按照"经营所得"项目计征个人所得税；对除个人独资企业、合伙企业以外其他企业的个人投资者或其家庭成员取得的上述所得，视为企业对投资者的红利分配，按照"利息、股息、红利所得"项目计征个人所得税；对企业其他人员取得的上述所得，按照"综合所得"项目计征个人所得税。

(25) 对在中国境内无住所的个人一次取得数月奖金或年终加薪、劳动分红(以下简称奖金，不包括应按月支付的奖金)，可单独作为一个月的工资、薪金所得计算纳税。但对上述奖金不再减除费用，全额作为应纳税所得额直接按适用税率计算应纳税款，并且不再按居住天数进行划分计算。

特殊情况：在中国境内无住所的个人在担任境外企业职务的同时，兼任该外国企业在华机构的职务，但并不实际或不经常到华履行该在华机构职务，对其一次取得的数月奖金中属于全月未在华的月份奖金，依照劳务发生地原则，可不作为来源于中国境内的奖金收入计算纳税。

(26) 特定行业职工取得的工资、薪金所得的计税问题。采掘业、远洋运输业、远洋捕捞业：按月预缴，年度终了后30日内，合计其全年工资、薪金所得，再按12个月平均，并计算实际应纳的税款，多退少补。

$$应纳所得税额=[(全年工资、薪金收入\div 12-费用扣除标准)\times 税率-速算扣除数]\times 12$$

(27) 城镇企业事业单位及其职工个人按照《失业保险条例》规定的比例，实际缴付的失业保险费，均不计入职工个人当期的工资、薪金收入，免予征收个人所得税；超过部分，计入职工个人当期的工资薪金收入，依法计征个人所得税。具备《失业保险条例》规定条件的失业人员，领取的失业保险金，免予征收个人所得税。

(28) 纳税人收回转让的股权征收个人所得税的方法。股权转让合同履行完毕、股权已作变更登记，且所得已经实现的，转让人取得的股权转让收入应依法缴纳个人所得税。转让行为结束后，当事人双方签订并执行解除原股权转让合同、退回股权的协议，是另一次股权转让行为，对前次转让行为征收的个人所得税款不予退回。

股权转让合同未履行完毕，因执行仲裁委员会做出的解除股权转让合同及补充协议的裁决、停止执行原股权转让合同，并原价收回已转让股权的：纳税人不应缴纳个人所得税。

六、个人所得税税收优惠

（一）免税项目

（1）省级人民政府、国务院部委和中国人民解放军军以上单位，以及外国组织、国际组织颁发的科学、教育、技术、文化、卫生、体育、环境保护等方面的奖金。

（2）国债和国家发行的金融债券利息。其中，国债利息，是指个人持有中华人民共和国财政部发行的债券而取得的利息；国家发行的金融债券利息，是指个人持有经国务院批准发行的金融债券而取得的利息。

（3）按照国家统一规定发给的补贴、津贴。其是指按照国务院规定发给的政府特殊津贴、院士津贴，以及国务院规定免纳个人所得税的其他补贴、津贴。

（4）福利费、抚恤金、救济金。其中，福利费是指根据国家有关规定，从企业、事业单位、国家机关、社会组织提留的福利费或者工会经费中支付给个人的生活补助费；救济金，是指各级人民政府民政部门支付给个人的生活困难补助费。

（5）保险赔款。

（6）军人的转业费、复员费、退役金。

（7）按照国家统一规定发给干部、职工的安家费、退职费、基本养老金或者退休费、离休费、离休生活补助费。

（8）依照有关法律规定应予免税的各国驻华使馆、领事馆的外交代表、领事官员和其他人员的所得。该所得是指依照《中华人民共和国外交特权与豁免条例》和《中华人民共和国领事特权与豁免条例》规定免税的所得。

（9）中国政府参加的国际公约、签订的协议中规定免税的所得。

（10）国务院规定的其他免税所得。该项免税规定，由国务院报全国人民代表大会常务委员会备案。

（二）减税项目

（1）残疾、孤老人员和烈属的所得。

（2）因自然灾害造成重大损失的。

上述减税项目的减征幅度和期限，由省、自治区、直辖市人民政府规定，并报同级人民代表大会常务委员会备案。

国务院可以规定其他减税情形，报全国人民代表大会常务委员会备案。

（三）其他免税和暂免征税项目

（1）下列所得，暂免征收个人所得税：①外籍个人以非现金形式或实报实销形式取得的住房补贴、伙食补贴、搬迁费、洗衣费。②外籍个人按合理标准取得的境内、外出差补贴。③外籍个人取得的探亲费、语言训练费、子女教育费等，经当地税务机关审核批准为合理的部分。④外籍个人从外商投资企业取得的股息、红利所得。⑤凡符合下列条件之一的外籍专家取得的工资、薪金所得可免征个人所得税：第一，根据世界银行专项贷款协议由世界银行直接派往我国工作的外国专家；第二，联合国组织直接派往我国工作的专家；第三，为联合国援助项目来华工作的专家；第四，援助国派往我国专为该国无偿援助项目工作的专家；第五，根据两国政府签订文化交流项目来华工作两年以内的文教专家，其工资、薪金所得由该国负担的；第六，根据我国大专院校国际交流项目来华工作两年以内的文教专家，其工资、薪金所得由该国负担的；第七，通过民间科研协定来华工作的专家，其工资、薪金所得由该国政府机构负担的。2019 年 1 月 1 日至 2021 年 12 月 31 日期间，外籍个人符合居民个人条件的，可以选择享受个人所得税专项附加扣除，也可以选择按照规定，享受住房补贴、语言训练费、子女教育费等津补贴免税优惠政策，但不得同时享受。外籍个人一经选择，在一个纳税年度内不得变更。自 2022 年 1 月 1 日起，外籍个人不再享受住房补贴、语言训练费、子女教育费津补贴免税优惠政策，应按规定享受专项附加扣除。

(2) 个人在上海、深圳证券交易所转让从上市公司公开发行和转让市场取得的股票，转让所得暂不征收个人所得税。

(3) 自 2018 年 11 月 1 日(含)起，对个人转让全国中小企业股份转让系统(新三板)挂牌公司非原始股取得的所得，暂免征收个人所得税。非原始股是指个人在新三板挂牌公司挂牌后取得的股票，以及由上述股票孳生的送、转股。

(4) 个人举报、协查各种违法、犯罪行为而获得的奖金暂免征收个人所得税。

(5) 个人办理代扣代缴手续，按规定取得的扣缴手续费暂免征收个人所得税。

(6) 个人转让自用达 5 年以上，并且是唯一的家庭生活用房取得的所得，暂免征收个人所得税。

(7) 对个人购买福利彩票、体育彩票，一次中奖收入在 1 万元以下(含 1 万元)的暂免征收个人所得税，超过 1 万元的，全额征收个人所得税。

(8) 个人取得单张有奖发票奖金所得不超过 800 元(含 800 元)的，暂免征收个人所得税。

(9) 达到离休、退休年龄，但确因工作需要，适当延长离休、退休年龄的高级专家(指享受国家发放的政府特殊津贴的专家、学者)，其在延长离休、退休期间的工资、薪金所得，视同离休、退休工资免征个人所得税。

(10) 个人领取原提存的住房公积金、基本医疗保险金、基本养老保险金，以及失业保险金，免予征收个人所得税。

(11) 对工伤职工及其近亲属按照《工伤保险条例》规定取得的工伤保险待遇，免征个人所得税。

(12) 企事业单位按照国家或省(自治区、直辖市)人民政府规定的缴费比例或办法实际缴付的基本养老保险费、基本医疗保险费和失业保险费，免征个人所得税；个人按照国家或省(自治区、直辖市)人民政府规定的缴费比例或办法实际缴付的基本养老保险费、基本医疗保险费和失业保险费，允许在个人应纳税所得额中扣除。

(13) 企业和事业单位根据国家有关政策规定的办法和标准，为在本单位任职或者受雇的全体职工缴付的企业年金或职业年金单位缴费部分，在计入个人账户时，个人暂不缴纳个人所得税。

个人根据国家有关政策规定缴付的年金个人缴费部分，在不超过本人缴费工资计税基数的 4%标准内的部分，暂从个人当期的应纳税所得额中扣除。

年金基金投资运营收益分配计入个人账户时，个人暂不缴纳个人所得税。

(14) 企业依照国家有关法律规定宣告破产，企业职工从该破产企业取得的一次性安置费收入，免征个人所得税。

(15) 自2008年10月9日(含)起，对储蓄存款利息所得暂免征收个人所得税。

(16) 自2015年9月8日起，个人从公开发行和转让市场取得的上市公司股票，持股期限超过1年的，股息红利所得暂免征收个人所得税。

(17) 自2019年7月1日起至2024年6月30日，个人持有全国中小企业股份转让系统挂牌公司的股票，持股期限超过1年的，对股息红利所得暂免征收个人所得税。

(18) 对被拆迁人按照国家有关城镇房屋拆迁管理办法规定的标准取得的拆迁补偿款，免征个人所得税。

(19) 以下情形的房屋产权无偿赠与的，对当事双方不征收个人所得税：①房屋产权所有人将房屋产权无偿赠与配偶、父母、子女、祖父母、外祖父母、孙子女、外孙子女、兄弟姐妹；②房屋产权所有人将房屋产权无偿赠与对其承担直接抚养或者赡养义务的抚养人或者赡养人；③房屋产权所有人死亡，依法取得房屋产权的法定继承人、遗嘱继承人或者受遗赠人。

(20) 个体工商户、个人独资企业和合伙企业或个人从事种植业、养殖业、饲养业、捕捞业取得的所得，暂不征收个人所得税。

(21) 企业在销售商品(产品)和提供服务过程中向个人赠送礼品，属于下列情形之一的，不征收个人所得税：①企业通过价格折扣、折让方式向个人销售商品(产品)和提供服务；②企业在向个人销售商品(产品)和提供服务的同时给予赠品，如通信企业对个人购买手机赠话费、入网费，或者购话费赠手机等；③企业对累积消费达到一定额度的个人按消费积分反馈礼品。

(22) 在2027年12月31日之前个人取得下列所得，依法享受所得税优惠。

① 对内地个人投资者通过沪港通、深港通投资香港联交所上市股票取得的转让差价所得和通过基金互认买卖香港基金份额取得的转让差价所得，继续暂免征收个人所得税。

② 创投企业可以选择按单一投资基金核算或者按创投企业年度所得整体核算两种方式之一，对其个人合伙人来源于创投企业的所得计算个人所得税应纳税额。创投企业选择按单一投资基金核算的，其个人合伙人从该基金应分得的股权转让所得和股息红利所得，按照20%税率计算缴纳个人所得税。

创投企业选择按年度所得整体核算的，其个人合伙人应从创投企业取得的所得，按照"经营所得"项目、5%—35%的超额累进税率计算缴纳个人所得税。

创投企业选择按单一投资基金核算或按创投企业年度所得整体核算后，3年内不能变更。

③ 居民个人取得股票期权、股票增值权、限制性股票、股权奖励等股权激励(以下简称股权激励)，符合《财政部、国家税务总局关于个人股票期权所得征收个人所得税问题的通知》(财税〔2005〕35号)、《财政部 国家税务总局关于股票增值权所得和限制性股票所得征收个人所得税有关问题的通知》(财税〔2009〕5号)、《财政部 国家税务总局关于将国家自主创新示范区有关税收试点政策推广到全国范围实施的通知》(财税〔2015〕116号)第四条、《财政部 国家税务总局关于完善股权激励和技术入股有关所得税政策的通知》(财税〔2016〕101号)第四条第(一)项规定的相关条件的，不并入当年综合所得，全额单独适用综合所得税率表，计

算纳税。计算公式为：

应纳税额＝股权激励收入×适用税率－速算扣除数

居民个人一个纳税年度内取得两次以上（含两次）股权激励的，应合并按规定计算纳税。

④ 境外个人投资者投资经国务院批准对外开放的中国境内原油等货物期货品种取得的所得，暂免征收个人所得税。

外籍个人符合居民个人条件的，可以选择享受个人所得税专项附加扣除，也可以选择按照《财政部 国家税务总局关于个人所得税若干政策问题的通知》（财税字〔1994〕020 号）、《国家税务总局关于外籍个人取得有关补贴征免个人所得税执行问题的通知》（国税发〔1997〕54 号）和《财政部 国家税务总局关于外籍个人取得港澳地区住房等补贴征免个人所得税的通知》（财税〔2004〕29 号）规定，享受住房补贴、语言训练费、子女教育费等津补贴免税优惠政策，但不得同时享受。外籍个人一经选择，在一个纳税年度内不得变更。

⑤ 居民个人取得全年一次性奖金，符合《国家税务总局关于调整个人取得全年一次性奖金等计算征收个人所得税方法问题的通知》（国税发〔2005〕9 号）规定的，不并入当年综合所得，以全年一次性奖金收入除以 12 个月得到的数额，按照 2023 年第 30 号公告所附按月换算后的综合所得税率表，确定适用税率和速算扣除数，单独计算纳税。计算公式为：应纳税额＝全年一次性奖金收入×适用税率－速算扣除数

居民个人取得全年一次性奖金，也可以选择并入当年综合所得计算纳税。

⑥ 一个纳税年度内在船航行时间累计满 183 天的远洋船员，其取得的工资薪金收入减按 50%计入应纳税所得额，依法缴纳个人所得税。远洋船员是指在海事管理部门依法登记注册的国际航行船舶船员和在渔业管理部门依法登记注册的远洋渔业船员。

⑦ 居民个人取得的综合所得，年度综合所得收入不超过 12 万元且需要汇算清缴补税的，或者年度汇算清缴补税金额不超过 400 元的，居民个人可免于办理个人所得税综合所得汇算清缴。居民个人取得综合所得时存在扣缴义务人未依法预扣预缴税款的情形除外。

⑧ 对个体工商户年应纳税所得额不超过 200 万元的部分，减半征收个人所得税。个体工商户在享受现行其他个人所得税优惠政策的基础上，可叠加享受本条优惠政策。个体工商户不区分征收方式，均可享受。

个体工商户在预缴税款时即可享受，其年应纳税所得额暂按截至本期申报所属期末的情况进行判断，并在年度汇算清缴时按年计算、多退少补。若个体工商户从两处以上取得经营所得，需在办理年度汇总纳税申报时，合并个体工商户经营所得年应纳税所得额，重新计算减免税额，多退少补。

个体工商户按照以下方法计算减免税额：

减免税额＝（经营所得应纳税所得额不超过 200 万元部分的应纳税额－其他政策减免税额×经营所得应纳税所得额不超过 200 万元部分÷经营所得应纳税所得额）×50%。

（23）自 2024 年 1 月 1 日至 2025 年 12 月 31 日，对出售自有住房并在现住房出售后 1 年内在市场重新购买住房的纳税人，对其出售现住房已缴纳的个人所得税予以退税优惠。其中，新购住房金额大于或等于现住房转让金额的，全部退还已缴纳的个人所得税；新购住房

金额小于现住房转让金额的，按新购住房金额占现住房转让金额的比例退还出售现住房已缴纳的个人所得税。享受优惠政策的纳税人须同时满足以下条件：纳税人出售和重新购买的住房应在同一城市范围内。同一城市范围是指同一直辖市、副省级城市、地级市（地区、州、盟）所辖全部行政区划范围；出售自有住房的纳税人与新购住房之间须直接相关，应为新购住房产权人或产权人之一。

（24）自 2022 年 1 月 1 日起，对个人养老金实施递延纳税优惠政策。在缴费环节，个人向个人养老金资金账户的缴费，按照 12 000 元/年的限额标准，在综合所得或经营所得中据实扣除；在投资环节，计入个人养老金资金账户的投资收益暂不征收个人所得税；在领取环节，个人领取的个人养老金，不并入综合所得，单独按照 3%的税率计算缴纳个人所得税，其缴纳的税款计入“工资、薪金所得”项目。

税收法律、行政法规、部门规章和规范性文件中未明确规定纳税人享受减免税必须经税务机关审批，且纳税人取得的所得完全符合减免税条件的，无须经主管税务机关审核，纳税人可自行享受减免税。

税收法律、行政法规、部门规章和规范性文件中明确规定纳税人享受减免税必须经税务机关审批的，或者纳税人无法准确判断其取得的所得是否应享受个人所得税减免的，必须经主管税务机关按照有关规定审核或批准后，方可减免个人所得税。

七、个人所得税征收管理

（一）纳税申报

（1）个人所得税以所得人为纳税人，以支付所得的单位或者个人为扣缴义务人。扣缴义务人向个人支付应税款项时，应当依照个人所得税法规定预扣或代扣税款，按时缴库并专项记载备查。支付，包括现金支付、汇拨支付、转账支付和以有价证券、实物以其他形式的支付。

税务机关对扣缴义务人按照所扣缴的税款，付给 2%的手续费。

扣缴义务人应当按照国家规定办理全员全额扣缴申报，并向纳税人提供其个人所和已扣缴税款等信息。全员全额扣缴申报，是指扣缴义务人在代扣税款的次月 15 日内向主管税务机关报送其支付所得的所有个人的有关信息、支付所得数额、扣除事项和额、扣缴税款的具体数额和总额以及其他相关涉税信息资料。

（2）有下列情形之一的，纳税人应当依法办理纳税申报：①取得综合所得需要办理汇算清缴。需要办理汇算清缴的情形包括：第一，在两处或者两处以上取得综合所得，且综合所得年收入额减去专项扣除的余额过 6 万元。第二，取得劳务报酬所得、稿酬所得、特许权使用费所得中一项或者多项所得，且综合所得年收入额减去专项扣除的余额超过 6 万元。第三，纳税年度内预缴税额低于应纳税额的。第四，纳税人申请退税。纳税人申请退税，应当提供其在中国境内开设的银行账户，在汇算清缴地就地办理税款退库。②取得应税所得没有扣缴义务人。③取得应税所得，扣缴义务人未扣缴税款。④取得境外所得。⑤因移居境外注销中国户籍。⑥非居民个人在中国境内从两处以上取得工资、薪金所得。⑦国务院规定的其他情形。

（3）居民个人取得工资、薪金所得时，可以向扣缴义务人提供专项附加扣除有关信息，由扣缴义务人扣缴税款时减除专项附加扣除。纳税人同时从两处以上取得工资、金所得，并由扣缴义务人减除专项附加扣除的，对同一专项附加扣除项目，在一个纳税年度内只能选择从一处取得的所得中减除。

居民个人取得劳务报酬所得、稿酬所得、特许权使用费所得，应当在汇算清缴时向税务机关提供有关信息，减除专项附加扣除。

(4) 纳税人可以委托扣缴义务人或者其他单位和个人办理汇算清缴。

纳税人发现扣缴义务人提供或者扣缴申报的个人信息、所得、扣缴税款等与实际情况不符的，有权要求扣缴义务人修改。扣缴义务人拒绝修改的，纳税人应当报告税务机关，税务机关应当及时处理。

纳税人、扣缴义务人应当按照规定保存与专项附加扣除相关的资料。税务机关可以对纳税人提供的专项附加扣除信息进行抽查，具体办法由国务院税务主管部门另行规定。税务机关发现纳税人提供虚假信息的，应当责令改正并通知扣缴义务人；情节严重的，有关部门应当依法予以处理，纳入信用信息系统并实施联合惩戒。

(5) 纳税人申请退税时提供的汇算清缴信息有错误的，税务机关应当告知其更正；纳税人更正的，税务机关应当及时办理退税。

扣缴义务人未将扣缴的税款解缴入库的，不影响纳税人按照规定申请退税，税务机关应当凭纳税人提供的有关资料办理退税。

(二) 纳税期限

(1) 居民个人取得综合所得，按年计算个人所得税；有扣缴义务人的，由扣缴义务人按月或者按次预扣预缴税款；需要办理汇算清缴的，应当在取得所得的次年 3 月 1 日至 6 月 30 日内办理汇算清缴。预扣预缴办法由国务院税务主管部门制定。

(2) 非居民个人取得工资、薪金所得，劳务报酬所得，稿酬所得和特许权使用费所得，有扣缴义务人的，由扣缴义务人按月或者按次代扣代缴税款，不办理汇算清缴。

(3) 纳税人取得经营所得，按年计算个人所得税，由纳税人在月度或者季度终了后 15 日内向税务机关报送纳税申报表，并预缴税款；在取得所得的次年 3 月 31 日前办理汇算清缴。

(4) 纳税人取得利息、股息、红利所得，财产租赁所得，财产转让所得和偶然所得，按月或者按次计算个人所得税，有扣缴义务人的，由扣缴义务人按月或者按次代扣代缴税款。

(5) 纳税人取得应税所得没有扣缴义务人的，应当在取得所得的次月 15 日内向税务机关报送纳税申报表，并缴纳税款。

(6) 纳税人取得应税所得，扣缴义务人未扣缴税款的，纳税人应当在取得所得的次年 6 月 30 日前，缴纳税款；税务机关通知限期缴纳的，纳税人应当按照期限缴纳税款。

(7) 居民个人从中国境外取得所得的，应当在取得所得的次年 3 月 1 日至 6 月 30 日内申报纳税。

(8) 非居民个人在中国境内从两处以上取得工资、薪金所得的，应当在取得所得的次月 15 日内申报纳税。

(9) 纳税人因移居境外注销中国户籍的，应当在注销中国户籍前办理税款清算。

(10) 扣缴义务人每月或者每次预扣、代扣的税款，应当在次月 15 日内缴入国库，向税务机关报送扣缴个人所得税申报表。

各项所得的计算，以人民币为单位。所得为人民币以外货币的，按照办理纳税申报或扣缴申报的上一月最后一日人民币汇率中间价，折合成人民币计算应纳税所得额。年度终了后办理汇算清缴的，对已经按月、按季或者按次预缴税款的人民币以外货币所得，不再重新折算；对应当补缴税款的所得部分，按照上一纳税年度最后一日人民币汇率中间价，折合成人民币计算应纳税所得额。

第五章测试题及参考答案

第六章　财产和行为税法律制度

本章导学

本章主要讨论财产和行为税基本理论与基础问题，主要内容包括房产税、契税、土地增值税、城镇土地使用税、耕地占用税、车船税、资源税、印花税、环境保护税、烟叶税、船舶吨税等11个税种的基本规则。

学习目标

（一）掌握房产税、契税、土地增值税、城镇土地使用税、耕地占用税、车船税、印花税的纳税人和征税范围。

（二）掌握资源税、环境保护税的纳税人。

（三）熟悉房产税、契税的税率、税收优惠和征收管理。

（四）熟悉土地增值税、城镇土地使用税、耕地占用税、车船税、印花税的计税依据和应纳税额的计算。

（五）熟悉资源税、环境保护税的应纳税额的计算。

（六）了解房产税、契税、土地增值税、城镇土地使用税、耕地占用税、印花税的税率、税收优惠和征收管理。

（七）了解车船税税率、税目、税收优惠和征收管理。

（八）了解资源税征税范围、税目、税率、计税依据、税收优惠、征收管理。

（九）了解环境保护税税率、征税范围、计税依据、税收优惠和征收管理。

课程思政

一、基本案情

2017年3月28日，云南省普洱市地方税务局稽查局作出普地税稽处〔2017〕4号《税务处理决定书》，责令普洱市天为商贸公司缴纳税款209 786.40元及滞纳金。普洱市天为商贸公司不服，向云南省普洱市地税局申请行政复议。普洱市地税局行政复议认为：稽查局作出的《税务处理决定书》（普地税稽处〔2017〕4号）事实清楚，证据确凿，适用法律依据正确，程序合法，内容适当，普洱市地税局决定维持稽查局的处理决定。

稽查局通过税务查检，发现普洱市天为商贸公司在2014—2015年取得房屋租赁收入，少缴“从租计征”房产税209 786.40元，少缴房产税209 786.40元从滞纳税款之日起至实际缴纳之日止按日加收滞纳税款5‱的滞纳金80 589.32元。

普洱市天为商贸公司认为，普洱市地方税务税稽查局作出的处理决定书中的补缴从租计征房产税209 786.40元及从滞纳税款之日起至实际缴纳之日止按日加收滞纳税款5‱滞纳金的处理决定，适用法律错误，涉案房产产权明确，产权人是思茅镇平原村民委员会第一小组，不应由天为商贸公司缴纳房产税，应由产权人缴纳房产税。

2008年6月20日，思茅镇平原村民委员会第一小组与普洱天银商业贸易有限公司签订土地入股经营合同，约定：思茅镇平原村民委员会第一小组以位于思茅北部区的21.55亩①土地入股普洱天银商业贸易有限公司，共同投资建设经营；在土地使用期限内，普洱天银商业贸易有限公司投资建盖地上建筑物、绿化、配套设施的使用权及处置权都归其所有。

2010年8月10日，思茅镇平原村民委员会第一小组、普洱天银商业贸易有限公司与普洱市天为商贸公司签订土地入股经营合同转让协议，约定：2008年6月20日签订的土地入股经营合同及其补充协议中普洱天银商业贸易有限公司的权利和义务转让给普洱市天为商贸公司。普洱天银商业贸易有限公司投资建盖地上建筑物等房产，均没有办理产权登记。

二、裁判结果

云南省普洱市中级人民法院认为，普洱市天为商贸公司是房产税的纳税义务人。

《中华人民共和国房产税暂行条例》第二条第一款规定：“房产税由产权所有人缴纳。产权属于全民所有的，由经营管理的单位缴纳。产权出典的，由承典人缴纳。产权所有人、承典人不在房产所在地的，或者产权未确定及租典纠纷未解决的，由房产代管人或者使用人缴纳。”普洱市天为商贸公司认为，房产税的纳税义务人是产权所有人，涉案房产项目的建设批文、平原一组证明、不动产登记中心告知书等证据，均证明其涉案房产的所有权人。普洱市地方税务局稽查局认为，普洱市天为商贸公司投资、建设、占有、使用、出租涉案房产，在房产未办理产权登记的情况下，理应由房产使用人缴纳房产税，故普洱市天为商贸公司是纳税义务人。

法院认为，房屋产权指房屋所有权。根据当时生效但现已经失效的《中华人民共和国物权法》第九条第一款规定，不动产物权的设立、变更、转让和消灭，经依法登记，发生效力。由于没有办理房产登记，因此思茅镇平原村民委员会第一小组不能成为《中华人民共和国房产税暂行条例》第二条中规定的“产权所有人”。

在房屋没有产权证的情况下，一般按“产权未确定”处理，由“使用人缴纳房产税”。据此，稽查局认定涉案房屋没有产权证，属于产权未确定的意见，于法有据。结合普洱天为商贸公司实际经营管理涉案房产，以公司名义对外出租房屋、收取租金等案件事实，税务机关按其收取租金的一定比例征收税款，有相应的事实依据。

---

① 1亩=666.67平方米。下同。

三、典型意义

《中华人民共和国房产税暂行条例》规定房产税由产权所有人缴纳。但是，产权未确定，由房产代管人或者使用人缴纳。《国家税务总局关于房屋产权未确定如何征收房产税问题的批复》规定，“对于房屋开发公司售出的房屋，不再在其会计账簿中记载及核算，而购买该房屋的单位未取得产权的，可按产权未确定，由使用人缴纳房产税”。税务机关确定房产税纳税义务人，在房屋没有产权证的情况下，一般按“产权未确定”处理，由“使用人缴纳房产税”。

纳税人应当在纳税期限内依法申报纳税，诚信纳税。普洱市天为商贸公司的行为性质属于纳税人不进行纳税申报，少缴应纳税款的违法行为，应当承担补缴税款并依法承担滞纳金和罚款等法律责任。

［参考资料来源：云南省普洱市中级人民法院行政判决书(2018)云08行终5号，https://wenshu.court.gov.cn/。］

学习内容

第一节　房产税法律制度

《中华人民共和国房产税暂行条例》于1986年9月15日由国务院发布，根据2011年1月8日《国务院关于废止和修改部分行政法规的决定》修订。

一、房产税的纳税人

在中华人民共和国境内的城市、县城、建制镇和工矿区拥有房屋产权的单位和个人是房产税的纳税人。

房产税由产权所有人缴纳。

产权属于全民所有的，由经营管理的单位缴纳。

产权出典的，由承典人缴纳。

产权所有人、承典人不在房产所在地的，或者产权未确定及租典纠纷未解决的，由房产代管人或者使用人缴纳。

产权所有人、经营管理单位、承典人、房产代管人或者使用人，统称为房产税的纳税义务人。

二、房产税征税范围

房产税的征税范围为城市、县城、建制镇和工矿区的房屋。

三、房产税税率

房产税的税率，依照房产余值计算缴纳的，税率为1.2%；依照房产租金收入计算缴纳的，税率为12%。

四、房产税计税依据

房产税以房产的计税价值或房产租金收入为计税依据。

房产税依照房产原值一次减除10%至30%后的余值计算缴纳。具体减除幅度，由省、自治区、直辖市人民政府规定。没有房产原值作为依据的，由房产所在地税务机关参考同类房产核定。

房产出租的，以房产租金收入为房产税的计税依据。

五、房产税应纳税额的计算

1. 从价计征的房产税应纳税额的计算

从价计征的房产税应纳税额＝应税房产原值×(1－扣除比例)×1.2%

2. 从租计征的房产税应纳税额的计算

从租计征的房产税应纳税额＝租金收入×12%(或4%)

六、房产税的税收优惠

下列房产免纳房产税：国家机关、人民团体、军队自用的房产；由国家财政部门拨付事业经费的单位自用的房产；宗教寺庙、公园、名胜古迹自用的房产；个人所有非营业用的房产；经财政部批准免税的其他房产。

纳税人纳税确有困难的，可由省、自治区、直辖市人民政府确定，定期减征或者免征房产税。

七、房产税的征收管理

1. 纳税义务发生时间

房产税按年征收、分期缴纳。

2. 纳税地点

房产税由房产所在地的税务机关征收。

3. 纳税期限

纳税期限由省、自治区、直辖市人民政府规定。

第二节 契税法律制度

2020年8月11日，第十三届全国人民代表大会常务委员会第二十一次会议通过《中华人民共和国契税法》，自2021年9月1日起施行。

一、契税纳税人

在中华人民共和国境内转移土地、房屋权属，承受的单位和个人为契税的纳税人，应当依法缴纳契税。

二、契税征税范围

契税征税范围是指在中华人民共和国境内转移土地、房屋权属的行为，包括土地使用权出让；土地使用权转让，包括出售、赠与、互换；房屋买卖、赠与、互换。

土地使用权转让，不包括土地承包经营权和土地经营权的转移。

以作价投资（入股）、偿还债务、划转、奖励等方式转移土地、房屋权属的，应当依法征收契税。

三、契税税率

契税税率为3%至5%。

契税的具体适用税率，由省、自治区、直辖市人民政府在规定的税率幅度内提出，报同级人民代表大会常务委员会决定，并报全国人民代表大会常务委员会和国务院备案。

省、自治区、直辖市可以依照规定程序对不同主体、不同地区、不同类型的住房的权属转移确定差别税率。

四、契税计税依据

（1）土地使用权出让、出售，房屋买卖，为土地、房屋权属转移合同确定的成交价格，包括应交付的货币以及实物、其他经济利益对应的价款。

（2）土地使用权互换、房屋互换，为所互换的土地使用权、房屋价格的差额。

（3）土地使用权赠与、房屋赠与以及其他没有价格的转移土地、房屋权属行为，为税务机关参照土地使用权出售、房屋买卖的市场价格依法核定的价格。

纳税人申报的成交价格、互换价格差额明显偏低且无正当理由的，由税务机关依照《中华人民共和国税收征收管理法》（以下简称《税收征收管理法》）的规定核定。

五、契税应纳税额的计算

契税的应纳税额按照计税依据乘以具体适用税率计算。

$$契税的应纳税额=计税依据\times税率$$

六、契税的税收优惠

1. 免征契税

（1）国家机关、事业单位、社会团体、军事单位承受土地、房屋权属用于办公、教学、医疗、科研、军事设施。

（2）非营利性的学校、医疗机构、社会福利机构承受土地、房屋权属用于办公、教学、医疗、科研、养老、救助。

（3）承受荒山、荒地、荒滩土地使用权用于农、林、牧、渔业生产。

（4）婚姻关系存续期间夫妻之间变更土地、房屋权属。

（5）法定继承人通过继承承受土地、房屋权属。

（6）依照法律规定应当予以免税的外国驻华使馆、领事馆和国际组织驻华代表机构承受土地、房屋权属。

根据国民经济和社会发展的需要，国务院对居民住房需求保障、企业改制重组、灾后重建等情形可以规定免征或者减征契税，报全国人民代表大会常务委员会备案。

2. 省、自治区、直辖市可以决定对下列情形免征或者减征契税

(1) 因土地、房屋被县级以上人民政府征收、征用,重新承受土地、房屋权属。

(2) 因不可抗力灭失住房,重新承受住房权属。

前款规定的免征或者减征契税的具体办法,由省、自治区、直辖市人民政府提出,报同级人民代表大会常务委员会决定,并报全国人民代表大会常务委员会和国务院备案。

纳税人改变有关土地、房屋的用途,或者有其他不再属于契税法规定的免征、减征契税情形的,应当缴纳已经免征、减征的税款。

七、契税的征收管理

1. 契税的纳税义务发生时间

契税的纳税义务发生时间,为纳税人签订土地、房屋权属转移合同的当日,或者纳税人取得其他具有土地、房屋权属转移合同性质凭证的当日。

2. 申报纳税期限

纳税人应当在依法办理土地、房屋权属登记手续前申报缴纳契税。

纳税人办理纳税事宜后,税务机关应当开具契税完税凭证。纳税人办理土地、房屋权属登记,不动产登记机构应当查验契税完税、减免税凭证或者有关信息。未按照规定缴纳契税的,不动产登记机构不予办理土地、房屋权属登记。

在依法办理土地、房屋权属登记前,权属转移合同、权属转移合同性质凭证不生效、无效、被撤销或者被解除的,纳税人可以向税务机关申请退还已缴纳的税款,税务机关应当依法办理。

税务机关应当与相关部门建立契税涉税信息共享和工作配合机制。自然资源、住房和城乡建设、民政、公安等相关部门应当及时向税务机关提供与转移土地、房屋权属有关的信息,协助税务机关加强契税征收管理。

税务机关及其工作人员对税收征收管理过程中知悉的纳税人的个人信息,应当依法予以保密,不得泄露或者非法向他人提供。

3. 申报纳税地点

契税由土地、房屋所在地的税务机关依照契税法和《税收征收管理法》的规定征收管理。

第三节 土地增值税法律制度

《中华人民共和国土地增值税暂行条例》于 1993 年 12 月 13 日经中华人民共和国国务院令第 138 号发布,根据 2011 年 1 月 8 日《国务院关于废止和修改部分行政法规的决定》修订。

一、土地增值税纳税人

土地增值税是对转让国有土地使用权、地上建筑物及其附着物并取得收入的单位和个人,就其转让房地产所取得的增值额征收的一种税。

土地增值税的纳税人为转让国有土地使用权、地上建筑物及其附着物(以下简称转让房地产)并取得收入的单位和个人。单位包括各类企业单位、事业单位、国家机关和社会团体及其他组织。个人包括个体经营者和其他个人。此外,还包括外商投资企业、外国企业、外

国驻华机构及海外华侨、港澳台同胞和外国公民。

二、土地增值税征税范围

(一) 征税范围的一般规定

(1) 土地增值税只对转让国有土地使用权的行为征税,对出让国有土地的行为不征税。国有土地使用权是指土地使用人根据国家法律、合同等规定,对国家所有的土地享有的使用权利。土地增值税只对企业、单位和个人转让国有土地使用权的行为征税。国有土地出让是指国家以土地所有者的身份将土地使用权在一定年限内让与土地使用者,并由土地使用者向国家支付土地出让金的行为。由于土地使用权的出让方是国家,出让收入在性质上属于政府凭借所有权在土地一级市场上收取的租金,所以政府出让土地的行为及取得的收入也不在土地增值税的征税之列。

(2) 土地增值税既对转让国有土地使用权的行为征税,也对转让地上建筑物及其附着物产权的行为征税。地上建筑物是指建于土地上的一切建筑物,包括地上地下的各种附属设施,如厂房、仓库、商店、医院、住宅、地下室、围墙、烟囱、电梯、管道等。附着物是指附着于土地上、不能移动,一经移动即遭损坏的种植物、养植物及其他物品。上述建筑物和附着物的所有者对自己的财产依法享有占有、使用、收益和处置的权利,即拥有排他性的全部产权。

税法规定,纳税人转让地上建筑物及其附着物的产权,取得的增值额,也应计算缴纳土地增值税。即纳入土地增值税征税范围的增值额,是纳税人转让房地产所取得的全部增值额,而非仅仅是转让土地使用权的增值额。

(3) 土地增值税只对有偿转让的房地产征税,对以继承、赠与等方式无偿转让的房地产,不予征税。不征土地增值税的房地产赠与行为包括以下两种情况:①房屋所有人、土地使用权所有人将房屋产权、土地使用权赠与直系亲属或承担直接赡养义务人的行为。②房产所有人、土地使用权所有人通过中国境内非营利的社会团体、国家机关将房屋产权、土地使用权赠与教育、民政和其他社会福利、公益事业的行为。

(二) 征税范围的特殊规定

(1) 企业改制重组。非公司制企业整体改制为有限责任公司或者股份有限公司,有限责任公司(股份有限公司)整体改制为股份有限公司(有限责任公司),对改制前的企业将国有土地使用权、地上建筑物及其附着物(以下简称房地产)转移、变更到改制后的企业,暂不征土地增值税。整体改制是指不改变原企业的投资主体,并承继原企业权利、义务的行为。

按照法律规定或者合同约定,两个或两个以上企业合并为一个企业,且原企业投资主体存续的,对原企业将房地产转移、变更到合并后的企业,暂不征土地增值税。

按照法律规定或者合同约定,企业分设为两个或两个以上与原企业投资主体相同的企业,对原企业将房地产转移、变更到分立后的企业,暂不征土地增值税。

单位、个人在改制重组时以房地产作价入股进行投资,对其将房地产转移、变更到被投资的企业,暂不征土地增值税。

上述改制重组有关土地增值税政策不适用于房地产转移任意一方为房地产开发企业的情形。

(2) 房地产开发企业将开发的部分房地产转为企业自用或用于出租等商业用途时,如果产权未发生转移,不征收土地增值税。

（3）房地产的交换是指一方以房地产与另一方的房地产进行交换的行为。这种行为既发生了房产产权、土地使用权的转移，交换双方又取得了实物形态的收入，属于土地增值税的征税范围。但对个人之间互换自有居住用房地产的，经当地税务机关核实，可以免征土地增值税。

（4）对于一方出地，另一方出资金，双方合作建房，建成后按比例分房自用的，暂免征收土地增值税；建成后转让的，应征收土地增值税。

（5）房地产的出租是指房地产所有者或土地使用者，将房产或土地使用权租赁给承租人使用，由承租人向出租人支付租金的行为。房地产出租，出租人虽取得了收入，但没有发生房产产权、土地使用权的转让，因此不属于土地增值税的征税范围。

（6）房地产的抵押是指房产所有者或土地使用者作为债务人或第三人向债权人提供不动产作为清偿债务的担保而不转移权属的法律行为。这种情况下房产产权、土地使用权在抵押期间没有发生权属的变更，因此对房地产的抵押，在抵押期间不征收土地增值税。待抵押期满后，视该房地产是否转移而确定是否征收土地增值税。对于以房地产抵债而发生房地产权属转让的，应列入土地增值税的征税范围。

（7）房地产的代建行为是指房地产开发公司代客户进行房地产的开发，开发完成后向客户收取代建收入的行为。对于房地产开发公司而言，虽然取得了收入，但没有发生房地产权属的转移，其收入属于劳务收入性质，所以不属于土地增值税的征税范围。

（8）国有企业在清产核资时对房地产进行重新评估而产生的评估增值，因其既没有发生房地产权属的转移，房产产权、土地使用权人也未取得收入，所以不属于土地增值税的征税范围。

（9）土地使用者转让、抵押或置换土地，无论其是否取得了该土地的使用权属证书，无论其在转让、抵押或置换土地过程中是否与对方当事人办理了土地使用权属证书变更登记手续，只要土地使用者享有占有、使用、收益或处分该土地的权利，且有合同等证据表明其实质转让、抵押或置换了土地并取得了相应的经济利益，土地使用者及其对方当事人就应当依照税法规定缴纳增值税、土地增值税和契税等。

三、土地增值税税率

土地增值税实行四级超率累进税率：

（1）增值额未超过扣除项目金额50%的部分，税率为30%。

（2）增值额超过扣除项目金额50%、未超过扣除项目金额100%的部分，税率为40%。

（3）增值额超过扣除项目金额100%、未超过扣除项目金额200%的部分，税率为50%。

（4）增值额超过扣除项目金额200%的部分，税率为60%。

土地增值税四级超率累进税率及速算扣除系数见表6-1。

表6-1　土地增值税四级超率累进税率

级数	增值额与扣除项目金额的比率	税率	速算扣除系数
1	不超过50%的部分	30%	0
2	超过50%至100%的部分	40%	5%

（续表）

级数	增值额与扣除项目金额的比率	税率	速算扣除系数
3	超过100%至200%的部分	50%	15%
4	超过200%的部分	60%	35%

四、土地增值税计税依据

土地增值税的计税依据是纳税人转让房地产所取得的增值额。转让房地产的增值额是纳税人转让房地产的收入减除税法规定的扣除项目金额后的余额。土地增值额的大小，取决于转让房地产的收入额和扣除项目金额两个因素。

（一）应税收入的确定

纳税人转让房地产取得的应税收入，应包括转让房地产的全部价款及有关的经济收益。从收入的形式来看，包括货币收入、实物收入和其他收入。纳税人转让房地产取得的收入为不含增值税收入。

（1）货币收入是指纳税人转让房地产而取得的现金、银行存款和国库券、金融债券、企业债券、股票等有价证券。

（2）实物收入是指纳税人转让房地产而取得的各种实物形态的收入，如钢材、水泥等建材，房屋、土地等不动产等。对于这些实物收入一般要按照公允价值确认应税收入。

（3）其他收入是指纳税人转让房地产而取得的无形资产收入或具有财产价值的权利，如专利权、商标权、著作权、专有技术使用权、土地使用权、商誉权等。对于这些无形资产收入一般要进行专门的评估，按照评估价确认应税收入。

纳税人取得的收入为外国货币的，应当以取得收入当天或当月1日国家公布的市场汇价折合成人民币，据以计算土地增值税税额。当月以分期收款方式取得的外币收入，也应按实际收款日或收款当月1日国家公布的市场汇价折合成人民币。

（二）扣除项目及其金额

依照《中华人民共和国土地增值税暂行条例》的规定，准予纳税人从房地产转让收入额减除的扣除项目金额具体包括以下内容。

1. 取得土地使用权所支付的金额

取得土地使用权所支付的金额包括以下两方面的内容：

（1）纳税人为取得土地使用权所支付的地价款。地价款的确定有3种方式：①如果是以协议、招标、拍卖等出让方式取得土地使用权的，地价款为纳税人所支付的土地出让金；②如果是以行政划拨方式取得土地使用权的，地价款为按规定补缴的土地出让金；③如果是以转让方式取得土地使用权的，地价款为向原土地使用权人实际支付的地价款。

（2）纳税人在取得土地使用权时按国家统一规定缴纳的有关费用和税金。有关费用和税金是指纳税人在取得土地使用权过程中为办理有关手续，必须按国家统一规定缴纳的有关登记、过户手续费和契税。

2. 房地产开发成本

（1）土地征用及拆迁补偿费，包括土地征用费、耕地占用税、劳动力安置费及有关地上、地下附着物拆迁补偿的净支出、安置动迁用房支出等。

(2) 前期工程费,包括规划、设计、项目可行性研究和水文、地质、勘察、测绘、"三通一平"等支出。

(3) 建筑安装工程费,包括以出包方式支付给承包单位的建筑安装工程费、以自营方式发生的建筑安装工程费。

(4) 基础设施费,包括开发小区内道路、供水、供电、供气、排污、通信、照明、环卫、绿化等工程发生的支出。

(5) 公共配套设施费,包括不能有偿转让的开发小区内公共配套设施发生的支出。

(6) 开发间接费用,指直接组织、管理开发项目发生的费用,包括工资、职工福利费、折旧费、修理费、办公费、水电费、劳动保护费、周转房摊销等。

3. 房地产开发费用

房地产开发费用是指与房地产有关的销售费用、管理费用、财务费用。分以下两种情况确定扣除。

(1) 财务费用中的利息支出,凡能够按转让房地产项目计算分摊并提供金融机构证明的,允许据实扣除,但最高不能超过按商业银行同类同期贷款利率计算的金额。其他房地产开发费用按规定(即取得土地使用权所支付的金额和房地产开发成本)计算的金额之和的5%以内计算扣除。计算扣除的具体比例由各省、自治区、直辖市人民政府规定。计算公式为:

允许扣除的房地产开发费用=利息+(取得土地使用权所支付的金额+开发成本)×省级政府确定的比例

(2) 财务费用中的利息支出,凡不能够按转让房地产项目计算分摊或不能提供金融机构证明的,房地产开发费用按规定计算的金额之和的10%以内计算扣除。计算扣除的具体比例由各省、自治区、直辖市人民政府规定。计算公式为:

允许扣除的房地产开发费用=(取得土地使用权所支付的金额+房地产开发成本)×省级政府确定的比例

财政部、国家税务总局对扣除项目金额中利息支出的计算问题作了两点专门规定:一是利息的上浮幅度按国家的有关规定执行,超过上浮幅度的部分不允许扣除;二是对于超过贷款期限的利息部分和加罚的利息不允许扣除。

4. 与转让房地产有关的税金

与转让房地产有关的税金是指在转让房地产时缴纳的城市维护建设税、印花税。因转让房地产缴纳的教育费附加,也可视同税金予以扣除。土地增值税扣除项目涉及的增值税进项税额,允许在销项税额中计算抵扣的,不计入扣除项目,不允许在销项税额中计算抵扣的,可以计入扣除项目。

房地产开发企业按照《施工、房地产开发企业财务制度》有关规定,其在转让时缴纳的印花税已列入管理费用中,不允许单独再扣除。其他纳税人缴纳的印花税允许在此扣除。

5. 财政部确定的其他扣除项目

对从事房地产开发的纳税人可按规定计算的金额之和,加计20%的扣除。此条优惠只适用于从事房地产开发的纳税人,除此之外的其他纳税人不适用。

6. 旧房及建筑物的扣除金额

(1) 按评估价格扣除。旧房及建筑物的评估价格是指在转让已使用的房屋及建筑物时，由政府批准设立的房地产评估机构评定的重置成本价乘以成新度折扣率后的价格。评估价格须经当地税务机关确认。重置成本价是指对旧房及建筑物，按转让时的建材价格及人工费用计算，建造同样面积、同样层次、同样结构、同样建设标准的新房及建筑物所花费的成本费用。成新度折扣率是指按旧房的新旧程度作一定比例的折扣。

因此，转让旧房应按房屋及建筑物的评估价格、取得土地使用权所支付的地价款和按国家统一规定缴纳的有关费用，以及在转让环节缴纳的税金作为扣除项目金额计征土地增值税。对取得土地使用权时未支付地价款或不能提供已支付的地价款凭据的，在计征土地增值税时不允许扣除。

(2) 按购房发票金额计算扣除。纳税人转让旧房及建筑物，凡不能取得评估价格，但能提供购房发票的，经当地税务部门确认，《中华人民共和国土地增值税暂行条例》规定的扣除项目的金额，可按发票所载金额并从购买年度起至转让年度止每年加计 5%计算。对于纳税人购房时缴纳的契税，凡能够提供契税完税凭证的，准予作为“与转让房地产有关的税金”予以扣除，但不作为加计 5%的基数。

7. 计税依据的特殊规定

(1) 隐瞒、虚报房地产成交价格的。隐瞒、虚报房地产成交价格是指纳税人不报或有意低报转让土地使用权、地上建筑物及其附着物价款的行为。对于纳税人隐瞒、虚报房地产成交价格的，应由评估机构参照同类房地产的市场交易价格进行评估，税务机关根据评估价格确定转让房地产的收入。

(2) 提供扣除项目金额不实的。提供扣除项目金额不实是指纳税人在纳税申报时不据实提供扣除项目金额的行为。对于纳税人申报扣除项目金额不实的，应由评估机构按照房屋重置成本价乘以成新度折扣率计算的房屋成本价和取得土地使用权时的基准地价进行评估，税务机关根据评估价格确定扣除项目金额。

(3) 转让房地产的成交价格低于房地产评估价格，又无正当理由的。转让房地产的成交价格低于房地产评估价格，又无正当理由是指纳税人申报的转让房地产的实际成交价低于房地产评估机构评定的交易价，纳税人又不能提供凭据或无正当理由的行为。对于这种情况，应按评估的市场交易价确定其实际成交价，并以此作为转让房地产的收入计算征收土地增值税。

(4) 非直接销售和自用房地产收入的确定。房地产开发企业将开发产品用于职工福利、奖励、对外投资、分配给股东或投资人、抵偿债务、换取其他单位和个人的非货币性资产等，发生所有权转移时应视同销售房地产，其收入按下列方法和顺序确认：一是按本企业在同一地区、同一年度销售的同类房地产的平均价格确定；二是由主管税务机关参照当年、同类房地产的市场价格或评估价值确定。

五、土地增值税应纳税额的计算

(一) 应纳税额的计算公式

土地增值税按照纳税人转让房地产所取得的增值额和规定的税率计算征收。计算公式如下：

$$应纳税额=\sum(每级距的土地增值额\times适用税率)$$

由于分步计算比较繁琐，一般可以采用速算扣除法计算，即计算土地增值税税额，可以按增值额乘以适用税率减去扣除项目金额乘以速算扣除系数的简便方法计算。具体计算公式如下。

1. 增值额未超过扣除项目金额50%

$$应纳税额=增值额\times30\%$$

2. 增值额超过扣除项目金额50%、未超过100%

$$应纳税额=增值额\times40\%-扣除项目金额\times5\%$$

3. 增值额超过扣除项目金额100%、未超过200%

$$应纳税额=增值额\times50\%-扣除项目金额\times15\%$$

4. 增值额超过扣除项目金额200%

$$应纳税额=增值额\times60\%-扣除项目金额\times35\%$$

(二) 应纳税额的计算步骤

根据上述公式，土地增值税应纳税额的计算可以分为以下四步。

(1) 计算增值额。计算公式如下：

$$增值额=房地产转让收入-扣除项目金额$$

(2) 计算增值率。计算公式如下：

$$增值率=增值额\div扣除项目金额\times100\%$$

(3) 确定适用税率。按照计算出的增值率，从土地增值税税率表中确定适用税率。

(4) 计算应纳税额。

六、土地增值税税收优惠

(1) 纳税人建造普通标准住宅出售，增值额未超过扣除项目金额20%的，予以免税；超过20%的，应按全部增值额缴纳土地增值税。高级公寓、别墅、度假村等不属于普通标准住宅。

(2) 因国家建设需要依法征用、收回的房地产，免征土地增值税。

(3) 企事业单位、社会团体以及其他组织转让旧房作为公共租赁住房房源且增值额未超过扣除项目金额20%的，免征土地增值税。

(4) 自2008年11月1日起，对个人转让住房暂免征收土地增值税。

七、土地增值税征收管理

(一) 纳税申报

纳税人应自转让房地产合同签订之日起7日内，向房地产所在地的主管税务机关办理纳税申报，同时向税务机关提交房屋及建筑物产权、土地使用权证书、土地使用权转让合同、房产买卖合同、房地产评估报告及其他与转让房地产有关的资料，然后在税务机关核定的期限内缴纳土地增值税。

纳税人因经常发生房地产转让而难以在每次转让后申报的，经税务机关审核同意后，可以定期进行纳税申报，具体期限由主管税务机关根据情况确定。

纳税人采取预售方式销售房地产的，对在项目全部竣工结算前转让房地产取得的收入，税务机关可以预征土地增值税。具体办法由各省、自治区、直辖市税务局根据当地情况制定。

对于纳税人预售房地产所取得的收入，凡当地税务机关规定预征土地增值税的，纳税人应当到主管税务机关办理纳税申报，并按规定比例预交，待办理完纳税清算后，多退少补。

（二）纳税清算

1. 土地增值税的清算单位

土地增值税以国家有关部门审批的房地产开发项目为单位进行清算，对于分期开发的项目，以分期项目为单位清算。

开发项目中同时包含普通住宅和非普通住宅的，应分别计算增值额。

2. 土地增值税的清算条件

（1）符合下列情形之一的，纳税人应进行土地增值税的清算：①房地产开发项目全部竣工、完成销售的；②整体转让未竣工决算房地产开发项目的；③直接转让土地使用权的。

（2）符合下列情形之一的，主管税务机关可以要求纳税人进行土地增值税的清算：①已竣工验收的房地产开发项目，已转让的房地产建筑面积占整个项目可售建筑面积的比例在85%以上，或该比例虽未超过85%，但剩余的可售建筑面积已经出租或自用的；②取得销售（预售）许可证满3年仍未销售完毕的；③纳税人申请注销税务登记但未办理土地增值税清算手续的；④省级税务机关规定的其他情况。

3. 土地增值税清算应报送的资料

（1）房地产开发企业清算土地增值税书面申请、土地增值税纳税申报表。

（2）项目竣工决算报表、取得土地使用权所支付的地价款凭证、国有土地使用权出让合同、银行贷款利息结算通知单、项目工程合同结算单、商品房购销合同统计表等与转让房地产的收入、成本和费用有关的证明资料。

（3）主管税务机关要求报送的其他与土地增值税清算有关的证明资料等。

纳税人委托税务中介机构审核鉴证的清算项目，还应报送中介机构出具的《土地增值税清算税款鉴证报告》。

4. 清算后再转让房地产的处理

在土地增值税清算时未转让的房地产，清算后销售或有偿转让的，纳税人应按规定进行土地增值税的纳税申报，扣除项目金额按清算时的单位建筑面积成本费用乘以销售或转让面积计算。

单位建筑面积成本费用＝清算时的扣除项目总金额÷清算的总建筑面积

5. 土地增值税的核定征收

房地产开发企业有下列情形之一的，税务机关可以实行核定征收土地增值税：

（1）依照法律、行政法规的规定应当设置但未设置账簿的。

（2）擅自销毁账簿或者拒不提供纳税资料的。

（3）虽设置账簿，但账目混乱或者成本资料、收入凭证、费用凭证残缺不全，难以确定转让收入或扣除项目金额的。

(4) 符合土地增值税清算条件,未按照规定的期限办理清算手续,经税务机关责令限期清算,逾期仍不清算的。

(5) 申报的计税依据明显偏低,又无正当理由的。

(三) 纳税地点

土地增值税纳税人发生应税行为应向房地产所在地主管税务机关缴纳税款。

房地产所在地是指房地产的坐落地。纳税人转让的房地产坐落在两个或两个以上地区的,应按房地产所在地分别申报纳税。

第四节 城镇土地使用税法律制度

《中华人民共和国城镇土地使用税暂行条例》于 1988 年 9 月 27 日经中华人民共和国国务院令第 17 号发布,根据 2006 年 12 月 31 日《国务院关于修改〈中华人民共和国城镇土地使用税暂行条例〉的决定》第一次修订,根据 2011 年 1 月 8 日《国务院关于废止和修改部分行政法规的决定》第二次修订,根据 2013 年 12 月 7 日《国务院关于修改部分行政法规的决定》第三次修订,根据 2019 年 3 月 2 日《国务院关于修改部分行政法规的决定》第四次修订。

城镇土地使用税是指国家在城市、县城、建制镇、工矿区范围内,对使用土地的单位和个人,以其实际占用的土地面积为计税依据,按照规定的税额计算征收的一种税。

一、城镇土地使用税纳税人

城镇土地使用税的纳税人,是指在税法规定的征税范围内使用土地的单位和个人。单位包括国有企业、集体企业、私营企业、股份制企业、外商投资企业、外国企业以及其他企业和事业单位、社会团体、国家机关、军队以及其他单位。个人包括个体工商户以及其他个人。

城镇土地使用税的纳税人,根据用地者的不同情况分别确定为:

(1) 城镇土地使用税由拥有土地使用权的单位或个人缴纳。

(2) 拥有土地使用权的纳税人不在土地所在地的,由实际使用人或代管人缴纳。

(3) 土地使用权未确定或权属纠纷未解决的,由实际使用人纳税。

(4) 土地使用权共有的,共有各方都是纳税人,由共有各方分别纳税。土地使用权共有的,以共有各方实际使用土地的面积占总面积的比例,分别计算缴纳城镇土地使用税。

二、城镇土地使用税征税范围

城镇土地使用税的征税范围是税法规定的纳税区域内的土地。凡在城市、县城、建制镇、工矿区范围内的土地,不论是属于国家所有的土地,还是集体所有的土地,都属于城镇土地使用税的征税范围。城市,是指经国务院批准设立的市。城市的征税范围为市区和郊区。县城,是指县人民政府所在地。县城的征税范围为县人民政府所在地的城镇。建制镇,是指经省、自治区、直辖市人民政府批准设立的建制镇。建制镇的征税范围为镇人民政府所在地。工矿区,是指工商业比较发达、人口比较集中,符合国务院规定的建制镇标准,但尚未设立建制镇的大中型工矿企业所在地。工矿区的设立必须经省级人民政府批准。城市、县城、建制镇、工矿区的具体征税范围,由各省。自治区、直辖市人民政府规定。

公园、名胜古迹内的索道公司经营用地，应按规定缴纳城镇土地使用税。

三、城镇土地使用税税率

城镇土地使用税采用定额税率，按大、中、小城市和县城、建制镇、工矿区分别规定每平方米城镇土地使用税年应纳税额。大、中、小城市以公安部门登记在册的非农业正式户口人数为依据，按照国务院颁布的《城市规划条例》中规定的标准划分。人口在50万以上的为大城市；人口在20万～50万的为中等城市；人口在20万以下的为小城市。

城镇土地使用税每平方米年税额标准具体规定如下：大城市1.5～30元；中等城市1.2～24元；小城市0.9～18元；县城、建制镇、工矿区0.6～12元。

省、自治区、直辖市人民政府，应当在上述规定的税额幅度内，根据市政建设状况、经济繁荣程度等条件，确定所辖地区的适用税额幅度。经济落后地区土地使用税的适用税额标准可以适当降低，但降低额不得超过上述规定最低税额的30%。经济发达地区土地使用税的适用税额标准可以适当提高，但须报经财政部批准。

四、城镇土地使用税计税依据

城镇土地使用税的计税依据是纳税人实际占用的土地面积。土地面积以平方米为计量标准。具体按以下办法确定：

(1) 凡由省、自治区、直辖市人民政府确定的单位组织测定土地面积的，以测定的土地面积为准。

(2) 尚未组织测定，但纳税人持有政府部门核发的土地使用证书的，以证书确定的土地面积为准。

(3) 尚未核发土地使用证书的，应由纳税人据实申报土地面积，据以纳税，待核发土地使用证书以后再作调整。

五、城镇土地使用税应纳税额的计算

城镇土地使用税是以纳税人实际占用的土地面积为计税依据，按照规定的适用税额计算征收。应纳税额计算公式为：

$$年应纳税额=实际占用应税土地面积(平方米)\times适用税额$$

六、城镇土地使用税税收优惠

(一) 下列用地免征城镇土地使用税

(1) 国家机关、人民团体、军队自用的土地。

(2) 由国家财政部门拨付事业经费的单位自用的土地。

(3) 宗教寺庙、公园、名胜古迹自用的土地。

(4) 市政街道、广场、绿化地带等公共用地。

(5) 直接用于农、林、牧、渔业的生产用地。

(6) 经批准开山填海整治的土地和改造的废弃土地，从使用的月份起免缴土地使用税5年至10年。

(7) 由财政部另行规定免税的能源、交通、水利设施用地和其他用地。

(二) 税收优惠的特殊规定

(1) 城镇土地使用税与耕地占用税的征税范围衔接。凡是缴纳了耕地占用税的,从批准征用之日起满1年后征收城镇土地使用税;征用非耕地因不需要缴纳耕地占用税,应从批准征用之次月起征收城镇土地使用税。

(2) 免税单位与纳税单位之间无偿使用的土地。对免税单位无偿使用纳税单位的土地(如公安、海关等单位使用铁路、民航等单位的土地),免征城镇土地使用税;对纳税单位无偿使用免税单位的土地,纳税单位应照章缴纳城镇土地使用税。

(3) 房地产开发公司开发建造商品房的用地。房地产开发公司开发建造商品房的用地,除经批准开发建设经济适用房的用地外,对各类房地产开发用地一律不得减免城镇土地使用税。

(4) 防火、防爆、防毒等安全防范用地。对于各类危险品仓库、厂房所需的防火、防爆、防毒等安全防范用地,可由各省、自治区、直辖市税务局确定,暂免征收城镇土地使用税;对仓库库区、厂房本身用地,应依法征收城镇土地使用税。

(5) 搬迁企业的用地:①企业搬迁后原场地不使用的、企业范围内荒山等尚未利用的土地,免征城镇土地使用税。免征税额由企业在申报缴纳城镇土地使用税时自行计算扣除,并在申报表附表或备注栏中作相应说明。②对搬迁后原场地不使用的、企业范围内荒山等尚未利用的土地,凡企业申报暂免征收城镇土地使用税的,应事先向土地所在地的主管税务机关报送有关部门的批准文件或认定书等相关证明材料,以备税务机关查验。具体报送材料由各省、自治区、直辖市和计划单列市税务局确定。③企业按上述规定暂免征收城镇土地使用税的土地开始使用时,应从使用的次月起自行计算和申报缴纳城镇土地使用税。

(6) 企业的铁路专用线、公路等用地。对企业的铁路专用线、公路等用地除另有规定者外,在企业厂区(包括生产、办公及生活区)以内的,应照章征收城镇土地使用税;在厂区以外、与社会公用地段未加隔离的,暂免征收城镇土地使用税。

(7) 企业范围内的荒山、林地、湖泊等占地。对2014年以前已按规定免征城镇土地使用税的企业范围内的荒山、林地、湖泊等占地,自2014年1月1日至2015年12月31日,按应纳税额减半征收城镇土地使用税;自2016年1月1日起,全额征收城镇土地使用税。

(8) 石油天然气(含页岩气、煤层气)生产企业用地:①下列石油天然气生产建设用地暂免征收城镇土地使用税:地质勘探、钻井、井下作业、油气田地面工程等施工临时用地;企业厂区以外的铁路专用线、公路及输油(气、水)管道用地;油气长输管线用地。②在城市、县城、建制镇以外工矿区内的消防、防洪排涝、防风、防沙设施用地,暂免征收城镇土地使用税。③除上述列举免税的土地外,其他油气生产及办公、生活区用地,依照规定征收城镇土地使用税。享受上述税收优惠的用地,用于非税收优惠用途的,不得享受税收优惠。

(9) 林业系统用地:①对林区的育林地、运材道、防火道、防火设施用地,免征土地使用税。②林业系统的森林公园、自然保护区,可比照公园免征城镇土地使用税。③除上述列举免税的土地外,对林业系统的其他生产用地及办公、生活区用地,应照章征收城镇土地使用税。

(10) 盐场、盐矿用地:①对盐场、盐矿的生产厂房、办公、生活区用地,应照章征收城镇土地使用税。②盐场的盐滩、盐矿的矿井用地,暂免征收城镇土地使用税。③对盐场、盐矿的其他用地，由省、自治区、直辖市税务局根据实际情况，确定征收城镇土地使用税或给予定期减征、免征的照顾。

(11) 矿山企业用地。矿山的采矿场、排土场、尾矿库、炸药库的安全区、采区运矿及运岩公路、尾矿输送管道及回水系统用地，免征城镇土地使用税。

(12) 电力行业用地：①火电厂厂区围墙内的用地，均应照章征收城镇土地使用税。对厂区围墙外的灰场、输灰管、输油(气)管道、铁路专用线用地，免征城镇土地使用税；厂区围墙外的其他用地，应照章征税。②水电站的发电厂房用地(包括坝内、坝外式厂房)，生产、办公、生活用地，照章征收城镇土地使用税；对其他用地给予免税照顾。③对供电部门的输电线路用地、变电站用地，免征城镇土地使用税。

(13) 水利设施用地：①水利设施及其管护用地(如水库库区、大坝、堤防、灌渠、泵站等用地)，免征城镇土地使用税；其他用地，如生产、办公、生活用地，应照章征收城镇土地使用税。②对兼有发电的水利设施用地城镇土地使用税的征免，比照电力行业征免城镇土地使用税的有关规定办理。

(14) 交通部门港口用地。对港口的码头(即泊位，包括岸边码头、伸入水中的浮码头、堤岸、堤坝、栈桥等)用地，免征城镇土地使用税。

(15) 民航机场用地：①机场飞行区(包括跑道、滑行道、停机坪、安全带、夜航灯光区)用地、场内外通讯导航设施用地和飞行区四周排水防洪设施用地，免征城镇土地使用税。②机场道路，区分为场内、场外道路。场外道路用地免征城镇土地使用税；场内道路用地依照规定征收城镇土地使用税。③机场工作区(包括办公、生产和维修用地及候机楼、停车场)用地、生活区用地、绿化用地，均须依照规定征收城镇土地使用税。

(16) 老年服务机构自用的土地。老年服务机构，是指专门为老年人提供生活照料、文化、护理、健身等多方面服务的福利性、非营利性的机构，主要包括老年社会福利院、敬老院(养老院)、老年服务中心、老年公寓(含老年护理院、康复中心、托老所)等。老年服务机构自用的土地免征城镇土地使用税。

(17) 国家机关、军队、人民团体、财政补助事业单位、居民委员会、村民委员会拥有的体育场馆，用于体育活动的土地，免征城镇土地使用税。经费自理事业单位、体育社会团体、体育基金会、体育类民办非企业单位拥有并运营管理的体育场馆，符合相关条件的，其用于体育活动的土地，免征城镇土地使用税。企业拥有并运营管理的大型体育场馆，其用于体育活动的土地，减半征收城镇土地使用税。享受上述税收优惠体育场馆的运动场地用于体育活动的天数不得低于全年自然天数的70%。

(18) 自2019年1月1日至2021年12月31日，对农产品批发市场、农贸市场(包括自有和承租)专门用于经营农产品的房产、土地，暂免征收城镇土地使用税。对同时经营其他产品的，按其他产品与农产品交易场地面积的比例确定征免城镇土地使用税。农产品批发市场、农贸市场的行政办公区、生活区，以及商业餐饮娱乐等非直接为农产品交易提供服务的土地，应按规定征收城镇土地使用税。

(19) 自2019年1月1日至2021年12月31日，对国家级、省级科技企业孵化器、大学科技园和国家备案众创空间自用以及无偿或通过出租等方式提供给在孵对象使用的土地，免征城镇土地使用税。

七、城镇土地使用税征收管理

（一）纳税义务发生时间

（1）纳税人购置新建商品房，自房屋交付使用之次月起，缴纳城镇土地使用税。

（2）纳税人购置存量房，自办理房屋权属转移、变更登记手续，房地产权属登记机关签发房屋权属证书之次月起，缴纳城镇土地使用税。

（3）纳税人出租、出借房产，自交付出租、出借房产之次月起，缴纳城镇土地使用税。

（4）以出让或转让方式有偿取得土地使用权的，应由受让方从合同约定交付土地时间之次月起缴纳城镇土地使用税；合同未约定交付土地时间的，由受让方从合同签订之次月起缴纳城镇土地使用税。

（5）纳税人新征用的耕地，自批准征用之日起满1年时开始缴纳城镇土地使用税。

（6）纳税人新征用的非耕地，自批准征用次月起缴纳城镇土地使用税。

（二）纳税地点

城镇土地使用税在土地所在地缴纳。

纳税人使用的土地不属于同一省、自治区、直辖市管辖的，由纳税人分别向土地所在地税务机关缴纳城镇土地使用税；在同一省、自治区、直辖市管辖范围内，纳税人跨地区使用的土地，其纳税地点由各省、自治区、直辖市税务局确定。

（三）纳税期限

城镇土地使用税按年计算、分期缴纳，具体纳税期限由省、自治区、直辖市人民政府确定。

第五节　耕地占用税法律制度

2018年12月29日，第十三届全国人民代表大会常务委员会第七次会议通过了《中华人民共和国耕地占用税法》，自2019年9月1日起施行。

耕地占用税是为了合理利用土地资源，加强土地管理，保护耕地，对占用耕地建设建筑物、构筑物或者从事非农业建设的单位和个人征收的一种税。

一、耕地占用税纳税人

耕地占用税的纳税人为在我国境内占用耕地建设建筑物、构筑物或者从事非农业建设的单位和个人。单位，包括企业、事业单位、社会团体、国家机关、部队以及其他单位；个人，包括个体工商户、农村承包经营户以及其他个人。

经申请批准占用耕地的，纳税人为农用地转用审批文件中标明的建设用地人；农用地转用审批文件中未标明建设用地人的，纳税人为用地申请人，其中用地申请人为各级人民政府的，由同级土地储备中心、自然资源主管部门或政府委托的其他部门、单位履行耕地占用税申报纳税义务。未经批准占用耕地的，纳税人为实际用地人。

二、耕地占用税征税范围

耕地占用税的征税范围包括纳税人为建设建筑物、构筑物或从事其他非农业建设而占用的国家所有和集体所有的耕地。

耕地，是指用于种植农作物的土地。占用园地、林地、草地、农田水利用地、养殖水面、渔业水域滩涂以及其他农用地建设建筑物、构筑物或者从事非农业建设的，按规定缴纳耕地占用税。

园地，包括果园、茶园、橡胶园以及种植桑树、可可、咖啡、油棕、胡椒、药材等其他多年生作物的园地。

林地，包括乔木林地、竹林地、红树林地、森林沼泽、灌木林地、灌丛沼泽以及疏林地、未成林地、迹地、苗圃等林地；不包括城镇村庄范围内的绿化林木用地，铁路、公路征地范围内的林木用地，以及河流、沟渠的护堤林用地。

草地，包括天然牧草地、沼泽草地、人工牧草地，以及用于农业生产并已由相关行政主管部门发放使用权证的草地。

农田水利用地，包括农田排灌沟渠及相应附属设施用地。

养殖水面，包括人工开挖或者天然形成的用于水产养殖的河流水面、湖泊水面、水库水面、坑塘水面及相应附属设施用地。

渔业水域滩涂，包括专门用于种植或者养殖水生动植物的海水潮浸地带和滩地，以及用于种植芦苇并定期进行人工养护管理的苇田。

建设直接为农业生产服务的生产设施占用上述农用地的，不缴纳耕地占用税。直接为农业生产服务的生产设施，是指直接为农业生产服务而建设的建筑物和构筑物。具体包括：储存农用机具和种子、苗木、木材等农业产品的仓储设施；培育、生产种子、种苗的设施；畜禽养殖设施；木材集材道、运材道；农业科研、试验、示范基地；野生动植物保护、护林、森林病虫害防治、森林防火、木材检疫的设施；专为农业生产服务的灌溉排水、供水、供电、供热、供气、通信基础设施；农业生产者从事农业生产必需的食宿和管理设施；其他直接为农业生产服务的生产设施。

三、耕地占用税税率

耕地占用税实行定额税率。根据不同地区的人均耕地面积和经济发展情况实行有地区差别的幅度税额标准，税率具体标准如下：

（1）人均耕地不超过 1 亩的地区（以县、自治县、不设区的市、市辖区为单位，下同），每平方米为 10～50 元。

（2）人均耕地超过 1 亩但不超过 2 亩的地区，每平方米为 8～40 元。

（3）人均耕地超过 2 亩但不超过 3 亩的地区，每平方米为 6～30 元。

（4）人均耕地超过 3 亩的地区，每平方米为 5～25 元。

各地区耕地占用税的适用税额，由省、自治区、直辖市人民政府根据人均耕地面积和经济发展等情况，在规定的税额幅度内提出，报同级人民代表大会常务委员会决定，并报全国人民代表大会常务委员会和国务院备案。各省、自治区、直辖市耕地占用税适用税额的平均水平，不得低于各省、自治区、直辖市耕地占用税平均税额（表 6-2）。

表 6-2　各省、自治区、直辖市耕地占用税平均税额

省、自治区、直辖市	平均税额（元/平方米）
上海	45

（续表）

省、自治区、直辖市	平均税额（元/平方米）
北京	40
天津	35
江苏、浙江、福建、广东	30
辽宁、湖北、湖南	25
河北、安徽、江西、山东、河南、重庆、四川	22.5
广西、海南、贵州、云南、陕西	20
山西、吉林、黑龙江	17.5
内蒙古、西藏、甘肃、青海、宁夏、新疆	12.5

在人均耕地低于0.5亩的地区，省、自治区、直辖市可以根据当地经济发展情况，适当提高耕地占用税的适用税额，但提高的部分不得超过确定的适用税额的50%。占用基本农田的，应当按照当地适用税额，加按150%征收。

占用园地、林地、草地、农田水利用地、养殖水面、渔业水域滩涂以及其他农用地建设建筑物、构筑物或者从事非农业建设的，适用税额可以适当低于本地区确定的适用税额，但降低的部分不得超过50%。具体适用税额由省、自治区、直辖市人民政府提出，报同级人民代表大会常务委员会决定，并报全国人民代表大会常务委员会和国务院备案。

四、耕地占用税计税依据

耕地占用税以纳税人实际占用的耕地面积为计税依据，按照规定的适用税额标准计算应纳税额，一次性缴纳。实际占用的耕地面积，包括经批准占用的耕地面积和未经批准占用的耕地面积。

纳税人实际占用耕地面积的核定以农用地转用审批文件为主要依据，必要的时候应当实地勘测。

五、耕地占用税应纳税额的计算

耕地占用税应纳税额的计算公式为：

应纳税额＝实际占用耕地面积（平方米）×适用税率

六、耕地占用税税收优惠

(1) 军事设施、学校、幼儿园、社会福利机构、医疗机构占用耕地，免征耕地占用税。

免税的军事设施，具体范围为《中华人民共和国军事设施保护法》规定的军事设施。

免税的学校，具体范围包括县级以上人民政府教育行政部门批准成立的大学、中学、小学、学历性职业教育学校以及特殊教育学校，以及经省级人民政府或其人力资源社会保障行政部门批准成立的技工院校。学校内经营性场所和教职工住房占用耕地的，按照当地适用税额缴纳耕地占用税。

免税的幼儿园，具体范围限于县级以上人民政府教育行政部门批准成立的幼儿园内专门用于幼儿保育、教育的场所。

免税的社会福利机构，具体范围限于依法登记的养老服务机构、残疾人服务机构、儿童福利机构、救助管理机构、未成年人救助保护机构内专门为老年人、残疾人、未成年人、生活无着落的流浪乞讨人员提供养护、康复、托管等服务的场所。

免税的医疗机构，具体范围限于县级以上人民政府卫生健康行政部门批准设立的医疗机构内专门从事疾病诊断、治疗活动的场所及其配套设施。医疗机构内职工住房占用耕地的，按照当地适用税额缴纳耕地占用税。

(2) 农村居民在规定用地标准以内占用耕地新建自用住宅，按照当地适用税额减半征收耕地占用税；其中农村居民经批准搬迁，新建自用住宅占用耕地不超过原宅基地面积的部分，免征耕地占用税。

(3) 农村烈士遗属、因公牺牲军人遗属、残疾军人以及符合农村最低生活保障条件的农村居民，在规定用地标准以内新建自用住宅，免征耕地占用税。

(4) 铁路线路、公路线路、飞机场跑道、停机坪、港口、航道、水利工程占用耕地，减按每平方米 2 元的税额征收耕地占用税。

减税的铁路线路，具体范围限于铁路路基、桥梁、涵洞、隧道及其按照规定两侧留地、防火隔离带。专用铁路和铁路专用线占用耕地的，按照当地适用税额缴纳耕地占用税。

减税的公路线路，具体范围限于经批准建设的国道、省道、县道、乡道和属于农村公路的村道的主体工程以及两侧边沟或者截水沟。专用公路和城区内机动车道占用耕地的，按照当地适用税额缴纳耕地占用税。

减税的飞机场跑道、停机坪，具体范围限于经批准建设的民用机场专门用于民用航空器起降、滑行、停放的场所。

减税的港口，具体范围限于经批准建设的港口内供船舶进出、停靠以及旅客上下、货物装卸的场所。

减税的航道，具体范围限于在江、河、湖泊、港湾等水域内供船舶安全航行的通道。

减税的水利工程，具体范围限于经县级以上人民政府水行政主管部门批准建设的防洪、排涝、灌溉、引(供)水、滩涂治理、水土保持、水资源保护等各类工程及其配套和附属工程建(构)筑物占压地和经批准的管理范围用地。

在农用地转用环节，用地申请人能举证建设用地人使用耕地用途符合上述规定的免税情形的，免征用地申请人的耕地占用税；在供地环节，建设用地人使用耕地用途符合上述规定的免税情形的，由用地申请人和建设用地人共同申请，按退税管理的规定退还用地申请人已经缴纳的耕地占用税。

(5) 根据国民经济和社会发展的需要，国务院可以规定免征或者减征耕地占用税的其他情形，报全国人民代表大会常务委员会备案。

按规定免征或者减征耕地占用税后，纳税人改变原占地用途，不再属于免征或者减征耕地占用税情形的，应当按照当地适用税额补缴耕地占用税。

七、耕地占用税征收管理

(一) 纳税义务发生时间

耕地占用税的纳税义务发生时间为纳税人收到自然资源主管部门办理占用耕地手续的

书面通知的当日。纳税人应当自纳税义务发生之日起30日内申报缴纳耕地占用税。自然资源主管部门凭耕地占用税完税凭证或者免税凭证和其他有关文件发放建设用地批准书。

未经批准占用耕地的，耕地占用税纳税义务发生时间为自然资源主管部门认定的纳税人实际占用耕地的当日。

因挖损、采矿塌陷、压占、污染等损毁耕地的纳税义务发生时间为自然资源、农业农村等相关部门认定损毁耕地的当日。

纳税人占地类型、占地面积和占地时间等纳税申报数据材料以自然资源等相关部门提供的相关材料为准；未提供相关材料或者材料信息不完整的，经主管税务机关提出申请，由自然资源等相关部门自收到申请之日起30日内出具认定意见。

(二) 纳税申报

纳税人占用耕地或其他农用地，应当在耕地或其他农用地所在地申报纳税。

耕地占用税由税务机关负责征收。税务机关应当与相关部门建立耕地占用税涉税信息共享机制和工作配合机制。县级以上地方人民政府自然资源、农业农村、水利等相关部门应当定期向税务机关提供农用地转用、临时占地等信息，协助税务机关加强耕地占用税征收管理。

税务机关发现纳税人的纳税申报数据资料异常或者纳税人未按照规定期限申报纳税的，可以提请相关部门进行复核，相关部门应当自收到税务机关复核申请之日起30日内向税务机关出具复核意见。

纳税人的纳税申报数据资料异常或者纳税人未按照规定期限申报纳税的，包括下列情形：

(1) 纳税人改变原占地用途，不再属于免征或者减征耕地占用税情形，未按照规定进行申报的。

(2) 纳税人已申请用地但尚未获得批准先行占地开工，未按照规定进行申报的。

(3) 纳税人实际占用耕地面积大于批准占用耕地面积，未按照规定进行申报的。

(4) 纳税人未履行报批程序擅自占用耕地，未按照规定进行申报的。

(5) 其他应提请相关部门复核的情形。

县级以上地方人民政府自然资源、农业农村、水利、生态环境等相关部门向税务机关提供的农用地转用、临时占地等信息，包括农用地转用信息、城市和村庄集镇按批次建设用地转而未供信息、经批准临时占地信息、改变原占地用途信息、未批先占农用地查处信息、土地损毁信息、土壤污染信息、土地复垦信息、草场使用和渔业养殖权证发放信息等。各省、自治区、直辖市人民政府应当建立健全本地区跨部门耕地占用税部门协作和信息交换工作机制。

纳税人因建设项目施工或者地质勘查临时占用耕地，应当按照规定缴纳耕地占用税。纳税人在批准临时占用耕地期满之日起1年内依法复垦，恢复种植条件的，全额退还已经缴纳的耕地占用税。临时占用耕地，是指经自然资源主管部门批准，在一般不超过2年内临时使用耕地并且没有修建永久性建筑物的行为。

因挖损、采矿塌陷、压占、污染等损毁耕地属于税法所称的非农业建设，应依照税法规定缴纳耕地占用税；纳税人自自然资源、农业农村等相关部门认定损毁耕地之日起3年内依法复垦或修复，恢复种植条件的，按规定办理退税。

纳税人改变占地用途，不再属于免征或减征情形的，应自改变用途之日起30日内申报补缴税款，补缴税款按改变用途的实际占用耕地面积和改变用途时当地适用税额计算。

纳税人占地类型和面积以自然资源等相关部门提供的相关材料为准；未提供相关材料或者材料信息不完整的，经主管税务机关提请，由自然资源等相关部门出具认定意见。

第六节 车船税法律制度

《中华人民共和国车船税法》于2011年2月25日经第十一届全国人民代表大会常务委员会第十九次会议通过，根据2019年4月23日第十三届全国人民代表大会常务委员会第十次会议《关于修改〈中华人民共和国建筑法〉等八部法律的决定》修正。

车船税，是对在中华人民共和国境内属于《中华人民共和国车船税法》中《车船税税目税额表》所规定的车辆、船舶（以下简称车船）的所有人或者管理人征收的一种税。

一、车船税的纳税人、征税范围和税率

（一）车船税的纳税人

车船税的纳税人是指在我境内车船的所有者或管理者。

（二）车船税的征税范围

车船税的征税范围是指依法应当在我国车船管理部门登记的车船（除免税的车船外），包括应税车辆和应税船舶。

（1）车辆为机动车，即依靠燃油、电力等能源作为动力运行的车辆，包括乘用车、商用客车、商用货车、挂车、无轨电车、摩托车、专项作业车等。

（2）船舶为机动船舶、非机动船舶和游艇。

机动船舶是指依靠燃料等能源作为动力运行的船舶，包括客轮、货船、气垫船、拖船等；非机动驳船是指依靠其他力量运行的驳船。

境内单位和个人租入外国籍船舶的，不征收车船税。境内单位和个人将船舶出租到境外的，应依法征收车船税。

纯电动、燃料电池乘用车不属于车船税征收范围。

在机场、港口以及其他企业内部场所行驶或者作业的车船，应当缴纳车船税。

（三）车船税的税率

车船税实行定额税率，即对应税车船规定单位固定税额。车船税的单位税额，采取幅度税额，各省、自治区、直辖市人民政府可在国家规定的幅度范围内，结合本地区的实际情况，规定本地区的单位税额。

对于车船税额的确定，还要注意以下规定：

（1）车辆整备质量尾数不超过0.5吨的，按照0.5吨计算；超过0.5吨的，按照1吨计算。整备质量不超过1吨的车辆，按照1吨计算。船舶净吨位尾数不超过0.5吨的，不予计算；超过0.5吨的，按照1吨计算。净吨位不超过1吨的船舶，按照1吨计算。

（2）拖船按照发动机功率每2马力折合净吨位1吨计算征收车船税。

（3）挂车整备质量每吨按照货车税额的50%计算。

二、车船税应纳税额的计算

（一）计税依据

（1）纳税人在购买机动车交通事故强制保险时，应当向扣缴义务人提供地方税务机关出具的本年度车船税的完税凭证或者减免税证明。不能提供相应凭证或证明的，应当在购买保险时按照当地税务机关核定的车船税税额标准计算缴纳车船税。

（2）车船税计税依据涉及的载客人数、排气量、整备质量、净吨位、马力等计税标准，以车船管理部门核发的车船登记证书或者行驶证书相应项目所载数额为准；纳税人未按照规定到车船管理部门办理登记手续的，计税标准以车船出厂时的合格证书或进口时的相应凭证所载数额为准；不能提供出厂时的证明或进口凭证的，由主管税务机关根据车船自身的状况并参照同类车船核定。

（3）车船税按其征税对象的性质，计税标准分别为辆、整备质量每吨、净吨位、米。

按“辆”征收，主要适用于乘用车、商用车客车、摩托车。

按“整备质量每吨”征收，主要适用于货车、挂车、专用作业车、轮式专用机械车。

按“净吨位”征收，主要适用于机动船舶。

按“长度”征收，主要适用于游艇。

（二）应纳税额的计算

车船税实行从量定额征税方法。计算公式为：

$$应纳税额 = 计税依据 \times 适用税率$$

新车船购置当年的应纳税额自发生纳税义务的当月起按月计算。计算公式为：

$$应纳税额 = 年应纳税额 \div 12 \times 应纳税月数$$

三、车船税的税收优惠

（一）法定减免

（1）非机动车(不包括非机动驳船)是指以人力或者畜力驱动的车辆，以及符合国家有关标准的残疾人机动轮椅车、电动自行车等车辆。非机动船是指自身没有动力装置，依靠外力驱动的船舶。

（2）拖拉机。

（3）捕捞、养殖渔船。

（4）军队、武警专用车船。

（5）警用车船。

（6）对节约能源、使用新能源的车船可以减征或免征车船税。

（7）外国驻华使领馆、国际组织驻华机构按照规定享有豁免权的车船。

（8）对受严重自然灾害影响纳税困难以及有其他特殊原因确需减、免税的，可以减征或免征车船税。

（二）特定减免

（1）对尚未在车辆管理部门办理登记，属于应减免税的新购置车辆，纳税人可向税务机关申请，经审批取得减免税证明。在办理车辆交通事故强制保险时已缴纳车船税的新购置车辆，在办理车辆登记手续后可向税务机关提出减免税申请，经审批符合减免税条件的应退还纳税人多缴的税款。

(2) 省、自治区、直辖市人民政府可根据当地实际情况，对城市、农村公共交通车船给以定期减税、免税。

(3) 对节约能源车船，减半征收车船税。

(4) 对使用新能源车船，免征车船税。

四、车船税的征收管理

(一) 纳税地点

车船税由地方税务机关负责征收，纳税地点由省、自治区、直辖市人民政府根据当地实际情况确定。跨省、自治区、直辖市使用的车船，纳税地点为车船的登记地。保险机构应当在收取机动车第三者责任强制保险费时依法代收车船税，并将注明已收税款信息的机动车第三者责任强制保险单及保费发票作为代收税款凭证。纳税人在购买机动车交通事故责任强制保险时缴纳车船税的，不再向地方税务机关申报纳税。

(二) 纳税义务发生时间

车船税的纳税义务发生时间为取得车船所有权或者管理权的当月。纳税人未按规定到车船管理部门办理应税车船登记手续的，以车船购置发票开具时间所在的当月作为车船税纳税义务发生时间。对未办理应税车船登记手续且无法提供车船购置发票的，由主管地方税务机关核定纳税义务发生时间。

(三) 纳税期限

车船税按年申报缴纳。纳税人具体申报纳税期限由省、自治区、直辖市人民政府确定。由扣缴义务人代收代缴机动车车船税的，纳税人应当在购买机动车交通事故责任强制保险的同时缴纳车船税。纳税人在购买机动车交通事故责任强制保险时缴纳车船税的，不再向地方税务机关申报纳税。

第七节 资源税法律制度

《中华人民共和国资源税法》于2019年8月26日经第十三届全国人民代表大会常务委员会第十二次会议通过，自2020年9月1日起施行。

一、资源税的纳税人

在中华人民共和国领域和中华人民共和国管辖的其他海域开发应税资源的单位和个人，为资源税的纳税人，应当依照本法规定缴纳资源税。

二、资源税征税范围、税目和税率

"资源税税目税率表"如表6-3所示。

表 6-3　资源税税目税率表

税目			征税对象	税率
能源矿产	原油		原矿	6%
	天然气、页岩气、天然气水合物		原矿	6%
	煤		原矿或者选矿	2%～10%
	煤成(层)气		原矿	1%～2%
	铀、钍		原矿	4%
	油页岩、油砂、天然沥青、石煤		原矿或者选矿	1%～4%
	地热		原矿	1%～20%或者每立方米1～30元
金属矿产	黑色金属	铁、锰、铬、钒、钛	原矿或者选矿	1%～9%
	有色金属	铜、铅、锌、锡、镍、锑、镁、钴、铋、汞	原矿或者选矿	2%～10%
		铝土矿	原矿或者选矿	2%～9%
		钨	选矿	6.5%
		钼	选矿	8%
		金、银	原矿或者选矿	2%～6%
		铂、钯、钌、锇、铱、铑	原矿或者选矿	5%～10%
		轻稀土	选矿	7%～12%
		中重稀土	选矿	20%
		铍、锂、锆、锶、铷、铯、铌、钽、锗、镓、铟、铊、铪、铼、镉、硒、碲	原矿或者选矿	2%～10%
非金属矿产	矿物类	高岭土	原矿或者选矿	1%～6%
		石灰岩	原矿或者选矿	1%～6%或者每吨(或者每立方米)1～10元
		磷	原矿或者选矿	3%～8%
		石墨	原矿或者选矿	3%～12%
		萤石、硫铁矿、自然硫	原矿或者选矿	1%～8%
		天然石英砂、脉石英、粉石英、水晶、工业用金刚石、冰洲石、蓝晶石、硅线石(矽线石)、长石、滑石、刚玉、菱镁矿、颜料矿物、天然碱、芒硝、钠硝石、明矾石、砷、硼、碘、溴、膨润土、硅藻土、陶瓷土、耐火粘土、铁矾土、凹凸棒石粘土、海泡石粘土、伊利石粘土、累托石粘土	原矿或者选矿	1%～12%

（续表）

税目			征税对象	税率
非金属矿产	矿物类	叶蜡石、硅灰石、透辉石、珍珠岩、云母、沸石、重晶石、毒重石、方解石、蛭石、透闪石、工业用电气石、白垩、石棉、蓝石棉、红柱石、石榴子石、石膏	原矿或者选矿	2%～12%
		其他粘土（铸型用粘土、砖瓦用粘土、陶粒用粘土、水泥配料用粘土、水泥配料用红土、水泥配料用黄土、水泥配料用泥岩、保温材料用粘土）	原矿或者选矿	1%～5%或者每吨（或者每立方米）0.1～5元
	岩石类	大理岩、花岗岩、白云岩、石英岩、砂岩、辉绿岩、安山岩、闪长岩、板岩、玄武岩、片麻岩、角闪岩、页岩、浮石、凝灰岩、黑曜岩、霞石正长岩、蛇纹岩、麦饭石、泥灰岩、含钾岩石、含钾砂页岩、天然油石、橄榄岩、松脂岩、粗面岩、辉长岩、辉石岩、正长岩、火山灰、火山渣、泥炭	原矿或者选矿	1%～10%
		砂石	原矿或者选矿	1%～5%或者每吨（或者每立方米）0.1～5元
	宝玉石类	宝石、玉石、宝石级金刚石、玛瑙、黄玉、碧玺	原矿或者选矿	4%～20%
水气矿产	二氧化碳气、硫化氢气、氦气、氡气		原矿	2%～5%
	矿泉水		原矿	1%～20%或者每立方米1～30元
盐	钠盐、钾盐、镁盐、锂盐		选矿	3%～15%
	天然卤水		原矿	3%～15%或者每吨（或者每立方米）1～10元
	海盐			2%～5%

国务院根据国民经济和社会发展需要，依照本法的原则，对取用地表水或者地下水的单位和个人试点征收水资源税。征收水资源税的，停止征收水资源费。

水资源税根据当地水资源状况、取用水类型和经济发展等情况实行差别税率。

水资源税试点实施办法由国务院规定，报全国人民代表大会常务委员会备案。

中外合作开采陆上、海上石油资源的企业依法缴纳资源税。2011 年 11 月 1 日前已依法订立中外合作开采陆上、海上石油资源合同的，在该合同有效期内，继续依照国家有关规定缴纳矿区使用费，不缴纳资源税；合同期满后，依法缴纳资源税。

"资源税税目税率表"中规定实行幅度税率的，其具体适用税率由省、自治区、直辖市人民政府统筹考虑该应税资源的品位、开采条件以及对生态环境的影响等情况，"资源税税目税率表"规定的税率幅度内提出，报同级人民代表大会常务委员会决定，并报全国人民代表大会常务委员会和国务院备案。"资源税税目税率表"中规定征税对象为原矿或者选矿的，应当分别确定具体适用税率。

三、资源税计税依据

资源税按照"资源税税目税率表"实行从价计征或者从量计征。

"资源税税目税率表"中规定可以选择实行从价计征或者从量计征的，具体计征方式由省、自治区、直辖市人民政府提出，报同级人民代表大会常务委员会决定，并报全国人民代表大会常务委员会和国务院备案。

实行从价计征的，应纳税额按照应税资源产品（以下称应税产品）的销售额乘以具体适用税率计算。实行从量计征的，应纳税额按照应税产品的销售数量乘以具体适用税率计算。

应税产品为矿产品的，包括原矿和选矿产品。

纳税人开采或者生产不同税目应税产品的，应当分别核算不同税目应税产品的销售额或者销售数量；未分别核算或者不能准确提供不同税目应税产品的销售额或者销售数量的，从高适用税率。

纳税人开采或者生产应税产品自用的，应当依照本法规定缴纳资源税；但是，自用于连续生产应税产品的，不缴纳资源税。

四、资源税应纳税额的计算

1. 从价定率计征资源税应纳税额的计算

资源税应纳税额＝应税产品的销售额×适用的比例税率

2. 从量定额计征资源税应纳税额的计算

资源税应纳税额＝应税产品的销售数量×适用的定额税率

五、资源税税收优惠

(1) 有下列情形之一的，免征资源税：①开采原油以及在油田范围内运输原油过程中用于加热的原油、天然气；②煤炭开采企业因安全生产需要抽采的煤成（层）气。

(2) 有下列情形之一的，减征资源税：①从低丰度油气田开采的原油、天然气，减征 20% 资源税；②高含硫天然气、三次采油和从深水油气田开采的原油、天然气，减征 30%资源税；③稠油、高凝油减征 40%资源税；④从衰竭期矿山开采的矿产品，减征 30%资源税。根据国民经济和社会发展需要，国务院对有利于促进资源节约集约利用、保护环境等情形可以规定免征或者减征资源税，报全国人民代表大会常务委员会备案。

(3) 有下列情形之一的，省、自治区、直辖市可以决定免征或者减征资源税：①纳税人开采或者生产应税产品过程中，因意外事故或者自然灾害等原因遭受重大损失；②纳税人开采共伴生矿、低品位矿、尾矿。前款规定的免征或者减征资源税的具体办法，由省、自治区、直辖市人民政府提出，报同级人民代表大会常务委员会决定，并报全国人民代表大会常务委员会和国务院备案。纳税人的免税、减税项目，应当单独核算销售额或者销售数量；未单独核算或者不能准确提供销售额或者销售数量的，不予免税或者减税。

六、资源税征收管理

资源税由税务机关依照本法和《税收征收管理法》的规定征收管理。

税务机关与自然资源等相关部门应当建立工作配合机制，加强资源税征收管理。

纳税人销售应税产品，纳税义务发生时间为收讫销售款或者取得索取销售款凭据的当日；自用应税产品的，纳税义务发生时间为移送应税产品的当日。

纳税人应当向应税产品开采地或者生产地的税务机关申报缴纳资源税。

资源税按月或者按季申报缴纳；不能按固定期限计算缴纳的，可以按次申报缴纳。纳税人按月或者按季申报缴纳的，应当自月度或者季度终了之日起 15 日内，向税务机关办理纳税申报并缴纳税款；按次申报缴纳的，应当自纳税义务发生之日起 15 日内，向税务机关办理纳税申报并缴纳税款。

第八节　印花税法律制度

《中华人民共和国印花税法》于 2021 年 6 月 10 日经第十三届全国人民代表大会常务委员会第二十九次会议通过，自 2022 年 7 月 1 日施行。

一、印花税的纳税人

(一) 印花税纳税人的一般规定

在中华人民共和国境内书立应税凭证、进行证券交易的单位和个人，为印花税的纳税人，应当依照本法规定缴纳印花税。在中华人民共和国境外书立在境内使用的应税凭证的单位和个人，应当依照我国印花税法规定缴纳印花税。

我国印花税法所称应税凭证，是指我国印花税法所附“印花税税目税率表”(表 6-4)列明的合同、产权转移书据和营业账簿。

表 6-4　印花税税目税率表

税目		税率	备注
合同(指书面合同)	借款合同	借款金额的 0.5‰	指银行业金融机构、经国务院银行业监督管理机构批准设立的其他金融机构与借款人(不包括同业拆借的借款合同)
	融资租赁合同	租金的 0.5‰	
	买卖合同	价款的 3‰	指动产买卖合同(不包括个人书立的动产买卖合同)

（续表）

税目		税率	备注
合同（指书面合同）	承揽合同	报酬的3‰	
	建设工程合同	价款的3‰	
	运输合同	运输费用的3‰	指货运合同和多式联运合同（不包括管道运输合同）
	技术合同	价款、报酬或者使用费的3‰	不包括专利权、专有技术使用权转让书据
	租赁合同	租金的1‰	
	保管合同	保管费的1‰	
	仓储合同	仓储费的1‰	
	财产保险合同	保险费的1‰	不包括再保险合同
产权转移书据	土地使用权出让书据	价款的5‰	转让包括买卖（出售）、继承、赠与、互换、分割
	土地使用权、房屋等建筑物和构筑物所有权转让书据（不包括土地承包经营权和土地经营权转移）	价款的5‰	
	股权转让书据（不包括应缴纳证券交易印花税的）	价款的5‰	
	商标专用权、著作权、专利权、专有技术使用权转让书据	价款的3‰	
营业账簿		实收资本（股本）、资本公积合计金额的2.5‰	
证券交易		成交金额的1‰	

（二）印花税纳税人的具体规定

按照书立、使用、领受应税凭证的不同，印花税纳税人可以分为立合同人、立据人、立账簿人、领受人和使用人等5种。

1. 立合同人

立合同人是指合同的当事人。所谓当事人，是指与应税凭证有法律上的直接权利义务关系的单位和个人，但不包括合同的担保人、证人、鉴定人。各类合同和具有合同性质的凭证的纳税义务人是立合同人。所谓具有合同性质的凭证，是指具有合同效力的协议、契约、合约及其他各种名称的应税凭证。

2. 立据人

产权转移书据的纳税人是立据人。

3. 立账簿人

营业账簿的纳税人是立账簿人，即设立并使用营业账簿的单位和个人。

4. 领受人

权利、许可证照的纳税人是领受人，即领取或接受并持有该项应税凭证的单位和个人。

5. 使用人

在国外书立、领受但在国内使用的应税凭证，其纳税人是使用人。

凡由两方或两方以上当事人共同书立的应税凭证，其当事人各方都是印花税的纳税义务人，应分别就其所持凭证的计税金额履行纳税义务。

二、印花税的征税范围

我国印花税法采用正列举的方式，分为四大类应税凭证，即合同类、产权转移书据类、营业账簿类和证券交易类。

（一）合同类

印花税法规定的合同包括借款合同、融资租赁合同、买卖合同、承揽合同、建设工程合同、运输合同、技术合同、租赁合同、保管合同、仓储合同、财产保险合同等。

（二）产权转移书据类

产权转移书据，包括：

（1）土地使用权出让书据。

（2）土地使用权和房屋等建筑物和构筑物所有权转让书据，但不包括土地承包经营权和土地经营权转让。

（3）股权转让书据，但不包括应缴纳证券交易印花税的股权转让书据。

（4）著作权、商标专用权、专利权、专有技术使用权转移书据。

（三）营业账簿类

营业账簿，包括单位和个人记载经济业务活动的会计核算账簿。根据记载内容的不同，营业账簿可以分为资金账簿和其他营业账簿。

我国印花税法只对资金账簿征收印花税，以实收资本（股本）、资本公积合计金额为计税依据。对资金账簿以外的其他营业账簿不征收印花税。

（四）证券交易类

证券交易，是指转让在依法设立的证券交易所、国务院批准的其他全国性证券交易场所交易的股票和以股票为基础的存托凭证。

证券交易印花税对证券交易的出让方征收，不对受让方征收。

三、印花税的税率

印花税实行比例税率，具体税率如表 6-4 所示。

四、印花税的计税依据

（1）应税合同的计税依据，为合同所列的金额，不包括列明的增值税税款。

（2）应税产权转移书据的计税依据，为产权转移书据所列的金额，不包括列明的增值税税款。

（3）应税营业账簿的计税依据，为账簿记载的实收资本（股本）、资本公积合计金额。

（4）证券交易的计税依据，为成交金额。

应税合同、产权转移书据未列明金额的，印花税的计税依据按照实际结算的金额确定。计税依据仍不能确定的，按照书立合同、产权转移书据时的市场价格确定；依法应当执行政府定价或者政府指导价的，按照国家有关规定确定。

证券交易无转让价格的，按照办理过户登记手续时该证券前一个交易日收盘价计算确定计税依据；无收盘价的，按照证券面值计算确定计税依据。

五、印花税应纳税额的计算

印花税的应纳税额按照计税依据乘以适用税率计算。

同一应税凭证载有两个以上税目事项并分别列明金额的，按照各自适用的税目税率分别计算应纳税额；未分别列明金额的，从高适用税率。

同一应税凭证由两方以上当事人书立的，按照各自涉及的金额分别计算应纳税额。

已缴纳印花税的营业账簿，以后年度记载的实收资本（股本）、资本公积合计金额比已缴纳印花税的实收资本（股本）、资本公积合计金额增加的，按照增加部分计算应纳税额。

六、印花税税收优惠

下列凭证免征印花税：

（1）应税凭证的副本或者抄本。

（2）依照法律规定应当予以免税的外国驻华使馆、领事馆和国际组织驻华代表机构为获得馆舍书立的应税凭证。

（3）中国人民解放军、中国人民武装警察部队书立的应税凭证。

（4）农民、家庭农场、农民专业合作社、农村集体经济组织、村民委员会购买农业生产资料或者销售农产品书立的买卖合同和农业保险合同。

（5）无息或者贴息借款合同、国际金融组织向中国提供优惠贷款书立的借款合同。

（6）财产所有权人将财产赠与政府、学校、社会福利机构、慈善组织书立的产权转移书据。

（7）非营利性医疗卫生机构采购药品或者卫生材料书立的买卖合同。

（8）个人与电子商务经营者订立的电子订单。

根据国民经济和社会发展的需要，国务院对居民住房需求保障、企业改制重组、破产、支持小型微型企业发展等情形可以规定减征或者免征印花税，报全国人民代表大会常务委员会备案。

为活跃资本市场、提振投资者信心，自 2023 年 8 月 28 日起，证券交易印花税实施减半征收。

七、印花税征收管理

1. 纳税地点

纳税人为单位的，应当向其机构所在地的主管税务机关申报缴纳印花税；纳税人为个人的，应当向应税凭证书立地或者纳税人居住地的主管税务机关申报缴纳印花税。

不动产产权发生转移的，纳税人应当向不动产所在地的主管税务机关申报缴纳印花税。

纳税人为境外单位或者个人，在境内有代理人的，以其境内代理人为扣缴义务人；在境内没有代理人的，由纳税人自行申报缴纳印花税，具体办法由国务院税务主管部门规定。

证券登记结算机构为证券交易印花税的扣缴义务人，应当向其机构所在地的主管税务机关申报解缴税款以及银行结算的利息。

2. 纳税义务发生时间

印花税的纳税义务发生时间为纳税人书立应税凭证或者完成证券交易的当日。

证券交易印花税扣缴义务发生时间为证券交易完成的当日。

3. 纳税期限

印花税按季、按年或者按次计征。实行按季、按年计征的，纳税人应当自季度、年度终了之日起 15 日内申报缴纳税款；实行按次计征的，纳税人应当自纳税义务发生之日起 15 日内申报缴纳税款。

证券交易印花税按周解缴。证券交易印花税扣缴义务人应当自每周终了之日起 5 日内申报解缴税款以及银行结算的利息。

4. 缴纳方式

印花税可以采用粘贴印花税票或者由税务机关依法开具其他完税凭证的方式缴纳。

印花税票粘贴在应税凭证上的，由纳税人在每枚税票的骑缝处盖戳注销或者画销。

印花税票由国务院税务主管部门监制。

第九节 环境保护税法律制度

《中华人民共和国环境保护税法》于 2016 年 12 月 25 日经第十二届全国人民代表大会常务委员会第二十五次会议通过，根据 2018 年 10 月 26 日第十三届全国人民代表大会常务委员会第六次会议《关于修改〈中华人民共和国野生动物保护法〉等十五部法律的决定》修正。

环境保护税是为了保护和改善环境，减少污染物排放，推进生态文明建设而征收的税种。

一、环境保护税纳税人

环境保护税的纳税人为在中华人民共和国领域和中华人民共和国管辖的其他海域，直接向环境排放应税污染物的企业事业单位和其他生产经营者。按照规定对其征收环境保护税，不再征收排污费。

二、环境保护税征税范围

环境保护税的征税范围是《中华人民共和国环境保护税法》所附“环境保护税税目税额表”(表 6-5)“应税污染物和当量值表”规定的大气污染物、水污染物、固体废物和噪声等应税污染物。

有下列情形之一的，不属于直接向环境排放污染物，不缴纳相应污染物的环境保护税：

(1) 企业事业单位和其他生产经营者向依法设立的污水集中处理、生活垃圾集中处理场所排放应税污染物的。

(2) 企业事业单位和其他生产经营者在符合国家和地方环境保护标准的设施、场所储存或者处置固体废物的。

表 6-5　环境保护税税目税额表

<table>
<tr><th colspan="2">税目</th><th>计税单位</th><th>税额</th><th>备注</th></tr>
<tr><td colspan="2">大气污染物</td><td>每污染当量</td><td>1.2 元至 12 元</td><td></td></tr>
<tr><td colspan="2">水污染物</td><td>每污染当量</td><td>1.4 元至 14 元</td><td></td></tr>
<tr><td rowspan="4">固体废物</td><td>煤矸石</td><td>每吨</td><td>5 元</td><td rowspan="4"></td></tr>
<tr><td>尾矿</td><td>每吨</td><td>15 元</td></tr>
<tr><td>危险废物</td><td>每吨</td><td>1 000 元</td></tr>
<tr><td>冶炼渣、粉煤灰、炉渣、其他固体废物(含半固态、液态废物)</td><td>每吨</td><td>25 元</td></tr>
<tr><td rowspan="6">噪声</td><td rowspan="6">工业噪声</td><td>超标 1～3 分贝</td><td>每月 350 元</td><td rowspan="6">1.一个单位边界上有多处噪声超标,根据最高一处超标声级计算应纳税额;当沿边界长度超过 100 米,有两处以上噪声超标,按照两个单位计算应纳税额。2.一个单位有不同地点作业场所的,应当分别计算应纳税额,合并计征。3.昼、夜均超标的环境噪声,昼、夜分别计算应纳税额,累计计征。4.声源一个月内超标不足 15 天的,减半计算应纳税额。5.夜间频繁突发和夜间偶然突发厂界超标噪声,按等效声级和峰值噪声两种指标中超标分贝值高的一项计算应纳税额。</td></tr>
<tr><td>超标 4～6 分贝</td><td>每月 700 元</td></tr>
<tr><td>超标 7～9 分贝</td><td>每月 1 400 元</td></tr>
<tr><td>超标 10～12 分贝</td><td>每月 2 800 元</td></tr>
<tr><td>超标 13～15 分贝</td><td>每月 5 600 元</td></tr>
<tr><td>超标 16 分贝以上</td><td>每月 11 200 元</td></tr>
</table>

依法设立的城乡污水集中处理、生活垃圾集中处理场所超过国家和地方规定的排放标准向环境排放应税污染物的,应当缴纳环境保护税。

企业事业单位和其他生产经营者储存或者处置固体废物不符合国家和地方环境保护标准的,应当缴纳环境保护税。

三、环境保护税税率

环境保护税实行定额税率。税目、税额依照“环境保护税税目税额表”执行。应税大气污染物和水污染物的具体适用税额的确定和调整,由省、自治区、直辖市人民政府统筹考虑本地区环境承载能力、污染物排放现状和经济社会生态发展目标要求,在“环境保护税税目税额表”规定的税额幅度内提出,报同级人民代表大会常务委员会决定,并报全国人民代表大会常务委员会和国务院备案。

四、环境保护税计税依据

应税污染物的计税依据，按照下列方法确定：

(1) 应税大气污染物按照污染物排放量折合的污染当量数确定。

(2) 应税水污染物按照污染物排放量折合的污染当量数确定。

(3) 应税固体废物按照固体废物的排放量确定。

(4) 应税噪声按照超过国家规定标准的分贝数确定。

五、环境保护税应纳税额的计算

环境保护税应纳税额按照下列方法计算：

应税大气污染物的应纳税额＝污染当量数×具体适用税额

应税水污染物的应纳税额＝污染当量数×具体适用税额

应税固体废物的应纳税额＝固体废物排放量×具体适用税额

应税噪声的应纳税额＝超过国家规定标准的分贝数对应的具体适用税额

应税大气污染物、水污染物、固体废物的排放量和噪声的分贝数，按照下列方法和顺序计算：

(1) 纳税人安装使用符合国家规定和监测规范的污染物自动监测设备的，按照污染物自动监测数据计算。

(2) 纳税人未安装使用污染物自动监测设备的，按照监测机构出具的符合国家有关规定和监测规范的监测数据计算。

(3) 因排放污染物种类多等原因不具备监测条件的，按照国务院环境保护主管部门规定的排污系数、物料衡算方法计算。

(4) 不能按上述第(1)项至第(3)项规定的方法计算的，按照省、自治区、直辖市人民政府环境保护主管部门规定的抽样测算的方法核定计算。

六、环境保护税税收优惠

下列情形中，暂予免征环境保护税：

(1) 农业生产(不包括规模化养殖)排放应税污染物的。

(2) 机动车、铁路机车、非道路移动机械、船舶和航空器等流动污染源排放应税污染物的。

(3) 依法设立的城乡污水集中处理、生活垃圾集中处理场所排放相应应税污染物，不超过国家和地方规定的排放标准的。

(4) 纳税人综合利用的固体废物，符合国家和地方环境保护标准的。

(5) 国务院批准免税的其他情形。

纳税人排放应税大气污染物或者水污染物的浓度值低于国家和地方规定的污染物排放标准30%的，减按75%征收环境保护税。纳税人排放应税大气污染物或者水污染物的浓度值低于国家和地方规定的污染物排放标准50%的，减按50%征收环境保护税。

七、环境保护税征收管理

（1）环境保护税由税务机关依照《税收征收管理法》和本法的有关规定征收管理。

环境保护主管部门应当将排污单位的排污许可、污染物排放数据、环境违法和受行政处罚情况等环境保护相关信息，定期交送税务机关。税务机关应当将纳税人的纳税申报、税款入库、减免税额、欠缴税款以及风险疑点等环境保护税涉税信息，定期交送环境保护主管部门。

（2）纳税义务发生时间为纳税人排放应税污染物的当日。纳税人应当向应税污染物排放地的税务机关申报缴纳环境保护税。

（3）环境保护税按月计算，按季申报缴纳。不能按固定期限计算缴纳的，可以按次申报缴纳。

纳税人按季申报缴纳的，应当自季度终了之日起 15 日内，向税务机关办理纳税申报并缴纳税款。纳税人按次申报缴纳的，应当自纳税义务发生之日起 15 日内，向税务机关办理纳税申报并缴纳税款。

第六章测试题及
参考答案

第七章　税收征收管理法律制度

本章导学

本章主要讨论税收程序法规则，主要内容包括税务管理、税款征收、税务检查、税务行政复议和税收法律责任等基本规则。

学习目标

（一）税收征收管理法的适用范围和适用对象。

（二）掌握税务登记管理、账簿和凭证管理、发票管理、纳税申报管理。

（三）掌握应纳税额的核定、调整和缴纳、税款征收的保障措施、被检查人的义务、纳税信用管理。

（四）掌握税务行政复议的范围、税务行政复议的管辖。

（五）熟悉税收征纳主体的权利和义务、税款征收方式、税款征收的其他措施、税务机关的职权和职责、税收违法行为检举管理、重大税收违法失信主体信息公布管理。

（六）熟悉税务行政复议的申请、受理、审理和决定。。

（七）了解税款征收主体、税务管理相对人和税务行政主体违法行为的法律责任。

课程思政

一、基本案情

2021 年 4 月初，上海市税务局第一稽查局受理关于郑爽利用“阴阳合同”涉嫌偷逃税问题的举报后，依法对郑爽进行立案检查。案件事实已经查明并依法进行了处理。上海市税务局以事实为依据，以法律为准绳，针对郑爽利用“阴阳合同”涉嫌偷逃税问题，以及 2018 年规范影视行业税收秩序以后郑爽参加的演艺项目和相关企业及人员涉税问题开展全面深入的检查。经查，郑爽于 2019 年主演电视剧《倩女幽魂》，与制片人约定片酬为 1.6 亿元，实际取得 1.56 亿元，分为两个部分收取。其中，第一部分 4 800 万元，将个人片酬收入改变为企业收入，进行虚假申报、偷逃税款；第二部分 1.08 亿元，制片人与郑爽实际控制公司签订虚假合同，以“增资”的形式支付，规避行业监管获取“天价片酬”，隐瞒收入进行虚假申报、偷逃税款。在《倩女幽魂》项目中，上海市税务局根据郑爽违法事实认定偷税 4 302.7 万元，其他少缴税款 1 617.78 万元。同时查明，2018 年规范影视行业税收秩序后，郑爽另有其他演艺收入 3 507 万元，同样存在以企业收入名义改变个人收入性质、进行虚假申报的问题，根据郑爽违法事实认定为偷税 224.26 万元，其他少缴税款 1 034.29 万元。以上合计，郑爽 2019 年至 2020 年未依法申报个人收入 1.91 亿元，偷税 4 526.96 万元，其他少缴税款 2 652.07 万元。

二、裁判结果

上海市税务局依据《中华人民共和国税收征收管理法》第三十二条、第六十三条等规定，以及《中华人民共和国个人所得税法》第二条、第十条、第十一条和《中华人民共和国增值税暂行条例》第一条、第十九条等规定，对郑爽追缴税款、加收滞纳金并处罚款共计 2.99 亿元。其中，依法追缴税款 7 179.03 万元，加收滞纳金 888.98 万元；对改变收入性质偷税部分处以 4 倍罚款，计 3 069.57 万元；对收取所谓"增资款"完全隐瞒收入偷税部分处以 5 倍"顶格"罚款，计 1.88 亿元。

依据《行政处罚法》第四十四条的相关规定，上海市税务局依法向郑爽送达了《税务行政处罚事项告知书》，对此郑爽未提出听证申请。之后，依法向郑爽正式下达《税务处理决定书》和《税务行政处罚决定书》，限其在规定期限内缴清税款、滞纳金及罚款。目前，郑爽已在规定期限内缴清全部税款和滞纳金。税务部门正依法督促其在规定期限内缴清罚款。

三、典型意义

纳税人取得收入，应当依法纳税。本案当事人应当就其个人所得依据个人所得税法规定计算缴纳个人所得税。同时，本案当事人还应当依据增值税暂行条例规定按照现代服务业缴纳增值税。但是，当事人却以各种形式逃税，应当依法承担税收滞纳金和罚款的法律责任。

（参考资料来源：上海市税务局第一稽查局有关负责人就郑爽偷逃税案件答记者问，http://www.chinatax.gov.cn/chinatax/n810219/n810724/c5168455/content.html。）

学习内容

第一节 税收征收管理法概述

一、税收征收管理法的概念

为了加强税收征收管理，规范税收征收和缴纳行为，保障国家税收收入，保护纳税人的合法权益，促进经济和社会发展，国家制定税收征收管理法。税收征收管理法是指调整和规范税收征纳和税收管理活动中所产生的权利义务关系的法律规范的总称，包括税收法律、行政法规、地方性法规和规章等规范性文件。税收征收管理法属于程序法。

《中华人民共和国税收征收管理法》于 1992 年 9 月 4 日由第七届全国人民代表大会常务委员会第二十七次会议通过，根据 1995 年 2 月 28 日第八届全国人民代表大会常务委员会第十二次会议《关于修改〈中华人民共和国税收征收管理法〉的决定》第一次修正，2001 年 4 月 28 日第九届全国人民代表大会常务委员会第二十一次会议修订，根据 2013 年 6 月 29 日第十二届全国人民代表大会常务委员会第三次会议《关于修改〈中华人民共和国文物保护法〉等十二部法律的决定》第二次修正，根据 2015 年 4 月 24 日第十二届全国人民代表大会常务委员会第十四次会议《关于修改〈中华人民共和国港口法〉等七部法律的决定》第三次修正。

二、税收征收管理法的适用范围

凡依法由税务机关征收的各种税收的征收管理，均适用本法。税务机关是指各级税务局、税务分局、税务所和按照国务院规定设立的并向社会公告的税务机构。

税收的开征、停征以及减税、免税、退税、补税，依照法律的规定执行；法律授权国务院规定的，依照国务院制定的行政法规的规定执行。

任何机关、单位和个人不得违反法律、行政法规的规定，擅自作出税收开征、停征以及减税、免税、退税、补税和其他同税收法律、行政法规相抵触的决定。

三、税收征收管理法的适用对象

1. 税收征收管理主体

国务院税务主管部门主管全国税收征收管理工作。各地国家税务局和地方税务局应当按照国务院规定的税收征收管理范围分别进行征收管理。

税务机关依法执行职务，任何单位和个人不得阻挠。

2. 税收征收管理相对人

税务机关税务具体行政行为的相对人包括纳税人和扣缴义务人。法律、行政法规规定负有纳税义务的单位和个人为纳税人。法律、行政法规规定负有代扣代缴、代收代缴税款义务的单位和个人为扣缴义务人。纳税人、扣缴义务人必须依照法律、行政法规的规定缴纳税款、代扣代缴、代收代缴税款。

3. 与税收征收管理有关的单位和部门

地方各级人民政府应当依法加强对本行政区域内税收征收管理工作的领导或者协调，支持税务机关依法执行职务，依照法定税率计算税额，依法征收税款。

各有关部门和单位应当支持、协助税务机关依法执行职务。

四、纳税主体的权利和征税主体的职责

1. 纳税主体的权利

纳税人、扣缴义务人有权向税务机关了解国家税收法律、行政法规的规定以及与纳税程序有关的情况。

纳税人、扣缴义务人有权要求税务机关为纳税人、扣缴义务人的情况保密。税务机关应当依法为纳税人、扣缴义务人的情况保密。

纳税人依法享有申请减税、免税、退税的权利。

纳税人、扣缴义务人对税务机关所作出的决定，享有陈述权、申辩权；依法享有申请行政复议、提起行政诉讼、请求国家赔偿等权利。

纳税人、扣缴义务人有权控告和检举税务机关、税务人员的违法违纪行为。

2. 征税主体的职责

税务机关应当广泛宣传税收法律、行政法规，普及纳税知识，无偿地为纳税人提供纳税咨询服务。

税务机关应当加强队伍建设，提高税务人员的政治业务素质。

税务机关、税务人员必须秉公执法，忠于职守，清正廉洁，礼貌待人，文明服务，尊重和保护纳税人、扣缴义务人的权利，依法接受监督。

税务人员不得索贿受贿、徇私舞弊、玩忽职守、不征或者少征应征税款；不得滥用职权多征税款或者故意刁难纳税人和扣缴义务人。

各级税务机关应当建立、健全内部制约和监督管理制度。

上级税务机关应当对下级税务机关的执法活动依法进行监督。

各级税务机关应当对其工作人员执行法律、行政法规和廉洁自律准则的情况进行监督检查。

税务机关负责征收、管理、稽查、行政复议的人员的职责应当明确，并相互分离、相互制约。

税务人员征收税款和查处税收违法案件，与纳税人、扣缴义务人或者税收违法案件有利害关系的，应当回避。

任何单位和个人都有权检举违反税收法律、行政法规的行为。收到检举的机关和负责查处的机关应当为检举人保密。税务机关应当按照规定对检举人给予奖励。

第二节 税务管理

一、税务管理的概念

税务管理是指税收征收管理机关为了贯彻、执行国家税收法律制度，加强税收工作，协调征税关系而开展的一项有目的的活动。税务管理是税收征收管理的重要内容，是税款征收的前提和基础性工作。税务管理主要包括税务登记、账簿和凭证管理、纳税申报等方面的管理。

二、税务登记管理

税务登记，是指纳税人为履行纳税义务就有关纳税事宜依法向税务机关办理登记的一种法定手续。反过来也可以说，税务登记是税务机关对纳税人的开业、变更、注销、外出经营报验、停业、复业以及生产经营情况进行登记管理的法定程序。税务登记是整个税收征收管理的起点。税务登记的作用在于掌握纳税人的基本情况和税源分布情况。从税务登记开始，纳税人进入税务管理的视野，纳税人的身份及征纳双方的法律关系得到了确认。

(一) 税务登记申请人

企业，企业在外地设立的分支机构和从事生产、经营的场所，个体工商户和从事生产、经营的事业单位(以下统称从事生产、经营的纳税人)，均应当办理税务登记。前款规定以外的纳税人，除国家机关、个人和无固定生产经营场所的流动性农村小商贩外(以下统称非从事生产经营但依照规定负有纳税义务的单位和个人)，也应当办理税务登记。根据税收法律、行政法规的规定负有扣缴税款义务的扣缴义务人(国家机关除外),应当办理扣缴税款登记。

(二) 税务登记主管机关

县以上(含本级,下同)国家税务局(分局)、地方税务局(分局)是税务登记的主管税务机关,负责税务登记的设立登记、变更登记、注销登记和税务登记证验证、换证以及非正常户处理、报验登记等有关事项。

国家税务局(分局)、地方税务局(分局)按照国务院规定的税收征收管理范围,实施属地管理,采取联合登记或分别登记的方式办理税务登记。

税务登记证件包括税务登记证及其副本、临时税务登记证及其副本。扣缴税款登记证件包括扣缴税款登记证及其副本。

(三) 税务登记的内容

1. 设立税务登记

企业,企业在外地设立的分支机构和从事生产、经营的场所,个体工商户和从事生产、经营的事业单位(以下统称从事生产、经营的纳税人),向生产、经营所在地税务机关申报办理税务登记:

(1) 从事生产、经营的纳税人领取工商营业执照的,应当自领取工商营业执照之日起30日内申报办理税务登记,税务机关发放税务登记证及副本。

(2) 从事生产、经营的纳税人未办理工商营业执照但经有关部门批准设立的,应当自有关部门批准设立之日起30日内申报办理税务登记,税务机关发放税务登记证及副本。

(3) 从事生产、经营的纳税人未办理工商营业执照也未经有关部门批准设立的,应当自纳税义务发生之日起30日内申报办理税务登记,税务机关发放临时税务登记证及副本。

(4) 有独立的生产经营权、在财务上独立核算并定期向发包人或者出租人上交承包费或租金的承包承租人,应当自承包承租合同签订之日起30日内,向其承包承租业务发生地税务机关申报办理税务登记,税务机关发放临时税务登记证及副本。

(5) 境外企业在中国境内承包建筑、安装、装配、勘探工程和提供劳务的,应当自项目合同或协议签订之日起30日内,向项目所在地税务机关申报办理税务登记,税务机关发放临时税务登记证及副本。

纳税人在申报办理税务登记时,应当根据不同情况向税务机关如实提供以下证件和资料:①工商营业执照或其他核准执业证件;②有关合同、章程、协议书;③组织机构统一代码证书;④法定代表人或负责人或业主的居民身份证、护照或者其他合法证件。其他需要提供的有关证件、资料,由省、自治区、直辖市税务机关确定。

纳税人在申报办理税务登记时,应当如实填写税务登记表。税务登记表的主要内容包括:①单位名称、法定代表人或者业主姓名及其居民身份证、护照或者其他合法证件的号码;②住所、经营地点;③登记类型;④核算方式;⑤生产经营方式;⑥生产经营范围;⑦注册资金(资本)、投资总额;⑧生产经营期限;⑨财务负责人、联系电话;⑩国家税务总局确定的其他有关事项。

税务登记证件的主要内容包括纳税人名称、税务登记代码、法定代表人或负责人、生产经营地址、登记类型、核算方式、生产经营范围(主营、兼营)、发证日期、证件有效期等。

已办理税务登记的扣缴义务人应当自扣缴义务发生之日起30日内,向税务登记地税务机关申报办理扣缴税款登记。税务机关在其税务登记证件上登记扣缴税款事项,税务机关不再发放扣缴税款登记证件。

根据税收法律、行政法规的规定可不办理税务登记的扣缴义务人，应当自扣缴义务发生之日起30日内，向机构所在地税务机关申报办理扣缴税款登记。税务机关发放扣缴税款登记证件。

2. 变更税务登记

纳税人税务登记内容发生变化的，应当向原税务登记机关申报办理变更税务登记。

纳税人已在工商行政管理机关办理变更登记的，应当自工商行政管理机关变更登记之日起30日内，向原税务登记机关如实提供下列证件、资料，申报办理变更税务登记：①工商登记变更表及工商营业执照；②纳税人变更登记内容的有关证明文件；③税务机关发放的原税务登记证件（登记证正、副本和登记表等）；④其他有关资料。

纳税人按照规定不需要在工商行政管理机关办理变更登记，或者其变更登记的内容与工商登记内容无关的，应当自税务登记内容实际发生变化之日起30日内，或者自有关机关批准或者宣布变更之日起30日内，持下列证件到原税务登记机关申报办理变更税务登记：①纳税人变更登记内容的有关证明文件；②税务机关发放的原税务登记证件（登记证正、副本和税务登记表等）；③其他有关资料。

纳税人提交的有关变更登记的证件、资料齐全的，应如实填写税务登记变更表，符合规定的，税务机关应当日办理；不符合规定的，税务机关应通知其补正。

税务机关应当于受理当日办理变更税务登记。纳税人税务登记表和税务登记证中的内容都发生变更的，税务机关按变更后的内容重新发放税务登记证件；纳税人税务登记表的内容发生变更而税务登记证中的内容未发生变更的，税务机关不重新发放税务登记证件。

3. 停业、复业登记

实行定期定额征收方式的个体工商户需要停业的，应当在停业前向税务机关申报办理停业登记。纳税人的停业期限不得超过1年。

纳税人在申报办理停业登记时，应如实填写停业复业报告书，说明停业理由、停业期限、停业前的纳税情况和发票的领、用、存情况，并结清应纳税款、滞纳金、罚款。税务机关应收存其税务登记证件及副本、发票领购簿、未使用完的发票和其他税务证件。

纳税人在停业期间发生纳税义务的，应当按照税收法律、行政法规的规定申报缴纳税款。

纳税人应当于恢复生产经营之前，向税务机关申报办理复业登记，如实填写《停业复业报告书》，领回并启用税务登记证件、发票领购簿及其停业前领购的发票。

纳税人停业期满不能及时恢复生产经营的，应当在停业期满前到税务机关办理延长停业登记，并如实填写《停业复业报告书》。

4. 注销税务登记

纳税人发生解散、破产、撤销以及其他情形，依法终止纳税义务的，应当在向工商行政管理机关或者其他机关办理注销登记前，持有关证件和资料向原税务登记机关申报办理注销税务登记；按规定不需要在工商行政管理机关或者其他机关办理注册登记的，应当自有关机关批准或者宣告终止之日起15日内，持有关证件和资料向原税务登记机关申报办理注销税务登记。

纳税人被工商行政管理机关吊销营业执照或者被其他机关予以撤销登记的，应当自营业执照被吊销或者被撤销登记之日起15日内，向原税务登记机关申报办理注销税务登记。

纳税人因住所、经营地点变动，涉及改变税务登记机关的，应当在向工商行政管理机关或者其他机关申请办理变更、注销登记前，或者住所、经营地点变动前，持有关证件和资料，向原税务登记机关申报办理注销税务登记，并自注销税务登记之日起30日内向迁达地税务机关申报办理税务登记。

境外企业在中国境内承包建筑、安装、装配、勘探工程和提供劳务的，应当在项目完工、离开中国前15日内，持有关证件和资料，向原税务登记机关申报办理注销税务登记。

纳税人办理注销税务登记前，应当向税务机关提交相关证明文件和资料，结清应纳税款、多退(免)税款、滞纳金和罚款，缴销发票、税务登记证件和其他税务证件，经税务机关核准后，办理注销税务登记手续。

5. 外出经营报验登记

纳税人到外县(市)临时从事生产经营活动的，应当在外出生产经营以前，持税务登记证到主管税务机关开具《外出经营活动税收管理证明》(以下简称《外管证》)。

税务机关按照一地一证的原则发放《外管证》，《外管证》的有效期限一般为30日，最长不得超过180天。

纳税人应当在《外管证》注明地进行生产经营前向当地税务机关报验登记，并提交下列证件、资料：①税务登记证件副本；②《外管证》。

纳税人在《外管证》注明地销售货物的，除提交以上证件、资料外，应如实填写《外出经营货物报验单》，申报查验货物。

纳税人外出经营活动结束，应当向经营地税务机关填报《外出经营活动情况申报表》，并结清税款、缴销发票。

纳税人应当在《外管证》有效期届满后10日内，持《外管证》回原税务登记地税务机关办理《外管证》缴销手续。

6. 临时税务登记

从事生产、经营的纳税人未办理工商营业执照也未经有关部门批准设立的，应当自纳税义务发生之日起30日内申报办理税务登记，税务机关发放临时税务登记证及副本。

7. 扣缴税款登记

已办理税务登记的扣缴义务人应当自扣缴义务发生之日起30日内，向税务登记地税务机关申报办理扣缴税款登记。税务机关在其税务登记证件上登记扣缴税款事项，税务机关不再发放扣缴税款登记证件。

根据税收法律、行政法规的规定可不办理税务登记的扣缴义务人，应当自扣缴义务发生之日起30日内，向机构所在地税务机关申报办理扣缴税款登记。税务机关发放扣缴税款登记证件。

8. 非正常户处理

已办理税务登记的纳税人未按照规定的期限申报纳税，在税务机关责令其限期改正后，逾期不改正的，税务机关应当派员实地检查，查无下落并且无法强制其履行纳税义务的，由检查人员制作非正常户认定书，存入纳税人档案，税务机关暂停其税务登记证件、发票领购簿和发票的使用。

纳税人被列入非正常户超过3个月的，税务机关可以宣布其税务登记证件失效，其应纳税款的追征仍按《税收征收管理法》及其实施细则的规定执行。

三、账簿、凭证管理

账簿是纳税人连续地登记各种经济业务的账册或簿籍;凭证是记录经济业务、明确经济责任的书面证明。账簿、凭证是纳税人进行生产经营活动和核算财务收支的重要依据,它能够为课税提供基础计算依据,所以也是税务机关对纳税人进行征税、管理、核查的重要依据。因此,账簿、凭证管理就成为税收管理的基础性工作,是保证税务机关进行有效的财务监督与税务管理的需要。

(一) 设置账簿的范围

纳税人、扣缴义务人应按照有关法律、行政法规和国务院财政、税务主管部门的规定设置账簿,根据合法、有效凭证记账,进行核算。

(1) 从事生产、经营的纳税人应当自领取营业执照或者发生纳税义务之日起15日内,按照国家有关规定设置账簿。所谓账簿,是指总账、明细账、日记账以及其他辅助性账簿。总账、日记账应当采用订本式。

(2) 生产经营规模小又确无建账能力的纳税人,可以聘请经批准从事会计代理记账业务的专业机构或者经税务机关认可的财会人员代为建账和办理账务。聘请上述机构或者人员有实际困难的,经县以上税务机关批准,可以按照税务机关的规定,建立收支凭证粘贴簿、进货销货登记簿或者使用税控装置。

(3) 扣缴义务人应当自税收法律、行政法规规定的扣缴义务发生之日起10日内,按照所代扣、代收的税种,分别设置代扣代缴、代收代缴税款账簿。

纳税人、扣缴义务人会计制度健全,能够通过计算机正确、完整计算其收入和所得或者代扣代缴、代收代缴税款情况的,其计算机输出的完整的书面会计记录,可视同会计账簿。

纳税人、扣缴义务人会计制度不健全,不能通过计算机正确、完整计算其收入和所得或者代扣代缴、代收代缴税款情况的,应当建立总账及与纳税或者代扣代缴、代收代缴税款有关的其他账簿。

(二) 纳税人的财务、会计制度及其处理办法

纳税人的财务、会计制度及其处理办法,是其进行会计核算的依据,直接关系到计税依据是否真实合理。从事生产、经营的纳税人应当自领取税务登记证件之日起15日内,将其财务、会计制度或者财务、会计处理办法报送主管税务机关备案。

(1) 纳税人使用计算机记账的,应当在使用前将会计电算化系统的会计核算软件、使用说明书及有关资料报送主管税务机关备案。纳税人建立的会计电算化系统应当符合国家有关规定,并能正确、完整核算其收入或者所得。

(2) 纳税人、扣缴义务人的财务、会计制度或者财务、会计处理办法与国务院或者国务院财政、税务主管部门有关税收的规定抵触的,依照国务院或者国务院财政、税务主管部门有关税收的规定计算应纳税款、代扣代缴和代收代缴税款。

(3) 账簿、会计凭证和报表,应当使用中文。民族自治地方可以同时使用当地通用的一种民族文字。外商投资企业和外国企业可以同时使用一种外国文字。

(三) 账簿、凭证等涉税资料的保存

从事生产、经营的纳税人、扣缴义务人必须按照国务院财政、税务主管部门规定的保

管期限保管账簿、记账凭证、完税凭证及其他有关资料。除法律、行政法规另有规定外，账簿、记账凭证、报表、完税凭证、发票、出口凭证以及其他有关涉税资料应当保存10年，法律、行政法规另有规定的除外。上述资料应当合法、真实、完整，不得伪造、变造或者擅自损毁。

四、发票管理

发票，是指在购销商品、提供或者接受服务以及从事其他经营活动中，开具、收取的收付款凭证。它是确定经济收支行为发生的法定凭证，是会计核算的原始依据，也是税务稽查的重要依据。

税务机关是发票的主管机关，负责发票印刷、领购、开具、取得、保管、缴销的管理和监督。财政、审计、工商行政管理、公安等有关部门在各自职责范围内，配合税务机关做好发票管理工作。

（一）发票的种类和使用范围

1. 发票的种类

《国家税务总局关于全面推开营业税改征增值税试点有关税收征收管理事项的公告》（国家税务总局公告2016年第23号）已经明确，营改增纳税人可以使用的发票种类有：增值税专用发票、增值税普通发票、增值税电子普通发票、机动车销售统一发票、定额发票、通用机打发票以及二手车销售统一发票。

2. 发票使用的范围

（1）增值税一般纳税人销售货物、提供加工修理修配劳务和应税行为，使用增值税发票管理新系统（以下简称新系统）开具增值税专用发票、增值税普通发票、机动车销售统一发票、增值税电子普通发票。自2018年4月1日起，二手车交易市场、二手车经销企业、经纪机构和拍卖企业应当通过新系统开具二手车销售统一发票。通过新系统开具的二手车销售统一发票与现行二手车销售统一发票票样保持一致。

（2）增值税小规模纳税人销售货物、提供加工修理修配劳务月销售额超过3万元（按季纳税9万元），或者销售服务、无形资产月销售额超过3万元（按季纳税9万元），使用新系统开具增值税普通发票、机动车销售统一发票、增值税电子普通发票。

（3）2017年1月1日起启用增值税普通发票（卷票），分为两种规格。增值税普通发票（卷票）由纳税人自愿选择使用，重点在生活性服务业纳税人中推广。纳税人可依法书面向税务机关要求使用印有本单位名称的增值税普通发票（折叠票）或增值税普通发票（卷票），税务机关按规定确认印有该单位名称发票的种类和数量。纳税人通过新系统开具印有本单位名称的增值税普通发票（折叠票）或增值税普通发票（卷票）。

（4）门票、过路（过桥）费发票、定额发票、客运发票和二手车销售统一发票继续使用。

（5）餐饮行业增值税一般纳税人购进农业生产者自产农产品，可以使用税务机关监制的农产品收购发票，按照现行规定计算抵扣进项税额。

（6）采取汇总纳税的金融机构，省、自治区所辖地市以下分支机构可以使用地市级机构统一领取的增值税专用发票、增值税普通发票、增值税电子普通发票；直辖市、计划单列市所辖区县及以下分支机构可以使用直辖市、计划单列市机构统一领取的增值税专用发票、增值税普通发票、增值税电子普通发票。

(7) 税务机关使用新系统代开增值税专用发票和增值税普通发票。代开增值税专用发票使用六联票,代开增值税普通发票使用五联票。

(二) 发票的开具、使用和保管

1. 发票的开具

销售商品、提供服务以及从事其他经营活动的单位和个人,对外发生经营业务收取款项,收款方应当向付款方开具发票;特殊情况下,由付款方向收款方开具发票。

所有单位和从事生产、经营活动的个人在购买商品、接受服务以及从事其他经营活动支付款项,应当向收款方取得发票。取得发票时,不得要求变更品名和金额。

不符合规定的发票,不得作为财务报销凭证,任何单位和个人有权拒收。

开具发票应当按照规定的时限、顺序、栏目,全部联次一次性如实开具,并加盖发票专用章。

任何单位和个人不得有下列虚开发票行为:

(1) 为他人、为自己开具与实际经营业务情况不符的发票。

(2) 让他人为自己开具与实际经营业务情况不符的发票。

(3) 介绍他人开具与实际经营业务情况不符的发票。

2. 发票的使用和保管

任何单位和个人应当按照发票管理规定使用发票,不得有下列行为:

(1) 转借、转让、介绍他人转让发票、发票监制章和发票防伪专用品。

(2) 知道或者应当知道是私自印制、伪造、变造、非法取得或者废止的发票而受让、开具、存放、携带、邮寄、运输。

(3) 拆本使用发票。

(4) 扩大发票使用范围。

(5) 以其他凭证代替发票使用。

开具发票的单位和个人应当建立发票使用登记制度,设置发票登记簿;并定期向主管税务机关报告发票使用情况。开具发票的单位和个人应当在办理变更或者注销税务登记的同时,办理发票和发票领购簿的变更、缴销手续。开具发票的单位和个人应当按照税务机关的规定存放和保管发票,不得擅自损毁。已经开具的发票有根联和发票登记簿,应当保存5年。保存期满,报经税务机关查验后销毁。

(三) 增值税发票开具和使用的特别规定

(1) 国家税务总局编写了《商品和服务税收分类与编码》,并在新系统中增加了编码相关功能。增值税纳税人应使用新系统选择相应的编码开具增值税发票。

(2) 购买方索要增值税专用发票,由购买方提供名称(不得为自然人)、纳税人识别号、地址电话、开户行及账号等4项信息,但不需要提供营业执照、税务登记证、组织机构代码证、开户许可证、增值税一般纳税人登记表等相关证件或其他证明材料。

自2017年7月1日起,销售方开具增值税普通发票的,如购买方为企业、非企业性单位(有纳税人识别号),购买方栏的"名称""纳税人识别号"为必填项,其他项目根据实际业务情况需要填写;购买方为非企业性单位(无纳税人识别号)和消费者个人的,"名称"为必填项,其他项目可根据实际业务情况填写。消费者不需要向销售方提供相关证件或其他证明材料。

(3) 销售方开具增值税发票时,发票内容应按照实际销售情况如实开具,不得根据购买方要求填开与实际交易不符的内容。销售方开具发票时,通过销售平台系统与增值税发票税控系统后台对接,导入相关信息开票的,系统导入的开票数据内容应与实际交易相符,如不相符应及时修改,完善销售平台系统。

(四) 发票的检查

税务机关在发票管理中有权进行下列检查:

(1) 检查印制、领购、开具、取得、保管和缴销发票的情况。

(2) 调出发票查验。

(3) 查阅、复制与发票有关的凭证、资料。

(4) 向当事各方询问与发票有关的问题和情况。

(5) 在查处发票案件时,对与案件有关的情况和资料,可以记录、录音、录像、照相和复制。

印制、使用发票的单位和个人,必须接受税务机关依法检查,如实反映情况,提供有关资料,不得拒绝、隐瞒。税务人员进行检查时,应当出示税务检查证。

税务机关需要将已开具的发票调出查验时,应当向被查验的单位和个人开具发票换票证。发票换票证与所调出查验的发票有同等的效力。被调出查验发票的单位和个人不得拒绝接受。

税务机关需要将空白发票调出查验时,应当开具收据;经查无问题的,应当及时返还。

五、纳税申报

纳税申报,是指纳税人按照税法规定,定期就计算缴纳税款的有关事项向税务机关提交书面报告的一种法定手续。纳税申报是纳税人履行纳税义务、界定法律责任的主要依据。

纳税人必须依照法律、行政法规规定或者税务机关依照法律、行政法规的规定确定的申报期限、申报内容如实办理纳税申报,报送纳税申报表、财务会计报表以及税务机关根据实际需要要求纳税人报送的其他纳税资料。

扣缴义务人必须依照法律、行政法规规定或者税务机关依照法律、行政法规的规定确定的申报期限、申报内容如实报送代扣代缴、代收代缴税款报告表以及税务机关根据实际需要要求扣缴义务人报送的其他有关资料。

(一) 纳税申报的内容

纳税人、扣缴义务人的纳税申报或者代扣代缴、代收代缴税款报告表的主要内容包括:税种、税目,应纳税项目或者应代扣代缴、代收代缴税款项目,计税依据,扣除项目及标准,适用税率或者单位税额,应退税项目及税额,应减免税项目及税额,应纳税额或者应代扣代缴、代收代缴税额,税款所属期限、延期缴纳税款、欠税、滞纳金等。

(二) 纳税申报的方式

纳税申报方式是指纳税人和扣缴义务人在发生纳税义务和代扣代缴、代收代缴义务后,在其申报期限内,依照税收法律、行政法规的规定到指定税务机关进行申报纳税的形式。

(1) 直接申报,也称上门申报,是指纳税人和扣缴义务人在规定的申报期限内,自行到税务机关指定的办税服务场所报送纳税申报表、代扣代缴、代收代缴报告表及有关资料。

(2) 邮寄申报，是指经税务机关批准，纳税人、扣缴义务人使用统一的纳税申报专用信封，通过邮政部门办理交寄手续，并以邮政部门收据作为申报凭据的一种申报方式。

(3) 数据电文申报，也称电子申报，是指纳税人、扣缴义务人在规定的申报期限内，通过与税务机关接受办理纳税申报、代扣代缴及代收代缴税款申报的电子系统联网的电脑终端，按照规定和系统发出的指示输入申报内容，以完成纳税申报或者代扣代缴及代收代缴税款申报的方式。

(4) 简易申报，是指实行定期定额的纳税人，通过以缴纳税款凭证代替申报或简并征期的一种申报方式。

(三) 纳税申报延期

纳税人、扣缴义务人不能按期办理纳税申报或者报送代扣代缴、代收代缴税款报告表的，经税务机关核准，可以延期申报。

经核准延期办理前款规定的申报、报送事项的，应当在纳税期内按照上期实际缴纳的税额或者税务机关核定的税额预缴税款，并在核准的延期内办理税款结算。

纳税人、扣缴义务人、代征人因不可抗力情形，不能按期办理纳税申报或者报送代扣代缴、代收代缴税款或委托代征税款报告的，可以延期办理。但是，应当在不可抗力情形消除后立即向主管国家税务机关报告。

六、涉税专业服务

涉税专业服务是指涉税专业服务机构接受委托，利用专业知识和技能，就涉税事项向委托人提供的税务代理等服务。包括纳税申报代理、一般税务咨询、专业税务顾问、税收策划、涉税鉴证、纳税情况审查、其他税务事项代理以及其他涉税服务。

(一) 涉税专业服务机构

涉税专业服务机构是指税务师事务所和从事涉税专业服务的会计师事务所、律师事务所、代理记账机构、税务代理公司、财税类咨询公司等机构。

(二) 涉税专业服务的业务范围

涉税专业服务机构可以从事下列涉税业务：

(1) 纳税申报代理。对纳税人、扣缴义务人提供的资料进行归集和专业判断，代理纳税人、扣缴义务人进行纳税申报准备和签署纳税申报表、扣缴税款报告表以及相关文件。

(2) 一般税务咨询。对纳税人、扣缴义务人的日常办税事项提供税务咨询服务。

(3) 专业税务顾问。对纳税人、扣缴义务人的涉税事项提供长期的专业税务顾问服务。

(4) 税收策划。对纳税人、扣缴义务人的经营和投资活动提供符合税收法律法规及相关规定的纳税计划、纳税方案。

(5) 涉税鉴证。按照法律、法规以及依据法律、法规制定的相关规定要求，对涉税事项真实性和合法性出具鉴定和证明。

(6) 纳税情况审查。接受行政机关、司法机关委托，依法对企业纳税情况进行审查，作出专业结论。

(7) 其他税务事项代理。接受纳税人、扣缴义务人的委托，代理建账记账、发票领用、减免退税申请等税务事项。

(8) 其他涉税服务。

(三) 涉税专业服务机构从事涉税专业服务的要求

1. 涉税专业服务机构设置的要求

税务机关应对税务师事务所实施行政登记管理。未经行政登记不得使用"税务师事务所"名称,不能享有税务师事务所的合法权益。

税务师事务所合伙人或者股东由税务师、注册会计师、律师担任,税务师占比应高于50%,国家税务总局另有规定的除外。

税务师事务所办理商事登记后,应当向省税务机关办理行政登记。省税务机关准予行政登记的,颁发《税务师事务所行政登记证书》,并将相关资料报送国家税务总局,抄送省税务师行业协会。不予行政登记的,书面通知申请人,说明不予行政登记的理由。

从事涉税专业服务的会计师事务所和律师事务所,依法取得会计师事务所执业证书或律师事务所执业许可证,视同行政登记。

2. 涉税专业服务的限制性要求

前述第(3)项至第(6)项涉税业务,应当由具有税务师事务所、会计师事务所、律师事务所资质的涉税专业服务机构从事,相关文书应由税务师、注册会计师、律师签字,并承担相应的责任。

3. 涉税报告和文书的要求

涉税专业服务机构为委托人出具的各类涉税报告和文书,由双方留存备查,其中,税收法律、法规及国家税务总局规定报送的,应当向税务机关报送。

涉税专业服务机构所承办代理业务必须建立档案管理制度,保证税务代理档案的真实、完整。税务代理业务档案是如实记载代理业务始末、保存计税资料、涉税文书的案卷。代理业务完成后,应及时将有关代理资料按要求整理归类、装订、立卷,保存归档。税务代理业务档案需妥善保存,专人负责。税务代理业务档案保存应不少于5年。

(四) 税务机关对涉税专业服务机构的监管

税务机关对涉税专业服务机构在中华人民共和国境内从事涉税专业服务进行监管。税务机关建立行政登记、实名制管理、业务信息采集、检查和调查、信用评价、公告与推送等制度,同时加强对税务师行业协会的监督指导,建立与其他相关行业协会的工作联系制度,推动行业协会加强自律管理,形成较为完整的涉税专业服务监管制度体系。

税务机关视情节轻重,对违反法律法规及相关规定的涉税专业服务机构及其涉税服务人员采取以下处理措施:责令限期改正或予以约谈;列为重点监管对象;降低信用等级或纳入信用记录;暂停受理或不予受理其所代理的涉税业务;纳入涉税服务失信名录;予以公告并向社会信用平台推送。

此外,对税务师事务所还可以宣布《税务师事务所行政登记证书》无效,提请工商部门吊销其营业执照,提请全国税务师行业协会取消税务师职业资格证书登记、收回其职业资格证书并向社会公告;对其他涉税专业服务机构及其涉税服务人员还可由税务机关提请其他行业主管部门及行业协会予以相应处理。

第三节 税款征收

税款征收是指税务机关依照税收法律、法规的规定将纳税人应当缴纳的税款组织入库的一系列活动的总称。它是税收征收管理工作的中心环节，在整个税收征收管理工作中占有极其重要的地位。

一、税款征收的方式

科学合理的税款征收方式是确保税款顺利足额征收的前提条件。由于各类纳税人的具体情况不同，因而税款的征收方式也应有所区别。中国现阶段可供选择的税款征收方式主要有以下几种。

1. 查账征收

查账征收，是指纳税人在规定的期限内根据自己的财务报告表或经营成果，向税务机关申报应税收入或应税所得及纳税额，并向税务机报送有关账册和资料，经税务机关审查核实后，填写纳税缴款书，由纳税人到指定的银行缴纳税款的一种征收方式。因此，这种征收方式比较适用于对企业法人的征税。

2. 查定征收

查定征收，是指由税务机关通过按期查实纳税人的生产经营情况则确定其应纳税额，分期征收税款的一种征收方式。这种征收方式主要适用于对生产经营规模小，财务会计制度不够健全、账册不够完备的小型企业和个体工商户的征税。

3. 查验征收

查验征收，是指税务机关对某些难以进行源泉控制的征税对象，通过查验证照和实物，据以确定应征税额的一种征收方式。在实际征管工作中，这种方式又分就地查验征收和设立检查站两种形式。对财务会计制度不健全和生产经营不固定的纳税人，可选择采用这种征收方式。

4. 定期定额征收

定期定额征收，也称个体工商户税收定期定额征收，是指税务机关依照法律、行政法规及《个体工商户税收定期定额征收管理办法》的规定，对个体工商户在一定经营地点、一定经营时期、一定经营范围内的应纳税经营额（包括经营数量）或所得额（以下简称定额）进行核定，并以此为计税依据，确定其应纳税额的一种征收方式。定期定额征收适用于经主管税务机关认定和县以上税务机关（含县级，下同）批准的生产、经营规模小，达不到《个体工商户建账管理暂行办法》规定设置账簿标准的个体工商户（以下简称定期定额户）的税收征收管理。

5. 扣缴征收

扣缴义务人依照法律、行政法规的规定履行代扣、代收税款的义务。对法律、行政法规没有规定负有代扣、代收税款义务的单位和个人，税务机关不得要求其履行代扣、代收税款义务。

扣缴义务人依法履行代扣、代收税款义务时，纳税人不得拒绝。纳税人拒绝的，扣缴义务人应当及时报告税务机关处理。

税务机关按照规定付给扣缴义务人代扣、代收手续费。

6. 委托征收

税务机关可以根据有利于纳税主体缴纳税款和税收征收管理的原则，依法委托代征税款的单位或者个人代为征收税款。代征单位或者个人以税务机关的名义依法征收税款，纳税人不得拒绝。

税务机关征收税款时，必须给纳税人开具完税凭证。扣缴义务人代扣、代收税款时，纳税人要求扣缴义务人开具代扣、代收税款凭证的，扣缴义务人应当开具。

二、应纳税额的核定、调整和缴纳

(一) 应纳税额的核定

纳税人有下列情形之一的，税务机关有权核定其应纳税额：

(1) 依照法律、行政法规的规定可以不设置账簿的。

(2) 依照法律、行政法规的规定应当设置但未设置账簿的。

(3) 擅自销毁账簿或者拒不提供纳税资料的。

(4) 虽设置账簿，但账目混乱或者成本资料、收入凭证、费用凭证残缺不全，难以查账的。

(5) 发生纳税义务，未按照规定的期限办理纳税申报，经税务机关责令限期申报，逾期仍不申报的。

(6) 纳税人申报的计税依据明显偏低，又无正当理由的。

税务机关核定应纳税额的具体程序和方法由国务院税务主管部门规定。

对于上述情况，税务机关有权采用下列任何一种方式核定其应纳税额：

(1) 参照当地同类行业或者类似行业中经营规模和收入水平相近的纳税人的税负水平核定。

(2) 按照营业收入或者成本加合理的费用和利润的方法核定。

(3) 按照耗用的原材料、燃料、动力等推算或者测算核定。

(4) 按照其他合理的方法核定。

采用上述所列一种方法不足以正确核定应纳税额时，可以同时采用两种以上的方法核定。

纳税人对税务机关采取本条规定的方法核定的应纳税额有异议的，应当提供相关证据，经税务机关认定后，调整应纳税额。

(二) 应纳税额的调整

纳税人与其关联企业之间的业务往来有下列情形之一的，税务机关可以调整其应纳税额：

(1) 购销业务未按照独立企业之间的业务往来作价。

(2) 融通资金所支付或者收取的利息超过或者低于没有关联关系的企业之间所能同意的数额，或者利率超过或者低于同类业务的正常利率。

(3) 提供劳务，未按照独立企业之间业务往来收取或者支付劳务费用。

(4) 转让财产、提供财产使用权等业务往来，未按照独立企业之间业务往来作价或者收取、支付费用。

(5) 未按照独立企业之间业务往来作价的其他情形。

纳税人有上述所列情形之一的，税务机关可以按照下列方法调整计税收入额或者所得额：

（1）按照独立企业之间进行的相同或者类似业务活动的价格。

（2）按照再销售给无关联关系的第三者的价格所应取得的收入和利润水平。

（3）按照成本加合理的费用和利润。

（4）按照其他合理的方法。

纳税人与其关联企业未按照独立企业之间的业务往来支付价款、费用的，税务机关自该业务往来发生的纳税年度起3年内进行调整；有特殊情况的，可以自该业务往来发生的纳税年度起10年内进行调整。

（三）应纳税款的缴纳

纳税人、扣缴义务人按照法律、行政法规规定或者税务机关依照法律、行政法规的规定确定的期限，缴纳或者解缴税款。

纳税人因有特殊困难，不能按期缴纳税款的，经省、自治区、直辖市国家税务局、地方税务局批准，可以延期缴纳税款，但是最长不得超过3个月。

三、税款征收保障措施

（一）责令缴纳

根据《税收征收管理法》的规定，纳税人未按照规定期限缴纳税款的，扣缴义务人未按照规定期限解缴税款的，税务机关除责令限期缴纳外，从滞纳税款之日起，按日加收滞纳税款5‰的滞纳金。加收滞纳金的起止时间，为法律、行政法规规定或者税务机关依照法律、行政法规的规定确定的税款缴纳期限届满次日起至纳税人、扣缴义务人实际缴纳或者解缴税款之日止。经税务机关批准延期缴纳税款的，在批准期限内不加收滞纳金。

对未按照规定办理税务登记的从事生产、经营的纳税人以及临时从事经营的纳税人，由税务机关核定其应纳税额，责令缴纳；不缴纳的，税务机关可以扣押其价值相当于应纳税款的商品、货物。扣押后缴纳应纳税款的，税务机关必须立即解除扣押，并归还所扣押的商品、货物；扣押后仍不缴纳应纳税款的，经县以上税务局（分局）局长批准，依法拍卖或者变卖所扣押的商品、货物，以拍卖或者变卖所得抵缴税款。

（二）责令提供纳税担保

纳税担保是指经税务机关同意或确认，纳税人或其他自然人、法人、经济组织以保证、抵押、质押的方式，为纳税人应当缴纳的税款及滞纳金提供担保的行为。

1. 适用纳税担保的情形

纳税人有下列情况之一的，适用纳税担保：①税务机关有根据认为从事生产、经营的纳税人有逃避纳税义务行为，在规定的纳税期之前经责令其限期缴纳应纳税款，在限期内发现纳税人有明显的转移、隐匿其应纳税的商品、货物以及其他财产或者应纳税收入的迹象，责成纳税人提供纳税担保的；②欠缴税款、滞纳金的纳税人或者其法定代表人需要出境的；③纳税人同税务机关在纳税上发生争议而未缴清税款，需要申请行政复议的；④税收法律、行政法规规定可以提供纳税担保的其他情形。

2. 纳税担保的范围

纳税担保范围包括税款、滞纳金和实现税款、滞纳金的费用。费用包括抵押、质押登记费用，质押保管费用，以及保管、拍卖、变卖担保财产等相关费用支出。

用于纳税担保的财产、权利的价值不得低于应当缴纳的税款、滞纳金，并考虑相关的费用。纳税担保的财产价值不足以抵缴税款、滞纳金的，税务机关应当向提供担保的纳税人或纳税担保人继续追缴。

3. 纳税担保方式

税收征收管理法所称担保，包括经税务机关认可的纳税保证人为纳税人提供的纳税保证，以及纳税人或者第三人以其未设置或者未全部设置担保物权的财产提供的担保。

纳税保证人，是指在中国境内具有纳税担保能力的自然人、法人或者其他经济组织。法律、行政法规规定的没有担保资格的单位和个人，不得作为纳税担保人。

纳税担保人同意为纳税人提供纳税担保的，应当填写纳税担保书，写明担保对象、担保范围、担保期限和担保责任以及其他有关事项。担保书须经纳税人、纳税担保人签字盖章并经税务机关同意，方为有效。

纳税人或者第三人以其财产提供纳税担保的，应当填写财产清单，并写明财产价值以及其他有关事项。

(三) 税收保全措施

所谓税收保全措施，是指为确保国家税款不受侵犯而由税务机关采取的行政保护手段。税收保全措施通常是在纳税人法定的缴款期限之前税务机关所作出的行政行为。实际上就是税款征收的保全，以保护国家税款及时足额入库。

根据《税收征收管理法》的规定，税务机关有根据认为从事生产、经营的纳税人有逃避纳税义务行为的，可以在规定的纳税期之前，责令限期缴纳应纳税款；在限期内发现纳税人有明显的转移、隐匿其应纳税的商品、货物以及其他财产或者应纳税的收入的迹象的，税务机关可以责成纳税人提供纳税担保。

如果纳税人不能提供纳税担保，经县以上税务局(分局)局长批准，税务机关可以采取下列税收保全措施：

(1) 书面通知纳税人开户银行或者其他金融机构冻结纳税人的金额相当于应纳税款的存款。

(2) 扣押、查封纳税人的价值相当于应纳税款的商品、货物或者其他财产。

上述所说的纳税担保，包括由纳税人提供并经税务机关认可的纳税担保人，以及纳税人所拥有的未设置抵押权的财产；国家机关不得作纳税担保人。

纳税人在税务机关规定的限期内缴纳税款的，税务机关必须立即解除税收保全措施；限期期满仍未缴纳税款的，经县以上税务局(分局)局长批准，税务机关可以书面通知纳税人开户银行或者其他金融机构从其冻结的存款中扣缴税款，或者依法拍卖或者变卖所扣押、查封的商品、货物或者其他财产，以拍卖或者变卖所得抵缴税款。

个人及其所扶养家属维持生活必需的住房和用品(不包括机动车辆、金银饰品、古玩字画、豪华住宅或者一处以外的住房)，不在税收保全措施的范围之内。

税务机关对单价 5 000 元以下的其他生活用品，不采取税收保全措施。

税务机关采取税收保全措施的期限一般不得超过 6 个月。

(四) 采取强制执行措施

所谓税收强制执行措施，是指税务机关在采取一般税收管理措施无效的情况下，为了维护税法的严肃性和国家征税的权利所采取的税收强制手段。这不仅是税收的无偿性和固定性的内在要求,也是税收强制性的具体表现。当今各国都在税收法律或行政法规中赋予了税务机关必要的税收强制执行权,以确保国家征税权的有效行使。

根据《税收征收管理法》的规定,从事生产、经营的纳税人、扣缴义务人未按照规定的期限缴纳或者解缴税款,纳税担保人未按照规定的期限缴纳所担保的税款,由税务机关责令限期缴纳,逾期仍未缴纳的,经县以上税务局(分局)局长批准,税务机关可以采取下列强制执行措施:

(1) 书面通知其开户银行或者其他金融机构从其存款中扣缴税款;扣押、查封、依法拍卖或者变卖其价值相当于应纳税款的商品、货物或者其他财产,以拍卖或者变卖所得抵缴税款。

(2) 税务机关采取强制执行措施时,对前款所列纳税人、扣缴义务人、纳税担保人未缴纳的滞纳金同时强制执行。个人及其所扶养家属维持生活必需的住房和用品,不在强制执行措施的范围之内。

(3) 抵税财物的拍卖与变卖。拍卖是指税务机关将抵税财物依法委托拍卖机构,以公开竞价的形式,将特定财物转让给最高应价者的买卖方式;变卖是指税务机关将抵税财物委托商业企业代为销售、责令纳税人限期处理或由税务机关变价处理的买卖方式。

抵税财物,是指被税务机关依法实施税收强制执行而扣押、查封或者按照规定应强制执行的已设置纳税担保物权的商品、货物、其他财产或者财产权利。

被执行人,是指从事生产经营的纳税人、扣缴义务人或者纳税担保人等税务行政相对人。

拍卖或者变卖抵税财物应依法进行,并遵循公开、公正、公平、效率的原则。下列情形之一的,税务机关依法进行拍卖、变卖:①采取税收保全措施后,限期期满仍未缴纳税款的;②设置纳税担保后,限期期满仍未缴纳所担保的税款的;③逾期不按规定履行税务处理决定的;④逾期不按规定履行复议决定的;⑤逾期不按规定履行税务行政处罚决定的;⑥其他经责令限期缴纳,逾期仍未缴纳税款的。

对前款③至⑥项情形进行强制执行时,在拍卖、变卖之前(或同时)进行扣押、查封,办理扣押、查封手续。

根据《抵税财物拍卖、变卖试行办法》第五条规定,税务机关按照拍卖优先的原则确定抵税财物拍卖、变卖的顺序:①委托依法成立的拍卖机构拍卖;②无法委托拍卖或者不适于拍卖的,可以委托当地商业企业代为销售,或者责令被执行人限期处理;③无法委托商业企业销售,被执行人也无法处理的,由税务机关变价处理。

国家禁止自由买卖的商品、货物、其他财产,应当交由有关单位按照国家规定的价格收购。

(五) 阻止出境

根据《税收征收管理法》的规定,欠缴税款的纳税人或者其法定代表人需要出境的,应当在出境前向税务机关结清应纳税款、滞纳金,或者提供纳税担保。未结清税款、滞纳金,又不提供担保的,税务机关可以通知出境管理机关阻止其出境。

四、欠税清缴

(一) 离境清缴

欠缴税款的纳税人或者他的法定代表人需要出境的,应当在出境前向税务机关结清应纳税款、滞纳金或者提供担保。未结清税款、滞纳金，又不提供担保的，税务机关可以通知出境管理机关阻止其出境。

(二) 税收代位权和撤销权

欠缴税款的纳税人因怠于行使到期债权，或者放弃到期债权，或者无偿转让财产，或者以明显不合理的低价转让财产而受让人知道该情形，对国家税收造成损害的，税务机关可以依照民法典合同编的规定行使代位权、撤销权。

税务机关依照前款规定行使代位权、撤销权的，不免除欠缴税款的纳税人尚未履行的纳税义务和应承担的法律责任。

(三) 欠税报告

纳税人有欠税情形而以其财产设定抵押、质押的，应当向抵押权人、质权人说明其欠税情况。抵押权人、质权人可以请求税务机关提供有关的欠税情况。

纳税人有解散、撤销、破产情形的，在清算前应当向其主管税务机关报告；未结清税款的，由其主管税务机关参加清算。

纳税人有合并、分立情形的，应当向税务机关报告，并依法缴清税款。纳税人合并时未缴清税款的，应当由合并后的纳税人继续履行未履行的纳税义务；纳税人分立时未缴清税款的，分立后的纳税人对未履行的纳税义务应当承担连带责任。

欠缴税款数额较大的纳税人在处分其不动产或者大额资产之前，应当向税务机关报告。

(四) 欠税公告

税务机关应当对纳税人欠缴税款的情况定期予以公告。

县级以上各级税务机关应当将纳税人的欠税情况，在办税场所或者广播、电视、报纸、期刊、网络等新闻媒体上定期公告。

五、税收优先权

税务机关征收税款，税收优先于无担保债权，法律另有规定的除外；纳税人欠缴的税款发生在纳税人以其财产设定抵押、质押或者纳税人的财产被留置之前的，税收应当先于抵押权、质权、留置权执行。

纳税人欠缴税款，同时又被行政机关决定处以罚款、没收违法所得的，税收优先于罚款、没收违法所得。

六、税款征收的其他规定

(一) 税收减免

纳税人依照法律、行政法规的规定办理减税、免税。

地方各级人民政府、各级人民政府主管部门、单位和个人违反法律、行政法规规定，擅自作出的减税、免税决定无效，税务机关不得执行，并向上级税务机关报告。

纳税人享受减税、免税待遇的，在减税、免税期间应当按照规定办理纳税申报。享受减税、免税优惠的纳税人，减税、免税期满，应当自期满次日起恢复纳税；减税、免税条件发生变化的，应当在纳税申报时向税务机关报告；不再符合减税、免税条件的，应当依法履行纳税义务；未依法纳税的，税务机关应当予以追缴。

（二）税款退还

纳税人超过应纳税额缴纳的税款，税务机关发现后应当立即退还；纳税人自结算缴纳税款之日起 3 年内发现的，可以向税务机关要求退还多缴的税款并加算银行同期存款利息，税务机关及时查实后应当立即退还；涉及从国库中退库的，依照法律、行政法规有关国库管理的规定退还。

（三）税款补征与追征

因税务机关的责任，致使纳税人、扣缴义务人未缴或者少缴税款的，税务机关在 3 年内可以要求纳税人、扣缴义务人补缴税款，但是不得加收滞纳金。

因纳税人、扣缴义务人计算错误等失误，未缴或者少缴税款的，税务机关在 3 年内可以追征税款、滞纳金；有特殊情况的，追征期可以延长到 5 年。

对偷税、抗税、骗税的，税务机关追征其未缴或者少缴的税款、滞纳金或者所骗取的税款，不受前款规定期限的限制。

（四）无欠税证明

《国家税务总局关于开具〈无欠税证明〉有关事项的公告》（国家税务总局公告 2019 年第 47 号）规定，《无欠税证明》是指税务机关依纳税人申请，根据税收征管信息系统所记载的信息，为纳税人开具的表明其不存在欠税情形的证明。

“不存在欠税情形”，是指纳税人在税收征管信息系统中，不存在应申报未申报记录且无下列应缴未缴的税款：①办理纳税申报后，纳税人未在税款缴纳期限内缴纳的税款；②经批准延期缴纳的税款期限已满，纳税人未在税款缴纳期限内缴纳的税款；③税务机关检查已查定纳税人的应补税额，纳税人未缴纳的税款；④税务机关根据《税收征收管理法》第二十七条、第三十五条核定纳税人的应纳税额，纳税人未在税款缴纳期限内缴纳的税款；⑤纳税人的其他未在税款缴纳期限内缴纳的税款。

纳税人因境外投标、企业上市等需要，确需开具《无欠税证明》的，可以向主管税务机关申请办理。

已实行实名办税的纳税人到主管税务机关申请开具《无欠税证明》的，办税人员持有效身份证件直接申请开具，无需提供登记证照副本或税务登记证副本。

未办理实名办税的纳税人到主管税务机关申请开具《无欠税证明》的，区分以下情况提供相关有效证件：①单位纳税人和个体工商户，提供市场监管部门或其他登记机关发放的登记证照副本或税务登记证副本，以及经办人有效身份证件；②自然人纳税人，提供本人有效身份证件；委托他人代为申请开具的，还需一并提供委托书、委托人及受托人有效身份证件。

对申请开具《无欠税证明》的纳税人，证件齐全的，主管税务机关应当受理其申请。经查询税收征管信息系统，符合开具条件的，主管税务机关应当即时开具《无欠税证明》；不符合开具条件的，不予开具并向纳税人告知未办结涉税事宜。

纳税人办结相关涉税事宜后，符合开具条件的，主管税务机关应当即时开具《无欠税证明》。

第四节 税务检查

税务检查是税收征收管理的一个重要环节。它是指税务机关依法对纳税人履行缴纳税款义务和扣缴义务人履行代扣、代收税款义务的状况所进行的监督检查。纳税人、扣缴义务人必须接受税务机关依法进行的税务检查，如实反映情况，提供有关资料，不得拒绝、隐瞒。税务机关依法进行税务检查时，有关部门和单位税收征收管理法应当支持、协助。

税收征收管理法通过税务检查，既有利于全面贯彻国家的税收政策，严肃税收法纪，加强纳税监督，查处偷税、漏税和逃骗税等违法行为，确保税收收入足额入库，也有利于帮助纳税人端正经营方向，促使其加强经济核算，提高经济效益。

一、税务机关在税务检查中的职权与义务

(一) 税务检查权

根据《税收征收管理法》第五十四条的规定，税务机关有权进行下列税务检查：

(1) 检查纳税人的账簿、记账凭证、报表和有关资料，检查扣缴义务人代扣代缴、代收代缴税款账簿、记账凭证和有关资料。

(2) 到纳税人的生产、经营场所和货物存放地检查纳税人应纳税的商品、货物或者其他财产，检查扣缴义务人与代扣代缴、代收代缴税款有关的经营情况。

(3) 责成纳税人、扣缴义务人提供与纳税或者代扣代缴、代收代缴税款有关的文件、证明材料和有关资料。

(4) 询问纳税人、扣缴义务人与纳税或者代扣代缴、代收代缴税款有关的问题和情况。

(5) 到车站、码头、机场、邮政企业及其分支机构检查纳税人托运、邮寄应纳税商品、货物或者其他财产的有关单据、凭证和有关资料。

(6) 经县以上税务局(分局)局长批准，凭全国统一格式的检查存款账户许可证明，查询从事生产、经营的纳税人、扣缴义务人在银行或者其他金融机构的存款账户。税务机关在调查税收违法案件时，经设区的市、自治州以上税务局(分局)局长批准，可以查询案件涉嫌人员的储蓄存款。税务机关查询所获得的资料，不得用于税收以外的用途。

(二) 税务机关的其他职权

税务机关对从事生产、经营的纳税人以前纳税期的纳税情况依法进行税务检查时，发现纳税人有逃避纳税义务行为，并有明显的转移、隐匿其应纳税的商品、货物以及其他财产或者应纳税的收入的迹象的，可以按照本法规定的批准权限采取税收保全措施或者强制执行措施。

税务机关调查税务违法案件时，对与案件有关的情况和资料，可以记录、录音、录像、照相和复制。

(三) 税务机关的义务

税务检查应当依法进行。税务机关派出的人员进行税务检查时，应当出示税务检查证和税务检查通知书，并有责任为被检查人保守秘密；未出示税务检查证和税务检查通知书的，被检查人有权拒绝检查。

二、被检查人的义务

纳税人、扣缴义务人必须接受税务机关依法进行的税务检查，如实反映情况，提供有关资料，不得拒绝、隐瞒。

税务机关依法进行税务检查时，有权向有关单位和个人调查纳税人、扣缴义务人和其他当事人与纳税或者代扣代缴、代收代缴税款有关的情况，有关单位和个人有义务向税务机关

如实提供有关资料及证明材料。

三、纳税信用管理

《纳税信用管理办法(试行)》规定,纳税信用管理,是指税务机关对纳税人的纳税信用信息开展的采集、评价、确定、发布和应用等活动。纳税信用管理仅适用于已办理税务登记(含"三证合一、一照一码"、临时登记),从事生产、经营并适用查账征收的独立核算企业、个人独资企业和个人合伙企业。查账征收是指企业所得税征收方式为查账征收,个人独资企业和个人合伙企业的个人所得税征收方式为查账征收。

(一) 纳税信用管理的主体

国家税务总局主管全国纳税信用管理工作。省以下税务机关负责所辖地区纳税信用管理工作的组织和实施。

(二) 纳税信用信息

1. 纳税信用信息的范围

纳税信用信息包括纳税人信用历史信息、税务内部信息、外部信息。

(1) 纳税人信用历史信息。纳税人信用历史信息包括基本信息和评价年度之前的纳税信用记录,以及相关部门评定的优良信用记录和不良信用记录。

(2) 税务内部信息。税务内部信息包括经常性指标信息和非经常性指标信息。经常性指标信息是指涉税申报信息、税(费)款缴纳信息、发票与税控器具信息、登记与账簿信息等纳税人在评价年度内经常产生的指标信息;非经常性指标信息是指税务检查信息等纳税人在评价年度内不经常产生的指标信息。税务内部信息,从税务管理系统中采集的信息记录,截止时间为评价年度 12 月 31 日。

(3) 外部信息。外部信息包括外部参考信息和外部评价信息。外部参考信息包括评价年度相关部门评定的优良信用记录和不良信用记录;外部评价信息是指从相关部门取得的影响纳税人纳税信用评价的指标信息。

2. 纳税信用信息采集

纳税信用信息采集是指税务机关对纳税人纳税信用信息的记录和收集。

纳税信用信息采集工作由国家税务总局和省税务机关组织实施,按月采集。

(1) 纳税人信用历史信息采集。纳税人信用历史信息中的基本信息由税务机关从税务管理系统中采集,税务管理系统中暂缺的信息由税务机关通过纳税人申报采集;评价年度之前的纳税信用记录,以及相关部门评定的优良信用记录和不良信用记录,从税收管理记录、国家统一信用信息平台等渠道中采集。

(2) 税务内部信息采集。税务内部信息从税务管理系统中采集。

(3) 外部信息采集。外部信息主要通过税务管理系统、国家统一信用信息平台、相关部门官方网站、新闻媒体或者媒介等渠道采集。通过新闻媒体或者媒介采集的信息应核实后使用。

(三) 纳税信用评价

1. 纳税信用评价的方法

纳税信用评价采取年度评价指标得分和直接判级方式。评价指标包括税务内部信息和外部评价信息。

年度评价指标得分采取扣分方式。纳税人评价年度内经常性指标和非经常性指标信息齐全的，从 100 分起评；非经常性指标缺失的，从 90 分起评。

直接判级适用于有严重失信行为的纳税人。

纳税信用评价指标由国家税务总局另行规定。

2. 纳税评价周期

纳税信用评价周期为一个纳税年度，有下列情形之一的纳税人，不参加本期的评价：①纳入纳税信用管理时间不满一个评价年度的；②本评价年度内无生产经营业务收入的；③因涉嫌税收违法被立案查处尚未结案的；④被审计、财政部门依法查出税收违法行为，税务机关正在依法处理，尚未办结的；⑤已申请税务行政复议、提起行政诉讼尚未结案的；⑥其他不应参加本期评价的情形。

3. 纳税信用级别

纳税信用级别设 A、B、C、D 四级。A 级纳税信用为年度评价指标得分 90 分以上的；B 级纳税信用为年度评价指标得分 70 分以上不满 90 分的；C 级纳税信用为年度评价指标得分 40 分以上不满 70 分的；D 级纳税信用为年度评价指标得分不满 40 分或者直接判级确定的。

有下列情形之一的纳税人，本评价年度不能评为 A 级：①实际生产经营期不满 3 年的；②上一评价年度纳税信用评价结果为 D 级的；③非正常原因一个评价年度内增值税连续 3 个月或者累计 6 个月零申报、负申报的；④不能按照国家统一的会计制度规定设置账簿，并根据合法、有效凭证核算，向税务机关提供准确税务资料的。

有下列情形之一的纳税人，本评价年度直接判为 D 级：

(1) 存在逃避缴纳税款、逃避追缴欠税、骗取出口退税、虚开增值税专用发票等行为，经判决构成涉税犯罪的。

(2) 存在前项所列行为，未构成犯罪，但偷税（逃避缴纳税款）金额 10 万元以上且占各税种应纳税总额 10%以上，或者存在逃避追缴欠税、骗取出口退税、虚开增值税专用发票等税收违法行为，已缴纳税款、滞纳金、罚款的。

(3) 在规定期限内未按税务机关处理结论缴纳或者足额缴纳税款、滞纳金和罚款的。

(4) 以暴力、威胁方法拒不缴纳税款或者拒绝、阻挠税务机关依法实施税务稽查执法行为的。

(5) 存在违反增值税发票管理规定或者违反其他发票管理规定的行为，导致其他单位或者个人未缴、少缴或者骗取税款的。

(6) 提供虚假申报材料享受税收优惠政策的。

(7) 骗取国家出口退税款，被停止出口退（免）税资格未到期的。

(8) 有非正常户记录或者由非正常户直接责任人员注册登记或者负责经营的。

(9) 由 D 级纳税人的直接责任人员注册登记或者负责经营的。

(10) 存在税务机关依法认定的其他严重失信情形的。

纳税人有下列情形的，不影响其纳税信用评价：

(1) 由于税务机关原因或者不可抗力，造成纳税人未能及时履行纳税义务的。

(2) 非主观故意的计算公式运用错误以及明显的笔误造成未缴或者少缴税款的。

(3) 国家税务总局认定的其他不影响纳税信用评价的情形。

4. 纳税信用评价结果

1）纳税信用评价结果的确定和发布

纳税信用评价结果的确定和发布遵循谁评价、谁确定、谁发布的原则。

税务机关每年 4 月确定上一年度纳税信用评价结果，并为纳税人提供自我查询服务。

纳税人对纳税信用评价结果有异议的，可以书面向作出评价的税务机关申请复评。作出评价的税务机关应按《纳税信用管理办法（试行）》第三章的规定进行复核。

税务机关对纳税人的纳税信用级别实行动态调整。

因税务检查等发现纳税人以前评价年度需扣减信用评价指标得分或者直接判级的，税务机关应按《纳税信用管理办法（试行）》第三章的规定调整其以前年度纳税信用评价结果和记录。

税务机关对纳税信用评价结果，按分级分类原则，依法有序开放：①主动公开 A 级纳税人名单及相关信息；②根据社会信用体系建设需要，以及与相关部门信用信息共建共享合作备忘录、协议等规定，逐步开放 B、C、D 级纳税人名单及相关信息；③定期或者不定期公布重大税收违法案件信息。具体办法由国家税务总局另行规定。

2）纳税信用评价结果的应用

税务机关按照守信激励，失信惩戒的原则，对不同信用级别的纳税人实施分类服务和管理。

对纳税信用评价为 A 级的纳税人，税务机关予以下列激励措施：①主动向社会公告年度 A 级纳税人名单；②一般纳税人可单次领取 3 个月的增值税发票用量，需要调整增值税发票用量时即时办理；③普通发票按需领用；④连续 3 年被评为 A 级信用级别（简称 3 连 A）的纳税人，除享受以上措施外，还可以由税务机关提供绿色通道或专门人员帮助办理涉税事项；⑤税务机关与相关部门实施的联合激励措施，以及结合当地实际情况采取的其他激励措施。

对纳税信用评价为 B 级的纳税人，税务机关实施正常管理，适时进行税收政策和管理规定的辅导，并视信用评价状态变化趋势选择性地提供《纳税信用管理办法（试行）》第二十九条的激励措施。

对纳税信用评价为 C 级的纳税人，税务机关应依法从严管理，并视信用评价状态变化趋势选择性地采取《纳税信用管理办法（试行）》第三十二条的管理措施。

对纳税信用评价为 D 级的纳税人，税务机关应采取以下措施：

（1）按照《纳税信用管理办法（试行）》第二十七条的规定，公开 D 级纳税人及其直接责任人员名单，对直接责任人员注册登记或者负责经营的其他纳税人纳税信用直接判为 D 级。

（2）增值税专用发票领用按辅导期一般纳税人政策办理，普通发票的领用实行交（验）旧供新、严格限量供应。

（3）加强出口退税审核。

（4）加强纳税评估，严格审核其报送的各种资料。

（5）列入重点监控对象，提高监督检查频次，发现税收违法违规行为的，不得适用规定处罚幅度内的最低标准。

（6）将纳税信用评价结果通报相关部门，建议在经营、投融资、取得政府供应土地、进出口、出入境、注册新公司、工程招投标、政府采购、获得荣誉、安全许可、生产许可、从业任职资格、资质审核等方面予以限制或禁止。

（7）D 级评价保留 2 年，第三年纳税信用不得评价为 A 级。

(8) 税务机关与相关部门实施的联合惩戒措施，以及结合实际情况依法采取的其他严格管理措施。

(四) 纳税信用修复

符合下列条件之一的纳税人，可向主管税务机关申请纳税信用修复：

(1) 破产企业或其管理人在重整或和解程序中，已依法缴纳税款、滞纳金、罚款，并纠正相关纳税信用失信行为的。

(2) 因确定为重大税收违法失信主体，纳税信用直接判为D级的纳税人，失信主体信息已按照国家税务总局相关规定不予公布或停止公布，申请前连续12个月没有新增纳税信用失信行为记录的。

(3) 由纳税信用D级纳税人的直接责任人员注册登记或者负责经营，纳税信用关联评价为D级的纳税人，申请前连续6个月没有新增纳税信用失信行为记录的。

(4) 因其他失信行为纳税信用直接判为D级的纳税人，已纠正纳税信用失信行为、履行税收法律责任，申请前连续12个月没有新增纳税信用失信行为记录的。

(5) 因上一年度纳税信用直接判为D级，本年度纳税信用保留为D级的纳税人，已纠正纳税信用失信行为、履行税收法律责任或失信主体信息已按照国家税务总局相关规定不予公布或停止公布，申请前连续12个月没有新增纳税信用失信行为记录的。

符合条件的纳税人，可填写《纳税信用修复申请表》，对当前的纳税信用评价结果向主管税务机关申请纳税信用修复。税务机关核实纳税人纳税信用状况，按照《纳税信用修复范围及标准》调整相应纳税信用评价指标状态，根据纳税信用评价相关规定，重新评价纳税人的纳税信用级别。

申请破产重整企业纳税信用修复的，应同步提供人民法院批准的重整计划或认可的和解协议，其破产重整前发生的相关失信行为，可按照《纳税信用修复范围及标准》中破产重整企业适用的修复标准开展修复。

自2021年度纳税信用评价起，税务机关按照"首违不罚"相关规定对纳税人不予行政处罚的，相关记录不纳入纳税信用评价。

四、税收违法行为检举管理

为了保障单位、个人依法检举纳税人、扣缴义务人违反税收法律、行政法规行为的权利，规范检举秩序，根据《税收征收管理法》及其实施细则的有关规定，制定《税收违法行为检举管理办法》。

(一) 税收违法行为和检举的概念

检举，是指单位、个人采用书信、电话、传真、网络、来访等形式，向税务机关提供纳税人、扣缴义务人税收违法行为线索的行为。检举税收违法行为的单位、个人称检举人，被检举的纳税人、扣缴义务人称被检举人。

税收违法行为，是指涉嫌偷税(逃避缴纳税款)，逃避追缴欠税，骗税，虚开、伪造、变造发票，以及其他与逃避缴纳税款相关的税收违法行为。

(二) 检举管理工作原则

检举管理工作坚持依法依规、分级分类、属地管理、严格保密的原则。

市(地、州、盟)以上税务局稽查局设立税收违法案件举报中心。国家税务总局稽查局税收违法案件举报中心负责接收税收违法行为检举，督促、指导、协调处理重要检举事项；省、自治区、直辖市、计划单列市和市（地、州、盟）税务局稽查局税收违法案件举报中心负责税收违法行为检举的接收、受理、处理和管理；各级跨区域稽查局和县税务局应当指定行使税收违法案件举报中心职能的部门，负责税收违法行为检举的接收，并按规定职责处理。

举报中心是指税收违法案件举报中心和指定行使税收违法案件举报中心职能的部门。举报中心应当对外挂标识牌。

税务机关应当向社会公布举报中心的电话（传真）号码、通讯地址、邮政编码、网络检举途径，设立检举接待场所和检举箱。税务机关同时通过12366纳税服务热线接收税收违法行为检举。

税务机关应当与公安、司法、纪检监察和信访等单位加强联系和合作，做好检举管理工作。

检举人在检举过程中应当遵守法律、行政法规等规定；应当对其所提供检举材料的真实性负责，不得捏造、歪曲事实，不得诬告、陷害他人；不得损害国家、社会、集体的利益和其他公民的合法权益。

（三）检举事项的接收与受理

检举人检举税收违法行为应当提供被检举人的名称（姓名）、地址（住所）和税收违法行为线索；尽可能提供被检举人统一社会信用代码（身份证件号码），法定代表人、实际控制人信息和其他相关证明资料。

鼓励检举人提供书面检举材料。检举人可以实名检举，也可以匿名检举。举报中心接收实名检举，应当准确登记实名检举人信息。

检举人以个人名义实名检举应当由其本人提出；以单位名义实名检举应当委托本单位工作人员提出。

检举税收违法行为是检举人的自愿行为，检举人因检举而产生的支出应当由其自行承担。

多人联名进行实名检举的，应当确定第一联系人；未确定的，以检举材料的第一署名人为第一联系人。

12366纳税服务热线接收电话检举后，应当按照以下分类转交相关部门：

（1）符合《税收违法行为检举管理办法》第三条规定的检举事项，应当及时转交举报中心。

（2）对应开具而未开具发票、未申报办理税务登记及其他轻微税收违法行为的检举事项，按照有关规定直接转交被检举人主管税务机关相关业务部门处理。

（3）其他检举事项转交有处理权的单位或者部门。

税务机关的其他单位或者部门接到检举材料后，应当及时转交举报中心。

以来访形式实名检举的，检举人应当提供营业执照、居民身份证等有效身份证件的原件和复印件。

以来信、网络、传真形式实名检举的，检举人应当提供营业执照、居民身份证等有效身份证件的复印件。

以电话形式要求实名检举的，税务机关应当告知检举人采取前述形式进行检举。检举人未采取前述形式进行检举的，视同匿名检举。

举报中心可以应来访的实名检举人要求出具接收回执；对多人联名进行实名来访检举

的，向其确定的第一联系人或者第一署名人出具接收回执。

来访检举应当到税务机关设立的检举接待场所；多人来访提出相同检举事项的，应当推选代表，代表人数应当在 3 人以内。

接收来访口头检举，应当准确记录检举事项，交检举人阅读或者向检举人宣读确认。实名检举的，由检举人签名或者盖章；匿名检举的，应当记录在案。

接收电话检举，应当细心接听、询问清楚、准确记录。

接收电话、来访检举，经告知检举人后可以录音、录像。

接收书信、传真等书面形式检举，应当保持检举材料的完整，及时登记处理。

税务机关应当合理设置检举接待场所。检举接待场所应当与办公区域适当分开，配备使用必要的录音、录像等监控设施，保证监控设施对接待场所全覆盖并正常运行。

举报中心对接收的检举事项，应当及时审查，有下列情形之一的，不予受理：

(1) 无法确定被检举对象，或者不能提供税收违法行为线索的。

(2) 检举事项已经或者依法应当通过诉讼、仲裁、行政复议以及其他法定途径解决的。

(3) 对已经查结的同一检举事项再次检举，没有提供新的有效线索的。

除不予受理外，举报中心自接收检举事项之日起即为受理。

举报中心可以应实名检举人要求，视情况采取口头或者书面方式解释不予受理原因。

(四) 检举事项的处理

检举事项受理后，应当分级分类，按照以下方式处理：

(1) 检举内容详细、税收违法行为线索清楚、证明资料充分的，由稽查局立案检查。

(2) 检举内容与线索较明确但缺少必要证明资料，有可能存在税收违法行为的，由稽查局调查核实。发现存在税收违法行为的，立案检查；未发现的，作查结处理。

(3) 检举对象明确，但其他检举事项不完整或者内容不清、线索不明的，可以暂存待查，待检举人将情况补充完整以后，再进行处理。

(4) 已经受理尚未查结的检举事项，再次检举的，可以合并处理。

(5)《税收违法行为检举管理办法》第三条规定以外的检举事项，转交有处理权的单位或者部门。

举报中心应当在检举事项受理之日起 15 个工作日内完成分级分类处理，特殊情况除外。

查处部门应当在收到举报中心转来的检举材料之日起 3 个月内办理完毕；案情复杂无法在期限内办理完毕的，可以延期。

税务局稽查局对督办案件的处理结果应当认真审查。对于事实不清、处理不当的，应当通知承办机关补充调查或者重新调查，依法处理。

(五) 检举人的答复和奖励

实名检举人可以要求答复检举事项的处理情况与查处结果。

实名检举人要求答复处理情况时，应当配合核对身份；要求答复查处结果时，应当出示检举时所提供的有效身份证件。

举报中心可以视具体情况采取口头或者书面方式答复实名检举人。

实名检举事项的处理情况，由作出处理行为的税务机关的举报中心答复。将检举事项督办、交办、提交或者转交的，应当告知去向；暂存待查的，应当建议检举人补充资料。

实名检举事项的查处结果，由负责查处的税务机关的举报中心答复。

12366纳税服务热线接收检举事项并转交举报中心或者相关业务部门后，可以应检举人要求将举报中心或者相关业务部门反馈的受理情况告知检举人。

检举事项经查证属实，为国家挽回或者减少损失的，按照财政部和国家税务总局的有关规定对实名检举人给予相应奖励。

检举人不愿提供个人信息或者不愿公开检举行为的，税务机关应当予以尊重和保密。税务机关应当在职责范围内依法保护检举人、被检举人的合法权益。

五、重大税收违法失信主体信息公布

（一）重大税收违法失信主体的确定

“重大税收违法失信主体”（以下简称失信主体）是指有下列情形之一的纳税人、扣缴义务人或者其他涉税当事人（以下简称当事人）：

（1）伪造、变造、隐匿、擅自销毁账簿、记账凭证，或者在账簿上多列支出或者不列、少列收入，或者经税务机关通知申报而拒不申报或者进行虚假的纳税申报，不缴或者少缴应纳税款100万元以上，且任一年度不缴或者少缴应纳税款占当年各税种应纳税总额10%以上的，或者采取前述手段，不缴或者少缴已扣、已收税款，数额在100万元以上的；

（2）欠缴应纳税款，采取转移或者隐匿财产的手段，妨碍税务机关追缴欠缴的税款，欠缴税款金额100万元以上的；

（3）骗取国家出口退税款的；

（4）以暴力、威胁方法拒不缴纳税款的；

（5）虚开增值税专用发票或者虚开用于骗取出口退税、抵扣税款的其他发票的；

（6）虚开增值税普通发票100份以上或者金额400万元以上的；

（7）私自印制、伪造、变造发票，非法制造发票防伪专用品，伪造发票监制章的；

（8）具有偷税、逃避追缴欠税、骗取出口退税、抗税、虚开发票等行为，在稽查案件执行完毕前，不履行税收义务并脱离税务机关监管，经税务机关检查确认走逃（失联）的；

（9）为纳税人、扣缴义务人非法提供银行账户、发票、证明或者其他方便，导致未缴、少缴税款100万元以上或者骗取国家出口退税款的；

（10）税务代理人违反税收法律、行政法规造成纳税人未缴或者少缴税款100万元以上的；

（11）其他性质恶劣、情节严重、社会危害性较大的税收违法行为。

税务机关对当事人依法作出《税务行政处罚决定书》，当事人在法定期限内未申请行政复议、未提起行政诉讼，或者申请行政复议，行政复议机关作出行政复议决定后，在法定期限内未提起行政诉讼，或者人民法院对税务行政处罚决定或行政复议决定作出生效判决、裁定后，有上述（1）—（11）情形之一的，税务机关确定其为失信主体。

对移送公安机关的当事人，税务机关在移送时已依法作出《税务处理决定书》，未作出《税务行政处罚决定书》的，当事人在法定期限内未申请行政复议、未提起行政诉讼，或者申请行政复议，行政复议机关作出行政复议决定后，在法定期限内未提起行政诉讼，或者人民法院对税务处理决定或行政复议决定作出生效判决、裁定后，有上述（1）—（11）情形之一的，税务机关确定其为失信主体。

税务机关应当在作出确定失信主体决定前向当事人送达告知文书，告知其依法享有陈述、申辩的权利。告知文书应当包括以下内容：当事人姓名或者名称、有效身份证件号码或者统一社会信用代码、地址。没有统一社会信用代码的，以税务机关赋予的纳税人识别号代替；拟确定为失信主体的事由、依据；拟向社会公布的失信信息；拟通知相关部门采取失信惩戒措施提示；当事人依法享有的相关权利；其他相关事项。

当事人在税务机关告知后 5 日内，可以书面或者口头提出陈述、申辩意见。当事人口头提出陈述、申辩意见的，税务机关应当制作陈述申辩笔录，并由当事人签章。税务机关应当充分听取当事人陈述、申辩意见，对当事人提出的事实、理由和证据进行复核。当事人提出的事实、理由或者证据成立的，应当采纳。

经设区的市、自治州以上税务局局长或者其授权的税务局领导批准，税务机关在当事人申请行政复议或提起行政诉讼期限届满，或者行政复议决定、人民法院判决或裁定生效后，于 30 日内制作失信主体确定文书，并依法送达当事人。失信主体确定文书应当包括以下内容：当事人姓名或者名称、有效身份证件号码或者统一社会信用代码、地址。没有统一社会信用代码的，以税务机关赋予的纳税人识别号代替；确定为失信主体的事由、依据；向社会公布的失信信息提示；相关部门采取失信惩戒措施提示；当事人依法享有的相关权利；其他相关事项。

（二）重大税收违法失信主体信息公布

税务机关应当在失信主体确定文书送达后的次月 15 日内，向社会公布下列信息：失信主体基本情况；失信主体的主要税收违法事实；税务处理、税务行政处罚决定及法律依据；确定失信主体的税务机关；法律、行政法规规定应当公布的其他信息。

对依法确定为国家秘密的信息，法律、行政法规禁止公开的信息，以及公开后可能危及国家安全、公共安全、经济安全、社会稳定的信息，税务机关不予公开。

税务机关依法向社会公布失信主体基本情况。失信主体为法人或者其他组织的，公布其名称、统一社会信用代码（纳税人识别号）、注册地址以及违法行为发生时的法定代表人、负责人或者经人民法院生效裁判确定的实际责任人的姓名、性别及身份证件号码（隐去出生年、月、日号码段）；失信主体为自然人的，公布其姓名、性别、身份证件号码（隐去出生年、月、日号码段）。

税务机关应当通过国家税务总局各省、自治区、直辖市、计划单列市税务局网站向社会公布失信主体信息，根据本地区实际情况，也可以通过税务机关公告栏、报纸、广播、电视、网络媒体等途径以及新闻发布会等形式向社会公布。

国家税务总局归集各地税务机关确定的失信主体信息，并提供至"信用中国"网站进行公开。

失信主体信息自公布之日起满 3 年的，税务机关在 5 日内停止信息公布。

第五节 税务行政复议

一、税务行政复议的概念和特征

（一）税务行政复议的概念

税务行政复议是我国行政复议制度的一个重要组成部分。税务行政复议是指当事人

(纳税人、扣缴义务人、纳税担保人及其他税务当事人)不服税务机关及其工作人员作出的税务具体行政行为,依法向上一级税务机关(复议机关)提出申请,复议机关经审理对原税务机关具体行政行为依法作出维持、变更、撤销等决定的活动。

为了防止和纠正违法的或不当的税务具体行政行为,保护纳税人及其他税务当事人的合法权益,保障和监督税务机关依法行使职权,国家税务总局根据《中华人民共和国行政复议法》,于2010年2月10日公布《税务行政复议规则》。

(二) 税务行政复议的特征

(1) 税务行政复议以当事人不服税务机关及其工作人员作出的税务具体行政行为为前提。这是由行政复议对当事人进行行政救济的目的所决定的。如果当事人认为税务机关的处理合法、适当,或税务机关还没有作出处理,当事人的合法权益没有受到侵害,就不存在税务行政复议。

(2) 税务行政复议因当事人的申请而产生。当事人提出申请是引起税务行政复议的重要条件之一。当事人不申请,就不可能通过行政复议这种形式获得救济。

(3) 税务行政复议案件的审理一般由原处理税务机关的上一级税务机关进行。

(4) 税务行政复议与行政诉讼相衔接。根据《中华人民共和国行政诉讼法》和《中华人民共和国行政复议法》的规定,对于大多数行政案件来说,当事人都可以选择行政复议或者行政诉讼程序解决,当事人对行政复议决定不服的,还可以向法院提起行政诉讼。在此基础上,两个程序的衔接方面,税务行政案件的适用还有其特殊性。根据《税收征收管理法》第八十八条的规定,对于因纳税问题引起的争议,税务行政复议是税务行政诉讼的必经前置程序,未经复议不能向法院起诉,经复议仍不服的,才能起诉;对于因处罚、保全措施及强制执行引起的争议,当事人可以选择适用复议或诉讼程序,如选择复议程序,对复议决定仍不服的,可以向法院起诉。

二、税务行政复议的范围

行政复议机关受理申请人对税务机关下列具体行政行为不服提出的行政复议申请:

(1) 征税行为,包括确认纳税主体、征税对象、征税范围、减税、免税、退税、抵扣税款、适用税率、计税依据、纳税环节、纳税期限、纳税地点和税款征收方式等具体行政行为,征收税款、加收滞纳金,扣缴义务人、受税务机关委托的单位和个人作出的代扣代缴、代收代缴、代征行为等。

(2) 行政许可、行政审批行为。

(3) 发票管理行为,包括发售、收缴、代开发票等。

(4) 税收保全措施、强制执行措施。

(5) 行政处罚行为:①罚款;②没收财物和违法所得;③停止出口退税权。

(6) 不依法履行下列职责的行为:①颁发税务登记;②开具、出具完税凭证、外出经营活动税收管理证明;③行政赔偿;④行政奖励;⑤其他不依法履行职责的行为。

(7) 资格认定行为。

(8) 不依法确认纳税担保行为。

(9) 政府信息公开工作中的具体行政行为。

(10) 纳税信用等级评定行为。

（11）通知出入境管理机关阻止出境行为。

（12）其他具体行政行为。

公民、法人或者其他组织认为行政机关的行政行为所依据的下列规范性文件不合法，在对行政行为申请行政复议时，可以一并向行政复议机关提出对该规范性文件的附带审查申请：①国务院部门的规范性文件；②县级以上地方各级人民政府及其工作部门的规范性文件；③乡、镇人民政府的规范性文件；④法律、法规、规章授权的组织的规范性文件。但是附带审查的规范性文件不含规章。

三、税务行政复议管辖

（一）复议管辖的一般规定

（1）对各级税务局的具体行政行为不服的，向其上一级税务局申请行政复议。

（2）对计划单列市税务局的具体行政行为不服的，向国家税务总局申请行政复议。

（3）对税务所（分局）、各级税务局的稽查局的具体行政行为不服的，向其所属税务局申请行政复议。

（4）对国家税务总局的具体行政行为不服的，向国家税务总局申请行政复议。对行政复议决定不服，申请人可以向人民法院提起行政诉讼，也可以向国务院申请裁决。国务院的裁决为最终裁决。

（二）复议管辖的特别规定

（1）对两个以上税务机关共同作出的具体行政行为不服的，向共同上一级税务机关申请行政复议；对税务机关与其他行政机关共同作出的具体行政行为不服的，向其共同上一级行政机关申请行政复议。

（2）对税务所（分局）、各级税务局的稽查局的具体行政行为不服的，向其所属税务局申请行政复议。

（3）对被撤销的税务机关在撤销以前所作出的具体行政行为不服的，向继续行使其职权的税务机关的上一级税务机关申请行政复议。

（4）对税务机关作出逾期不缴纳罚款加处罚款的决定不服的，向作出行政处罚决定的税务机关申请行政复议。但是对已处罚款和加处罚款都不服的，一并向作出行政处罚决定的税务机关的上一级税务机关申请行政复议。

有以上情形之一的，申请人也可以向具体行政行为发生地的县级地方人民政府提交行政复议申请，由接受申请的县级地方人民政府依法转送。

四、税务行政复议的申请与受理

（一）税务行政复议申请

（1）纳税人及其他税务当事人对税务机关作出的下列行为不服，应当先向复议机关申请行政复议，对复议决定不服，再向人民法院起诉。

① 征税行为，包括确认纳税主体、征税对象、征税范围、减税、免税、退税、抵扣税款、适用税率、计税依据、纳税环节、纳税期限、纳税地点和税款征收方式等具体行政行为，征收税款、加收滞纳金，扣缴义务人、受税务机关委托的单位和个人作出的代扣代缴、代收代缴、代征行为等。

② 当场作出的行政处罚决定；

③ 税务机关存在《行政复议法》第十一条规定的未履行法定职责情形；

④ 申请政府信息公开，税务机关不予公开；

⑤ 法律、行政法规规定应当先向行政复议机关申请行政复议的其他情形。

申请人按照前款规定申请行政复议的，必须依照税务机关根据法律、法规确定的税额、期限，先行缴纳或者解缴税款和滞纳金，或者提供相应的担保，才可以在缴清税款和滞纳金以后或者所提供的担保得到作出具体行政行为的税务机关确认之日起60日内提出行政复议申请。

(2) 申请人对税务机关作出的征税以外的其他税务具体行政行为不服，可以申请行政复议，也可以直接向人民法院提起行政诉讼。

公民、法人或者其他组织认为行政行为侵犯其合法权益的，可以自知道或者应当知道该行政行为之日起60日内提出行政复议申请；但是法律规定的申请期限超过60日的除外。因不可抗力或者其他正当理由耽误法定申请期限的，申请期限自障碍消除之日起继续计算。

税务机关作出行政行为时，未告知公民、法人或者其他组织申请行政复议的权利、行政复议机关和申请期限的，申请期限自公民、法人或者其他组织知道或者应当知道申请行政复议的权利、行政复议机关和申请期限之日起计算，但是自知道或者应当知道行政行为内容之日起最长不得超过1年。

(3) 申请人申请行政复议，可以书面申请，也可以口头申请；口头申请的，复议机关应当当场记录申请人的基本情况、行政复议请求、申请行政复议的主要事实、理由和时间。

(4) 依法提起行政复议的纳税人或其他税务当事人为税务行政复议申请人，具体是指纳税义务人、扣缴义务人、纳税担保人和其他税务当事人。

纳税人或其他税务当事人对税务机关的具体行政行为不服申请行政复议的，作出具体行政行为的税务机关是被申请人。

(5) 申请人向复议机关申请行政复议，复议机关已经受理的，在法定行政复议期限内申请人不得再向人民法院起诉；申请人向人民法院提起行政诉讼，人民法院已经依法受理的，不得申请行政复议。

(二) 税务行政复议受理

复议机关收到行政复议申请后，应当在5日内进行审查，对不符合规定的行政复议申请，决定不予受理，并书面告知申请人；对符合规定，但是不属于本机关受理的行政复议申请，应当告知申请人向有关行政复议机关提出申请。

对符合规定的行政复议申请，自复议机关法制工作机构收到之日起即为受理；受理行政复议申请，应书面告知申请人。

对应当先向复议机关申请行政复议，对行政复议决定不服再向人民法院提起行政诉讼的具体行政行为，复议机关决定不予受理或者受理后超过复议期限不作答复的，纳税人和其他税务当事人可以自收到不予受理决定书之日起，或者行政复议期满之日起15日内，依法向人民法院提起行政诉讼。

纳税人及其他税务当事人依法提出行政复议申请，复议机关无正当理由不予受理且申请人没有向人民法院提起行政诉讼的，上级税务机关应当责令其受理；必要时，上级税务机关也可以直接受理。

行政复议期间税务具体行政行为不停止执行。但是，有下列情形之一的，可以停止执行：

（1）被申请人认为需要停止执行的。

（2）复议机关认为需要停止执行的。

（3）申请人申请停止执行，复议机关认为其要求合理，决定停止执行的。

（4）法律、法规规定停止执行的。

五、税务行政复议的审查和决定

行政复议机构应当自受理行政复议申请之日起7日内，将行政复议申请书副本或者行政复议申请笔录复印件发送被申请人。被申请人应当自收到申请书副本或者申请笔录复印件之日起10日内提出书面答复，并提交当初作出具体行政行为的证据、依据和其他有关材料。

（一）税务行政复议审查

对国家税务总局的具体行政行为不服申请行政复议的案件，由原承办具体行政行为的相关机构向行政复议机构提出书面答复，并提交当初作出具体行政行为的证据、依据和其他有关材料。

（1）行政复议机构审理行政复议案件，应当由2名以上行政复议工作人员参加。

（2）行政复议原则上采用书面审查的办法，但是申请人提出要求或者行政复议机构认为有必要时，应当听取申请人、被申请人和第三人的意见，并可以向有关组织和人员调查了解情况。

（3）对重大、复杂的案件，申请人提出要求或者行政复议机构认为必要时，可以采取听证的方式审理。行政复议机构决定举行听证的，应当将举行听证的时间、地点和具体要求等事项通知申请人、被申请人和第三人。听证应当公开举行，但是涉及国家秘密、商业秘密或者个人隐私的除外。行政复议听证人员不得少于2人，听证主持人由行政复议机构指定。听证应当制作笔录。申请人、被申请人和第三人应当确认听证笔录内容。

（4）行政复议机关应当全面审查被申请人的具体行政行为所依据的事实证据、法律程序、法律依据和设定的权利义务内容的合法性、适当性。

（5）申请人在行政复议决定作出以前撤回行政复议申请的，经行政复议机构同意，可以撤回。申请人撤回行政复议申请的，不得再以同一事实和理由提出行政复议申请。但是，申请人能够证明撤回行政复议申请违背其真实意思表示的除外。

（6）行政复议期间被申请人改变原具体行政行为的，不影响行政复议案件的审理。但是，申请人依法撤回行政复议申请的除外。

（7）行政复议机关审查被申请人的具体行政行为时，认为其依据不合法，本机关有权处理的，应当在30日内依法处理；无权处理的，应当在7日内按照法定程序逐级转送有权处理的国家机关依法处理。处理期间，中止对具体行政行为的审查。

（二）税务行政复议决定

行政复议机构应当对被申请人的具体行政行为提出审查意见，经行政复议机关负责人批准，按照下列规定作出行政复议决定：

（1）具体行政行为认定事实清楚，证据确凿，适用依据正确，程序合法，内容适当的，决定维持。

(2) 被申请人不履行法定职责的,决定其在一定期限内履行。

(3) 具体行政行为有下列情形之一的,决定撤销、变更或者确认该具体行政行为违法;决定撤销或者确认该具体行政行为违法的,可以责令被申请人在一定期限内重新作出具体行政行为:①主要事实不清、证据不足的;②适用依据错误的;③违反法定程序的;④超越职权或者滥用职权的;⑤具体行政行为明显不当的。

行政复议机关责令被申请人重新作出具体行政行为的,被申请人不得以同一事实和理由作出与原具体行政行为相同或者基本相同的具体行政行为;但是行政复议机关以原具体行政行为违反法定程序决定撤销的,被申请人重新作出具体行政行为的除外。

行政复议机关责令被申请人重新作出具体行政行为的,被申请人不得作出对申请人更为不利的决定;但是行政复议机关以原具体行政行为主要事实不清、证据不足或适用依据错误决定撤销的,被申请人重新作出具体行政行为的除外。

行政复议机关责令被申请人重新作出具体行政行为的,被申请人应当在 60 日内重新作出具体行政行为;情况复杂,不能在规定期限内重新作出具体行政行为的,经行政复议机关批准,可以适当延期,但是延期不得超过 30 日。

(4) 被申请人不按照规定提出书面答复,提交当初作出具体行政行为的证据、依据和其他有关材料的,视为该具体行政行为没有证据、依据,决定撤销该具体行政行为。

(5) 行政复议机关应当自受理申请之日起 60 日内作出行政复议决定。情况复杂,不能在规定期限内作出行政复议决定的,经行政复议机关负责人批准,可以适当延期,并告知申请人和被申请人;但是延期不得超过 30 日。

行政复议机关作出行政复议决定,应当制作行政复议决定书,并加盖行政复议机关印章。行政复议决定书一经送达,即发生法律效力。

第六节 税收法律责任

一、纳税人实施税收违法行为的法律责任

(一) 违反税务管理规定的法律责任

(1) 纳税人有下列行为之一的,由税务机关责令限期改正,可以处 2 000 元以下的罚款;情节严重的,处 2 000 元以上 1 万元以下的罚款:①未按照规定的期限申报办理税务登记、变更或者注销登记的;②未按照规定设置、保管账簿或者保管记账凭证和有关资料的;③未按照规定将财务、会计制度或者财务、会计处理办法和会计核算软件报送税务机关备查的;④未按照规定将其全部银行账号向税务机关报告的;⑤未按照规定安装、使用税控装置,或者损毁或者擅自改动税控装置的。

纳税人不办理税务登记的,由税务机关责令限期改正;逾期不改正的,经税务机关提请,由工商行政管理机关吊销其营业执照。

纳税人未按照规定使用税务登记证件,或者转借、涂改、损毁、买卖、伪造税务登记证件的,处 2 000 元以上 1 万元以下的罚款;情节严重的,处 1 万元以上 5 万元以下的罚款。

(2) 扣缴义务人未按照规定设置、保管代扣代缴、代收代缴税款账簿或者保管代扣代缴、代收代缴税款记账凭证及有关资料的,由税务机关责令限期改正,可以处 2 000 元以下的罚

款;情节严重的,处 2 000 元以上 5 000 元以下的罚款。

(3) 纳税人未按照规定的期限办理纳税申报和报送纳税资料的,或者扣缴义务人未按照规定的期限向税务机关报送代扣代缴、代收代缴税款报告表和有关资料的,由税务机关责令限期改正,可以处 2 000 元以下的罚款;情节严重的,可以处 2 000 元以上 1 万元以下的罚款。

(4) 首违不罚。根据《行政处罚法》《税收征收管理法》及其实施细则等法律法规,国家税务总局制定了《税务行政处罚"首违不罚"事项清单(10 个事项)》和《第二批税务行政处罚"首违不罚"事项清单(4 个事项)》。对于首次发生清单中所列事项且危害后果轻微,在税务机关发现前主动改正或者在税务机关责令限期改正的期限内改正的,不予行政处罚。税务机关应当对当事人加强税法宣传和辅导。

(二) 纳税人欠税不缴的法律责任

纳税人欠缴应纳税款,采取转移或者隐匿财产的手段,妨碍税务机关追缴欠缴的税款的,由税务机关追缴欠缴的税款、滞纳金,并处欠缴税款 50%以上 5 倍以下的罚款;构成犯罪的,依法追究刑事责任。

(三) 纳税人偷税的法律责任

(1) 纳税人伪造、变造、隐匿、擅自销毁账簿、记账凭证,或者在账簿上多列支出或者不列、少列收入,或者经税务机关通知申报而拒不申报或者进行虚假的纳税申报,不缴或者少缴应纳税款的,是偷税。对纳税人偷税的,由税务机关追缴其不缴或者少缴的税款、滞纳金,并处不缴或者少缴的税款 50%以上 5 倍以下的罚款;构成犯罪的,依法追究刑事责任。

扣缴义务人采取前款所列手段,不缴或者少缴已扣、已收税款,由税务机关追缴其不缴或者少缴的税款、滞纳金,并处不缴或者少缴的税款 50%以上 5 倍以下的罚款;构成犯罪的,依法追究刑事责任。

(2) 纳税人、扣缴义务人编造虚假计税依据的,由税务机关责令限期改正,并处 5 万元以下的罚款。

(3) 纳税人不进行纳税申报,不缴或者少缴应纳税款的,由税务机关追缴其不缴或者少缴的税款、滞纳金,并处不缴或者少缴的税款 50%以上 5 倍以下的罚款。

(四) 纳税人骗税的法律责任

以假报出口或者其他欺骗手段,骗取国家出口退税款,由税务机关追缴其骗取的退税款,并处骗取税款 1 倍以上 5 倍以下的罚款;构成犯罪的,依法追究刑事责任。

对骗取国家出口退税款的,税务机关可以在规定期间内停止为其办理出口退税。

(五) 纳税人抗税、抗拒检查的法律责任

(1) 以暴力、威胁方法拒不缴纳税款的,是抗税,除由税务机关追缴其拒缴的税款、滞纳金外,依法追究刑事责任。情节轻微,未构成犯罪的,由税务机关追缴其拒缴的税款、滞纳金,并处拒缴税款 1 倍以上 5 倍以下的罚款。

(2) 纳税人、扣缴义务人逃避、拒绝或者以其他方式阻挠税务机关检查的,由税务机关责令改正,可以处 1 万元以下的罚款;情节严重的,处 1 万元以上 5 万元以下的罚款。

(3) 从事生产、经营的纳税人、扣缴义务人有本法规定的税收违法行为,拒不接受税务机关处理的,税务机关可以收缴其发票或者停止向其发售发票。

二、税务行政主体违法行为的法律责任

(1) 税务机关违反规定擅自改变税收征收管理范围和税款入库预算级次的,责令限期改正,对直接负责的主管人员和其他直接责任人员依法给予降级或者撤职的行政处分。

(2) 税务人员徇私舞弊,对依法应当移交司法机关追究刑事责任的不移交,情节严重的,依法追究刑事责任。

(3) 税务人员利用职务上的便利,收受或者索取纳税人、扣缴义务人财物或者谋取其他不正当利益,构成犯罪的,依法追究刑事责任;尚不构成犯罪的,依法给予行政处分。

(4) 税务人员徇私舞弊或者玩忽职守,不征或者少征应征税款,致使国家税收遭受重大损失,构成犯罪的,依法追究刑事责任;尚不构成犯罪的,依法给予行政处分。

(5) 税务人员滥用职权,故意刁难纳税人、扣缴义务人的,调离税收工作岗位,并依法给予行政处分。

(6) 税务人员对控告、检举税收违法违纪行为的纳税人、扣缴义务人以及其他检举人进行打击报复的,依法给予行政处分;构成犯罪的,依法追究刑事责任。

(7) 其他违法行为应承担的法律责任。

第七章测试题及
参考答案

第八章　劳动合同与社会保险法律制度

本章导学

本章学习内容主要包括劳动合同的订立、劳动合同的主要内容、劳动合同的履行、劳动合同的解除、劳动争议的解决以及基本养老保险、基本医疗保险、工伤保险、失业保险等。

学习目标

（一）掌握劳动合同的订立、主要内容、履行和变更、解除和终止。

（二）掌握基本养老保险、基本医疗保险、工伤保险、失业保险。

（三）掌握社会保险费征缴与管理的规定。

（四）熟悉集体合同与劳务派遣的规定、劳动争议的解决、违反劳动合同法律制度的法律责任。

（五）熟悉社会保险经办与管理、社会保险费与社会保险基金管理。

（六）了解劳动关系与劳动合同、违反劳动合同法律制度的法律责任。

课程思政

一、案例事实

原审法院经审理查明：2017 年 8 月 8 日，黄海东入住大连市甘井子区人民医院就诊，称其 12 小时前在海洋岛西部养殖区作业时右手被水缸砸伤。医院诊断为右手中指中节指骨开放粉碎性骨折。海益公司以用人单位名义就黄海东伤情向长海县人力资源社会保障和民政局（以下简称长海县人社局）提出工伤认定申请。2017 年 11 月 17 日，长海县人社局作出工伤认定决定书，认定黄海东为工伤。2018 年 4 月 13 日，大连市劳动能力鉴定委员会作出工伤初次鉴定结论书，鉴定黄海东为十级伤残。2018 年 5 月 14 日，黄海东出具委托书，委托傅俊办理工伤保险赔付的相关手续。2018 年 5 月 28 日，傅俊代黄海东领取了一次性伤残补助金 25 816 元。2018 年 6 月 15 日，傅俊代黄海东领取了一次性医疗补助金 42 259 元。

二、裁判理由

劳动和社会保障部门备案劳动合同中有用人单位海益公司与劳动者黄海东曾签订的劳

动合同，但双方当事人均确认该合同签字双方均为海益公司工作人员傅俊一人所为，黄海东在办理工伤保险赔偿手续前并不知晓该合同的存在，且该合同也缺失有关劳动报酬等关键条款，因此，一审法院认为该合同系海益公司单方制作，并非双方真实意思表示，双方间并未订立书面劳动合同，黄海东提交的备案合同并不能证明双方的劳动关系。《中华人民共和国劳动合同法》第七条规定，用人单位自用工之日起与劳动者建立劳动关系。《劳动和社会保障部关于确立劳动关系有关事项的通知》规定，用人单位招用未订立书面劳动合同，同时具备下列情形的，劳动关系成立：①用人单位和劳动者符合法律、法规规定的主体资格；②用人单位依法制定的各项规章制度适用于劳动者，劳动者受用人单位的劳动管理，从实用人单位安排的有报酬的劳动；③劳动者提供的劳动是用人单位业务组成部分。根据以上规定黄海东主张其与海益公司劳动关系成立，应举证证明其工作是由海益公司安排，接受海益公司管理，并由海益公司向其支付工资。黄海东未能举证证明上述事项，且根据其起诉及庭审中陈述，其在 2017 年 7 月前的工资报酬均已得到给付，其应当提供已得到工资的支付主体、支付数额及支付方式但未能提供，因此，黄海东尚未能证明双方建立了劳动关系。虽然黄海东提供了相关证据证明海益公司以用人单位名义为其投保工伤保险并为其办理申请工伤认定、申请鉴定并办理工伤保险赔付等相关手续，但一审法院认为劳动关系的建立应以实际用工为前提，海益公司的上述行为，并不能排除海益公司所辩称的仅仅是为了黄海东能获取工伤保险赔偿，双方并未建立真实的劳动关系的可能性。黄海东提交的证据不足以证明双方存在劳动合同关系，对该项主张，原审法院不予支持。

黄海东未能举证证明其与海益公司建立了劳动合同关系，其向海益公司主张工资的诉讼请求无事实和法律依据，不应予以支持。即使其主张的劳动合同关系成立，其也未能证明工资标准、其已实际得到的工资，也就无从确认尚未得到给付的工资。

一审判决：驳回黄海东的诉讼请求。

二审法院对原审查明事实予以确认。

关于黄海东与海益公司之间是否存在劳动合同关系的问题。黄海东提供的用人单位为海益公司，劳动者为黄海东的劳动合同，签字双方均为海益公司工作人员傅俊，该合同为海益公司单方制作，但是，作为用人单位的海益公司，在黄海东受伤后住院病案首页联系人姓名栏标注“大连海益水产有限公司兰凤”，及有黄海东签字的《委托书》中“兹全权委托我单位经理傅俊办理工伤保险赔付的相关手续”。即证明海益公司认可黄海东与其建立劳动合同关系，而黄海东在知道该合同存在后，并未提出异议，因此，依据黄海东提供的海益公司以用人单位名义为其投保工伤保险并为其办理申请工伤认定、申请鉴定及办理工伤保险赔付等相关手续，可以认定海益公司与黄海东的《劳动合同》已经成立并生效。海益公司提出的实际用工为案外人兰凤，其与黄海东签订《劳动合同》仅仅是为了黄海东能获取工伤保险赔偿，双方并未建立真实的劳动关系的理由，并不能对抗实际生效的劳动合同的效力。一审法院认定双方并未订立书面劳动合同、黄海东提交的备案合同不能证明双方的劳动关系错误，应予纠正。

关于黄海东主张海益公司拖欠工资的诉讼请求是否应予支持的问题。黄海东与海益公司建立了劳动合同关系，其有权向海益公司主张拖欠的工资。

二审判决如下：①撤销大连海事法院(2019)辽 72 民初 247 号民事判决。②大连海益水产有限公司于本判决生效之日起十日内给付黄海东工资 5 000 元。

三、典型意义

签订劳动合同，应当由劳动者和用人单位签字盖章生效。本案中劳动合同由用人单位替劳动者签字，劳动合同是否有效呢？根据案件情境可知，一审法院与二审法院观点存在分歧，二审法院结合劳动者住院病历记载内容和劳动者的授权委托书记载内容等最终认定劳动合同成立并生效。

《劳动合同法》第三条规定："订立劳动合同，应当遵循合法、公平、平等自愿、协商一致、诚实信用的原则。"诚实信用既是《劳动合同法》的基本原则之一，也是社会基本道德之一。用人单位与劳动者订立劳动合同时都必须遵循诚实信用原则，建立合法、诚信、和谐的劳动关系。

［参考资料来源：辽宁省高级人民法院民事判决书（2019）辽民终 1170 号，https://www.court.gov.cn/。］

学习内容

第一节 劳动合同法律制度

《中华人民共和国劳动合同法》（以下简称《劳动合同法》）于 2007 年 6 月 29 日由第十届全国人民代表大会常务委员会第二十八次会议通过，根据 2012 年 12 月 28 日第十一届全国人民代表大会常务委员会第三十次会议《关于修改〈中华人民共和国劳动合同法〉的决定》修正。

一、劳动关系与劳动合同

（一）概念

劳动关系是指劳动者与用人单位依法签订劳动合同而在劳动者与用人单位之间产生的法律关系。

劳动合同是指劳动者和用人单位之间依法确立劳动关系，明确双方权利义务的协议。

（二）劳动关系的特征

（1）主体特定性。劳动关系一方主体是劳动者，另一方是用人单位。

（2）内容法定性。为保护处于弱势的劳动者权益，法律规定了较多的强制性规范，当事人签订劳动合同不得违反强制性规定，否则无效。

（3）劳动者在签订和履行劳动合同时的地位是不同的。签订劳动合同时，遵循平等、自愿、协商一致的原则，双方法律地位平等；履行劳动合同时，用人单位和劳动者就具有了支配与被支配、管理与服从的从属关系。

（三）《劳动合同法》适用范围

（1）境内的企业、个体经济组织、民办非企业单位、会计师事务所、律师事务所等合伙组织和基金会等组织。

（2）国家机关、事业单位、社会团体和与其建立劳动关系的劳动者，订立、履行、变更、解除或者终止劳动合同,依照《劳动合同法》执行。

(3) 地方各级人民政府及县级以上人民政府有关部门为安置就业困难人员提供的给予岗位补贴和社会保险补贴的公益性岗位,其劳动合同不适用《劳动合同法》有关无固定期限劳动合同的规定以及支付经济补偿的规定。

二、劳动合同的订立

(一) 劳动合同订立的概念和原则

1. 概念

劳动合同订立是指劳动者和用人单位经过相互选择与平等协商,就劳动合同的各项条款达成一致意见,并以书面形式明确规定双方权利、义务的内容,从而确立劳动关系的法律行为。

2. 原则

(1) 合法原则。

(2) 公平原则。

(3) 平等自愿原则。

(4) 协商一致原则。

(5) 诚实信用原则。

(二) 劳动合同订立主体

1. 劳动合同订立主体的资格要求

劳动者应当具有劳动权利能力和行为能力,并且年满16周岁;从事文艺、体育和特种工艺单位招用未满16周岁的未成年人,必须依照国家有关规定,履行审批手续,并保障其接受义务教育的权利。

用人单位应当具有用人权利能力和行为能力。用人单位设立的分支机构,依法取得营业执照或者登记证书的,可以作为用人单位与劳动者订立劳动合同;未依法取得营业执照或者登记证书的,受用人单位委托可以与劳动者订立劳动合同。

2. 劳动合同订立主体的义务

劳动者应当如实告知用人单位需要了解的与劳动合同直接相关的基本情况。

用人单位应当如实告知劳动者工作内容、条件等情况;不得扣押劳动者居民身份证和其他证件,不得要求劳动者提供担保或以其他名义向劳动者收取财物。

用人单位扣押劳动者证件的,劳动行政主管部门应当责令限期退还并依法给予处罚。

用人单位要求担保或收取财物的,责令限期退还,并处每人500元以上2 000元以下标准的罚款,造成损害的,应当承担赔偿责任。

(三) 劳动关系建立的时间

用人单位自用工之日起即与劳动者建立劳动关系,用人单位与劳动者在用工前订立劳动合同的,劳动关系自用工之日起建立。

(四) 劳动合同订立的形式

1. 基本规定

用人单位和劳动者之间建立劳动关系,应订立书面劳动合同。已建立劳动关系,未同时订立合同的,应自用工之日起1个月内订立书面合同。

非全日制用工可以订立口头协议。非全日用工，小时计酬为主，每天小于4小时，每周不超过24小时。劳动者可以与一个或一个以上用人单位订立劳动合同。非全日制用工不得约定试用期。非全日制用工任何一方都可以随时通知对方终止用工，不支付经济补偿。非全日制用工小时工资标准不得低于当地的最低小时工资标准。劳动报酬结算支付周期最长不得超过15日(小时、日或周等)。

2. 劳动关系已建立未订立劳动合同的处理

(1) 用工之日起1个月内用人单位书面通知后，劳动者不订立书面合同：用人单位书面通知劳动者终止劳动合同、无经济补偿但需支付其实际工作时间的劳动报酬。

(2) 自用工之日起超过1个月不满1年未订立书面合同：用人单位应与劳动者补签劳动合同，并每月支付2倍的工资。

(3) 自用工之日起满1年未与劳动者订立书面合同：用人单位自用工之日起满1个月的次日至满1年的前1日应当向劳动者每月支付2倍的工资，并视为自用工之日起满1年的当日已经与劳动者订立无固定期限劳动合同，应当立即与劳动者补订书面劳动合同。

(4) 用人单位违反劳动合同法规定不与劳动者订立无固定期限劳动合同的，自应当订立无固定期限劳动合同之日起向劳动者每月支付2倍的工资。

(五) 劳动合同效力

1. 劳动合同的生效

双方协商一致，在合同文本上签字或盖章后生效。劳动合同文本由用人单位和劳动者各执一份。

2. 无效劳动合同

下列劳动合同无效或者部分无效：

(1) 以欺诈、胁迫的手段或乘人之危，使对方在违背真实意思情况下订立或变更劳动合同的。

(2) 用人单位免除自己的法定责任、排除劳动者权利的。

(3) 违反法律、行政法规强制性规定的。

劳动合同的无效或部分无效有争议的，由劳动争议仲裁机构或法院确认。

3. 无效合同的法律后果

(1) 无效劳动合同，从订立时起就没有法律约束力。劳动合同部分无效，不影响其他部分效力的，其他部分仍然有效。

(2) 劳动合同被确认无效，劳动者已付出劳动的，用人单位应当向劳动者支付劳动报酬。劳动报酬的数额，参照本单位相同或者相近岗位劳动者的劳动报酬确定。

(3) 劳动合同被确认无效，给对方造成损害的，有过错的一方应当承担赔偿责任。

三、劳动合同的主要内容

劳动合同的必备条款和选择性条款如表8-1所示。

表8-1　劳动合同的必备条款和选择性条款

必备条款	选择性条款
用人单位名称、住所和法定代表人或主要负责人	试用期

（续表）

必备条款	选择性条款
劳动者姓名、住址和居民身份证或其他有效证件号码	服务期
劳动合同期限	保守商业秘密和竞业限制
工作内容和工作地点	
工作时间和休息、休假	
劳动报酬	
社会保险	
劳动保护、劳动条件和职业危害防护	
法律、法规规定的其他事项	

（一）劳动合同的必备条款

1. 用人单位名称、住所和法定代表人或主要负责人

用人单位的名称是指用人单位注册登记时所登记的名称，是代表用人单位的符号。用人单位的住所是用人单位发生法律关系的中心区域，劳动合同文本中要标明用人单位的具体地址，用人单位有两个以上办事机构的，以主要办事机构所在地为住所。具有法人资格的用人单位要注明单位的法定代表人，不具有法人资格的用人单位必须在劳动合同中写明该单位的主要负责人。

2. 劳动者姓名、住址和居民身份证或者其他有效身份证件号码

劳动者的姓名以户籍登记，也即身份证上所载为准。劳动者的住址，以其户籍所在的居住地为住址，其经常居住地与户籍所在地不一致的，以经常居住地为住址。

3. 劳动合同期限

劳动合同期限的约定有固定期限、无固定期限和以完成一定工作任务为期限等三种类型。

固定期限劳动合同是指明确约定合同终止时间的劳动合同。固定期限的劳动合同期限届满劳动关系终止。但是，双方协商一致可以续订。

无固定期限劳动合同是指无确定终止时间的劳动合同。无确定终止时间，不是无终止时间，一旦出现了法定情形或双方协商一致解除的，同样能够解除。订立无固定期限劳动合同的情形主要有：①在该用人单位连续工作满 10 年的（自用工之日起计算；劳动者非因本人原因从原用人单位被安排到新用人单位工作的，在原用人单位的工作年限合并计算为新用人单位的工作年限）。②初次实行劳动合同制度或者国有企业改制重新订立合同时在该单位连续工作满 10 年且距法定退休年龄不足 10 年的。③连续订立 2 次固定期限劳动合同，且劳动者没有规定情形，续订劳动合同的。④自用工之日起满 1 年不与劳动者订立书面合同的。

以完成一定工作任务为期限的劳动合同，是指用人单位与劳动者约定以某项工作的完成为合同期限的劳动合同。一般在以下几种情况下签订：①以完成单项工作任务为期限的劳动合同；②以项目承包方式完成承包任务的劳动合同；③因季节原因用工的劳动合同；④其他双方约定的以完成一定工作任务为期限的劳动合同。

4. 工作内容和工作地点

工作内容包括劳动者从事劳动的工种、岗位和劳动定额产品质量标准的要求等。工作地点是指劳动者可能从事工作的具体地理位置。

5. 工作时间和休息、休假

1）工作时间

工伤时间是劳动每天工作的时间或每周工作的天数。我国实行的工作时间制度主要有三种：

（1）标准工时制。标准工作时间制度，是指劳动者每日工作 8 小时、每周 40 小时的工时制度。不能实行标准工时制的应保证每天工作不超过 8 小时，每周不超过 40 小时，每周至少休息 1 天。需要延长的每日不超 1 小时，最多不超 3 小时，全月不超 36 小时。但是，法律另有规定的除外。

（2）不定时工作制。不定时工作制，是指没有固定工作时间限制的工时制度，主要适用于一些因工作性质或工作条件不受标准工作时间限制的工作岗位。

（3）综合计算工时制。综合计算工时制，是指用人单位根据生产和工作的特点，以周、月、季、年等为周期，综合计算工作时间，但其平均日或周工作时间仍与法定标准工作时间基本相同。

2）休息、休假

休息是指劳动者在任职期间，在国家规定的法定工作时间以外，无需履行劳动义务而自由支配的时间，包括工作日内的间歇时间、工作日之间的休息时间和公休假日。

休假是指劳动者无需履行劳动义务，且一般有工资保障的法定休息时间，包括法定假日、年休假。

职工累计工作已满 1 年不满 10 年的，年休假 5 天；已满 10 年不满 20 年的，年休假 10 天；已满 20 年的，年休假 15 天。法定休假日、休息日不计入年休假假期；累计工作时间包含以前任职单位年限；可分段休假，但是一般不得跨年度休假。职工新进用人单位且符合享受带薪年休假条件的，当年度年休假天数按照在本单位剩余日历天数折算确定，折算后不足一整天的部分不享受年休假。

6. 劳动报酬

1）劳动报酬与支付

劳动报酬是用人单位根据劳动者提供劳动的数量和质量以法定货币的形式支付给劳动者的工资。支付工资，应当以法定货币支付，不得以实物及有价证券代替；必须在约定日期支付，如遇节假日或休息日则应提前在最近的工作日支付；工资至少每月支付一次，实行周、日、小时工资制的可按周、日、小时支付；对完成一次性临时劳动或某项具体工作的劳动者，用人单位应按有关协议或合同规定在其完成劳动任务后即支付工资。

在法定休假日和婚丧假期间以及依法参加社会活动期间应支付工资；在部分公民放假的节日期间（如妇女节），对参加社会活动或单位组织庆祝活动和照常工作的职工，应支付工资报酬，但不支付加班工资。如果该节日恰逢周六日，单位安排职工加班工作，则应支付休息日的加班工资。

工作日加点按照小时工资的 150％支付加班费；双休日加班不安排补休，按照日工资标准的 200％支付加班费；法定休假日加班，按照日工资标准的 300％支付加班费。

实行计件工资的劳动者，在完成计件定额任务后，由单位安排延长工作时间的，应根据上述规定的原则支付加班费。

用人单位安排加班不支付加班费的，责令限期支付，逾期不支付的，责令用人单位按应付金额50%以上100%以下加付赔偿金。

2）最低工资制度

最低工资不包括延长工作时间的工资报酬，以货币形式支付的住房补贴和用人单位支付的伙食补贴，中班、夜班、高温、低温、井下、有毒、有害等特殊工作环境和劳动条件下的津贴，国家法律、法规、规章规定的社会保险福利待遇。

合同履行地与单位注册地不一致的，按合同履行地规定执行，有约定的从其约定。用人单位注册地的有关标准高于劳动合同履行地的有关标准，且用人单位与劳动者约定按照用人单位注册地的有关规定执行的，从其约定。

低于最低工资标准支付劳动者工资的：行政部门责令限期支付其差额部分；逾期不支付的，责令用人单位按应付金额50%以上100%以下的标准向劳动者加付赔偿金。

劳动者给单位造成经济损失，应当依法承担赔偿责任，用人单位可以依法从劳动者每月工资报酬中扣除一定数额获得赔偿，但是扣除金额不得超过劳动者月工资总额的20%，同时劳动者每月领取工资不得少于当地月最低工资标准。

7. 社会保险

社会保险包括基本养老保险、基本医疗保险、失业保险、工伤保险等。

8. 劳动保护、劳动条件和职业危害防护

劳动保护是指用人单位保护劳动者在工作过程中不受伤害的具体措施，劳动条件是指用人单位为劳动者提供正常工作所必需的条件，包括劳动场所和劳动工具。职业危害防护是用人单位对工作过程中可能产生的影响劳动者身体健康的危害的防护措施。

（二）劳动合同的选择性（约定）条款

1. 试用期

试用期的具体规定如表8-2所示。

表8-2 试用期的具体规定

合同期限	试用期限
以完成一定工作任务为期限	不得约定
期限不满3个月的	
3个月以上不满1年	不超过1个月
1年以上（含）不满3年	不超过2个月
3年以上（含）固定期和无固定期限	不超过6个月

试用期包含在劳动合同期限内，仅约定试用期，试用期不成立，该期限为劳动合同期限。同一用人单位与同一劳动者只能约定一次试用期。违反规定的，责令改正；违法约定的试用期已经履行的，由用人单位以劳动者试用期满月工资为标准，按已履行超过法定试用期的期间向劳动者支付赔偿金。试用期工资不得低于本单位相同岗位最低档工资或劳动合同约定的工资的80%，并且不得低于当地最低工资标准。

2. 服务期

服务期是指劳动者因享受用人单位给予的特殊待遇做出的劳动履行期限的承诺。

用人单位为劳动者提供专项培训费用，对其进行专业技术培训的，可约定服务期。用人单位与劳动者约定服务期的不影响按照正常的工资调整机制提高劳动者在服务期期间的劳动报酬。

劳动合同期满，但是用人单位与劳动者约定的服务期尚未到期的，劳动合同应当续延至服务期满；双方另有约定的，从其约定。

劳动者违反服务期约定的，应当按照约定向用人单位支付违约金。违约金的数额不得超过用人单位提供的培训费用。培训费用包括用人单位为了对劳动者进行专业技术培训而支付的有凭证的培训费用、培训期间的差旅费用以及因培训产生的用于该劳动者的其他直接费用。

对已履行部分服务期限的，用人单位要求劳动者支付的违约金不得超过服务期尚未履行部分所应分摊的培训费用。

劳动者因违纪等重大过错行为而被用人单位解除劳动关系的，用人单位仍有权要求其支付违约金。劳动者的重大过错行为包括：①劳动者严重违反用人单位的规章制度的；②劳动者严重失职，营私舞弊，给用人单位造成重大损害的；③劳动者同时与其他用人单位建立劳动关系，对完成本单位的工作任务造成严重影响，或者经用人单位提出，拒不改正的；④劳动者以欺诈、胁迫的手段或者乘人之危，使用人单位在违背真实意思的情况下订立或者变更劳动合同的；⑤劳动者被依法追究刑事责任的。

劳动者的下列行为，不属于违反服务期约定的行为，劳动者不需要承担违约金责任：①用人单位未按照劳动合同约定提供劳动保护或者劳动条件的；②用人单位未及时足额支付劳动报酬的；③用人单位未依法为劳动者缴纳社会保险费的；④用人单位的规章制度违反法律、法规的规定，损害劳动者权益的；⑤用人单位以欺诈、胁迫的手段或者乘人之危，使劳动者在违背真实意思的情况下订立或者变更劳动合同的；⑥用人单位在劳动合同中免除自己的法定责任、排除劳动者权利的；⑦用人单位违反法律、行政法规强制性规定的；⑧法律、行政法规规定劳动者可以解除劳动合同的其他情形。

3. 保守商业秘密和竞业限制

商业秘密包括非专利技术和经营信息两部分。用人单位与劳动者可以在劳动合同中约定保守用人单位的商业秘密和与知识产权相关的保密事项。

竞业限制是指在用人单位和劳动者之间的劳动关系解除和终止后，用人单位依约限制劳动者一定时间的择业权。竞业限制期限，一般不得超过两年。

对负有保密义务的劳动者，用人单位可以在劳动合同或者保密协议中与劳动者约定竞业限制条款，并约定在解除或终止劳动合同后，在竞业限制期限内按月给予劳动者经济补偿。劳动者违反竞业限制约定的，应当按照约定向用人单位支付违约金。

竞业限制的人员限于用人单位的高级管理人员、高级技术人员和其他负有保密义务的人员，而不是所有的劳动者。

当事人在劳动合同或者保密协议中约定了竞业限制，但未约定解除或者终止劳动合同后给予劳动者经济补偿，劳动者履行了竞业限制义务，要求用人单位按照劳动者在劳动合同解除或者终止前12个月平均工资的30%按月支付经济补偿的，人民法院应予支持。前述规定的月平均工资的30%低于劳动合同履行地最低工资标准的,按照劳动合同履行地最低工资标准支付。

当事人在劳动合同或者保密协议中约定了竞业限制和经济补偿,劳动合同解除或者终止后,因用人单位的原因导致3个月未支付经济补偿,劳动者请求解除竞业限制约定的,人民法院应予支持。

在竞业限制期限内,用人单位请求解除竞业限制协议时,人民法院应予支持。在解除竞业限制协议时,劳动者请求用人单位额外支付劳动者3个月的竞业限制经济补偿的,人民法院应予支持。

劳动者违反竞业限制约定,向用人单位支付违约金后,用人单位要求劳动者按照约定继续履行竞业限制义务的,人民法院应予支持。

四、劳动合同的履行和变更

(一)劳动合同的履行

1. 用人单位与劳动者应当按照劳动合同的约定,全面履行各自的义务

(1)用人单位应当按规定向劳动者及时足额支付劳动报酬。用人单位拖欠或者未足额支付劳动报酬的,劳动者可以依法向当地法院申请支付令,法院应当依法发出支付令。用人单位未按规定及时足额支付劳动报酬的,由劳动行政部门责令限期支付,逾期不支付的,责令用人单位按应付金额50%以上100%以下的标准向劳动者加付赔偿金。

(2)用人单位应当严格执行劳动定额标准,不得强迫或者变相强迫劳动者加班。用人单位安排加班的,应当按照国家有关规定向劳动者支付加班费。

(3)劳动者拒绝用人单位管理人员违章指挥、强令冒险作业的不视为违反劳动合同。劳动者对危害生命安全和身体健康的劳动条件,有权对用人单位提出批评、检举和控告。

(4)用人单位变更名称、法定代表人、主要负责人或者投资人等事项,不影响劳动合同的履行。

(5)用人单位发生合并或者分立等情况,原劳动合同继续有效,劳动合同由承继其权利和义务的用人单位继续履行。

2. 用人单位应当依法建立和完善劳动规章制度,保障劳动者享有劳动权利、履行劳动义务

(1)合法有效的劳动规章制度是劳动合同的组成部分,对用人单位和劳动者均具有法律约束力。

(2)用人单位在制定、修改或者决定有关劳动报酬、工作时间、休息休假等直接涉及劳动者切身利益的规章制度和重大事项时,应当经职工代表大会或者全体职工讨论,提出方案和意见,与工会或者职工代表平等协商确定。在规章制度和重大事项决定实施过程中,工会或者职工认为不适当的,有权向用人单位提出,通过协商予以修改完善。

(3)用人单位应当将直接涉及劳动者切身利益的规章制度和重大事项决定公示,或告知劳动者。如果用人单位的规章制度未经公示或者告知,该规章制度对劳动者不生效。公示或告知可以采用张贴通告、员工手册送达、会议精神传达等方式。

(二)劳动合同的变更

(1)用人单位与劳动者协商一致,可以变更劳动合同约定的内容。变更劳动合同,应当

采用书面形式。变更后的劳动合同文本由用人单位和劳动者各执一份。

(2) 变更劳动合同未采用书面形式，但已经实际履行了口头变更的劳动合同超过 1 个月且变更后的劳动合同内容不违反法律、行政法规、国家政策以及公序良俗，当事人以未采用书面形式为由主张劳动合同变更无效的，人民法院不予支持。

五、劳动合同的解除和终止

(一) 劳动合同的解除

1. 劳动合同解除的概念

劳动合同订立后，劳动合同期限届满之前，因双方协商提前结束劳动关系，或因出现法定的情形，一方单方通知对方结束劳动关系的法律行为。

2. 协商解除

劳动合同订立后，双方当事人因某种原因，在完全自愿的基础上协商一致，提前终止劳动合同，并结束劳动关系。

用人单位提出解除而与劳动者协商一致的要支付经济补偿，劳动者主动辞职，单位无需支付经济补偿。

3. 法定解除

在出现国家法律、法规或劳动合同规定的可以解除劳动合同的情形时，不需当事人协商一致，一方当事人即可决定解除劳动合同，劳动合同效力可以自然终止或由单方提前终止。法定解除又可分为劳动者的单方解除和用人单位的单方解除。

1) 劳动者的单方面解除

劳动者单方面解除劳动合同的情形如表 8-3 所示。

表 8-3 劳动者单方面解除劳动合同

情形	经济补偿
提前通知解除	提前通知无补偿；不通知造成损失的承担赔偿责任
随时通知解除	用人单位需向劳动者支付经济补偿
无须告知立即解除	用人单位需向劳动者支付经济补偿

(1) 劳动者可提前通知解除劳动合同的情形：①劳动者提前 30 日以书面形式通知用人单位解除劳动合同；②劳动者在试用期内提前 3 日通知用人单位解除劳动合同。

(2) 劳动者可随时通知解除劳动合同的情形：①用人单位未按照劳动合同约定提供劳动保护或者劳动条件；②用人单位未及时足额支付劳动报酬；③用人单位未依法为劳动者缴纳社会保险费的；④用人单位的规章制度违反法律、法规的规定，损害劳动者权益的；⑤用人单位以欺诈、胁迫的手段或者乘人之危，使劳动者在违背真实意思的情况下订立或者变更劳动合同致使劳动合同无效的；⑥用人单位在劳动合同中免除自己的法定责任，排除劳动者权利的；⑦用人单位违反法律，行政法规强制性规定的；⑧法律、行政法规规定，劳动者可以解除合同的其他情形。

(3) 劳动者不需事先告知用人单位即可解除劳动合同的情形：①用人单位以暴力，胁迫或者非法限制人身自由的手段强迫劳动者劳动的；②用人单位违章指挥，强令冒险作业危及劳动者人身安全的。

2）用人单位的单方面解除

用人单位单方面解除劳动合同的情形如表 8-4 所示。

表 8-4　用人单位单方面解除劳动合同

情形	经济补偿
随时解除劳动关系	因劳动者过错解除，不需向劳动者支付经济补偿
无过失性辞退	用人单位提前 30 日以书面形式通知劳动者本人或额外支付劳动者 1 个月工资后，可以解除劳动合同；还应当向劳动者支付经济补偿
经济性裁员	用人单位应当向劳动者支付经济补偿

（1）用人单位可随时通知解除劳动合同的情形：①劳动者在试用期间被证明不符合录用条件的；②劳动者严重违反用人单位的规章制度的；③劳动者严重失职，营私舞弊，给用人单位造成重大损害的；④劳动者同时与其他用人单位建立劳动关系，对完成本单位的工作任务造成严重影响，或者经用人单位提出，拒不改正的；⑤劳动者以欺诈、胁迫的手段或者乘人之危，使用人单位在违背真实意思的情况下订立或者变更劳动合同致使劳动合同无效的；⑥劳动者被依法追究刑事责任的。

（2）用人单位可无过失性辞退劳动者的情形：①劳动者患病或者非因工伤，在规定的医疗期满后不能从事原工作，也不能从事由用人单位另行安排的工作的；②劳动者不能胜任工作，经过培训或者调整工作岗位，仍不能胜任工作的；③劳动合同订立时所依据的客观情况发生重大变化致使劳动合同无法履行，经用人单位与劳动者协商，未能就变更劳动合同内容达成协议的。

（3）用人单位有下列情形之一，需要裁减人员 20 人以上或者裁减不足 20 人但占企业职工总数 10%以上的，用人单位提前 30 日向工会或者全体职工说明情况，听取工会或者职工的意见后，裁减人员方案经向劳动行政部门报告，可以裁减人员：①依照企业破产法规定进行重整的；②生产经营发生严重困难的企业；③转产重大技术革新或者经营方式调整，经变更劳动合同后仍需裁减人员的；④其他因劳动合同订立时所依据的客观经济情况发生重大变化，致使劳动合同无法履行的。

裁减人员时，应当优先留用下列人员：①与本单位订立较长期限的固定期限劳动合同的；②与本单位订立无固定期限劳动合同的；③家庭无其他就业人员，有需要扶养的老人或者未成年人的。

用人单位裁减人员后，6 个月内重新招用人员的，应当通知被裁减的人员，并在同等条件下优先招用被裁减的人员。

（二）劳动合同的终止

用人单位与劳动者之间的劳动关系因某种法律事实的出现而自动归于消灭，或导致劳动关系的继续履行成为不可能而不得不消灭的情形。

劳动合同终止一般不涉及用人单位与劳动者的意思表示，只要法定事实出现，一般情况下都会导致双方劳动关系的消灭。

有下列情形之一的，劳动合同终止：

（1）劳动合同期满的。

（2）劳动者开始依法享受基本养老保险待遇的。

（3）劳动者达到法定退休年龄的。

（4）劳动者死亡，或者被人民法院宣告死亡或者宣告失踪的。

（5）用人单位被依法宣告破产的。

（6）用人单位被吊销营业执照、责令关闭、撤销或者用人单位决定提前解散的。

（7）法律、行政法规规定的其他情形。

（三）对劳动合同解除和终止的限制性规定

劳动者有下列情形之一的，用人单位既不得解除劳动合同，也不得终止劳动合同，劳动合同应当续延至相应的情形消失时终止。

（1）从事接触职业病危害作业的劳动者未进行离岗前职业健康检查，或者疑似职业病病人在诊断或者医学观察期间的。

（2）在本单位患职业病或者因工负伤并被确认丧失或者部分丧失劳动能力的；“丧失或者部分丧失劳动能力”的劳动者按工伤保险规定执行。

（3）患病或者非因工负伤，在规定的医疗期内的。

（4）女职工在孕期、产期、哺乳期的。

（5）在本单位连续工作满 15 年，且距法定退休年龄不足 5 年的。

（6）法律、行政法规规定的其他情形。

（四）劳动合同解除和终止的经济补偿

1. 经济补偿的概念

经济补偿是指按照《劳动合同法》律制度的规定，在劳动者无过错的情况下，用人单位与劳动者解除或者终止劳动合同时，应给予劳动者的经济上的补助，也称经济补偿金。

2. 用人单位应当向劳动者支付经济补偿的情形

（1）由用人单位提出解除劳动合同并与劳动者协商一致而解除劳动合同的。

（2）劳动者符合随时通知解除和不需事先通知即可解除劳动合同规定情形而解除劳动合同的。

（3）用人单位符合提前 30 日以书面形式通知劳动者本人或者额外支付劳动者 1 个月工资后，可以解除劳动合同规定情形而解除劳动合同的。

（4）用人单位符合可裁减人员规定而解除劳动合同的。

（5）除用人单位维持或者提高劳动合同约定条件续订劳动合同，劳动者不同意续订的情形外，劳动合同期满终止固定期限劳动合同的。

（6）用人单位被依法宣告破产或者被吊销营业执照、责令关闭、撤销或者用人单位决定提前解散而终止劳动合同的。

（7）以完成一定工作任务为期限的劳动合同因任务完成而终止的。

（8）法律、行政法规规定的其他情形。

3. 经济补偿的支付

经济补偿金的计算公式如下：

$$\text{经济补偿金}=\frac{\text{劳动合同解除或终止前}}{\text{在本单位的工作年限}}\times\frac{\text{每工作 1 年应得的}}{\text{经济补偿经济补偿金}}=\text{工作年限}\times\text{月工资}$$

月工资是指劳动者在劳动合同解除或者终止前12个月的平均工资。月工资按照劳动者应得工资计算,包括计时工资或者计件工资以及奖金、津贴和补贴等货币性收入。劳动者工作不满12个月的,按照实际工作的月数计算平均工资。

劳动者在劳动合同解除或者终止前12个月的平均工资低于当地最低工资标准的,按照当地最低工资标准计算,即:

经济补偿金＝工作年限×月最低工资标准

劳动者月工资高于用人单位所在直辖市、设区的市级人民政府公布的本地区上年度职工月平均工资3倍的,向其支付经济补偿的标准按职工月平均工资3倍的数额支付,向其支付经济补偿的年限最高不超过12年,即:

经济补偿金＝工作年限(最高不超过12年)×当地上年度职工月平均工资的3倍

(五)劳动合同解除和终止的法律后果及双方义务

(1)劳动合同解除和终止后,用人单位和劳动者双方不再履行劳动合同,劳动关系消灭。劳动者应当按照双方约定,办理工作交接。

(2)劳动合同解除或终止的,用人单位应当在解除或终止劳动合同时出具解除或终止合同证明,并在15日内为劳动者办理档案和社会保险关系转移手续。

(3)用人单位对已经解除或终止的劳动合同的文本,至少保存2年备查。

(4)用人单位应当在解除或者终止劳动合同时向劳动者支付经济补偿的在办结工作交接时支付。

(5)用人单位违反规定解除或者终止劳动合同,劳动者要求继续履行劳动合同的,用人单位应当继续履行;劳动者不要求继续履行劳动合同或者劳动合同已经不能继续履行的,用人单位应当依照劳动合同法规定的经济补偿标准的2倍向劳动者支付赔偿金。用人单位支付了赔偿金的,不再支付经济补偿。赔偿金的计算年限自用工之日起计算。

(6)劳动者违反劳动合同法规定解除劳动合同,给用人单位造成损失的,应当承担赔偿责任。

六、集体合同与劳务派遣

(一)集体合同

集体合同是指工会代表企业职工一方与企业签订的以劳动报酬、工作时间、休息休假、劳动安全卫生、保险福利等为主要内容的书面协议。尚未建立工会的用人单位,可以由上级工会指导劳动者推举的代表与用人单位订立集体合同。

集体合同有专项集体合同、行业性集体合同、区域性集体合同等。企业职工与用人单位可以订立劳动安全卫生、女职工权益保护、工资调整机制等专项集体合同。在县级以下区域内,建筑业、采矿业、餐饮服务业等行业可以由工会与企业方面代表订立行业性集体合同,或者订立区域性集体合同。

集体合同内容由用人单位和职工各自派出集体协商代表通过集体协商(会议)的方式协商确定,集体协商双方的代表人数应当对等,每方至少3人,并各确定1名首席代表;经双方协商代表协商一致的集体合同草案或专项集体合同草案应当提交职工代表大会或者全体职工讨论。职工代表大会或者全体职工讨论集体合同草案，应当有 2/3 以上职工代表或者职工出席，且须经全体职工代表半数以上或者全体职工半数以上同意方获通过；集体合同订立后，应当报送劳动行政部门；劳动行政部门自收到集体合同文本之日起 15 日内未提出异议的，集体合同即行生效；集体合同中劳动报酬和劳动条件等标准不得低于当地人民政府规定的最低标准；用人单位与劳动者订立的劳动合同中劳动报酬和劳动条件等标准不得低于集体合同规定的标准。

用人单位违反集体合同，侵犯职工劳动权益的，工会可以依法要求用人单位承担责任；因履行集体合同发生争议，经协商解决不成的，工会可以依法申请仲裁、提起诉讼。

（二）劳务派遣

由劳务派遣单位与劳动者订立劳动合同，与用工单位订立劳务派遣协议，将被派遣劳动者派往用工单位给付劳务。

劳动合同关系存在于劳务派遣单位与被派遣劳动者之间，劳动力给付的事实则发生于被派遣员工与用工单位之间。

劳务派遣用工是劳动用工的补充形式，只能在临时性（持续时间不超过 6 个月）、辅助性或替代性的工作岗位上实施；用工单位使用的被派遣劳动者不得超过其用工总量的 10%；用人单位不得设立劳务派遣单位向本单位或者所属单位派遣劳动者。用工单位不得将被派遣劳动者再派遣到其他用人单位。劳务派遣单位不得以非全日制用工形式招用被派遣劳动者。

劳务派遣单位应当与被派遣劳动者订立两年以上的固定期限劳动合同，按月支付劳动报酬；被派遣劳动者在无工作期间，劳务派遣单位应当按最低工资标准，向其按月支付报酬；不得向被派遣劳动者收取费用。

用工单位不得向被派遣劳动者收取费用；用工单位应当根据工作岗位的实际需要与劳务派遣单位确定派遣期限，不得将连续用工期限分割订立数个短期劳务派遣协议。

被派遣劳动者享有与用工单位的劳动者同工同酬的权利；有权在劳务派遣单位或者用工单位依法参加或者组织工会。

七、劳动争议的解决

（一）劳动争议及解决方法

劳动争议是指劳动关系当事人之间因实现劳动权利、履行劳动义务发生分歧而引起的争议，也称劳动纠纷、劳资争议。

发生劳动争议，劳动者可以与用人单位协商，也可以请工会或者第三方共同与用人单位协商，达成和解协议。

发生劳动争议，当事人不愿协商、协商不成或者达成和解协议后不履行的，可以向调解组织申请调解；不愿调解、调解不成或者达成调解协议后不履行的，可以向劳动争议仲裁委员会申请仲裁；对仲裁裁决不服的，除本法另有规定的外，可以向人民法院提起诉讼。

（二）劳动调解

1. *劳动争议调解组织*

可以受理劳动争议的调解组织有：企业劳动争议调解委员会，依法设立的基层人民调解组织，在乡镇、街道设立的具有劳动争议调解职能的组织。

企业劳动争议调解委员会由职工代表和企业代表组成。职工代表由工会成员担任或者由全体职工推举产生,企业代表由企业负责人指定。企业劳动争议调解委员会主任由工会成员或者双方推举的人员担任。

2. 劳动调解程序

(1) 书面或口头申请。

(2) 陈述事实与理由。

(3) 达成调解协议后,应当制作调解协议书。调解协议书由双方当事人签名或盖章,经调解员签名并加盖调解组织印章后生效。一方当事人在协议约定期限内不履行调解协议的,另一方当事人可以依法申请仲裁。单位不履行支付拖欠劳动报酬、工伤医疗费、经济补偿或赔偿金事项调解协议的向法院申请支付令。

(4) 自调解组织收到调解申请之日起 15 日内未达成调解协议的,当事人可以申请仲裁。

(三) 劳动争议仲裁

1. 劳动仲裁机构、劳动仲裁参加人和劳动仲裁管辖

劳动仲裁机构是劳动争议仲裁委员会。劳动争议仲裁委员会按照统筹规划、合理布局和适应实际需要的原则设立。省、自治区人民政府可以决定在市、县设立;直辖市人民政府可以决定在区、县设立。直辖市、设区的市也可以设立一个或者若干个劳动争议仲裁委员会。劳动争议仲裁委员会不按行政区划层层设立。

劳动争议仲裁委员会组成人员应当是单数。

劳动争议仲裁委员会下设办事机构劳动争议仲裁院。

劳务派遣单位或者用工单位与劳动者发生劳动争议的,劳务派遣单位和用工单位为共同当事人。劳动者与个人承包经营者发生争议,发包的组织和个人承包经营者作为共同当事人。

发生争议的用人单位未办理营业执照、被吊销营业、营业执照到期继续经营、被责令关闭、被撤销以及用人单位解散、歇业,不能承担相关责任的,应当将用人单位和其出资人、开办单位或者主管部门作为共同当事人。

发生争议的劳动者一方在 10 人以上,并有共同请求的,劳动者可以推举 3 至 5 名代表人参加仲裁活动。因履行集体合同发生的劳动争议,经协商解决不成的,工会可以依法申请仲裁;尚未建立工会的,由上级工会指导劳动者推举产生的代表依法申请仲裁。代表人参加仲裁的行为对其所代表的当事人发生效力,但代表人变更、放弃仲裁请求或者承认对方当事人的仲裁请求,进行和解,必须经被代表的当事人同意。

与劳动争议案件的处理结果有利害关系的,第三人可以申请参加仲裁活动,或者由仲裁委员会通知其参加仲裁活动。

当事人可以委托代理人参加仲裁活动,委托他人参加仲裁活动,应当向仲裁委员会提交有委托人签名或者盖章的委托书,委托书应当载明委托事项和权限。

劳动争议由劳动合同履行地或者用人单位所在地的劳动争议仲裁委员会管辖。双方当事人分别向劳动合同履行地和用人单位所在地的劳动争议仲裁委员会申请仲裁的,由劳动合同履行地的劳动争议仲裁委员会管辖。

2. 申请和受理

申请仲裁的时效为 1 年。但是劳动合同存续期间拖欠报酬争议不受 1 年限制;劳动关系终止的自终止之日起 1 年内提出。

应提交书面仲裁申请，确有困难的可以口头申请。

当事一方主张权利或请求权利救济或对方当事人同意履行义务，时效中断。中断起时效期间重新计算。

不可抗力或其他正当理由，当事人不能在仲裁时效期间申请仲裁，时效中止，原因消除后继续计算。

仲裁委收到申请之日起5日内，决定受理与否。受理后5日内将仲裁申请书副本送达被申请人。被申请人收到后10日内提交答辩书。仲裁委收到答辩书5日内将副本送达申请人。被申请人未提交答辩书的，不影响仲裁程序的进行。

3. 开庭和裁决

1）仲裁基本制度

（1）公开仲裁制度。劳动争议仲裁公开进行，但当事人协议不公开进行或者涉及国家秘密、商业秘密和个人隐私的除外。

（2）仲裁庭制度。劳动争议仲裁委员会裁决劳动争议案件实行仲裁庭制。仲裁庭由三名仲裁员组成，设首席仲裁员。简单劳动争议案件可以由一名仲裁员独任仲裁。

（3）回避制度。仲裁员有下列情形之一，应当回避，当事人也有权以口头或者书面方式提出回避申请：是本案当事人或者当事人、代理人的近亲属的；与本案有利害关系的；与本案当事人、代理人有其他关系，可能影响公正裁决的；私自会见当事人、代理人，或者接受当事人、代理人的请客送礼的。劳动争议仲裁委员会对回避申请应当及时作出决定，并以口头或者书面方式通知当事人。

（4）先行调解制度。仲裁庭在作出裁决前，应当先行调解。调解达成协议的，仲裁庭应当制作调解书。调解书应当写明仲裁请求和当事人协议的结果。调解书由仲裁员签名，加盖劳动争议仲裁委员会印章，送达双方当事人。调解书经双方当事人签收后，发生法律效力。调解不成或者调解书送达前，一方当事人反悔的，仲裁庭应当及时作出裁决。

2）仲裁开庭程序

仲裁庭应当在开庭5日前，将开庭日期、地点书面通知双方当事人。当事人有正当理由的，可以在开庭3日前请求延期开庭。是否延期，由劳动争议仲裁委员会决定。

申请人收到书面通知，无正当理由拒不到庭或者未经仲裁庭同意中途退庭的，可以视为撤回仲裁申请。

被申请人收到书面通知，无正当理由拒不到庭或者未经仲裁庭同意中途退庭的，可以缺席裁决。

当事人在仲裁过程中有权进行质证和辩论。质证和辩论终结时，首席仲裁员或者独任仲裁员应当征询当事人的最后意见。

仲裁庭应当将开庭情况记入笔录。当事人和其他仲裁参加人认为对自己陈述的记录有遗漏或者差错的，有权申请补正。如果不予补正，应当记录该申请。

当事人申请劳动争议仲裁后，可以自行和解。达成和解协议的，可以撤回仲裁申请。

仲裁庭在作出裁决前，应当先行调解。调解达成协议的，仲裁庭应当制作调解书。调解书应当写明仲裁请求和当事人协议的结果。调解书由仲裁员签名，加盖劳动争议仲裁委员会印章，送达双方当事人。调解书经双方当事人签收后，发生法律效力。调解不成或者调解书送达前，一方当事人反悔的，仲裁庭应当及时作出裁决。

3）仲裁裁决

仲裁庭裁决劳动争议案件，应当自劳动争议仲裁委员会受理仲裁申请之日起45日内结束。案情复杂需要延期的，经劳动争议仲裁委员会主任批准，可以延期并书面通知当事人，但是延长期限不得超过15日。逾期未作出仲裁裁决的，当事人可以就该劳动争议事项向人民法院提起诉讼。

仲裁庭裁决劳动争议案件时，其中一部分事实已经清楚，可以就该部分先行裁决。

仲裁庭对追索劳动报酬、工伤医疗费、经济补偿或者赔偿金的案件，根据当事人的申请，可以裁决先予执行，移送人民法院执行。

仲裁庭裁决先予执行的，应当符合下列条件：当事人之间权利义务关系明确；不先予执行将严重影响申请人的生活。劳动者申请先予执行的，可以不提供担保。

裁决应当按照多数仲裁员的意见作出，少数仲裁员的不同意见应当记入笔录。仲裁庭不能形成多数意见时，裁决应当按照首席仲裁员的意见作出。

裁决书应当载明仲裁请求、争议事实、裁决理由、裁决结果和裁决日期。裁决书由仲裁员签名，加盖劳动争议仲裁委员会印章。对裁决持不同意见的仲裁员，可以签名，也可以不签名。

下列劳动争议，除法律另有规定的外，仲裁裁决为终局裁决，裁决书自作出之日起发生法律效力：①追索劳动报酬、工伤医疗费、经济补偿或者赔偿金，不超过当地月最低工资标准12个月金额的争议；②因执行国家的劳动标准在工作时间、休息休假、社会保险等方面发生的争议。

4．执行

仲裁庭对追索劳动报酬、工伤医疗费、经济补偿或者赔偿金的案件，根据当事人的申请，可以裁定先予执行。

当事人对发生法律效力的调解书、裁决书，应当依照规定的期限履行。一方当事人逾期不履行的，另一方当事人可以依照民事诉讼法的有关规定向人民法院申请执行。受理申请的人民法院应当依法执行。

（四）劳动诉讼

当事人对劳动争议案件的仲裁裁决不服的，可以自收到仲裁裁决书之日起15日内向人民法院提起诉讼；期满不起诉的，劳动争议仲裁裁决书发生法律效力。

当事人对劳动争议仲裁委员会不受理劳动争议仲裁申请或逾期未作出决定的劳动争议案件，可以依法向有管辖权的人民法院提起诉讼。

劳动者对终局裁决不服的，可以自收到仲裁裁决书之日起15日内起诉。

用人单位有证据证明终局裁决有下列情形之一，可以自收到仲裁裁决书之日起30日内向劳动争议仲裁委员会所在地的中级人民法院申请撤销裁决：适用法律、法规确有错误的；劳动争议仲裁委员会无管辖权的；违反法定程序的；裁决所根据的证据是伪造的；对方当事人隐瞒了足以影响公正裁决的证据的；仲裁员在仲裁该案时有索贿受贿、徇私舞弊、枉法裁决行为的。仲裁裁决被人民法院裁定撤销的，当事人可以自收到裁定书之日起15日内就该劳动争议事项向人民法院提起诉讼。

第二节 社会保险法律制度

《中华人民共和国社会保险法》于2010年10月28日由第十一届全国人民代表大会常务委员会第十七次会议通过，根据2018年12月29日第十三届全国人民代表大会常务委员会第七次会议《关于修改〈中华人民共和国社会保险法〉的决定》修正。

一、社会保险的概念、种类

（一）社会保险的概念

社会保险是指国家依法建立的，由国家、用人单位和个人共同筹集资金、建立基金，使个人在年老（退休）、患病、工伤（因工伤残或者患职业病）、失业、生育等情况下获得物质帮助和补偿的一种社会保障制度。

（二）社会保险的种类

社会保险包括基本养老保险、基本医疗保险、工伤保险、失业保险、生育保险。

2019年3月6日，国务院办公厅印发了《关于全面推进生育保险和职工基本医疗保险合并实施的意见》，全面推进两项保险合并实施。

二、基本养老保险

（一）基本养老保险的概念

基本养老保险是指缴费达到法定期限并且个人达到法定退休年龄后，国家和社会提供物质帮助以保证因年老而退出劳动领域者稳定、可靠的生活来源的社会保险制度。

（二）基本养老保险的覆盖范围

基本养老保险由三个部分组成，包括职工基本养老保险制度、新型农村社会养老保险制度（简称新农保）、城镇居民社会养老保险制度（简称城居保）。

2014年，国务院决定将新农保和城居保两项制度合并实施，在全国范围内建立统一的城乡居民基本养老保险制度。

年满16周岁（不含在校学生），非国家机关和事业单位工作人员及不属于职工基本养老保险制度覆盖范围的城乡居民，可以在户籍地参加城乡居民养老保险。

职工基本养老保险费的征缴范围包括国有企业、城镇集体企业、外商投资企业、城镇私营企业和其他城镇企业及其职工，实行企业化管理的事业单位及其职工。职工基本养老保险是基本养老保险的主体部分。

（三）基本养老保险基金的组成

基本养老保险实行社会统筹与个人账户相结合。基本养老保险基金由用人单位和个人缴费以及政府补贴等组成。基本养老金由统筹养老金和个人账户养老金组成。

养老保险社会统筹，是指统收养老保险缴费和统支养老金，确保收支平衡的公共财务系统。用人单位应当按照国家规定的本单位职工工资总额的比例缴纳基本养老保险费，记入基本养老保险统筹基金。职工按照国家规定的本人工资的比例缴纳基本养老保险费，记入个人账户。基本养老保险基金出现支付不足时，政府给予补贴。

无雇工的个体工商户、未在用人单位参加基本养老保险的非全日制从业人员以及其他灵活就业人员参加基本养老保险的,应当按照国家规定缴纳基本养老保险费,分别记入基本养老保险统筹基金和个人账户。

个人账户不得提前支取,记账利率不得低于银行定期存款利率,免征利息税。参加职工基本养老保险的个人死亡后,其个人账户中的余额可以全部依法继承。

个人跨统筹地区就业的,其基本养老保险关系随本人转移,缴费年限累计计算。个人达到法定退休年龄时,基本养老金分段计算、统一支付。

(四) 基本养老保险费的缴纳

基本养老保险费由用人单位和职工共同缴纳。无雇工的个体工商户、未在用人单位参加基本养老保险的非全日制从业人员以及其他灵活就业人员可以参加基本养老保险,由个人缴纳基本养老保险费。

公务员和参照公务员管理的工作人员养老保险的办法由国务院规定。

(五) 职工基本养老保险费的缴纳

1. 单位缴费

按照现行政策,自 2019 年 5 月 1 日起,降低城镇职工基本养老保险(包括企业和机关事业单位基本养老保险)单位缴费比例。各省、自治区、直辖市及新疆生产建设兵团养老保险单位缴费比例高于 16%的,可降至 16%;目前低于 16%的,要研究提出过渡办法。

2. 个人缴费

$$个人养老账户月存储额=本人月缴费工资\times 8\%$$

缴费工资(缴费工资基数)一般为职工本人上一年度月平均工资(有条件的地区也可以本人上月工资收入为个人缴费工资基数)。月平均工资按照国家统计局规定列入工资总额统计的项目计算,包括工资、奖金、津贴、补贴等收入,不包括用人单位承担或者支付给员工的社会保险费、劳动保护费、福利费、用人单位与员工解除劳动关系时支付的一次性补偿以及计划生育费用等其他不属于工资的费用。新招职工(包括研究生、大学生、大中专毕业生等)以起薪当月工资收入作为缴费工资基数;从第二年起,按上一年实发工资的月平均工资作为缴费工资基数。

本人月平均工资低于当地职工月平均工资 60%的,按当地职工月平均工资的 60%作为缴费基数。本人月平均工资高于当地职工月平均工资 300%的,按当地职工月平均工资的 300%作为缴费基数,超过部分不计入缴费工资基数,也不计入计发养老金的基数。

各省应以本省城镇非私营单位就业人员平均工资和城镇私营单位就业人员平均工资加权计算的全口径城镇单位就业人员平均工资,核定社保个人缴费基数上下限。

城镇个体工商户和灵活就业人员按照上述口径计算的本地全口径城镇单位就业人员平均工资核定社保个人缴费基数上下限,允许缴费人在 60%至 300%之间选择适当的缴费基数。缴费比例为 20%,其中 8%记入个人账户。

个人缴费不计征个人所得税,在计算个人所得税的应税收入时,应当扣除个人缴纳的养老保险费。

(六) 职工基本养老保险享受条件与待遇

1. 职工基本养老保险享受条件

(1) 年龄条件:劳动者必须达到法定退休年龄。

(2) 缴费条件:必须累计缴纳社会保险费满 15 年。

2. 职工基本养老保险待遇

(1) 职工基本养老金。对符合基本养老保险享受条件的人员,国家按月支付基本养老金。

(2) 丧葬补助金和遗属抚恤金。参加基本养老保险的个人,因病或者非因工死亡的,其遗属可以领取丧葬补助金和抚恤金,所需资金从基本养老保险基金中支付。

如果个人死亡同时符合领取基本养老保险丧葬补助金、工伤保险丧葬补助金和失业保险丧葬补助金条件的,其遗属只能选择领取其中的一项。

(3) 病残津贴。参加基本养老保险的个人,在未达到法定退休年龄时因病或者非因工致残完全丧失劳动能力的,可以领取病残津贴,所需资金从基本养老保险基金中支付。

三、基本医疗保险

(一) 基本医疗保险的含义

基本医疗保险制度,是指按照国家规定缴纳一定比例的医疗保险费,参保人因患病和意外伤害而就医诊疗,由医疗保险基金支付其一定医疗费用的社会保险制度。

(二) 基本医疗保险的覆盖范围

1. 职工基本医疗保险

职工基本医疗保险的征缴范围包括:国有企业、城镇集体企业、外商投资企业、城镇私营企业和其他城镇企业及其职工,国家机关及其工作人员,事业单位及其职工,民办非企业单位及其职工,社会团体及其专职人员。

无雇工的个体工商户、未在用人单位参加基本医疗保险的非全日制从业人员以及其他灵活就业人员可以参加职工基本医疗保险,由个人按照国家规定缴纳基本医疗保险费。

2. 城乡居民基本医疗保险

城乡居民基本医疗保险的覆盖范围包括现有城镇居民基本医疗保险制度和新型农村合作医疗所有应参保(合)人员,即覆盖除职工基本医疗保险应参保人员以外的其他所有城乡居民,统一保障待遇。

(三) 全面推进生育保险和职工基本医疗保险合并实施

根据国务院办公厅 2019 年 3 月 6 日印发的《关于全面推进生育保险和职工基本医疗保险合并实施的意见》,推进两项保险合并实施,统一参保登记,即参加职工基本医疗保险的在职职工同步参加生育保险。统一基金征缴和管理,生育保险基金并入职工基本医疗保险基金,按照用人单位参加生育保险和职工基本医疗保险的缴费比例之和确定新的用人单位职工基本医疗保险费率,个人不缴纳生育保险费。两项保险合并实施后实行统一定点医疗服务管理,统一经办和信息服务。确保职工生育期间的生育保险待遇不变。

(四) 职工基本医疗保险费的缴纳

基本医疗保险与基本养老保险一样采用"统账结合"模式,即分别设立社会统筹基金和个人账户基金,基本医疗保险基金由统筹基金和个人账户构成。

1. 单位缴费

一般为职工工资总额的 6%左右,用人单位缴纳的保险费,一部分建立统筹基金,另一部分划入个人账户。

2. 个人账户资金来源

(1) 个人缴费:一般为本人工资收入的2%。

(2) 用人单位缴费的划入部分:一般为30%左右。

(3) 基本医疗保险关系转移接续制度:个人跨统筹地区就业的,其基本医疗保险关系随本人转移,缴费年限累计计算(同养老保险)。

(4) 退休人员基本医疗保险费的缴纳:参加职工基本医疗保险的个人,达到法定退休年龄时累计缴费达到国家规定年限的,退休后不再缴费,享受基本医疗保险待遇;未达到国家规定缴费年限的,可以缴费至国家规定年限。目前对最低缴费年限没有全国统一的规定,由各统筹地区根据本地情况确定。

(五) 职工基本医疗费用的结算

参保人员符合基本医疗保险药品目录、诊疗项目、医疗服务设施标准以及急诊、抢救的医疗费用,按照国家规定从基本医疗保险基金中支付。

参保人员医疗费用中应当由基本医疗保险基金支付的部分,由社会保险经办机构与医疗机构、药品经营单位直接结算。

参保人员符合基本医疗保险支付范围的医疗费用中,在社会医疗统筹基金起付标准以上与最高支付限额以下的费用部分,由社会医疗统筹基金按一定比例支付。

统筹基金起付线以上至封顶线以下的费用部分,个人也要承担一定比例的费用,一般为10%,可由个人账户支付,也可自付。

(1) 起付标准(起付线):一般为当地职工年平均工资的10%左右。

参保人员符合基本医疗保险支付范围的医疗费用中,在社会医疗统筹基金起付标准以下的费用部分,由个人账户资金支付或个人自付。

(2) 最高支付限额(封顶线):一般为当地职工年平均工资的6倍左右。支付比例一般为90%。

参保人员在封顶线以上的医疗费用部分,可以通过单位补充医疗保险或参加商业保险等途径解决。

(六) 基本医疗保险基金不支付的医疗费用

下列医疗费用不纳入基本医疗保险基金支付范围:

(1) 应当从工伤保险基金中支付的。

(2) 应当由第三人负担的。

(3) 应当由公共卫生负担的。

(4) 在境外就医的。

医疗费用依法应当由第三人负担,第三人不支付或者无法确定第三人的,由基本医疗保险基金先行支付。基本医疗保险基金先行支付后,有权向第三人追偿。

(七) 医疗期

企业职工因患病或非因工负伤停止工作,治病休息,但不得解除劳动合同的期限。

企业职工因患病或非因工负伤,需要停止工作医疗时,根据本人实际参加工作年限和在本单位工作年限,给予3～24个月的医疗期:实际工作年限10年以下的,在本单位工作年限5年以下的为3个月,5年以上的为6个月;实际工作年限10年以上的,在本单位工作年限

5 年以下的为 6 个月，5 年以上 10 年以下的为 9 个月，10 年以上 15 年以下的为 12 个月，15 年以上 20 年以下的为 18 个月，20 年以上的为 24 个月。

医疗期的计算参见表 8-5。

表 8-5 医疗期的计算

实际工龄	本企业工龄(A)	医疗期	计算期
＜10 年	A＜5 年	3 个月	6 个月
	A≥5 年	6 个月	12 个月
≥10 年	A＜5 年	6 个月	12 个月
	5≤A＜10	9 个月	15 个月
	10≤A＜15	12 个月	18 个月
	15≤A＜20	18 个月	24 个月
	20 年以上	24 个月	30 个月

在医疗期内劳动者享受病假工资待遇。单位支付病假工资可低于当地最低工资标准，但最低不能低于 80%。

医疗期内用人单位不得解除劳动合同。如果遇到医疗期内劳动合同期满，则合同必须续延至医疗期满，职工在此期间仍然享受医疗期内待遇。

对医疗期满尚未痊愈者，或医疗期满后，不能从事原工作，也不能从事用人单位另行安排的工作，被用人单位解除劳动合同的，用人单位需依法支付劳动者经济补偿金。

四、工伤保险

(一) 工伤保险的含义

工伤保险，是指劳动者在职业工作中或规定的特殊情况下遭遇意外伤害或职业病，导致暂时或永久丧失劳动能力以及死亡时，劳动者或其遗属能够从国家和社会获得物质帮助的社会保险制度。

中国境内的企业、事业单位、社会团体、民办非企业单位、基金会、律师事务所、会计师事务所等组织和有雇工的个体工商户(以下简称用人单位)应当依照《工伤保险条例》的规定参加工伤保险，为本单位全部职工或者雇工缴纳工伤保险费。

(二) 工伤保险费的缴纳和工伤保险基金

1. 工伤保险费的缴纳

(1) 由用人单位缴纳工伤保险费，职工不缴纳工伤保险费。

(2) 工伤保险费＝本单位职工工资总额×单位缴费费率。(难以按工资总额缴费的，其缴纳工伤保险费的具体方式，由国务院社会保险行政部门规定。)

2. 工伤保险基金

工伤保险基金由用人单位缴纳的工伤保险费、工伤保险基金的利息和依法纳入工伤保险基金的其他资金构成。

工伤保险基金存入社会保障基金财政专户，用于规定的工伤保险待遇，劳动能力鉴定，工伤预防的宣传、培训等费用等。

任何单位或者个人不得将工伤保险基金用于投资运营、兴建或者改建办公场所、发放奖金，或者挪作其他用途。

(三) 工伤认定和劳动能力鉴定

1. 工伤认定

1) 应当认定工伤的情形

(1) 在工作时间和工作场所内，因工作原因受到事故伤害的。

(2) 工作时间前后在工作场所内，从事与工作有关的预备性或收尾性工作受到事故伤害的。

(3) 在工作时间和工作场所内，因履行工作职责受到暴力等意外伤害的。

(4) 患职业病的。

(5) 因工外出期间，由于工作原因受到伤害或者发生事故下落不明的。

(6) 在上下班途中，受到非本人主要责任的交通事故或者城市轨道交通、客运轮渡、火车事故伤害的。

(7) 法律、行政法规规定应当认定为工伤的其他情形。

2) 视同工伤的情形

(1) 在工作时间和工作岗位，突发疾病死亡或者在48小时内经抢救无效死亡的。

(2) 在抢险救灾等维护国家利益、公共利益活动中受到伤害的。

(3) 原在军队服役，因战、因公负伤致残，已取得革命伤残军人证，到用人单位后旧伤复发的。

3) 不认定为工伤的情形

职工因下列情形之一导致本人在工作中伤亡的，不认定为工伤：

(1) 故意犯罪。

(2) 醉酒或者吸毒。

(3) 自残或者自杀。

(4) 法律、行政法规规定的其他情形。

2. 劳动能力鉴定

职工发生工伤，经治疗伤情相对稳定后存在残疾、影响劳动能力的，应当进行劳动能力鉴定。劳动能力鉴定是指劳动功能障碍程度和生活自理障碍程度的等级鉴定。

劳动功能障碍分为十个伤残等级，最重的为一级，最轻的为十级。生活自理障碍分为3个等级：生活完全不能自理、生活大部分不能自理和生活部分不能自理。

自劳动能力鉴定结论作出之日起1年后，工伤职工或者其近亲属、所在单位或者经办机构认为伤残情况发生变化的，可以申请劳动能力复查鉴定。

(四) 工伤保险待遇

职工因工作原因受到事故伤害或者患职业病，且经工伤认定的，享受工伤保险待遇；其中，经劳动能力鉴定丧失劳动能力的，享受伤残待遇。

1. 工伤医疗待遇

职工因工作遭受事故伤害或者患职业病进行治疗，享受工伤医疗待遇。

1) 治疗工伤的医疗费用

职工治疗工伤应当在签订服务协议的医疗机构就医，情况紧急时可以先到就近的医疗机构急救。治疗工伤所需费用符合工伤保险诊疗项目目录、工伤保险药品目录、工伤保险住院服务标准的，从工伤保险基金支付。

2）住院伙食补助费、交通食宿费

经医疗机构出具证明，报经办机构同意，工伤职工到统筹地区以外就医所需的交通、食宿费用按标准从工伤保险基金支付。

3）康复性治疗费

工伤职工到签订服务协议的医疗机构进行工伤康复的费用，符合规定的，从工伤保险基金支付。

4）停工留薪期工资福利待遇

停工留薪期内，原工资福利待遇不变，由所在单位按月支付。一般不超过 12 个月。伤情严重或者情况特殊，经设区的市级劳动能力鉴定委员会确认，可以适当延长，但延长不得超过 12 个月。工伤职工评定伤残等级后，停止享受停工留薪期待遇，按照规定享受伤残待遇。工伤职工在停工留薪期满后仍需治疗的，继续享受工伤医疗待遇。生活不能自理的工伤职工在停工留薪期需要护理的，由所在单位负责。

工伤职工治疗非因工伤引发的疾病，不享受工伤医疗待遇，按照基本医疗保险办法处理。

2. 辅助器具装配

工伤职工因日常生活或者就业需要，经劳动能力鉴定委员会确认，可以安装假肢、矫形器、假眼、假牙和配置轮椅等辅助器具，所需费用按照国家规定的标准从工伤保险基金支付。

3. 伤残待遇

1）伤残待遇的范围

经劳动能力鉴定委员会鉴定，评定伤残等级的工伤职工，享受伤残待遇，其包括生活护理费、一次性伤残补助金、伤残津贴、一次性工伤医疗补助金和一次性伤残就业补助金等。

2）伤残待遇享受条件

伤残待遇享受条件的对比记忆表如表 8-6 所示。

表 8-6　伤残待遇享受条件的对比记忆表

<table>
<tr><th>伤残待遇</th><th colspan="3">享受条件</th></tr>
<tr><td>一次性伤残补助金</td><td colspan="3">经鉴定为 1～10 级的均有，工伤保险基金（简称基金）支付</td></tr>
<tr><td rowspan="2">伤残津贴（伤残津贴实际金额低于当地最低工资标准支付的谁支付谁补足）</td><td>1～4 级伤残</td><td>5～6 级伤残</td><td>7～10 级伤残</td></tr>
<tr><td>保留劳动关系退出工作岗位，从工伤保险基金中按月支付伤残津贴</td><td>保留劳动关系，安排适当工作；难以安排工作由用人单位发伤残津贴</td><td>无</td></tr>
<tr><td>一次性工伤医疗补助金（基金支付）</td><td rowspan="2">保留劳动关系，所以不涉及这两项费用支付的问题</td><td rowspan="2">经工伤职工本人提出，可与用人单位解除或终止劳动关系</td><td rowspan="2">劳动、聘用合同期满终止，或者职工本人提出解除劳动、聘用合同</td></tr>
<tr><td>一次性伤残就业补助金（用人单位支付）</td></tr>
</table>

4. 工亡待遇

职工因工死亡，或者伤残职工在停工留薪期内因工伤导致死亡的，其近亲属按照规定从工伤保险基金领取丧葬补助金、供养亲属抚恤金和一次性工亡补助金。

（1）丧葬补助金，为6个月的统筹地区上年度职工月平均工资。

（2）供养亲属抚恤金，按照职工本人工资的一定比例发给由因工死亡职工生前提供主要生活来源、无劳动能力的亲属。供养亲属的具体范围由国务院社会保险行政部门规定。

（3）一次性工亡补助金，标准为上一年度全国城镇居民人均可支配收入的20倍。

1～4级伤残职工在停工留薪期满后死亡的，其近亲属可以享受丧葬补助金、供养亲属抚恤金待遇，不享受一次性工亡补助金待遇。

（五）特别规定

（1）本人工资是指工伤职工因工作遭受事故伤害或者患职业病前12个月平均月缴费工资。不低于当地职工月平均工资的60％，不高于当地职工月工资300％。

（2）停止享受工伤保险待遇的情形：①丧失享受待遇条件的；②拒不接受劳动能力鉴定的；③拒绝治疗的。

（3）工伤职工符合领取基本养老金条件的，停发伤残津贴，享受基本养老保险待遇。基本养老保险待遇低于伤残津贴的，由工伤保险基金补足差额。

（4）职工所在用人单位未依法缴纳工伤保险费，发生工伤事故的，由用人单位支付工伤保险待遇。用人单位不支付的，从工伤保险基金中先行支付，由用人单位偿还。用人单位不偿还的，社会保险经办机构可以追偿。

（5）由于第三人的原因造成工伤，第三人不支付工伤医疗费用或者无法确定第三人的，由工伤保险基金先行支付。工伤保险基金先行支付后，有权向第三人追偿。

（6）职工（包括非全日制从业人员）在两个或者两个以上用人单位同时就业的，各用人单位应当分别为职工缴纳工伤保险费。职工发生工伤，由职工受到伤害时工作的单位依法承担工伤保险责任。

五、失业保险

（一）失业保险的含义

失业保险是指国家通过立法强制实行的，由社会集中建立基金，保障因失业而暂时中断生活来源的劳动者的基本生活，并通过职业培训、职业介绍等措施促进其再就业的社会保险制度。

（二）失业保险费的缴纳

（1）职工应当参加失业保险，由用人单位和职工按照国家规定共同缴纳失业保险费。

（2）失业保险费的征缴范围包括：国有企业、城镇集体企业、外商投资企业、城镇私营企业和其他城镇企业（统称城镇企业）及其职工，事业单位及其职工。

（3）失业保险费的缴纳：单位按工资总额的2％缴纳，职工按本人工资的1％缴纳。为减轻企业负担，促进扩大就业，人力资源和社会保障部、财政部数次发文降低失业保险费率，将用人单位和职工失业保险缴费比例总和从3％阶段性降至1％，个人费率不得超过单位费率。

（4）职工跨统筹地区就业的，其失业保险关系随本人转移，缴费年限累计计算。

（三）失业保险待遇

1. 失业保险待遇的享受条件

（1）失业前用人单位和本人已经缴纳失业保险费满 1 年的。

（2）非因本人意愿中断就业的，包括劳动合同终止；用人单位解除劳动合同；被用人单位开除、除名和辞退；因用人单位过错由劳动者解除劳动合同；法律、法规、规章规定的其他情形。

（3）已经进行失业登记，并有求职要求的。

2. 失业保险金的领取期限

（1）用人单位应当及时为失业人员出具终止或者解除劳动关系的证明，并将失业人员的名单自终止或者解除劳动关系之日起 15 日内告知社会保险经办机构。

（2）失业人员应当持本单位为其出具的终止或者解除劳动关系的证明，及时到指定的公共就业服务机构办理失业登记。失业人员凭失业登记证明和个人身份证明，到社会保险经办机构办理领取失业保险金的手续。失业保险金领取期限自办理失业登记之日起计算。

（3）失业人员失业前用人单位和本人累计缴费满 1 年不足 5 年的，领取失业保险金的期限最长为 12 个月；累计缴费满 5 年不足 10 年的，领取失业保险金的期限最长为 18 个月；累计缴费 10 年以上的，领取失业保险金的期限最长为 24 个月。

重新就业后，再次失业的，缴费时间重新计算，领取失业保险金的期限与前次失业应当领取而尚未领取的失业保险金的期限合并计算，最长不超过 24 个月。失业人员因当期不符合失业保险金领取条件的，原有缴费时间予以保留，重新就业并参保的，缴费时间累计计算。

3. 失业保险金的发放标准

失业保险金的标准，不得低于城市居民最低生活保障标准。一般也不高于当地最低工资标准，具体数额由省、自治区、直辖市人民政府确定。

4. 失业保险待遇的规定

（1）领取失业保险金期间享受基本医疗保险待遇。失业人员在领取失业保险金期间，参加职工基本医疗保险，享受基本医疗保险待遇。失业人员应当缴纳的基本医疗保险费从失业保险基金中支付，个人不缴纳基本医疗保险费。

（2）领取失业保险金期间的死亡补助。失业人员在领取失业保险金期间死亡的，参照当地对在职职工死亡的规定，向其遗属发给一次性丧葬补助金和抚恤金。所需资金从失业保险基金中支付。个人死亡同时符合领取基本养老保险丧葬补助金、工伤保险丧葬补助金和失业保险丧葬补助金条件的，其遗属只能选择领取其中的一项。

（3）职业介绍与职业培训补贴。失业人员在领取失业保险金期间，应当积极求职，接受职业介绍和职业培训。失业人员接受职业介绍，职业培训的补贴由失业保险基金按照规定支付补贴的办法和标准由省，自治区，直辖市人民政府规定。

（4）国务院规定或者批准的与失业保险有关的其他费用。

（四）停止享受失业保险待遇的情形

失业人员在领取失业保险金期间有下列情形之一的，停止领取失业保险金，并同时停止享受其他失业保险待遇：

(1) 重新就业的。

(2) 应征服兵役的。

(3) 移居境外的。

(4) 享受基本养老保险待遇的。

(5) 无正当理由,拒不接受当地人民政府指定部门或者机构介绍的适当工作或者提供的培训的。

六、社会保险费征缴和社会保险基金管理

(一) 社会保险费征缴

用人单位应当自成立之日起30日内凭营业执照、登记证书或者单位印章,向当地社会保险经办机构申请办理社会保险登记。社会保险经办机构应当自收到申请之日起15日内予以审核,发给社会保险登记证件。用人单位的社会保险登记事项发生变更或者用人单位依法终止的,应当自变更或者终止之日起30日内,到社会保险经办机构办理变更或者注销社会保险登记。

用人单位应当自用工之日起30日内为其职工向社会保险经办机构申请办理社会保险登记。未办理社会保险登记的,由社会保险经办机构核定其应当缴纳的社会保险费。自愿参加社会保险的无雇工的个体工商户、未在用人单位参加社会保险的非全日制从业人员以及其他灵活就业人员,应当向社会保险经办机构申请办理社会保险登记。

国家建立全国统一的个人社会保障号码。个人申请办理社会保险登记,以公民身份号码作为社会保障号码,取得社会保障卡和医保电子凭证。社会保险经办机构应当自收到申请之日起10个工作日内办理完毕。社会保障卡是个人参加基本养老保险、基本医疗保险、工伤保险、失业保险、生育保险等社会保险和享受各项社会保险待遇的凭证,包括实体社会保障卡和电子社会保障卡。医保电子凭证是个人参加基本医疗保险、生育保险等社会保险和享受基本医疗保险、生育保险等社会保险待遇的凭证。

用人单位和个人申请变更、注销社会保险登记,社会保险经办机构应当自收到申请之日起10个工作日内办理完毕。用人单位注销社会保险登记的,应当先结清欠缴的社会保险费、滞纳金、罚款。

基本养老保险费的征缴范围:国有企业、城镇集体企业、外商投资企业、城镇私营企业和其他城镇企业及其职工,实行企业化管理的事业单位及其职工。基本医疗保险费的征缴范围:国有企业、城镇集体企业、外商投资企业、城镇私营企业和其他城镇企业及其职工,国家机关及其工作人员,事业单位及其职工,民办非企业单位及其职工,社会团体及其专职人员。失业保险费的征缴范围:国有企业、城镇集体企业、外商投资企业、城镇私营企业和其他城镇企业及其职工,事业单位及其职工。省、自治区、直辖市人民政府根据当地实际情况,可以规定将城镇个体工商户纳入基本养老保险、基本医疗保险的范围,并可以规定将社会团体及其专职人员、民办非企业单位及其职工以及有雇工的城镇个体工商户及其雇工纳入失业保险的范围。

用人单位应当自行申报、按时足额缴纳社会保险费,非因不可抗力等法定事由不得缓缴、减免。职工应当缴纳的社会保险费由用人单位代扣代缴,用人单位应当按月将缴纳社会保险费的明细情况告知本人。无雇工的个体工商户、未在用人单位参加社会保险的非全日

制从业人员以及其他灵活就业人员，可以直接向社会保险费征收机构缴纳社会保险费。

社会保险费征收机构应当依法按时足额征收社会保险费，并将缴费情况定期告知用人单位和个人。用人单位未按规定申报应当缴纳的社会保险费数额的，按照该单位上月缴费额的110％确定应当缴纳数额；缴费单位补办申报手续后，由社会保险费征收机构按照规定结算。

用人单位未按时足额缴纳社会保险费的，由社会保险费征收机构责令其限期缴纳或者补足。用人单位逾期仍未缴纳或者补足社会保险费的，社会保险费征收机构可以向银行和其他金融机构查询其存款账户；并可以申请县级以上有关行政部门作出划拨社会保险费的决定，书面通知其开户银行或者其他金融机构划拨社会保险费。用人单位账户余额少于应当缴纳的社会保险费的，社会保险费征收机构可以要求该用人单位提供担保，签订延期缴费协议。用人单位未足额缴纳社会保险费且未提供担保的，社会保险费征收机构可以申请人民法院扣押、查封、拍卖其价值相当于应当缴纳社会保险费的财产，以拍卖所得抵缴社会保险费。

缴费单位和缴费个人应当以货币形式全额缴纳社会保险费。缴费个人应当缴纳的社会保险费，由所在单位从其本人工资中代扣代缴。社会保险费不得减免。

缴费单位未按规定缴纳和代扣代缴社会保险费的，由劳动保障行政部门或者税务机关责令限期缴纳；逾期仍不缴纳的，除补缴欠缴数额外，从欠缴之日起，按日加收2‰的滞纳金。滞纳金并入社会保险基金。

（二）社会保险基金管理

社会保险基金包括基本养老保险基金、基本医疗保险基金、工伤保险基金、失业保险基金和生育保险基金。除基本医疗保险基金与生育保险基金合并建账及核算外，其他各项社会保险基金按照社会保险险种分别建账，分账核算。社会保险基金专款专用，任何组织和个人不得侵占或者挪用。

社会保险基金通过预算实现收支平衡。县级以上人民政府在社会保险基金出现支付不足时，给予补贴。社会保险基金按照统筹层次设立预算。除基本医疗保险基金与生育保险基金预算合并编制外，其他社会保险基金预算按照社会保险项目分别编制。

社会保险基金在保证安全的前提下，按照国务院规定投资运营实现保值增值。社会保险基金不得违规投资运营，不得用于平衡其他政府预算，不得用于兴建、改建办公场所和支付人员经费、运行费用、管理费用，或者违反法律、行政法规规定挪作其他用途。

国家设立全国社会保障基金。全国社会保障基金由中央财政预算拨款、国有资本划转、基金投资收益和以国务院批准的其他方式筹集的资金构成。全国社会保障基金是国家社会保障储备基金，用于人口老龄化高峰时期的养老保险等社会保障支出的补充、调剂。国家根据人口老龄化趋势和经济社会发展状况，确定和调整全国社会保障基金规模。

全国社会保障基金理事会负责全国社会保障基金的管理运营。全国社会保障基金按照国家规定享受税收优惠。

全国社会保障基金理事会应当审慎、稳健管理运营全国社会保障基金，按照国务院批准的比例在境内外市场投资运营全国社会保障基金。

全国社会保障基金理事会投资运营全国社会保障基金，应当坚持安全性、收益性和长期性原则，在国务院批准的固定收益类、股票类和未上市股权类等资产种类及其比例幅度内合理配置资产。

全国社会保障基金理事会应当制定风险管理和内部控制办法，在管理运营的各个环节对风险进行识别、衡量、评估、监测和应对，有效防范和控制风险。风险管理和内部控制办法应当报国务院财政部门、国务院社会保险行政部门备案。

全国社会保障基金理事会应当依法制定会计核算办法，并报国务院财政部门审核批准。

全国社会保障基金理事会应当定期向国务院财政部门、国务院社会保险行政部门报告全国社会保障基金管理运营情况，提交财务会计报告。

全国社会保障基金理事会可以将全国社会保障基金委托投资或者以国务院批准的其他方式投资。全国社会保障基金理事会将全国社会保障基金委托投资的，应当选择符合法定条件的专业投资管理机构、专业托管机构分别担任全国社会保障基金投资管理人、托管人。全国社会保障基金理事会应当按照公开、公平、公正的原则选聘投资管理人、托管人，发布选聘信息、组织专家评审、集体讨论决定并公布选聘结果。全国社会保障基金理事会应当制定投资管理人、托管人选聘办法，并报国务院财政部门、国务院社会保险行政部门备案。

全国社会保障基金理事会应当与聘任的投资管理人、托管人分别签订委托投资合同、托管合同，并报国务院财政部门、国务院社会保险行政部门、国务院外汇管理部门、国务院证券监督管理机构、国务院银行业监督管理机构备案。

全国社会保障基金理事会应当制定投资管理人、托管人考评办法，根据考评办法对投资管理人投资、托管人保管全国社会保障基金的情况进行考评。考评结果作为是否继续聘任的依据。

七、社会保险经办与管理

（一）社会保险经办机构

社会保险经办工作坚持中国共产党的领导，坚持以人民为中心，遵循合法、便民、及时、公开、安全的原则。国务院人力资源社会保障行政部门主管全国基本养老保险、工伤保险、失业保险等社会保险经办工作。国务院医疗保障行政部门主管全国基本医疗保险、生育保险等社会保险经办工作。县级以上地方人民政府人力资源社会保障行政部门按照统筹层次主管基本养老保险、工伤保险、失业保险等社会保险经办工作。县级以上地方人民政府医疗保障行政部门按照统筹层次主管基本医疗保险、生育保险等社会保险经办工作。社会保险经办机构的人员经费和经办社会保险发生的基本运行费用、管理费用，由同级财政按照国家规定予以保障。

社会保险经办机构应当及时、完整、准确记录下列信息：①社会保险登记情况；②社会保险费缴纳情况；③社会保险待遇享受情况；④个人账户情况；⑤与社会保险经办相关的其他情况。

社会保险经办机构应当妥善保管社会保险经办信息，确保信息完整、准确和安全。社会保险经办机构免费向用人单位和个人提供查询核对社会保险缴费和享受社会保险待遇记录、社会保险咨询等相关服务。

社会保险经办机构应当建立健全业务、财务、安全和风险管理制度。社会保险经办机构应当按时足额支付社会保险待遇。社会保险经办机构应当及时为用人单位建立档案，完整、准确地记录参加社会保险的人员、缴费等社会保险数据，妥善保管登记、申报的原始凭证和支付结算的会计凭证。社会保险经办机构应当及时、完整、准确地记录参加社会保险的个人缴费和用人单位为其缴费，以及享受社会保险待遇等个人权益记录，定期将个人权益记录单免费寄送本人。

用人单位和个人可以免费向社会保险经办机构查询、核对其缴费和享受社会保险待遇记录，要求社会保险经办机构提供社会保险咨询等相关服务。

全国社会保险信息系统按照国家统一规划，由县级以上人民政府按照分级负责的原则共同建设。

（二）社会保险待遇核定、支付和停发

用人单位和个人应当按照国家规定，向社会保险经办机构提出领取基本养老金的申请。社会保险经办机构应当自收到申请之日起20个工作日内办理完毕。

参加职工基本养老保险的个人死亡或者失业人员在领取失业保险金期间死亡，其遗属可以依法向社会保险经办机构申领丧葬补助金和抚恤金。社会保险经办机构应当及时核实有关情况，按照规定核定并发放丧葬补助金和抚恤金。

个人医疗费用、生育医疗费用中应当由基本医疗保险（含生育保险）基金支付的部分，由社会保险经办机构审核后与医疗机构、药品经营单位直接结算。

参加生育保险的个人申领生育津贴，应当向社会保险经办机构提供病历资料。社会保险经办机构应当对病历资料进行审核，并自收到申请之日起10个工作日内办理完毕。

工伤职工及其用人单位依法申请劳动能力鉴定、辅助器具配置确认、停工留薪期延长确认、工伤旧伤复发确认，应当向社会保险经办机构提供诊断证明、病历资料。个人治疗工伤的医疗费用、康复费用、安装配置辅助器具费用中应当由工伤保险基金支付的部分，由社会保险经办机构审核后与医疗机构、辅助器具配置机构直接结算。

人力资源社会保障行政部门、医疗保障行政部门应当按照各自职责建立健全异地就医医疗费用结算制度。社会保险经办机构应当做好异地就医医疗费用结算工作。

个人申领失业保险金，社会保险经办机构应当自收到申请之日起10个工作日内办理完毕。个人在领取失业保险金期间，社会保险经办机构应当从失业保险基金中支付其应当缴纳的基本医疗保险（含生育保险）费。

个人申领职业培训等补贴，应当提供职业资格证书或者职业技能等级证书。社会保险经办机构应当对职业资格证书或者职业技能等级证书进行审核，并自收到申请之日起10个工作日内办理完毕。

个人出现国家规定的停止享受社会保险待遇的情形，用人单位、待遇享受人员或者其亲属应当自相关情形发生之日起20个工作日内告知社会保险经办机构。社会保险经办机构核实后应当停止发放相应的社会保险待遇。

社会保险经办机构应当通过信息比对、自助认证等方式，核验社会保险待遇享受资格。通过信息比对、自助认证等方式无法确认社会保险待遇享受资格的，社会保险经办机构可以委托用人单位或者第三方机构进行核实。对涉嫌丧失社会保险待遇享受资格后继续享受待遇的，社会保险经办机构应当调查核实。经调查确认不符合社会保险待遇享受资格的，停止发放待遇。

八、社会保险关系转移、变更和注销

参加职工基本养老保险的个人跨统筹地区就业，其职工基本养老保险关系随同转移。

参加职工基本养老保险的个人在机关事业单位与企业等不同性质用人单位之间流动就业，其职工基本养老保险关系随同转移。参加城乡居民基本养老保险且未享受待遇的个人跨统筹地区迁移户籍，其城乡居民基本养老保险关系可以随同转移。

参加职工基本医疗保险的个人跨统筹地区就业，其职工基本医疗保险关系随同转移。参加城乡居民基本医疗保险的个人跨统筹地区迁移户籍或者变动经常居住地，其城乡居民基本医疗保险关系可以按照规定随同转移。职工基本医疗保险与城乡居民基本医疗保险之间的关系转移，按照规定执行。

参加失业保险的个人跨统筹地区就业，其失业保险关系随同转移。

参加工伤保险、生育保险的个人跨统筹地区就业，在新就业地参加工伤保险、生育保险。

用人单位和个人办理社会保险关系转移接续手续的，社会保险经办机构应当在规定时限内办理完毕，并将结果告知用人单位和个人，或者提供办理情况查询服务。

军事机关和社会保险经办机构，按照各自职责办理军人保险与社会保险关系转移接续手续。社会保险经办机构应当为军人保险与社会保险关系转移接续手续办理优先提供服务。

九、违反社会保险法的法律责任

（一）用人单位违反社会保险法的法律责任

用人单位不办理社会保险登记的，由社会保险行政部门责令限期改正；逾期不改正的，对用人单位处应缴社会保险费数额1倍以上3倍以下的罚款，对其直接负责的主管人员和其他直接责任人员处500元以上3 000元以下的罚款。

用人单位拒不出具终止或者解除劳动关系证明的，依照《中华人民共和国劳动合同法》的规定处理。

用人单位未按时足额缴纳社会保险费的，由社会保险费征收机构责令限期缴纳或者补足，并自欠缴之日起，按日加收5‰的滞纳金；逾期仍不缴纳的，由有关行政部门处欠缴数额1倍以上3倍以下的罚款。

（二）社会保险经办机构、社会保险费征收机构违反社会保险法的法律责任

社会保险经办机构及其工作人员有下列行为之一的，由社会保险行政部门责令改正；给社会保险基金、用人单位或者个人造成损失的，依法承担赔偿责任；对直接负责的主管人员和其他直接责任人员依法给予处分：未履行社会保险法定职责的；未将社会保险基金存入财政专户的；克扣或者拒不按时支付社会保险待遇的；丢失或者篡改缴费记录、享受社会保险待遇记录等社会保险数据、个人权益记录的；有违反社会保险法律、法规的其他行为的。

社会保险费征收机构擅自更改社会保险费缴费基数、费率，导致少收或者多收社会保险费的，由有关行政部门责令其追缴应当缴纳的社会保险费或者退还不应当缴纳的社会保险费；对直接负责的主管人员和其他直接责任人员依法给予处分。

（三）骗保行为的法律责任

社会保险经办机构以及医疗机构、药品经营单位等社会保险服务机构以欺诈、伪造证明材料或者其他手段骗取社会保险基金支出的，由社会保险行政部门责令退回骗取的社会保险金，处骗取金额2倍以上5倍以下的罚款；属于社会保险服务机构的，解除服务协议；直接负责的主管人员和其他直接责任人员有执业资格的，依法吊销其执业资格。

以欺诈、伪造证明材料或者其他手段骗取社会保险待遇的，由社会保险行政部门责令退回骗取的社会保险金，处骗取金额 2 倍以上 5 倍以下的罚款。

（四）其他违反社会保险法的法律责任

违反本法规定，隐匿、转移、侵占、挪用社会保险基金或者违规投资运营的，由社会保险行政部门、财政部门、审计机关责令追回；有违法所得的，没收违法所得；对直接负责的主管人员和其他直接责任人员依法给予处分。

社会保险行政部门和其他有关行政部门、社会保险经办机构、社会保险费征收机构及其工作人员泄露用人单位和个人信息的，对直接负责的主管人员和其他直接责任人员依法给予处分；给用人单位或者个人造成损失的，应当承担赔偿责任。

国家工作人员在社会保险管理、监督工作中滥用职权、玩忽职守、徇私舞弊的，依法给予处分。

违反本法规定，构成犯罪的，依法追究刑事责任。

第八章测试题及参考答案

参 考 文 献

[1] 财政部会计资格评价中心.经济法[M].北京:经济科学出版社,2020.
[2] 财政部会计资格评价中心.经济法基础[M].北京:经济科学出版社,2021.
[3] 刘莲花.法律基础[M].武汉:武汉大学出版社,2021.
[4] 王利明,杨立新,王轶,等.民法学[M].北京:法律出版社,2020.
[5] 中国注册会计师协会.经济法[M].北京:中国财政经济出版社,2021.
[6] 中华人民共和国民法典[M].北京:中国法制出版社,2021.

经济法基础课程思政教与学实施方案

根据教育部《高等学校课程思政建设指导纲要》(教高〔2020〕3 号)和《中长期青年发展规划(2016—2025)》的精神制订经济法基础课程思政教与学实施方案。

一、教学目标

经济法基础课程思政教学总体目标是全面落实立德树人根本任务,将社会主义核心价值塑造有机融入经济法律知识传授和技能培养过程,引导学生塑造正确的世界观、人生观、价值观,培育学生诚信守法、德法兼修、敬业奉献的职业素养,提高经济法基础课程培养财经商贸人才综合素养的能力。

二、教学内容

编者根据《高等学校课程思政建设指导纲要》《会计等专业人才培养方案》《经济法基础课程标准》,依据经济法基础课程知识体系,研究开发经济法基础课程思想政治教育教学内容,让经济法律知识自己说话,呈现出思想政治教育教与学主题的生动画卷。

(一) 习近平新时代中国特色社会主义思想教育

1. 奋斗精神

我的大学我做主,奋斗的青春最美丽。

2. “中国梦”教育和爱国主义教育

增强学生们投身专业研究的使命感,鼓励学生把爱国精神转化成为国奉献的实践行动。

3. 明确“四个正确认识”

正确认识世界和中国发展大势,正确认识中国特色和国际比较,正确认识时代责任和历史使命,正确认识远大抱负和脚踏实地。

4. 增强“四个意识”

政治意识、大局意识、核心意识、看齐意识。

5. 坚定“四个自信”

道路自信、理论自信、制度自信、文化自信。

6. 坚持“两个确立”

确立习近平同志在党中央的核心、全党的核心地位,确立习近平新时代中国特色社会主义思想的指导地位。

(二) 理想信念和共同理想教育

7. 引导学生树立远大的理想抱负,鼓励和支持学生成长成才。

(三) 习近平法治思想与社会主义法治精神教育

8. 引导学生尊崇、学习宪法,遵守、维护宪法,树立宪法信仰,弘扬法治精神。

9. 让学生感受到法律的内在精神与价值关怀,树立权利与义务观念。

(四) 职业理想与职业精神教育

10. 深层次地塑造学生的财会职业精神,培育学生关注社会、服务社会的财税服务精神和职业伦理。

11. 帮助学生树立正确的择业观、就业观

职业荣誉感、职业认同感、职业幸福感教育。

(五) 综合素养教育

12. 心理健康与情感教育

非智力因素培养,包括情商、意志力、情绪智力等。

13. 劳动意识与理念教育,学会生活和工作

弘扬劳动精神,教育引导学生崇尚劳动、尊重劳动。

14. 公民教育

政治认同、国家意识、公权力教育、公共意识教育。

公权力来源于人民、公权力监督。

公共道德意识、公共服务意识、公共利益意识。

15. “四史”教育和历史观教育

人民群众是历史的创造者。

改革创新是社会主义发展的动力。

中国共产党的领导是中国特色社会主义最本质特征。

三、教学方法

1. 社会法治问题导入。由教师创设经济法专业领域课程所涉及的思想政治教育问题情境,引发学生思考,或促成小组讨论。

2. 法律事件或案例教学。教师由经济法课题专业知识点相关的事件或者案例,自然切入所涉及的具体思想政治教育内容,阐述其背后的思想政治教育元素,促进学生积极认知、体验和讨论。

3. 法治情境创设。基于社会主义法治情境创设,引导学生进入真实法治生活情境,逐步推演思想政治教育主题。

4. 比较法。开展专业知识层面的中外法律制度比较,进而导入“责任感和使命感”或“民族精神”等思想政治教育主题。

5. “三会”思想政治学习方法:会说、会做、会教。

四、教学内容与思政教学元素参考对照表

章节	经济法基础教学内容	课程思政教学内容	备注
第一章	总论	宪法教育与公民责任教育	
		公平价值观教育,程序正义教育	
		公民权利保障与法治政府建设	
		责任担当、法律意识与法治精神	

(续表)

章节	经济法基础教学内容	课程思政教学内容	备注
第二章	会计法律制度	责任感教育和诚信教育	
		职业伦理教育，职业操守与职业道德	
		公平价值观与程序正义教育	
		职业理想教育	
第三章	支付结算法律制度	财经纪律规范与职业伦理	
		契约精神与诚信教育	
		金融政策与职业理想教育	
		就业指导与创新创业教育	
第四章	货物和劳务税法律制度	责任感教育和诚信教育	
		职业伦理教育，职业操守与职业道德	
		公平价值观与程序正义教育	
		税法的历史沿革	
第五章	企业所得税、个人所得税法律制度	依法纳税与公民社会责任	
		企业的社会责任	
		青年发展与民族复兴	
		税法的历史沿革	
第六章	财产与行为税法律制度	诚实、正义价值观教育	
		正确权利义务观	
		税收公平与责任担当	
		税法的历史沿革	
第七章	税收征收管理法律制度	法治政府建设与依法治税	
		纳税人权利与义务观	
		税收正义与公平	
		税收征收管理法的历史沿革	
第八章	劳动合同与社会保障法律制度	劳动精神与劳动观念教育	
		企业社会责任教育	
		弱势群体保护与社会和谐教育	
		“四史”教育、“中国梦”教育	